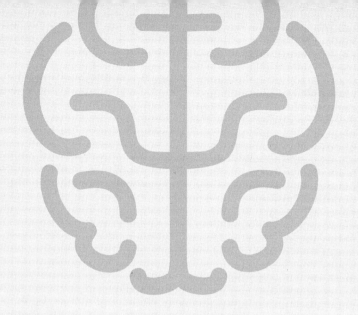

행동변화

이론과 실제

유순근

박문사

행동변화
이론과 실제

초 판 인 쇄	2018년 11월 02일
초 판 발 행	2018년 11월 12일
저 　 　 자	유 순 근
발 　 행 　 인	윤 석 현
발 　 행 　 처	박문사
책 임 편 집	최 인 노
등 록 번 호	제2009-11호
우 편 주 소	서울시 도봉구 우이천로 353 성주빌딩 3층
대 표 전 화	02) 992 / 3253
전 　 　 송	02) 991 / 1285
홈 페 이 지	http://jnc.jncbms.co.kr
전 자 우 편	bakmunsa@hanmail.net

ⓒ 유순근 2018 Printed in KOREA.

ISBN 979-11-89292-17-1　93180　　　　　　　　　　정가 33,000원

> 표범은 자신의 무늬를 변경할 수 없지만
> 자신과 타인의 행동은 변경할 수 있다.

호미로 막을 수 있는 일을 가래로도 못 막는 일이 많다. 저명한 인사가 정점에서 돌일 킬 수 없는 사건들이 튀어나와 좋은 기회를 훼손시키는 일들이 언론에서 자주 보도된다. 이러한 사건들을 단지 개인의 일탈로 보기에는 무리이다. 분명 이러한 행동이나 사건들은 개인의 부적응적인 왜곡된 사고나 정신질환의 발현이다. 개인적인 일탈이나 부적응적 행동들은 개인이나 사회를 위해서 결코 바람직하지 않다. 자신도 몰랐던 이상행동이 자신과 주변 사람들에게 얼마나 많은 고통, 곤경과 피해를 주었는가? 이러한 사람들을 개인적인 특성이나 개성이 이상하다고 간주하는 경우는 없는가? 부적응적 행동은 분명히 정상행동이 아니다. 정상행동이 아닌 행동은 이상행동으로 개인적으로나 사회적으로 많은 고통과 피해를 야기한다. 그러기에 미래가 촉망받던 정치인이나 사회지도층이 하루아침에 지탄받고, 심지어는 정신질환자로 전락한 경우가 있다. 될성싶은 나무는 떡잎부터 알아본다고 사회적으로 낙인이 찍힌다. 그 동안의 명성과 찬사가 한 순간에 사라지고 일순간에 버림받는다. 자신의 성격과 행동을 성찰하여 부적응적 행동을 정상행동으로 변화시키는 기회가 없었던 것이 못내 안타까울 뿐이다.

개인들은 대부분 독특하고 이상적인 행동의 특성을 어느 정도는 갖고 있다. 그러나 정도가 문제이다. 외부로 보이는 행동은 생물학적, 사회적, 그리고 환경의 산물이다. 부적응적 행동의 발현은 대체로 개인의 갖고 있는 요인들이 부정적이기 때문에 발생한다. 개인의 행동을 유발하는 요인이 어떠한 행동으로 야기된다. 이러한 인과관계를 찾는다면 행동변화는 어렵지 않다. 부정적인 행동을 야기하는 요인을 변화시켜 정상행동을 유도한다. 행동변화를 도모한다면 건강하고 건전한 행동으로 사회에 적응하고 자신의 잠재력을 발휘할 수 있는 토대를 갖게 된다. 그러나 행동변화를 통한 사회적응과 자아실현은 과학적 이론과 노력이 요구된다. 따라서 본서에서 이상행동을 교정하는 행동변화에 관한 새로운 모델과 이론을 제시한다. 또한 이상행동이 범죄나 공격성으로 변모되는 과정과 원인을 과학적으로 설명하였다. 따라서 본「행동변화 이론과 실제」는 행동변화에 관한 설득력이 있고 과학적인 이론과 기법을 명쾌하게 설명하여 전인적 인간을 실현하는 것을 목표로 한 이론과 실무 서적이다.

매스컴이나 드라마에 이상행동의 사건들이 자주 거론되어 사회를 혼란스럽게 한다. 이상행동을 잘 알지 못한다면 기사나 드라마를 이해하기 어렵다. 또한 자신의 비정상적인 행동은 자신뿐만 아니라 사회를 불행하게 만든다. 타인뿐만 아니라 자신의 행동을 변화시켜 변화 전보다 더 나은 상태가 되어야 한다. 사람들은 성격이 오랫동안 계속된 습관이라고 때때로 변화를 시도하지 않고 절망한다. 이것은 매우 현명하지 않다. 행동변화를 도모하려면 문제된 행동, 그 행동의 원인, 증상과 치료 방법이 있어야 한다. 행동을 변화시켜 정상행동을 수행하는 사람으로 전환시키지 않는다면 문제 행동은 더욱 커질 수 있다. 제때의 바늘 한번이 아홉 바느질을 덜 수 있는 기회를 놓치기 때문이다. 자신의 행동이 기괴하고, 내성적이고, 비사교적이어서 대중 앞에 나서기가 두렵다고 미리 공연한 걱정을 할 필요는 없다. 「행동변화 이론과 실제」는 이상행동의 원인을 탐구하고, 증상을 찾아내어, 행동을 변화시키는데 목적을 둔 서적이다.

본 「행동변화 이론과 실제」는 이상행동이 발생하는 원인, 증상, 판단기준과 치료의 관점에서 정신질환에 대해 설명하였다. 각 이상행동에 대해 개괄적으로 판단할 수 있는 기준을 미국정신의학협회의 진단 기준에 따라 제시하였다. 「행동변화 이론과 실제」는 총 4편 17장으로 구성하였다. 제 I 편에서는 인간행동의 특징과 감정을, 제 II 편에서 인간행동의 생물, 정신, 행동, 사회, 인본, 인지적 관점을, 제 III 편에서 정신장애의 특징, 원인, 증상과 치료를, 제 IV 편에서는 범죄행동과 행동변화 이론을 제시하였다. 즉, 제1장 인간행동의 이해, 제2장 인과관계와 감정, 제3장 생물학 관점, 제4장 정신역동 관점, 제5장 행동주의와 사회학습 관점, 제6장 인본주의 관점, 제7장 인지적 관점, 제8장 성격장애, 제9장 불안장애, 제10장 기분장애와 정신분열증, 제11장 해리성장애, 제12장 신체형장애, 제13장 성적장애, 제14장 물질사용 장애와 섭식장애, 제15장 아동기와 청소년기 장애, 제16장 범죄행동, 제17장 행동변화를 기술하였다.

타인의 행동이든 자신의 행동이든 정상행동에서 행복과 조화를 찾는다면 정말로 아름다운 사회가 될 것이다. 본 「행동변화 이론과 실제」는 이상행동의 원인을 탐구하고, 증상을 찾아내어, 정상행동으로 변화시키는데 목적을 둔 서적이다. 또한 상담이나 사회복지 현장에서 내담자의 행동을 변화시키고 정상적인 인간으로서 사회적 역할과 자아를 실현하도록 유도하는데 도움이 되는 서적이다. 따라서 본 「행동변화 이론과 실제」가 독자들에게 부적응적 행동을 변화시키고 건전한 사회를 지향하는 정상행동의 지침서가 되기를 기대한다. 아울러 독자 제현들의 많은 조언과 충고를 부탁드린다. 끝으로 본서의 내용을 정교화하고 가독력을 높여주기 위해 교정과 편집에 창의력과 완성도를 높여 주신 모든 선생님들께 감사를 드린다.

2018년 11월
유 순 근

_9

제Ⅳ편 범죄행동과 행동변화

인간행동의
특징과 감정

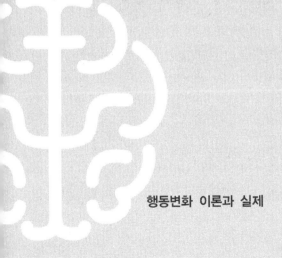

행동변화 이론과 실제

제1장

인간행동의 이해

1. 인간행동

인간의 마음은 때때로 불안정하지만 대체로 일관되고 안정적인 패턴을 유지한다. 일관성이란 행동 패턴이 자주 바뀌지 않는 규칙성을 의미한다. 행동에서의 일관성과 안정성은 바람직한 인간관계를 형성하고 가치 있는 삶을 살아가는데 매우 유익하다. 또한 인간행동은 유사하면서도 독특한 특성이 있다. 사람들은 자신의 유전적 속성과 살아온 환경으로 인해 자신의 독특한 심리적 영역과 행동 패턴을 형성한다. 인간행동의 특성을 체계적으로 파악할 때 인간과 인간행동을 더 잘 이해할 수 있다.

1) 인간행동의 개념

인간행동(human behavior)은 인간이 스스로 행동하고 수행하는 방식이다. 즉, 일상생활에서 일하고, 환경에 반응하고, 책임을 수행하고, 무언가를 추구하는 방식이다. 인간은 어떤 자극에 대해 반응하는 유기체이다. 행동은 환경, 사람 또는 자극에 대한 반응의 결과이다. 자극은 관찰 가능한 외적 자극과 잠재적인 내적 자극을 포함한다. 자극을 지각하면 반응을 유발하는 동기가 있다. 즉, 인간은 어떠한 환경에서 노출된 자극에 행동하려는 동기를 갖는다. 정적 동기일 때는 행동이 수행되나 부적 동기일 때는 행동이 수행되지 않는다. 행동은 개인이 노출된 자극과 생물심리사회적 환경에서 유발되는 동기 사이의 상호작용의 결과이다. 따라서 인간은 동일한 자극에 대한 반응은 다르다. 행동은 직접 또는 간접적으로 관찰되는 반응이다. 직접적인 반응은 행동이 발생하는 환경에 대한 사람들의 반응이나 간접적인 반응은 결과나 의사결정 과정과 태도이다.

[그림 1-1] 행동과정

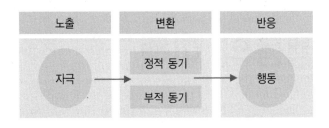

행동의 동기는 관찰이 가능하지 않은 변환 과정으로 매우 예측하기가 힘들 뿐만 아니라 하나의 행동 패턴을 가정할 수 없다. 그러나 모든 행동에는 원인과 결과가 있다. 또한 행동을 설명하는 인간의 본성에 관한 기본 가정이 있다. 즉, 개인차, 전인적 인간, 선택적 지각, 동기부여 행동, 참여열망 및 인간의 가치이다. 따라서 개인의 행동을 이해함으로써 어느 정도 개인이나 집단의 행동을 예측하고 변화시키고 통제할 수 있다. 개인은 서로 다른 면이 있지만 공통적인 특성도 많다. 다음은 이러한 인간행동의 특징이다.

- **개인차**: 개인은 서로 다르다.
- **전인적 인간**: 개인은 전인적 인간으로 기능한다.
- **선택적 지각**: 개인은 사물을 보고 구성하고 해석하는 독특한 방법을 갖고 있다.
- **동기부여 행동**: 개인의 행동은 동기부여된다.
- **참여열망**: 개인은 참여를 원한다.
- **인간의 가치**: 개인은 가치와 존경으로 대우받아야 한다.

(1) 개인차

개인차(individual differences)는 중요한 심리적, 개인적, 인지적 및 정서적 요소에서 차이를 나타내는 개인의 특성이다. 심리적 요인은 복잡한 정신적 과정을 통해 행동에 영향을 미치는 가치관, 태도, 성격 및 적성이다. 개인적 특성은 연령, 성별, 인종, 교육 및 능력이다. 이것은 유전적 요인과 환경적 요인의 상호작용으로 인해 발생한다. 지적 능력, 예술성, 창의력, 친화력 등 부모로부터 인지, 감정 및 기타 특성을 상속받는다. 집단이나 사회에서 시작된 규범, 규칙, 법률 또는 보상 시스템은 개인의 사회적 환경을 형성한다. 사람들은 감정을 감지하고 경험하고 표현하는 방식이 다르다. 감정 처리의 개인차는 감정적인 자극에 대한 단순한 지각 결정조차도 영향을 미친다. 개인의 어떤 특성은 출생 시부터 존재하고 어떤 것들은 시간이 지남에 따라 변한다. 이것들은 유전과 학습된 특성이다. 이 학습된 특성은 사람들이 성장하고 환경과 상호작용함에 따라 얻게 된다. 따라서 개인차는 이러한 다양한 요인으로 인해 발생할 수 있다.

(2) 전인적 인간

대상이나 현상을 객관적으로 보고 이해하고, 진리와 진실을 추구하고, 사회에 기여하는 삶을 사는 것이 가치 있는 삶이다. 또한 자신이 하는 모든 것을 진정으로 볼 수 있으면 자신의 삶에 더 큰 가치를 부여할 수 있다. 전인적 인간(whole person) 개념은 사람이 신체, 정신, 마음 및 영혼을 깊이 통찰하고 완전한 인간 존재로 보는 것이다. 즉, 잠재력을 최대한 실현하고, 세상에 기여하는 가치를 실현하는 인간관이다. 진정으로 성공한 개인은 이러한 분야에서 긍정적으로 성장한다. 전인적 인간은 자신을 전체적으로 향상시킬 수 있는 개인의 지적, 육체적, 전문적, 심리적, 사회적 및 영적 능력이 있다.

[그림 1-2] 전인적 인간의 요소

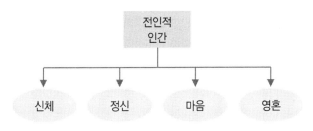

❶ 신체

신체(body)는 건강을 나타내며 활동을 수행하는 기관이다. 육체적인 세계에 살고 있기 때문에 몸을 돌보는 것은 개인적인 성장과 성공에 결정적이다. 건강한 몸이 없다면 사람은 무기력해지고 나태하고 활동하기 힘들다. 신체를 돌보는 것은 물리적 육체와 일을 돌보는 것이다. 건강, 일과 삶의 균형, 그리고 보다 건전한 생활방식에 집중하는 것이 필요하다. 또한 긍정적인 방법으로 신체를 단련하고 발전시키는 것뿐만 아니라 다른 사람들과 동일하게 수행하는 것이 중요하다.

❷ 정신

사람들을 인간으로 대하지 않고 종종 도구로 대한다. 이것은 조직에서 유행하는 상황이다. 인간을 실제로 자산과 부채 측면에서 평가한다. 다른 사람들의 마음을 두드리고 공감하는 것이 성장을 위해 매우 필수적이다. 전인적 인간 개념은 자신의 정신(mind)을 강화하고 다른 사람들의 정신을 활용하는 것이다. 다른 사람들의 좋은 점을 진정으로 찾아내어 고유한 방식으로 가치를 창출하여 이를 전파하고 활용하는 것이다. 자신과 타인을 위해 많은 일을 할 수 있을수록 큰 결과를 얻을 수 있다. 정신 속에는 진정한 재능이 살아 있으며 신체에 생명을 불어넣을 수 있다.

플라톤은 정신을 세 부분으로 나눈다. 즉, 생각(think), 느낌(feel)과 행동(act)이다. 행동에 영향을 주는 요인은 신체, 정신과 마음이다. 성격이라고 하는 정신(mind)은 인지, 정서와 행동하려는 능동적인 행동의도로 구성된다. 정신은 신체로부터 정보를 받아 신체로 정보를 전달하고, 또 다시 신체를 통해 행동에 영향을 준다. 다음은 다양한 요소와 상호작용하는 인간행동의 특징이다(Huitt, 2003).

- 인지, 정서와 행동의도 간의 상호작용
- 생물학, 유전과 마음 요인의 영향
- 개인행동의 결과로서 환경으로부터 피드백

인지(cognition)는 지식과 이해를 얻는 과정, 즉 환경에서 정보를 수집하고 저장하고 처리하고 인출하는 과정이다. 인지 과정은 자연적 또는 인공적, 의식적 또는 무의식적일 수 있다. 인지는 생각이나 행동이 무엇(what)과 관련이 있다. 즉, 의미가 무엇인가? 무엇이 일어났는가? 정서(affect)는 사랑, 공포, 증오, 분노, 불안처럼 강렬한 감정이나 소망으로 발생되는 느낌이다. 즉, 정서는 보다 복잡한 감정을 형성하는 데 필요한 전형적인 인지 과정이 일어나기 전에 발생하는 자극에 대한 본능적 반응이다. 정서는 지각, 정보나 지식의 정서적 해석으로 어떻게(how)와 관련된다. 즉, 어떻게 느끼는가? 어떻게 발생했는가? 행동의도(conation)는 생각과 느낌에 따라 행동하는 의도이다. 이것은 지식의 연결이고 행동에 영향을 주며 왜(why)와 관련된다. 즉, 왜 거기에 갔는가? 그것이 왜 일어났는가? 행동의도는 행동의 의도적이고 개인적인 동기이다. 따라서 인간행동은 인지, 정서와 행동의도를 이해하지 않고는 설명될 수 없다.

❸ 마음

마음(heart)은 사람의 진정한 열정이 있는 곳이다. 이것은 사람의 가장 깊은 욕망이 태어난 곳이다. 대부분의 사람들은 열정적인 일을 진정으로 할 수 있는 기회를 얻는 순간을 바라며 살아간다. 기회가 오기를 기다리는 것보다 앞으로 나가서 기회를 창조한다. 사람들은 다른 사람들의 마음을 실제로 이끌어내는 것을 간과한다. 어떤 사람은 진정으로 열정적인 일을 하는 데 많은 시간을 소비하지 않는다. 개인이나 조직은 사람의 마음을 두드리는 데 집중해야 한다.

좌절감, 우울증 및 업적 압박감이 개인이나 조직을 억압한다. 다른 사람들에게 있는 진정한 위대함을 이끌어내기 위해 그들의 진정한 열정을 실현하고 발전시키는데 집중해야 한다. 열정적인 사람들은 항상 더 나은 결과를 제공한다. 열정, 동기부여, 희망, 능력 개발은 제2의 천성이 된다. 이것은 위대함을 위한 준비이다. 사람들의 재능을 열정적인 것에 적응시킬 수 있다면 성공 가능성은 무한대가 될 수 있다.

❹ 영혼

개인적인 성장에 있어 상당한 진보를 이루고 다른 사람들이 성장할 수 있도록 돕기 위해 영혼을 성장시키는 것이 중요하다. 영혼(spirit)은 자신의 양심이 있는 곳이다. 이것은 자신의 내면적 나침반이며 핵심 가치와 신념이 형성되는 곳이다. 영혼은 자신이 하는 일이 옳은지 여부를 알려준다. 행동의 선택이 타당한지를 검토한다. 선택은 자신의 진정한 신념과 일치하거나 그렇지 않을 수 있다. 영혼에 의해 지시되는 선택을 할 때 결과적으로 도약할 수 있다. 영혼은 종교적 신념과 아무 상관이 없고, 삶을 사는 데 필요한 자신의 내적 청사진에서 오는 선택에 관한 것이다. 영혼은 열정, 재능과 봉사를 통해 진정으로 다른 사람들에게 가치를 전달하고 있는지 여부를 판단하는 곳이다. 따라서 이와 같은 영혼은 신체, 정신 및 마음의 핵이다.

(3) 선택적 지각

지각은 대상을 보는 방식으로 사람마다 다르게 볼 수 있다. 두 사람이 같은 대상을 다르게 표현할 수 있다. 사람은 자신의 경험과 가치에 따라 자신이 보는 것을 조직하고 해석한다. 선택적 지각이란 정보를 객관적 또는 전체적으로 받아들이지 않고, 자신의 기존 가치나 신념과 일치하거나 자신에게 유리한 것만 선택적으로 받아들이는 것을 의미한다. 즉, 자신이 듣고 싶은 것만 듣고 보고 싶은 것만 본다. 사람들은 자신이 옳다고 생각하는 것을 지각하는 경향이 있다. 즉, 사물이나 현상을 보고 싶은 대로 본다. 이것은 인지적 편견이다. 따라서 개인마다 같은 자극에 대해 서로 다르게 지각할 수 있다. 선택적 지각은 개인이 기존의 가치와 신념을 유지하려는 방식으로 정보를 해석하기 때문에 분명히 편견이다. 지각적 편견은 결정과 판단에 영향을 미쳐 사람들이 자신의 편견을 인식하지 못하게 한다. 따라서 어떤 영역이 왜 선택되고 관찰되고 설명되는지를 아는 것이 중요하다.

(4) 동기부여

동기부여(motivation)는 목표를 달성하기 위해 개인의 내적 추진력을 집중하는 과정이다. 어떤 욕구나 동기가 행동을 촉진한다. 욕구를 충족시키면 적극적으로 동기를 부여받고 효과적인 성과가 나타난다. 사람들은 바람직한 것은 접근하나 바람직하지 않은 것은 회피한다. 동기부여는 논리적인 활동이 아닌 감정이다. 두뇌가 동기부여를 받아야 한다고 생각하더라도 자동적으로 동기를 부여받았다는 것을 의미하지는 않는다. 사람들이 필요한 행동을 하도록 촉진하는 것은 조직의 과업이다. 따라서 동기부여는 바라는 목표를 달성하기 위해 사람들이 행동하도록 자극하는 과정이다. 다음은 동기부여의 특징이다.

- **내적 느낌**: 어떤 방식으로 행동하도록 힘이 되는 심리적 현상이다.
- **목표지향 행동**: 개인의 행동을 목표로 향하게 한다.
- **욕구 관련**: 욕구는 생리적, 심리적 불균형이 있을 때 발생하는 결핍이다.
- **긍정이나 부정**: 정적 동기부여는 보상, 부적 동기부여는 힘에 근거한다.
- **지속적 과정**: 욕구의 만족과 동기는 지속적인 과정이다.
- **역동성**: 현재 욕구는 미래 욕구와 다를 수 있다.

(5) 참여열망

많은 직원들이 직장에서 적극적으로 기회를 찾고 관련된 결정에 참여함으로써 재능과 아이디어를 조직의 성공에 기여한다. 사람들은 의사결정 문제에 관여할 수 있는 기회를 적극적으로 찾고 있다. 그들은 아는 것을 나누고 경험을 통해 배울 수 있는 기회를 갈망한다. 의미 있는 참여는 상호이익을 준다. 따라서 조직은 의사결정 문제에 대한 의견, 아이디어 및 제안을 표현할 수 있는 기회를 제공해야 한다.

(6) 인간의 가치

사람들은 개인으로서 존경과 대우를 받아야 하며 기계처럼 취급되어서는 안 된다. 그들을 인정하고 독특하게 대우함으로써 사람의 가치가 높아진다. 관리자와 지도자는 조직원들의 행동에 영향을 미치기 때문에 인간기술이 필요하다. 과거와 현재의 행동을 이해해야 행동을 예측할 수 있고 변화를 지시하고 행동을 통제할 수 있다.

2) 인간행동의 특징

심리학자들은 과학적 지식에 기초하여 인간행동에 대한 특정 생각을 발전시켰다. 모든 인간이 다르고 독특함에도 불구하고 공통적인 측면은 상당하다. 이러한 공통적인 측면을 기반으로 인간행동에 대한 몇 가지 중요한 개념이나 아이디어가 개발되었다. 인간행동의 특징은 생물학적 창조물, 유사성과 이질성, 문화, 민족과 성 정체성, 지속적 변화 과정, 적응과 부적응, 동기와 욕구 충족 등이 있다.

[그림 1-3] 인간행동의 특징

- 생물학적 창조물
- 유사성과 이질성
- 문화, 민족과 성 정체성

인간 행동

- 지속적 변화 과정
- 적응과 부적응
- 동기와 욕구 충족

(1) 생물학적 창조물

인간은 생물학적 창조물이며 생물학적 구성물이다. 생물학적 구성물은 삶에 커다란 영향을 미친다. 예를 들면, 정기적으로 운동함으로써 강한 근육을 만들 수 있다. 강한 근육은 개인의 생활과 작업환경에 상당한 영향을 미칠 수 있다.

(2) 유사성과 이질성

인간은 동일하면서도 이질적이다. 인간은 독특한 생물이지만 모든 인간은 여전히 특성 면에서 독특하고 다르다. 이것은 유전적으로 동일하지만 심리적으로 다른 쌍둥이의 경우에도 발견된다. 생각하고 느끼고 기억할 수 있는 능력이 유사하기도 하고 다르기도 하다. 개인 간의 유사성으로 인해 인간의 본성에 관한 특정 규칙과 이론을 개발할 수 있다.

(3) 문화, 민족과 성 정체성

정체성은 자신 내부에서 일관된 동일성을 유지하는 것과 다른 사람과의 어떤 본질적인 특성을 지속적으로 공유하는 것을 의미한다. 문화, 민족과 성 정체성이 인간을 이해하는 데 도움이 된다. 문화는 가치, 신념, 좋아하는 것, 싫어하는 것 등을 만들어낸다. 이것은 인간의 삶과 행동에 강력한 영향을 미치고 인격을 어느 정도 형성한다. 민족 정체성은 어떤 사람이 스스로 어느 민족에 속한다고 의식하거나 믿는 태도이다. 민족 정체성의 요소들은 혈연, 언어, 영토, 종교, 역사, 관습 등이다. 이런 요소들은 장기적으로 형성된다.

성 정체성은 남성다움과 여성다움에 대한 문화적 정의와 관련된 자아의식으로 남성이나 여성이라는 특성의 심리적 내면화이다. 즉, 자신을 남성 또는 여성으로 확실히 지각하는 것을 말한다. 성정체성은 자신과 다른 사람들 간의 상호작용에서 발생한다.

(4) 지속적 변화 과정

인간의 삶은 계속되면서 항상 지속적인 변화의 과정에 있다. 변화는 삶의 여러 단계를 거쳐 일어나며 죽을 때까지 지속된다. 변화는 육체적인 변화뿐만 아니라 감정, 이해 및 느낌의 영역에서 정신적 변화까지 포함한다. 이러한 변화는 생애의 다른 단계에서 개인이 만나는 경험이나 나이로 인해 대부분 발생한다.

(5) 적응과 부적응

행동은 적응적이거나 부적응적이다. 인간은 물리적 환경 및 사회적 환경에 적응할 수 있다. 인간의 역동적인 특성은 자신의 환경에 적응하는 데 도움이 된다. 도전, 압박, 스트레스 등에 적응할 수 있으나 생물학적 영향으로 인해 특정 환경에 적응할 수 없을 가능성이 있다. 개인이 보여주는 부적응 행동을 변화하고 수정할 수 있다.

(6) 동기와 욕구 충족

행동은 동기를 갖는다. 동기는 내적 및 외적 요인과 같은 중요한 요인에 의해 나타난다. 굶주림, 고통, 질병 등과 같은 기본적인 동기는 모든 인간에게 공통이지만 강도는 다르다. 개인은 이러한 동기를 어떻게 충족시키는지에 관해 서로 다르다. 동기는 행동을 매우 많이 이끌어내고 통제하며 영향을 준다. 사람들은 자신의 욕구와 필요를 충족시키기 위해 능동적으로 환경에 적응하고 환경으로부터 경험을 창조하지만 수동적으로 환경을 수용하지 않는다. 인간은 어떤 경험을 할 것인지를 결정하는 데 적극적으로 참여하고 선택의 특정 경험을 달성하는 데 도움이 되는 특정 상황을 찾는다.

2. 정상행동

모든 사람은 독특하다. 사람들은 사회규범과 사회가치 내에서 자신의 아이디어와 자신의 방식대로 정상적으로 행동한다. 그러나 이상행동은 더 독특하다는 점에서 특별한 것처럼 보인다. 어쨌든 사람은 다양하고 복잡하기 때문에 정상행동이 어디에서 중단되고 이상행동이 시작되는지 결정하기 어렵다. 정상인들은 사회적 환경을 준수하고 적응하고 만족스러운 작업 능력을 보여주고 적절한 소득을 얻다. 또한 그들은 다른 사람들과의 관계를 원만하게 수립하고 유지하고 감정적인 반응에 적절하게 대응한다.

생리적 과정이 인체에서 지속적으로 일어나고 있다. 신체의 섬세한 항상성의 교란 또는 변화는 개인에게 심각한 결과를 초래한다. 올바른 진단과 올바른 치료가 필요한 상황이다. 신체가 건강하지 못하면 신체적 문제를 치료해야 하는 것처럼 심리가 건강하지 못하면 심리적 문제도 치료해야 한다. 건강하지 못한 심리는 이상행동을 유발할 수 있다. 행동의 논리는 정상행동이나 행동의 오류는 이상행동이다.

1) 정상행동의 의미

행동(behavior)은 개인이 행동하거나 기능하는 방식이다. 정상행동을 정의하기 어렵다. 사람이 사는 사회는 사람의 정상행동을 정의한다. 또한 한 사회에서 정상으로 간주되는 행동은 다른 사회에서 완전히 비정상적인 것으로 간주될 수 있다. 예를 들면, 태양을 응시하면서 하루 종일 앉아있는 남성은 인도에서는 정상행동으로 간주되고 그 남성은 거룩하다고 여겨진다. 그러나 다른 나라에서는 이러한 사람은 정신 나간 사람으로 간주될 수 있다. 정상행동의 또 다른 예는 자동차 운전과 관련된다. 한국의 운전자들은 달리 지시되지 않는 한 도로의 오른쪽을 주행한다. 그러나 영국의 운전자들이 도로의 왼쪽에서 운전하기 때문에 도로의 오른쪽을 운전하는 것은 정상행동이 아니다. 이처럼 정상행동을 정의하는 것은 매우 어렵지만 정상행동에는 대체로 몇 가지 특성이 있다.

- 상황에 따라 행동을 바꿀 수 있다.
- 원인과 결과에 대한 통찰력이 있다.
- 시간, 장소 및 사람을 지향한다.
- 행동하는 이유를 대체로 알고 있다.
- 행동 동기는 의도적이다.

2) 정상인의 특성

인간의 연구는 성격과 행동을 모두 이해한다. 왜냐하면 행동은 성격의 표명이기 때문이다. 정상(normal)이라는 단어는 규범, 규칙이나 기준을 의미하는 라틴어 이름에서 비롯되었다. 규범(norm)은 규칙이나 패턴 또는 표준이다. 정상행동은 사회적으로 받아들일 수 있는 규범에 따른 행동이다. 또한 정상인(normal person)은 정상행동을 하는 사람이다. 정상인의 주요 특징은 사회성, 욕구의 균형과 성취, 건강, 안전 및 균형이다.

[그림 1-4] 정상인의 주요 특성

(1) 사회성

사회환경이란 사람이 살고 있는 곳이며 모든 사회는 고유한 전통, 수용된 행동양식, 형식 및 기능을 갖고 있다. 정상인은 사회규범과 사회가치를 따르고 경멸과 모욕을 불러올 수 있는 모든 유혹을 세심하게 통제한다. 일상생활에 대한 욕망은 사회적으로 인정된 방식으로 만족을 추구하며, 때때로 조직행사 및 사회활동에 적절하게 관여한다. 지역사회 구성원들과 삶을 공유하고 집단이 요구하는 규범을 준수한다. 매우 사회적인 관계유지와 타인을 존중하고 평판을 두려워한다. 자신의 이기심은 유일한 관심이 아니며 다른 사람들의 행복과 즐거움에 관심이 있다.

(2) 욕구의 균형과 성취

정상인의 또 다른 특징은 욕구의 균형과 편견이 없는 시각을 유지하는 힘이다. 이러한 유형의 개인은 가장 작은 문제, 질병, 고난, 피로, 방해에 처하는 경우가 있지만 이를 해결하기 위해 노력한다. 삶의 일상은 사무실이나 직장에서 일하는 것과 같이 규칙적이다. 대부분의 문제에서 극단을 피하고 역경을 극복하고 합리적으로 해결하려고 한다. 자신의 자질과 단점, 우정과 애정의 가치에 대해서도 알고 있다.

(3) 건강, 안전 및 균형

정상인들은 의식적 또는 무의식적인 노력을 통해 사회적, 경제적, 신체적 및 정신적 건강과 안전을 유지한다. 일반적으로 도덕을 준수하고 자신의 삶의 목적을 인식하고 이를 달성하기 위해 노력한다. 성공은 열정을 불어 넣지만 실패에도 좌절하지 않는다. 과거 경험은 교훈이며 미래는 유익을 얻을 수 있는 기회이다. 평화, 안락 및 안전은 원하는 삶의 방식이다. 희망, 균형, 사려, 일, 노력 및 자기통제와 같은 자질은 특성의 일부이다. 야심은 자연스러운 것이지만 비전을 흐리게 하지는 않는다.

3) 정상인의 성격

성격(personality)은 사람의 정신적 특성을 결정하는 다양한 자질이다. 모든 사람은 독특한 개성을 갖고 있다. 실제 상황에 어떻게 관계하는지는 사람에 따라 다르다. 환경에 잘 적응하는 사람들은 건전한 성격이 있고 건전하지 않은 성격을 가진 사람들보다 더 합리적이다. 그들의 삶은 조화로우며 자신과 주위의 세계에서 평화를 성취한다. 건전한 사람은 자기 파괴적 감정을 갖지 않으며 부적절하게 행동하지 않고, 환경과 주변 사람들에게 유연하다. 또한 생각과 행동이 강성이나 장황을 보이지 않고 시간이 지남에 따라 전진하고 점진적인 감정과 태도를 믿는다.

정상인은 육체적으로나 정서적으로 훨씬 건강한 삶을 산다. 예를 들면, 건전한 성격을 가진 사람은 정서적 안정성이 있으나 부적응한 성격을 가진 사람은 우울증, 불안, 스트레스 및 부정적인 생각에 쉽게 빠져 신경증으로 이어지고, 신경증은 수명과 복지에 영향을 미친다. 건전한 개성을 가진 사람은 또한 자신의 환경을 정확히 해석하고 자신의 진정한 역량, 장점과 약점을 아는 특성이 있다.

(1) 현실적 자기평가

정상인은 자신이 원하는 대로 세상을 보지 않는다. 이들은 자신의 능력과 업적을 현실적으로 평가할 수 있고, 자신의 기대에 미치지 못하는 것이 환경의 원인이라고 인식하지 않는다. 현실적인 사람은 자신이나 타인에게 평가가 잘못되었다는 것을 증명하기 위해 평가의 기준을 탓하지 않는다. 이들은 자신이 실제로 누구인지, 무엇을 하고 싶은지를 안다. 현실과 이상에는 상당한 격차가 있다는 것과 자신의 진정한 능력과 무능을 알고 있다. 또한 다른 사람들의 말을 듣고 기꺼이 비판하며 이러한 것들이 자신을 더 나은 사람으로 만들 것이라고 생각한다. 따라서 비판은 건설적인 평가로 간주한다. 상황에 대한 현실적인 평가는 성공이 쉽게 오지 않는다는 것을 깨닫는다.

(2) 현실적 성과평가

정상인은 성과를 현실적으로 평가하고 합리적으로 반응하고 자신의 패배에서 교훈을 얻는다. 자신의 과오를 인정할 줄 알고 비난의 근거를 합리적으로 평가한다. 자신의 실패를 실제적으로 평가하여 왜 실패했는지 또는 자신의 능력보다 큰 사람과의 경쟁으로 인한 것인지를 확인한다. 노력의 부족이 나태, 실패의 공포 또는 다른 원인에 의한 것이었는지 보다 열심히 노력했는지를 고려한다. 실패에서 교훈을 얻으며 미래의 목표를 보다 현실적인 수준으로 설정한다.

건강한 성격의 특징 중 하나는 현실을 벗어나는 것이 아니라 현실을 받아들이는 의지이다. 사물을 좋아하지 않을 수도 있다. 자신의 입장을 현실적으로 변경할 수 있다. 가장 약한 특성을 개선함으로써 자신의 한계를 보완할 수 있다. 현실적인 사람은 인생이 어렵다는 사실을 받아들인다. 자신의 성공과 만족이 실패와 실망을 상당 부분 보상한다는 것을 안다. 현실을 받아들이는 사람들은 과거로 돌아갈 수 없다는 것을 안다. 현실의 수용은 건강한 성격에 필수적이다. 따라서 사람들은 신체적으로나 심리적으로 현실을 수용하는 법을 배워야 한다.

(3) 책임수용과 자율성

정상인은 책임 있는 사람이다. 인생과 문제에 대처하고 자신의 나이와 능력 수준에 맞는 책임을 수행할 자신의 능력을 확신한다. 성공적으로 수행할 준비가 없는 것을 받아들이지 않는다. 여러 영역에서 책임을 진다. 자신과 자신의 행동에 대한 책임을 수용한다. 일이 잘못되고 비판을 받는다면 비난을 받아들이고 실수를 인정한다. 문제가 발생하면 문제를 해결하고 해결하려고 노력한다. 자신이 따르기로 결정한 경로에서 장애물을 만났을 때 이것을 극복할 책임을 진다.

정상인은 사고와 행동에 있어서 독립적일뿐만 아니라 자신의 필요와 희망을 충족시키기 위해 자신의 삶의 과정을 계획할 때 자기결정과 자기관리를 한다. 자기결정이기 때문에 자신의 욕구를 충족시키기 위해 자신의 삶의 패턴을 선택한 개인으로서 자신과 다른 사람들을 존중할 수 있다. 자율적인 사람은 독립적일 수 있을 때 다른 사람에게 의존하지 않는다. 다른 사람들이나 자신을 해치지 않기 위해 감정을 통제 하에 둔다. 정상인은 자신의 감정으로 편안하게 살 수 있다.

(5) 목표와 외부지향성

정상인은 현실적인 목표를 설정하고 목표를 달성하는데 필요한 지식과 기술을 획득하기 위해 계획한다. 때로는 장애가 발생하더라도 포기하는 것이 아니라 지식이나 기술을 향상시키거나 목표를 보다 현실적인 수준으로 조정한다. 정상인은 잘 조직된 사람으로 일관되고 조화로운 패턴에 따라 삶의 다양한 기능과 역할을 통합한다.

정상인은 외향적이다. 외부지향적일 때 상황 및 사물에 관심을 보인다. 고립보다 사회적 접촉에 더 만족한다. 정상인은 자신의 시간, 노력 및 물질적 소유물에 대해 비이기적이다. 다른 사람의 요구에 어떤 식으로든 응답할 수 있으며 그것을 부담으로 간주하지 않는다. 정상인은 다른 사람의 감정과 반응을 알 수 있다. 아는 것과 다르다면 변화시킬 준비가 되어 있다. 또한 다른 사람들의 행동에 친절하다. 심지어 그들이 자신에게 불친절하더라도 다른 사람들을 좋아하고 존중하며, 자신의 생각과 느낌을 그들에게 노출한다.

(6) 사회적 수용

적절히 조정하면 사회적 도전, 요구 및 기대를 충족시키기에 충분하다고 생각하므로 사회활동에 참여할 의사가 있으며 다른 사람들과 동일시할 수 있다.사회의 요구나 기대를 잘 수용하는 사람은 사회에 적응된 사람들의 특성이 있다. 정상인은 사회적으로 인정된 방식으로 목표를 달성하기 위한 계획을 수립하고 철학에 따라 삶을 관리한다. 이러한 삶의 철학은 주로 모든 관련자에게 가장 적합하거나 개인적인 경험에 근거할 수 있기 때문에 합리적이고 사회적으로 수용된다.

3. 이상행동

이상은 정의하기가 어렵다. 이상의 예는 여러 가지 형태를 취할 수 있으며 여러 가지 기능을 포함할 수 있다. 이상은 정상이라는 개념에 반대되는 것으로 표준에서 벗어나는 것을 의미한다. 뚜렷하게 매우 키가 크거나 매우 작은 사람들은 매우 재능이 뛰어난 사람들처럼 비정상이다. 따라서 엄밀히 말하면 아인슈타인과 미켈란젤로는 비정상이었다. 이상은 도덕적 차원을 갖고 있어 규칙 위반, 도덕 기준 위반 및 사회적 규범 무시와 관련이 있다. 불법적인 부도덕한 바람직하지 않은 행동이 비정상이다.

심리학은 인간의 사고, 감정 및 행동에 대한 연구이며 이상심리학은 심리학의 한 분야이다. 이상심리학(abnormal psychology)은 비정상적인 생각, 감정 및 행동을 연구한다. 즉, 이상행동과 정신장애에 대해 체계적, 과학적으로 연구한다. 비정상적인 생각, 감정 및 행동은 정신질환 또는 정신병리의 일부일 수도 있고 아닐 수도 있다.

1) 이상행동의 특징

이상(abnormality)은 평범한 사람과 매우 다른 인간의 행동과 경험이다. 이상행동은 평균과 같은 중심 경향에서 크게 벗어나는 행동이다. 즉, 이상행동은 통계적으로 이탈한 행동이다. 비정상인은 종종 정신적 결함이나 정신질환의 희생자이다. 일부 비정상인들은 지적 수준이 상당히 높지만 정서적 균형이 깨져있다. 정서적인 불안정성과 불일치는 대부분의 비정상인에게 공통적인 특성이다. 비정상인은 정신질환자, 청소년 범죄자, 비사교적인 사람들 및 반사회적인 사람들에 해당한다.

(1) 범죄 및 비행

범죄자들은 어느 정도 비정상이며 그들의 마음은 때로는 파괴적이고 악랄한 형태를 띤다. 그들은 자기중심적이고, 변덕스럽고, 복수심에 가득 차 있으며, 비사교적이고, 짜증스럽고, 자주 싸우며, 잔인하고, 과잉성욕적이고, 파괴적인 특성의 복합체이다. 그들은 자신의 이익이 관련되어 있는 다른 사람들에게 많은 상처와 고통을 주는데 주저하지 않는다. 그들의 욕구는 매우 강렬하고 아주 순간적이다. 특히, 비행청소년은 사람들에게 상당한 피해를 입히고 유익하지 않은 많은 활동을 탐닉한다.

(2) 정신질환

정신질환자들은 비정상으로 여겨지며 사랑과 공감이 부족하고 정서적인 불안감 및 콤플렉스를 나타낸다. 균형적이고 정상적인 개인은 자기평가, 적응성, 성숙, 규칙적인 삶, 균형, 만족스러운 사회적응, 직업에 대한 만족감을 나타내는 반면, 불균형적이고 비정상적인 개인은 이러한 모든 자질이 거의 없다. 그들은 자신의 잘못을 이해하지 못하고 세상을 비난하는 경향이 강하다. 또한 정신적, 정서적으로 미숙하고, 지나치게 자기중심적이고, 성생활은 정상적이지 않으며 다양한 종류의 성추행을 나타낼 수 있다.

2) 이상행동의 기준

이상행동(abnormal behavior)은 예상되는 정상적인 행동에서 벗어난 행동이다. 즉, 사회적으로 수용되지 못하는 불안, 자아 패배적인 우울이나 부적응과 인지적으로 왜곡된 사고가 있는 행동이다. 이처럼 이상행동은 통계적으로 벗어난 행동이나 사회적으로 인정된 기준을 위반한 행동이다. 또한 이상행동자의 특징은 불안감, 특이, 우울, 현실과의 거리감이 있다. 따라서 이상행동은 공통적인 의견이나 다수 의견 또는 공통적인 행동 기준에 위배되는 것으로 정의될 수 있다. 이상행동을 결정하는 주요 기준은 다음과 같다.

[그림 1-5] 이상행동의 기준

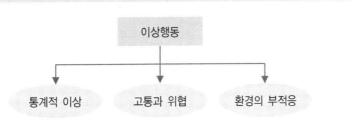

(1) 통계적 이상

이상행동은 사회의 통계적 기준에서 벗어난 행동이다. 이것은 최적 또는 평균 수준에서 기능하는 사람의 능력을 감소시키는 것을 의미한다. 비정상인은 정상인이 갖고 있는 것보다 성격의 특징이 훨씬 다르다. 통계적으로 비정상적인 행동은 비정상으로 판단될 수 있다. 성격의 다양한 특성의 평균을 추산하고 개인이 평균 수준보다 높거나 낮을수록 정상행동은 감소하나 이상행동은 증가한다. 어떤 사람의 행동이 평균 특성에서 벗어난 정도로 이상행동을 간주한다.

(2) 고통과 위협

이상행동은 자신과 타인에게 고통을 주고 고통의 강도는 너무 높아서 사람의 일상생활을 방해한다. 비정상인의 행동은 정상인의 행동과 다르다. 비정상인의 마음은 갈등과 좌절에 대한 전쟁터이다. 그의 성격은 왜곡(distortion)과 도착(perversion)[1]을 나타낸다. 정상인이라도 다소 정신착란의 징후를 나타내지만, 이것이 놀랄 만큼의 비율을 차지할 때만 이상행동으로 간주한다.

---

1) 성적 대상이나 목표의 선택에서 빗나간 것으로 간주되는 병리적 성적 행동.

개인의 일반적인 도착은 사회적응, 행동 및 성격에 장애물을 만들지는 않으나 도착의 정도가 증가한다면 다른 사람들에게도 문제를 일으킨다.

개인의 행동이 자신의 삶이나 타인의 삶에 위협이 될 때 비정상적인 것으로 간주된다. 심하게 우울한 사람은 자살 위험이나 살인 위험에 처해 있을 수 있다. 정신분열증으로 고통받는 사람은 현실과 접촉하지 않으며 자신이나 다른 사람들을 위험에 빠뜨릴 수 있다. 어떤 상황에서는 사람의 생각과 행동이 다른 사람의 육체적 또는 정신적 안녕을 위협하기 때문에 아동학대 또는 다른 사람 착취와 같은 비정상으로 나타난다.

(3) 환경의 부적응

이상행동은 사회에서 비합리적이고 비정상적인 것으로 간주된다. 이상행동은 부적응적이고 기능에 지장을 주는 행동이다. 정신적 일탈의 주요 요인은 사회환경에 부적절하고 불완전한 적응이며 정신적 왜곡은 적응을 해친다. 어떤 학자들은 적응을 정상과 비정상의 기준으로 받아들인다. 즉, 환경에 대한 적응은 정상으로, 그렇지 않으면 비정상으로 간주된다. 사회적 또는 문화적 규범과 일치하지 않는 행동은 비정상적인 것으로 간주된다. 정상행동은 사회적 풍습, 신념 및 전통을 용인하며 그에 따라 생활할 필요성을 인정한다. 반면에, 이상행동은 사회적 문화적으로 인정되지 않는 행동이다. 이상행동은 사회에 비합리적이고 비정상적인 것으로 간주된다. 따라서 상황에 맞게 적응하고 유지하면 개인은 균형과 정상을 유지할 수 있다.

3) 이상행동의 원인

생물학적 관점에서 이상행동은 부모로부터 물려받은 장애에 대한 유전적 취약성과 같은 요인에 의한 것이다. 심리학적 관점에서 어린 시절의 경험이나 자아개념이 증상의 원인이다. 사회적 관점에서 대인관계 또는 개인이 사는 사회환경에 기인한다. 이상행동의 원인은 사람의 본성이나 생물학의 일부 또는 삶의 경험과 같은 육아 요인으로 인해 야기되는 비정상적인 문제일 수 있다. 이와 같이 이상행동을 설명하는 모델은 정신분석, 행동주의, 생물학, 체질 스트레스 모델과 생물심리사회모델이 있다.

체질 스트레스 모델(diathesis-stress model)은 생물심리사회모델의 기초가 된 모델로 취약성과 스트레스라는 두 관점을 통해 정신질환을 설명한다. 유전적으로 높은 취약성을 가진 개인에게 심리 사회적 스트레스, 즉 환경으로부터 오는 스트레스가 충분히 크면 정신질환이 나타난다는 관점이다. 신경적 취약성을 가진 사람이 스트레스가 작용해서 발병한다. 이 모델에서는 선천적으로 타고난 유전적 기질과 환경적 영향에서 촉발 요인이 지속적 스트레스(업무환경, 대인관계 등)의 복합적인 작용으로 정신질환들이 생긴다고 보고 있다.

스트레스를 촉발하는 취약성은 생물학적, 심리적 또는 사회적일 수 있다. 즉, 장애가 있는 유전자, 결함이 있는 성격 특질이나 학대나 원만하지 못한 대인관계이다. 이 외에도 정신장애 발현은 다른 종류의 스트레스나 유발을 경험해야 한다. 스트레스는 예기치 않은 죽음을 통해 사랑하는 사람을 잃는 것과 같이 어려운 경험일 수 있다.

[그림 1-6] 취약성 스트레스 모델

스트레스는 신경전달물질 균형을 변화시키는 사고나 질병과 같은 생물학적 통제의 상실이나 외상사건과 같은 사회적 경험일 수 있다. 정신장애는 취약성이 스트레스와 결합할 때에 발전한다. 또한 피드백 루프(feedback loop)[2]가 발생하여 한 시스템의 변화로 인해 다른 시스템의 변화를 발생시킨다. 예를 들면, 특정 신경전달물질(생물학적 요인)이 증가하면 개인을 화나게 하고(심리적 요인), 이로 인해 친구에게 화를 내며 이 행동으로 인해 친구가 짜증을 낼 수 있다(사회적 요인). 친구들로부터의 짜증(사회적 요인)은 개인을 더욱 동요시켜 신경전달물질(생물학적 요인)을 더 변화시킬 수 있다.

사회과학자들은 생물학적, 심리적, 사회적 요인들 간에는 상호작용이 있으며, 이를 나타내기 위해 생물심리사회모델(biopsychosocial model)을 사용한다. 이 모델은 이상행동과 정신장애에 영향을 미치는 생물학적, 심리적, 사회적 요인들을 종합적으로 고려하는 모델이다. 이것은 조지 엔젤(George Engel, 1977)이 처음으로 주장한 모델로 건강과 질병은 세 요인들이 각각 서로 상호작용하고 있다는 가정을 기초로 한다. 이 모델은 특정 증상이나 일련의 증상(예: 충동성, 과민성, 슬픔)에 대한 심리적 요인을 찾는 것이다. 유전적 취약성을 가진 개인은 우울증에 걸릴 위험이 있는 부정적인 생각을 보일 가능성이 높다. 대안으로 심리적 요인은 유전적으로 취약한 사람을 다른 위험 행동에 처하게 함으로써 생물학적 요인을 악화시킬 수 있다. 예를 들면, 우울증 자체가 문제를 일으키지는 않지만 우울증을 가진 사람은 알코올을 남용하여 간 손상을 일으킬 수 있

---

2) 어떤 일로 인해 일어난 결과가 다시 원인에 영향을 미치는 원리.

다. 이와 같이 위험을 증가 시키면 질병의 확률이 높아진다.

- **생물적 요인**: 유전, 생화학
- **심리적 요인**: 기분, 성격, 행동
- **사회적 요인**: 사회, 문화, 가족, 경제, 의학

[그림 1-7] 이상행동의 이론

(1) 생물학적 요인

생물학적 요인(biological causes)은 이상행동의 원인을 이해하는 데 있어 유전이나 신체적 장애와 같은 신체의 과정에 중점을 둔다. 여기에는 유전학, 태아기 손상, 감염, 독소에 대한 노출, 뇌 결함 또는 상해, 약물남용이 포함된다. 많은 장애가 유전적 또는 선천적 특성이고 가족력이 있다. 예를 들면, 자녀가 정신분열증을 앓고 있다면 부모가 정신질환이 있는 경우가 더 많다. 의학적 조건(갑상선), 뇌 손상(두부외상), 특정 환경 자극(독성물질, 알레르기 항원) 노출, 특정 의약품 섭취, 불법약물은 행동장애를 유발할 수 있다. 다음은 주요 생물학적 요인이다.

- 유전자
- 건강과 질병
- 운동
- 다이어트
- 약물 및 약물
- 수면

(2) 심리적 요인

심리적 요인(psychological causes)은 개인의 성격에 영향을 미치는 인지, 정서, 동기, 행동, 발달 요인, 외상 경험, 우울, 중독, 낮은 자부심 등이다. 예를 들면, 시장에서의 과도한 공포는 시장에서 길을 잃었던 어린 시절의 경험으로 인해 야기될 수 있다. 초기 대인관계는 지각과 잘못된 사고 과정에서 왜곡을 일으킬 수 있다. 중요한 사람들이 실망하는 생각으로부터 그의 반응에서 비롯된 것임을 깨닫게 될 것이다. 비현실적인 기대, 학습된 무력감, 부정적 관심, 비난, 이분법적 사고, 비극 등이 심리적 어려움을 유발할 수 있다. 학습된 무력감(learned helplessness)은 피할 수 없는 힘든 상황을 반복적으로 겪게 되면 피할 수 있는 상황이 와도 극복하려는 시도조차 하지 않는 현상을 의미한다. 주요 심리적 요인에는 사고관점, 신념, 감정, 태도, 지식, 추억 및 스트레스가 있다.

(3) 사회문화적 요인

사회문화적 요인(sociocultural causes)은 삶에서 영향을 주는 가족적, 사회문화적 및 경제적 요인이다. 가족적 요인은 결혼, 가족 구조가 있다. 사회문화적 요인은 친구, 집단, 성 역할과 차별, 인종, 낙인, 문화, 정치가 있다. 경제적 요인은 소득, 빈곤, 직업, 거주 지역, 물가, 경제정책이 있다. 영향을 미치는 가장 직접적인 집단은 가족과 친구이다. 개인이 관계에 문제가 있다면 우울하게 느낄 수 있다. 집단에는 확장된 가족, 상호작용이 있는 이웃이 포함된다. 집단 구성원들의 행동, 기준, 태도 및 기대는 개인에게 영향을 미친다. 사회는 대부분의 사람들의 삶에 결정적인 역할을 한다. 정치적 혼란은 불안감이나 두려움을 느끼게 한다. 성별, 종교, 성적 취향, 장애에 근거한 차별은 개인에게 영향을 줄 수 있다. 사회적, 문화적 규범은 무엇이 비정상인지를 판단한다. 주요 사회적 요인에는 가족, 관계, 문화, 사회와 정치, 교육, 미디어 및 환경이 있다.

4. 본서의 구성

사람들은 전반적인 성격, 분위기 및 행동 면에서 크게 다르다. 성격과 행동의 갑작스런 중대한 변화, 특히 명백한 사건과 관련이 없는 행동은 문제를 나타낸다. 이상심리학은 사고와 행동이 정상적인 상황에 비하여 훼손되는 정도로 허용된 규범에서 벗어나는 사람들에 대한 과학적 연구 분야이다. 이상행동은 단순히 정상에서 벗어난 의미에서 이상이 아니라 부정적이거나 해로운 것으로 간주되는 행동을 의미한다. 임상에 사용되는 세 가지 기본 치료 방법은 인지, 행동과 의료이다. 인지치료는 사람의 사고 패턴과 신념 및 정신 질환에 어떻게 기여하는지에 초점을 두고, 내담자가 생각을 건강한 패턴으로 바꿀 수 있게 도와준다. 행동적 접근은 사람의 외적인 행동에 초점을 맞춘다. 목표는 긍정적인 행동을 강화하고 유해한 행동을 축소시키는 것이다. 이 접근법은 인지 치료와 결합하여 사고와 행동 모두를 처리할 수 있는데 이것을 인지행동 치료라고 한다. 의료 접근법은 화학적 불균형 또는 감염과 같은 정신질환의 생물학적 원인을 다루고, 정신질환 환자는 대개 약물치료를 받는다.

1) 행동변화이론

심리학은 인간의 사고, 감정 및 행동을 연구하지만 이상심리학(abnormal psychology)은 비정상적인 생각, 감정 및 행동을 다루는 심리학의 한 분야이다. 비정상적인 생각, 감정 및 행동은 정신질환 또는 정신병리의 일부일 수도 있다. 이상심리학은 사람들의 정서적, 인지적 및 행동적 문제를 연구하는 학문이다. 이상행동은 사회적으로 용납될 수 없는 불안한, 비참한 부적응 또는 자기 패배적 행동으로 왜곡된 생각(인식)의 결과로 정의될 수 있다. 이처럼 이상행동의 원인을 설명하는 몇 가지 관점이 있다.

- 의료 관점: 질병이나 정신병으로 취급되는 이상행동의 원인을 생물학 및 생리학적 요인으로 본다. 유전 상속, 신체질환, 감염 및 화학적 불균형을 포함하는 근본 원인의 이해를 강조한다. 증상을 통해 진단하고 처치를 통해 치료한다.
- 정신역동 관점: 미해결된 무의식 갈등에 의해 야기된 불안의 결과라고 주장하는 프로이트 정신분석 이론에서 진화했다. 이상행동이 무의식적인 생각, 욕망 및 기억에서 유래한다고 제안한다. 치료는 기억, 행동, 생각, 심지어 꿈을 분석함으로써 사람들이 부적응 행동과 고통으로 이끄는 감정의 일부를 밝힐 수 있다고 생각한다.
- 행동적 관점: 관찰 가능한 행동에 초점을 맞춘다. 지지자들은 이상행동이 잘못되었거나 비효율적인 학습과 조건화로 인한 것이라고 주장한다. 불필요한 행동을 제거하고 새로운 행동을 가르치는데 도움이 되는 고전적 조건화와 조작적 조건화를 활용한다.
- 인지적 관점: 사람들은 종종 잘못된 가정에 근거한 특정 생각과 행동 때문에 이상행동을 한다. 내적 사고, 인식 및 추론이 어떻게 심리적 장애에 기여하는지에 초점을 맞춘다. 인지치료는 개인이 자신의 생각이나 반응을 바꾸도록 돕는다. 치료는 부적응 습관을 버리고 유용

한 습관으로 대체하는 과정이다.

- **사회문화적 관점**: 사회 및 문화적 맥락은 사람들이 경험하는 스트레스의 종류, 스트레스로 발병될 수 있는 장애의 종류 및 받을 가능성이 있는 질환의 치료에 영향을 미칠 수 있다. 이상행동은 가족, 지역사회, 문화에 이르는 사회적 맥락에서 학습된다. 학습과 인지 과정을 통해 습득한 문화적 변인은 이상행동을 일으키는 데 중요하다.

행동변화(behavior change)는 개인이 이상행동을 변경하여 정상행동으로 전환하는 것을 의미한다. 목표는 부적절한 행동에서 원하는 행동변화를 일으키는 것이다. 행동에 지속적인 변화를 주는 것은 간단한 과정이 아니며 대개 시간, 노력 및 감정에 대한 실질적인 몰입이 필요하다. 정상행동, 체중감량, 금연 또는 다른 목표달성 등 모든 사람들에게 적합한 단일 해결안은 없다. 목표를 달성하기 위해 시행착오를 통해 여러 가지 기술을 시도할 수 있다.

행동변화이론 또는 모델은 행동변화를 설명하기 위해 시도하는 여러 요소에 중점을 둔다. 주요 이론은 학습이론, 사회인지이론, 합리적 행동이론, 계획된 행동이론, 범이론적모델 및 건강신념모델이다. 이 이론에는 자아효능감이 중요한 요소이다. 자아효능감은 자신이 어떤 일을 성공적으로 수행할 수 있는 능력이 있다고 믿는 기대와 신념을 말한다. 시험에 직면하거나 수술을 받는 것과 같이 까다롭거나 어려운 과제를 수행하는 능력에 대한 개인의 인상이다. 이 인상은 개인의 이전 과제 성공, 개인의 생리적 상태 및 외부 설득력과 같은 요인에 근거한다. 자아효능감은 개인이 행동변화를 시작하고 유지하는 노력의 양을 예측한다.

2) 본서의 구성

인간행동에 관한 연구는 현대 심리학, 사회학, 경제 및 교육에 관한 연구이다. 행동이 어떻게 발생하고 어떤 상황에서 변화하는지에 관한 이론 지식이 많이 있다. 행동은 복잡하지만 모델은 의도적으로 단순하다. 대부분의 모델은 이해하기 쉽도록 단순화시켜 사용될 때 유용하다. 요인이 항상 행동에 선행하는 것은 아니다. 대부분의 행동 모델은 선행 행동으로 사회 심리적 요인을 제시한다. 또한 이러한 모델은 행동을 변화시키기 위해 요인을 변경하는 것이 필요하다는 것을 암시한다.

본 행동변화 이론과 실제는 이상행동의 원인을 규명하고 행동의 변화를 유도하여 정상행동을 수행하는 데 초점이 맞추어져 있다. 환경의 원인 요소가 생물학적, 정신역동적, 행동주의적. 사회학습적, 인본주의와 인지적 관점에서 이상행동이 발생하는 과정을 설명한다. 이러한 이상

행동은 의료, 정신역동, 행동주의, 인지적, 사회문화적 모델로 치료하여 행동변화를 야기하고 정상행동으로 이동되는 여러 가지 이론을 기술한다. 따라서 본 행동변화 이론과 실제에서 이상행동이 발생하는 원인을 파악하고 치료모델을 통하여 정상행동으로 변화시키는 행동변화 이론을 새롭게 구성하여 설명한다.

[그림 1-8] 행동변화 이론의 구성

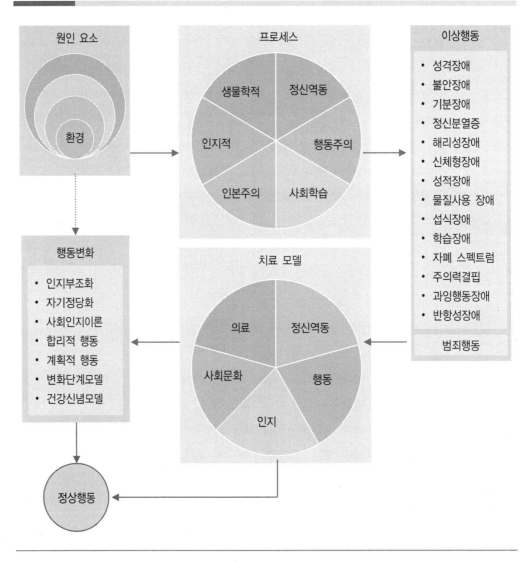

1649: René Descartes는 정신과 신체 문제(mind-body problem)를 구별하였다.

1802: Thomas Young은 적색, 녹색 및 청색의 3개 색상에 대한 인식을 기반으로 한 최초의 색각 이론(color vision)을 간략히 설명한다.

1890: William James는 최초의 심리학 교과서인 「심리학의 원리(The Principles of Psychology)」를 출판했다.

1900: Sigmund Freud는 「꿈의 해석(Interpretation of Dreams)」에서 정신분석학에 큰 영향을 미쳤다.

1905: Ivan Pavlov는 개로 획기적인 고전적 조건화 실험을 수행했다.

1906: Alois Alzheimer는 조기 치매의 유형을 알츠하이머 병으로 명명했다.

1911: Alfred Adler는 개인을 이해하는 데 있어 사회적 맥락과 생활방식, 열등감의 역할을 강조하는 개인심리학을 주창하였다.

1913: J.B. Watson은 행동주의의 핵심 아이디어를 설명했다.

1923: Jean Piaget은 「The Language and Thought of the Child」의 발행으로 발달심리학을 탄생시켰다.

1938: Skinner는 「The Behavior of Organisms」를 통해 행동주의를 향상시켰다.

1942: Carl Rogers는 「상담과 정신 요법(Counseling and Psychotherapy)」을 통해 정신건강 문제의 효과적인 치료를 위한 토대를 제공했다.

1950: Raymond Cattell은 획기적인 「인간 성격(Human Personality)」 이론을 발표했다.

1950: Erik Erikson은 「어린 시절과 사회(Childhood and Society)」를 통해 프로이트의 이론을 확장하여 일생 동안 성격 개발의 사회적 측면을 포함시켰다.

1954: Abraham Maslow는 인본주의 심리학(Humanistic Psychology)을 발견하는 데 도움을 주었고 욕구의 계층 구조(Hierarchy of Needs)를 개발했다.

1957: Wilder Penfield는 전극을 사용하여 뇌의 감각 영역과 운동영역을 연구했다.

1957: Leon Festinger의 「인지 부조화 이론」 출간은 사회 심리학에 중대한 영향을 끼쳤다.

1959: Noam Chomsky는 Skinner에게 영향력 있는 공격으로 행동주의에 타격을 주었다.

1961: Carl Rogers는 「인간적 성장(On Becoming a Person)」이라는 책을 발표하면서 정신건강 문제에 대한 치료 방법이 크게 달라졌다.

1963: Alfred Bandura는 관찰학습(Observational Learning)이라는 개념을 도입했다.

1963: Lawrence Kolberg는 도덕성 발달의 연속에 대한 그의 생각을 소개했다.

1967: Aaron Beck은 우울증의 심리적 모델을 발표했다.

1967: Ulric Neisser는 「인지 심리학(Cognitive Psychology)」이라는 영향력 있는 책을 출판함으로써 행동주의의 종말을 서둘렀다.

1970: 뇌 스캐너(brain scanners)의 발전은 신경학과 신경 심리학에 혁명을 일으켰다.

1980: 인지심리학과 신경심리학의 결합은 인지신경 심리학의 새로운 분야를 창출했다.

1994: 미국 정신 의학회에서 DSM IV를 발간하였다.

제2장

인과관계와 감정

1. 인과관계

철학자들은 수세기 동안 인과관계의 개념에 대해 고심해왔다. 흄(Hume)은 인과관계를 아이디어의 연상이라고 주장했다. 사회심리학자들은 인간의 마음이 사건의 원인을 밝히기 위한 매우 복잡한 구조를 갖고 있다고 한다. 사건과 진술 사이의 인과관계를 추론하는 것은 사건의 본질을 밝히는 방법의 하나이다. 결과는 원인에 의해서 발생한다. 원인과 결과를 명시적으로 나타내기 위한 다양한 언어 표현이 있다. 행동은 어떤 동기에 의해서 유발된다.

원인과 결과에 대한 지식은 합리적인 의사결정과 문제해결을 위한 기초를 제공한다. 그것은 과학과 기술의 모든 영역에서 중요하다. 많은 연구의 궁극적인 목표는 원인과 결과를 규명하는 것이다. 인과관계의 개념은 결과에 대한 원인으로부터 계속성의 가정을 포함한다. 즉, 원인이 결과를 발생시킨다는 인과 구조이다.

1) 원인과 결과

원인으로부터 결과를 추론한다. 현상에는 원인이 있고 원인을 통해 결과가 발생된다. 이번 여름에 발생한 태풍은 강한 바람과 비를 몰고 왔다. 이때 강한 바람으로 지붕이 날아갔다. 이처럼 지붕이 날아간 것은 강한 바람이 원인이다. "눈에는 눈, 이에는 이"는 죄가 있으니 벌을 받아야 한다는 죄와 벌 간의 인과관계이다. "아니 땐 굴뚝에 연기가 날까", "소 잃고 외양간 고친다" 등 이러한 인과응보 속담은 모두 인과관계이다. 원인이 있기 때문에 결과가 발생하는 것을 의미한다. 인과관계는 어떤 사건이 왜 일어나는지, 그러한 사건의 결과가 무엇인지를 설명한다.

[표 2-1] 원인과 결과의 예

원인	결과
• 한 소년이 공을 찼다.	• 공이 굴러갔다.
• 한 소녀는 고양이를 괴롭혔다.	• 고양이가 으르렁거렸다.
• 설연은 시험공부를 열심히 했다.	• 설연은 시험에서 A를 받았다.
• 지은은 오늘 상을 받았다.	• 지은은 정말로 기뻤다.

원인은 어떤 현상의 발생에서 중요한 요인이다. 원인(cause)은 어떤 사물이나 상태를 변화시키거나 일으키게 하는 근본이 되는 일이나 사건을 의미한다. 원인은 어떤 일이 발생되게 하는 것이다. 즉, 어떤 일이 일어나는 사건이나 행동이다. 두 가지 사건 중에서 가장 먼저 일어나는 사건이다. 원인을 파악하려면 "왜 발생했는가?(Why did it happen?)"라는 질문을 한다. 결과(effect)는 원인의 결과로 발생한다. 즉, 다른 사건 또는 행동의 결과로 발생한 사건이나 행동이다. 결과를 확인하려면 "무슨 일이 일어났는가?(What happened?)" 라는 질문을 한다.

[표 2-2] 원인과 결과의 연결어

원인(Why did it happen?)	결과(What happened?)
• 때문에	• 그래서
• 이후	• 이것은
• ~의 결과로	• 그러므로
• ~않는 한	• 결과적으로
• 이런 이유로	• 따라서

자동적인 인과추론은 독서와 대화의 이해에서 중요한 부분이다. 문장의 이해는 문장에 표현된 다양한 사건, 상황과 아이디어 간의 관계를 확인하는 것을 포함한다. 이를 통해 독자는 마음속에 일관되고 연결된 문장의 표현을 구성할 수 있다. 사건들 간의 인과관계를 파악하고 추론하는 것이 대화문의 이해에 있어 핵심적 요소이다. 사건이나 진술에서 인과관계의 수가 많을수록 독자는 더 잘 회상할 수 있다. 즉, 문장의 시작과 최종 결과를 연결하는 인과관계에 있는 사건과 문장은 인과관계가 없는 사건보다 더 잘 회상된다.

거짓 원인 오류는 전제와 결론 간의 연결이 존재하지 않는 상상된 인과관계에 의존할 때 발생하는 오류이다. X가 Y보다 먼저 발생했다고 해서 X가 Y의 원인이라고 할 수 있으나 아마 X는 Y의 원인이 아닐 수 있다. 이러한 오류에는 어떤 결과를 실제로 일으킨 원인이라고 잘못 간주하는 경우와 단지 먼저 발생하였다고 원인으로 간주하는 경우가 있다. 예를 들면, 까마귀 날자 배 떨어진다. 까마귀가 난 것이 배를 떨어뜨린 이유가 아니라 태풍이나 다른 이유가 있다.

2) 인과관계의 조건

소 잃고 외양간 고친다는 속담에서 소 잃은 것은 원인이고 이 원인으로 외양간을 고치는 것은 결과이다. 원인이 없다면 어떠한 현상(결과)도 일어나지 않는다. A 사건이 일어나면 B 사건이 반드시 일어난다고 경험으로부터 발견할 때 A 사건은 원인이고 B 사건은 결과이다. 인과관계는 삶의 모든 측면에 영향을 미친다. 이것은 사고에 스며들어 있고 이성적인 행동을 촉진한다. 원인과 결과에 대한 지식은 합리적인 의사결정과 문제해결을 위한 근거를 제공한다.

인과관계는 과학과 기술의 모든 영역에서 중요하다. 대부분의 연구나 조사의 궁극적인 목표는 원인과 결과를 확인하는 것이다. 영국의 가장 위대한 철학자인 데이비드 흄(David Hume)은 인과관계의 개념이 되는 아이디어의 결합을 주장했고 히치콕(Hitchcock)은 인과 지식을 인간생활의 위대한 지침이라고 언급했다. 따라서 인과관계를 통해 개념을 구성하는 기능을 활용하면 새로운 사례에 대한 정보를 쉽게 얻을 수 있다. 그러나 인과관계의 개념은 복잡하고 다각적이며 정의하기가 어렵다. 인과관계가 다음 세 가지 조건으로 구성된다.

- 원인과 결과의 동반 발생
- 시간의 우선순위
- 기타 원인 부재 조건

3) 인과관계의 원인

인과관계는 여러 가지 원인이 있다. 어떤 상황과 적용에서 이들을 구별하는 것이 중요하다. 인과관계 상황은 복잡하지만 어떤 측면이나 역할이 표현되었는지를 알아야 한다. 신체적 사건이나 상태 외에도 원인은 정신적 원인, 심리적 원인, 목적론적 원인과 통계적 법칙을 포함하는 광범위한 현상을 나타낼 수 있다. 아리스토텔레스(Aristotle)의 형이상학에서는 설명이 필요한 모든 것에 사용할 수 있는 네 가지 원인을 제시한다. 즉, 물질적 원인, 형태적 원인, 효율적 원인과 최종적 원인이다. 이 네 가지 원인은 원인을 확증하기 위해 원인의 하나, 일부 또는 전부가 조합

될 수 있기 때문에 다목적이다.[3]

- **물질적 원인**: 물질의 요소로 어떠한 재료로 구성되었는가?
- **형태적 원인**: 사물의 형태로 어떠한 형상으로 구성되었는가?
- **효율적 원인**: 변화의 원천적 주체로 어떻게 변화하는가?
- **최종적 원인**: 사물의 결과로 어떠한 목적을 추구하는가?

(1) 물질적 원인

물질적 원인(質料因, material cause)은 물질을 구성하는 요소이다. 즉, 물질을 구성하는 성분, 재료나 원료이다. 또한 물질적 원인은 무언가의 일반적인 성질을 설명한다. 인체는 세포로 구성되어 있다. 탁자나 나무 의자는 나무로, 옷은 천으로 이루어져 있다. 컴퓨터는 반도체 및 기타 전자 부품으로 만들어진다.

(2) 형태적 원인

형태적 원인(形相因, formal cause)은 변화 또는 움직이는 사물의 배열, 모양이나 외관이다. 인체는 세포로 이루어져 있는 유기체이다. 인체에는 세포를 특정하게 배열하여 적절한 기능을 하는 특성이 있다. 세포는 인체의 형태적 원인이다. 물질적 원인이 물체의 요소라면 형태적 원인은 물체의 형태이다. 나무는 목재로만 존재하지 않으며, 오히려 의자 또는 탁자와 같은 형태로 존재한다. 형태적 인과관계는 사물의 특징을 표현한다.

(3) 효율적 원인

효율적 원인(動力因, efficient cause)은 동작, 작용, 기능 또는 변화를 만든다. 탁자의 효율적인 원인은 목수이다. 목재의 형태에 영향을 미치는 목수는 나무를 목재 형태에서 탁자 형태로 변화시킨다. 형상이 조각가나 목수인 행위자(agent)의 마음에 계획이나 청사진으로서 나타나게 되고 결국 작품이 된다. 공이 창을 깨트린 경우 공은 창을 깨는 효율적 원인이다. 이와 같이 모든 변화는 효율적 원인에 의해 야기되고, 효율적 원인은 변화를 발생시키는 도구적 원인이다.

---

3) Aristotle(1996), *Physics* (R. Waterfield, Trans), Oxford, UK: Oxford University Press.

(4) 최종적 원인

최종적 원인(目的因, final cause)은 사물의 결과로 어떤 것이 존재하거나 행동하는 이유이다. 목수는 효율적 원인으로 목재의 형태에서 재료를 탁자의 형태로 변환한다. 목수의 마음속에는 탁자에 대한 결과가 있다. 탁자는 특정 작업이 최종적 원인이다. 왜 공이 창문을 깨뜨릴까? 최종적 원인은 공이 단단하고 창문은 깨지기 쉽기 때문이다. 왜 바위가 떨어지는가? 아리스토텔레스는 바위가 무거워서 떨어지는 것이라고 말했다. 공기는 가볍기 때문에 상승한다. 이것들은 모두 효율적 원인의 최종적 원인이다. 왜 컴퓨터가 존재하는가? 사람들이 만들었기 때문에 존재한다. 사람들은 그것을 수학, 게임 및 비즈니스에서 도구로 사용하기를 원한다. 왜 바위가 존재하는가? 왜냐하면 바람, 바다, 비가 암석을 만들어 내기 때문에 존재한다.

이러한 네 가지 원인은 상호 배타적이지 않다. 특정 인과관계 상황에서는 모든 원인이 동시에 발생할 수 있다. 최종적 원인은 어떤 의미에서 원인이 결론을 발생시키는 인과관계의 특별한 유형을 의미한다. 의사결정에서 목적론적 원인은 행동의 의도된 결과이다. 예를 들면, 의사가 질병을 치료하기 위해 약을 처방하는 것은 약이 질병을 치료할 것이라는 의사의 믿음 때문이다. 미래의 의도된 결과는 현재 사건의 원인으로 발생한다. 원인은 의사의 마음속에 있는 사고 과정과 관련되어 정신적 원인과 관련이 있다. 의미론적 원인은 자연에서 발생하는 것으로 자연 선택에 의해 이해될 수 있다. 예를 들면, 새의 날개는 새가 날기 위해 존재한다고 말할 수 있다.

4) 인과관계도

인과관계도(cause and effect diagram)는 특정 문제나 특성의 원인을 식별, 정렬 및 표시하는 도구이다. 이것은 주어진 결과와 결과에 영향을 미치는 모든 요소 간의 관계를 시각으로 보여준다. 즉, 특정 문제에 대한 잠재적 근본 원인을 시각적으로 제시하는 도구이다. 이 도구는 문제의 원인을 유용한 범주로 쉽게 구성할 수 있다.

인과관계도의 작성은 새로운 지식을 얻는 경향이 있고, 여러 범주의 원인에 대해 생각하도록 도와줌으로써 문제의 원인에 대한 새로운 아이디어를 촉진한다. 문제의 원인을 적극적으로 찾고 시간이 지남에 따라 다이어그램을 추가할 수 있다. 이 유형의 도표는 이시카와 다이어그램(Ishikawa diagram) 또는 구조가 생선의 머리와 뼈처럼 보여 어골도(fish bone diagram)라고 한다. 이것은 요인별로 분석해 해결방안이나 아이디어를 도출할 수 있는 장점이 있다. 인과관계의 유형은 단일사건형, 연쇄반응형과 다중사건형이 있다.

(1) 단일사건형

단일사건형은 문장에 하나의 원인과 하나의 결과만 있는 가장 간단한 유형이다. 예를 들면, 나는 공무원 시험공부를 열심히 해서 공무원 시험에 합격했다. 이 유형은 하나의 원인에 의해 하나의 결과가 발생한다. 이를 시각적으로 표현하면 원인 및 결과에 대한 이해를 높이는데 유용하다.

[그림 2-1] 단일사건형

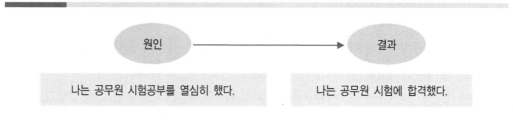

(2) 연쇄반응형

연쇄반응형은 원인이 결과를 만들고 그 결과가 원인이 되어 또 다른 결과를 야기할 때 발생한다. 기본적으로 하나의 사건이 다른 사건으로 연결된다. 연쇄반응형은 모든 정보를 쓸 수 없기 때문에 까다로울 수 있다. 때로는 문장을 분해하고 원인과 결과를 확인하기 위해 저자가 말하는 것을 추론할 수도 있다. 예를 들면, 일본군은 한국과 중국 전쟁에 대한 비용을 지출하기 위해 점령지 국가에서 물자를 무자비하게 강탈했다. 그 결과 식민지 주민들은 수탈당하여 불행했다.

[그림 2-2] 연쇄반응형

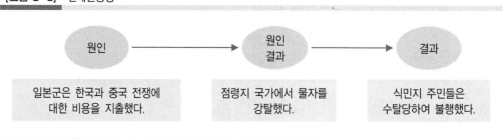

(3) 다중사건형

원인과 결과 다이어그램을 사용하면 해결하려는 문제를 정의하는데 효과적이다. 한 원인이 여러 결과를 만들거나 여러 원인이 하나의 결과를 만들기도 한다. 하나의 원인으로 어떤 결과를 설명하기 어렵다. 예를 들면, 강남역 근처에서 연약한 행인을 대상으로 묻지마 폭행하는 청년이 경찰의 집요한 추적 끝에 체포되었다. 범인의 아버지는 알코올 중독자로 자녀를 학대하거나 방치하였다. 이러한 육아 태도가 충동적이었고 경제적 어려움으로 범인은 학업을 포기하고 박탈감과 빈곤으로 사회에 대한 반항으로 묻지마 폭행을 하게 되었다고 진술하였다. 범인은 반사회적 성격장애일 가능성이 크다.

[그림 2-3] 다중사건형

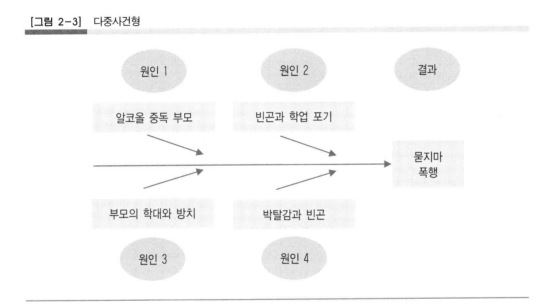

5) 인과추론

사람들은 인과관계 추론을 자동적으로 수행하여 사건을 이해하고 상호작용을 유도한다. 자동적 인과추론은 문장의 읽기와 이해의 중요한 부분이다. 문장의 이해는 문장에 표현된 다양한 사건, 기술 및 아이디어 간의 관계를 확인하는 것을 포함한다. 이를 통해 독자의 마음속에 일관된 문장 표현을 구성할 수 있다. 사건들 간의 인과관계를 파악하고 추론하는 것이 핵심적 요소이다.

인과관계 추론은 관찰한 대상의 일부 현상들이 지닌 원인이나 결과를 이끌어 내는 추론이다. 원인과 결과의 관계는 간헐적이기도 하지만 연쇄적으로 일어나는 수가 많고, 특히 나쁜 일에서만 계속 나타나는 것을 악순환이라 한다. 원인(原因)은 어떤 사물이나 상태를 변화시키거나 일으키게 하는 근본이 되는 일이나 사건이다. 또한 원인은 어떤 현상을 일으킨 중요한 요인이다.

예를 들면, 영수는 우유와 빵을 먹고 영자는 사이다와 빵을 먹은 후 두 사람 모두 배가 아팠다. 아마도 빵이 복통의 원인이었을 것이다.

[표 2-3] 인과논증의 예

• 어떤 원인 A가 발생했다.	• 미자는 사탕을 많이 먹었다.
• 원인 A는 B에 영향을 준다.	• 사탕을 먹으면 충치가 생긴다.
• B가 발생한 것 같다.	• 미자는 충치가 생길 가능성이 있다.
• 어떤 원인 A가 발생했다.	• 미자는 충치가 생겼다.
• A의 원인은 B를 발생시킨다.	• 사탕을 먹는 것은 충치를 발생시킨다.
• 결과 B가 발생한 것 같다.	• 미자는 사탕을 많이 먹은 것 같다.

원인으로부터 결과를 추론하거나 결과로부터 원인을 추론한다. 결과로부터 원인을 추론할 수 있다. 즉, 원인 A는 결과 B에 영향을 준다. 이것은 인과적 일반화이다. 대부분의 실제 사례에서 하나의 원인으로 일어나는 동일한 결과는 드물기 때문에 인과관계 논증의 강도는 평가하기 어렵다. 또한 발생한 것에 대해 결론을 내는 것은 언제나 어렵다. 인과관계 논증에서 강한 논증을 판독하는 가장 좋은 방법은 조사를 많이 하는 것이다.

2. 인지부조화

사람들은 자신의 신념에 따라 행동하지 않는 경우가 있다. 인지부조화는 두 가지 또는 그 이상 모순되거나 일치하지 않는 사고, 신념, 태도나 가치 등을 갖는 심리적 스트레스이다. 인지부조화에 대한 스트레스는 자신의 신념을 변경하고, 행동을 변경하고, 행동에 대한 인식을 변경하는 것(합리화)의 세 가지 방법 중 하나로 해결할 수 있다. 즉, 신념, 행동이나 인식을 변경하는 것이다. 흡연은 인지부조화의 흔히 인용되는 예이다. 흡연이 유해하다고 생각하면 담배를 피우는 데 불일치가 발생한다. 불일치를 해결하기 위해 과학적 연구가 허황된 것처럼 자신의 신념을 변경할 수 있고, 행동을 변경하거나(금연), 행동을 합리화할 수 있다. 즉, 나는 잘 먹고, 운동을 하며, 충분한 휴식을 취하고, 술을 마시지도 않기 때문에 흡연이 해롭지 않다.

1) 인지부조화의 개념

인간은 자신의 마음속에서 양립 불가능한 생각들이 심리적 대립을 일으킬 때 행동에 따라 신념을 조정한다. 자신의 신념과 사실이 다를 때 심리적 불편을 완화하거나 상황을 회피하기 위해 자신의 신념에 맞게 사실을 왜곡하거나 변형한다. 인지부조화(cognitive dissonance)는 서로 상반되는 사고, 신념이나 가치를 갖고 있거나 기존의 사고, 신념, 태도나 가치와 모순되는 새로운 정보에 직면하는 개인이 경험하는 과도한 정신적 스트레스와 불편이다. 불일치를 경험하게 되면 주로 심리적으로 불편하다. 스트레스와 불편은 신념을 갖고 상반되는 행동을 수행하는 개인에게 발생된다. 두 개의 모순된 생각을 동시에 가짐으로써 발생하는 불편한 긴장감, 즉 두 개의 인지 간 불일치를 의미한다. 또한 인지는 지식, 태도, 정서, 믿음, 행동을 포괄하는 개념을 의미한다. 따라서 인지부조화는 자신이 알고 있는 것(신념)과 자신의 행동이 서로 충돌할 때 생기는 심리적 부담감을 없애기 위해 자기정당화의 필요성을 느껴 행동에 생각을 맞추는 것, 즉 생각을 변경하는 것이다.

인지부조화 이론에 의하면 하나는 자신의 신념(나는 거짓말을 좋아하지 않는다)과 일치하지 않는 행동(거짓말을 하면 당선되기 때문에 거짓말을 한다)에 관여하면 신념이 행동과 일치하는 방향으로 변한다는 것이다. 이는 불일치에서 생긴 '부조화 압력'(거짓말을 하면 당선되기 때문에)이다. 인간의 내적 일관성을 추구하는 방법에 초점을 둔다. 심리적으로 불편한 부조화의 존재는 개인들이 부조화를 감소하고 조화(consonance)를 성취하게끔 자극할 것이다. 그리하여 부조화가 존재할 때 개인은 부조화를 증가하는 상황과 정보를 적극적으로 회피할 것이다.

[그림 2-4] 인지부조화 과정

인지부조화 이론은 심리학자 레온 페스팅거(Leon Festinger, 1957)가 한 사이비 종교단체 연구를 위해 신자로 위장 잠입해서 얻은 정보를 토대로 여러 실험을 거쳐 1957년에 발표한 이론이다. 이론에 소재를 제공한 사이비 교주의 이야기는 다음과 같다.

1954년 9월 행성 클라리온(Clarion)에 있는 외계인이 "12월 21일 밤 자정에 대홍수로 지구가 멸망한다. 그러나 사난다(Sananda)의 존재를 믿는다면 모두 구원받으리라"라는 메시지를 평범한 주부인 매리언 키치(Marian Keech)는 받는다. 매리언 키치는 신의 계시를 받았다고 생각하여 가족이나 재산 모든 것을 모두 버리고 종말을 대비하기 위해 종교를 창시하였다. 이윽고 종말의 날 자정에 UFO가 신도들을 안전지대로 이동시킬 것이라고 교주와 신도들은 장담했다. 교주를 추종하는 신도들이 증가하고 드디어 종말의 날이 오자 많은 신도들이 종말을 기다리고 있었다. 그러나 교주인 매리언 키치의 예상과 달리 지구에 종말이 오지 않았고 아무런 일도 발생하지 않았다. 당시에 이 사건은 미국에서 큰 화제가 돼 많은 언론에서 상황을 중계할 정도였다.

그렇다면 1954년 12월 21일 밤 자정에 무슨 일이 벌어졌을까? 자정이 되어도 비행접시가 나타나지 않자 신도들은 불안해 했다. 다음날 새벽 4시 44분에 교주인 매리언 키치는 "신도들의 열성적인 믿음으로 세계가 구원받았다. 죽음에서 구원받았으니 지구에 어떤 불행한 일이 일어나지 않을 것이다. 지금 여기에는 선과 빛이 넘쳐나고 있다"는 새로운 예언을 했다. 분위기는 절망에서 희망으로 순식간에 변했고 신도들은 기적을 보도해 달라고 언론사에 요청했다. 사이비 신도들은 교주의 예언이 빗나갔는데도 자신들의 믿음 때문에 세상에 많은 빛이 퍼져나가고 절대자인 사난다가 세상을 구원하기로 하였다며 스스로 합리화하여 사이비 종교에 더욱 열광했고 신도들은 현실을 왜곡하여 잘못된 신념을 지켰다.

2) 인지부조화 감소 방법

인지부조화가 발생할 때 일정한 행동패턴이 있다. 자신의 행동을 정당화하고자 할 때 또는 그 행동에 상반되는 원인이 있을 때 사실을 왜곡하여 신념을 변화한다. 자신의 태도와 상반되는 정보인 경우 부조화를 일으키는 정보의 중요도를 낮게 평가하고, 부조화를 일으키는 상황이나 정보를 회피한다. 인지부조화를 해소하지 못하면 불안에 시달리게 되고 자신의 정체성을 잃어버릴 수 있다. 불안을 해소하고 심리적 안정을 가져오는 장점이 있지만 스스로가 오류에 빠지게 된다. 부조화는 자신이 선택한 신념의 장점을 부각시켜 또 다른 부조화를 가져온다.

개인들은 다양한 방법으로 태도나 행동을 수정할 수 있다. 인지부조화 이론은 개인의 기대와 현실 간의 일치를 개인들이 찾는다는 가정에 초점을 둔다. 인지와 행동을 서로 일치하기 위해 부조화 감소에 관여하게 된다. 이러한 동일성의 조성은 심리적 긴장과 곤경을 감소하게 된다.

> • **신념**: 기만은 나쁘다. 따라서 기만하지 않는다.
> • **행동**: 기만이 나쁘지 않다. 따라서 기만한다.

평소 남을 기만하는 것은 나쁘다고 생각하고 있던 기만 씨는 남을 기만하지 않고 착실히 살아왔다. 또한 남에게 속지 않으려고 대인관계에서 신중하게 행동했다. 그런데 갑자기 최근 만나던 사람이 재력도 있고 착해 보였다. 그가 갖고 있는 것도 많아 부러웠다. 그래서 사업제안을 하기로 하였는데 말이 사업제안이지 사실은 사기를 결심하여 그의 재산을 가로채려고 계획하였다.

기만은 나쁜 것이기 때문에 기만해서는 안 된다는 신념을 갖고 있었다. 그런데 기만을 하면 일확천금을 얻을 수 있다는 황홀에 빠진다. 이때 속는 사람이 바보이고 나 아니더라도 다른 사람에게 속을 것이며, 있는 사람의 재산을 얻는 것이 굳이 나쁠 것이 없다는 생각으로 발전한다. 기만이 나쁜 것이라는 최초의 태도에서 굳이 나쁠 것이 없다는 태도로 변경하게 되어 신념을 기만행동에 맞추게 된다. 결국 기만씨는 기만을 하고 말았다.

[그림 2-5] 인지부조화 과정

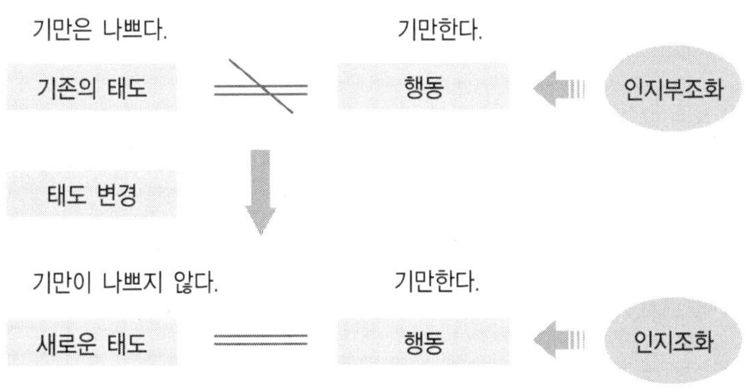

3. 자기정당화

나쁜 인간이 현실을 매우 객관적인 정확성으로 묘사하는지를 본다면 놀랄만한 일이다. 두뇌가 작동하는 방식, 인식이 왜곡되는 방식, 언어의 모호성 때문에 살고 있는 이 세상은 결코 정말로 알 수 없다. 그렇다면 어떻게 해야 하는가? 한 가지 대답은 진실 탐구를 멈춘다면 객관적인 진리가 없다. 존재하는 많은 진실을 탐구하고 성공할 수 있도록 자신을 조금 더 잘 이해하는 데 노력을 기울인다. 자기정당화는 명시된 목표나 기대에도 불구하고 진실이 아니라 자기보존에 관심이 있는 두뇌의 묘사이다.

1) 자기정당화의 개념

자기정당화(self-justification)는 개인의 행동이 자신의 신념과 불일치할 때 개인은 행동을 정당화하고 행동과 관련된 부정적인 반응을 부인하려고 하는 것을 말한다. 즉, 자신의 행동을 정당화하거나 변명하는 것을 의미한다. 인지부조화가 자기정당화를 구동하는 엔진이라면 자기정당화는 긍정적인 감정으로 전환하는 도구이다. 특히 자신의 신념과 불일치하는 행동이나 결정을 정당화하려는 욕구는 인지부조화라고 하는 심리적 불편에서 오고, 이러한 심리적 불편을 완화하거나 제거하는 것이 자기정당화이다.

2) 자기정당화의 유형

자기정당화 전략에는 내적 자기정당화와 외적 자기정당화로 구분할 수 있다. 내적 자기정당화는 자기 자신의 태도를 행동에 일치하여 심리적 불편을 제거하는 것을 말한다. 예를 들면, 뇌물은 다른 사람들이 더 많이 받기 때문에 받아도 괜찮다고 생각하는 경우이다. 외적 자기정당화는 자신의 행동을 외적인 원인으로 정당화하는 것을 말한다. 자신의 외적인 원인을 통해서 자신의 태도를 바꾸는 것을 의미한다. 따라서 태도변화를 통하여 부정적 결과를 경시하거나 부인하는 것이다. 외적 원인은 자신의 책임을 부인하고 다른 사람이나 사회적 요인 등으로 돌리는 것이다. 따라서 외적 자기정당화는 행동에 대한 책임을 자신이 아닌 외부로 돌려 심리적 불편을 제거하는 방법이라 할 수 있다. 예를 들면, 흡연가는 금연하지 않는 이유를 국가조세의 목적을 위해서 흡연한다고 말하는 경우이다. 개인들은 긍정적인 감정을 유지하고 심리적 불편을 해소하기 위해 자기정당화 전략을 사용함으로써 비윤리적인 행동을 합리화한다. 예를 들면, 일부 정치가들이 뇌물을 받은 대가로 민간 기업체에 특혜를 주고 적발될 경우 대부분은 정당한 민원 활동이라고 하거나 정치공작이라고 치부하며 범죄의식을 갖지 않는다.

4. 감정의 이해

영국의 철학자 데이비드 흄(David Hume)은 이성은 감정의 노예라고 한다. 인간은 이성적인 것 같지만 감성적이다. 정신분석학에서 느낌, 감정, 기분과 정서는 다양한 차이가 있다. 느낌(feeling)은 중추신경에서 주관적으로 경험되는 상태를 말한다. 느낌은 어떤 경험에서 비롯되는 순간적인 반응으로 감정과 감각을 포함하여 좋거나 싫은지에 관한 반응이다. 감정(emotion)은 어떤 대상에 대한 강렬한 느낌이다. 즉, 외부에서 관찰될 수 있게 드러나는 느낌이다. 기분(mood)은 비교적 안정적이고 오래 지속되는 정서 상태로서 감정보다 덜 강한 느낌이다. 정서(affect)는 사람들이 경험하는 광범위한 느낌을 포괄하는 일반적인 용어이다. 이것은 느낌과 기분 모두를 포괄하는 개념이다(George, 1996).

정서는 감정과 기분을 포함하는 광범위한 개념이다. 감정과 기분 간에는 차이가 있다. 감정은 구체적인 사건에 의해 발생하고 얼굴 표정으로 더 뚜렷하게 나타나는 경향이 있다. 감정은 행동 지향적이고 즉각적으로 이를 수 있지만 기분은 인지적이고 사색적이다. 감정과 기분은 서로 영향을 미친다. 감정이 강하고 깊으면 기분이 된다. 기분이 좋거나 나쁘면 더 강한 긍정적이거나 부정적인 감정을 경험한다. 그러나 정서, 감정과 기분이 이론에서는 분리할 수 있더라도 현실에서 언제나 명확한 것은 아니다. 종종 느낌, 정서나 감정은 상호 교환적으로 사용된다.

1) 감정의 성격

emotion은 e + motion으로 감정이 행동으로 이동될 수 있다는 의미이다. 감정(emotion)은 인지, 동기와 마음의 3요소로 구성되어 생리적 각성, 표현적 행동과 의식적 경험을 수반하는 유기체의 반응이다. 정서(affect)는 사람들이 경험하는 느낌의 넓은 의미로 감정이나 기분의 형태로 경험할 수 있다. 즉, 감정과 기분을 모두 포함하는 개념이다. 감정은 특정한 사람이나 사건에 대한 반응이다. 예를 들면, 일하는 친구를 보고 즐겁게 느낀다거나 무례한 고객을 보고 화가 나는 경우이다. 감정은 외부 자극에 대한 단기적이고 인지적 반응이다.

[그림 2-6] 정서, 감정과 기분의 개념

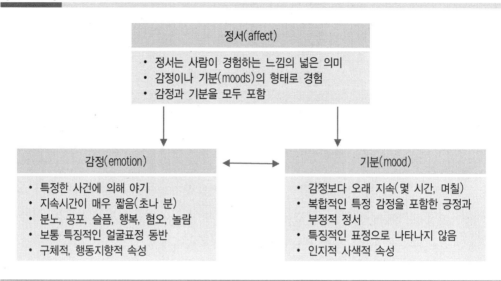

동기부여(motivation)는 어떤 것을 하려는 충동으로 감정을 느낄 때마다 동기를 갖는다. 예를 들면, 공포는 도피하려는 동기, 분노는 공격하려는 동기, 그리고 배고픔은 먹으려는 동기를 동반한다. 동기는 목표를 달성할 때까지 지속되나 감정은 시간이 지남에 따라 서서히 약화된다. 따라서 동기는 신체의 내부적 욕구를 반영하나 감정은 외부자극에 대한 반응으로 뇌에서 인지과정을 거쳐 나오는 반응이다.

2) 감정의 종류

감정은 무엇인가? 감정은 정신적 반응, 전형적인 행동, 긍정적 또는 부정적 주관적 느낌을 낳는 자극에 의해 유발되는 단기 경험이다. 감정을 유발하는 자극은 육체적일 수 있다. 자극은 자격증 시험의 합격 소식, 주가 상승 뉴스 또는 컴퓨터에서 듣는 곡의 소리일 수 있다. 또는 슬픈 경우를 기억하거나 완벽한 동반자를 상상하는 것처럼 자극은 마음에서만 발생할 수 있다. 감정은 내부 느낌 상태로 인간의 경험과 정신장애에 대한 이해에 필수적이다. 다양한 감정을 표현하기 위해 수백 가지 단어가 사용된다. 어떤 감정이 가장 중요한가? 가장 중요한 6가지 기본 감정이 있다. 이러한 기본 감정은 인류에 공통적이다.

[표 2-4] 6가지 기본 감정

긍정적 감정	부정적 감정
• 사랑(Love)	• 분노(Anger)
• 기쁨(Joy)	• 슬픔(Sadness)
• 놀람(Surprise)	• 공포(Fear)

기본 감정은 긍정적 감정과 부정적 감정의 두 가지 범주이다. 물론 부정적 감정은 비정상적인 심리와 가장 관련이 있지만 부정적 감정을 구별하는 것이 핵심이다. 감정은 의도, 노력, 또는 욕망 없이도 나타나고 피질하부에 의해 제어된다. 인지는 감정을 조절할 수 있지만 지적으로 감정을 완전히 통제할 수 없다. 의식적인 표현과 무의식적인 표현은 서로 다른 두뇌의 영역과 연결되어 있다. 감정은 두 가지 이상이 혼합되어 나타나기도 한다. 무의식적인 감정표정은 진화의 산물로 인간은 표정을 통해서 감정을 나타낸다.

기본 감정은 인간의 보편적인 감정이다. 사랑, 기쁨, 놀람, 분노, 슬픔과 공포 등과 같은 감정은 인종, 문화, 연령이나 성별에 관계없이 모든 사람들에게 공통적으로 나타나는 기본 감정이다. 이 감정은 인류에 보편적인 감정으로 인간의 생존에 유용하다. 기본 감정은 얼굴표정으로 구분 가능하고 생리적 반응으로 나타나는 감정이다. 다음은 찰스 다윈(Charles Darwin)의 연구 이후 주요 연구자별 기본 감정이다.

[표 2-5] 주요 연구자별 기본 감정

연구자	기본 감정
• 찰스 다윈(Darwin)	분노, 행복, 슬픔, 혐오, 공포, 놀람
• 플럿치크(Plutchik)	수용, 분노, 기대, 혐오, 기쁨, 두려움, 슬픔, 놀람
• 아놀드(Arnold)	분노, 혐오, 용기, 낙담, 욕망, 절망, 공포, 증오, 희망, 사랑, 슬픔
• 에크만(Ekman)	분노, 혐오, 공포, 기쁨, 슬픔, 놀람
• 톰킨스(Tomkins)	분노, 관심, 경멸, 혐오, 고통, 공포, 기쁨, 수치, 놀람

(1) 플럿치크의 8개 감정 바퀴

수용, 분노, 기대, 혐오, 기쁨, 두려움, 슬픔, 놀람 등 8개의 기본 감정들이 혼합되어 복합 정서가 나타난다. 예를 들면, 놀람 + 슬픔 = 실망, 기대 + 기쁨 = 낙관, 기쁨 + 수용 = 사랑 등이다.

플럿치크(Robert Plutchik)의 감정 바퀴(wheel of emotions)는 기본 감정의 관계를 나타내 준다. 이 기본 감정은 상호 인접성의 정도에 따라 상호 유사 정도가 결정되며, 바퀴 양극은 서로 상반되는 감정이 표시된다. 감정의 바퀴에서 서로 옆에 놓이는 기본 감정의 결합인 복합 감정도 포함된다. 기본 감정은 종종 느껴지고, 2차 감정은 때로는 느껴지고, 3차 감정은 거의 느껴지지 않는다.

[그림 2-7] 플럿치크(Plutchik)의 감정바퀴

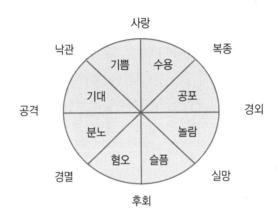

(2) 톰킨스의 감정

미국의 심리학자인 톰킨스(Silvan Samuel Tomkins)는 감정을 긍정적 감정, 중립적 감정과 부정적 감정으로 구분한다. 긍정적 감정은 관심, 흥분, 기쁨, 즐거움이 있다. 중립적 감정은 놀람, 경악이다. 부정적 감정은 고통, 번민, 공포, 충격, 분노, 격노, 수치, 굴욕, 불만, 혐오 등이 있다. 서로 대칭되는 정서는 서로 반대되는 감정(기대 vs. 놀람)과 하나 이상의 기본정서를 혼합하여 새로운 부가적인 감정이 생성된다.

- **기쁨**: 뇌의 활동이 감소하고 입이 넓어지고 양쪽 입 꼬리가 올라가는 미소가 얼굴에 표정으로 나타난다. 관련 감정은 만족이나 안도가 있다.
- **흥분**: 뇌의 활동량이 많아지면서 시작한다. 이마에 주름이 잡히고 한곳을 응시하고 몰두하며 열중해서 듣고 본다. 관련 감정은 즐거움, 기쁨과 흥미가 있다.
- **공포**: 눈이 떠있는 상태로 고정되고, 창백해지고, 춥고, 땀이 난다. 관련 감정은 놀람과 경악이 있다. 놀람은 반응속도가 몇 분의 일초 정도로 매우 빠르고, 안면 표현은 눈을 크게 뜨고

깜빡이며 입을 벌린다. 빠른 속도로 숨을 내쉴 때는 감탄이 나올 수도 있다.

- **슬픔**: 무엇인가 잘못되고 부족하다는 느낌이다. 관련 감정은 애도, 실망과 비탄이다.
- **분노**: 어떤 자극이 일정 기간 이상 제공됨으로써 효과가 누적되어 나타난다. 대인관계에서 파괴적인 역할을 하는 강력한 부정적인 감정의 하나이다. 분노는 공격적 행동을 유발한다. 개인의 신체나 소유물을 손상하는 행동, 비난, 무시, 모욕이나 경멸, 목표달성을 방해하는 행위 등이 있다. 관련 감정은 격노, 멸시와 공격성이 있다.
- **수치심**: 다른 정서와 동시에 발생하는 가장 애매모호한 감정이다. 특징은 눈을 피하고, 우울한 표정을 하며, 눈꺼풀이 내려가며, 얼굴과 목에 긴장감을 상실한다. 몸 전체가 축 처진다. 관련된 감정으로는 굴욕, 당혹과 죄책감 등이 있다.
- **혐오**: 아랫입술과 혀가 아래로 쳐지고 얼굴이 앞으로 또 밑으로 기울어진다. 혐오는 나쁜 냄새와 연결되어 있고, 자아 존중감이 줄어들며, 수치심을 느낀다.

3) 감정의 발생원인

감정은 여러 가지 복합적인 원인에 의해서 발생된다. 감정의 발생원인을 생리적·신체적 원인, 심리적 원인 및 사회문화적 원인 등으로 설명한다.

- **생리적·신체적 원인**: 감정은 신체에서 원인이 수반된다. 절벽에 서면 공포심이 생기고 타인으로부터 무시당하면 분노가 생긴다. 제임스와 랑게의 감정이론은 인간이 생리학적 조건을 의식적으로 지각하여 감정이 생긴다는 이론이다.
- **심리적 원인**: 감정은 욕구 수준과의 관계로 유발된다. 예를 들면, 성과가 목표에 도달하면 성취감을, 미달하면 낙심을 느낀다. 성과가 목표 수준에 도달할듯하면 초조와 불안을 느끼고 지나치게 성적이 나쁘면 절망감과 경악을 느낀다.
- **사회문화적 원인**: 타인과의 관계나 비교 시에 열등감이나 우월감이 발생한다. 열등감이나 우월감은 상대방과의 관계에서 느끼는 감정이다. 진리, 미, 선행, 신성한 것을 대하였을 때에 복잡한 감정을 느낀다. 지적·도덕적·종교적·미적 감정은 각각 다르게 느껴진다. 예를 들면, 도덕성은 정의감과 반대인 분노가 있다.

4) 감정과 행동

감정과 행동은 다양한 방식으로 밀접하게 연결될 수 있다. 활동에 참여하고 자신의 감정과 일치하는 방식으로 행동할 가능성이 크다. 슬플 때 어깨를 구부리는 경향이 있고, 빠른 음악보다 느린 음악에 귀를 기울이는 경향이 있다. 두려워할 때 얼어붙는 경향이 있고, 우울할 때 친구들을 만나는 것을 꺼려 사회적으로 고립될 수 있다. 행동변화는 감정의 변화가 될 수 있다. 우울한 사람이 친구를 만나거나 즐거운 다른 활동에 참여할 때 종종 덜 우울해진다. 감정은 행동을 자극할 수 있어 감정과 행동은 상호작용한다. 많은 심리적 장애는 부적절한 감정, 감정적 경험 또는 감정적 표현으로 표시된다. 예를 들면, 우울증과 조증에서 나타나는 기분장애가 있다.

[그림 2-8] 감정과 행동의 상호작용

감정은 심리적 반응이지만 신경학적 반응이기도 하다. 감정의 심리적 측면에 대해 뇌 기능에서 어떻게 발생하는지를 고려함으로써 많은 것을 배울 수 있다. 예를 들면, 뇌의 전기적 활동을 측정한 연구에 따르면 일반적인 감정은 접근 감정 및 철회 감정이 있으며 각각 뇌의 자체 시스템에 의존한다(Davidson, 1992a). 접근 감정(approach emotion)은 사랑과 행복과 같은 긍정적인 감정이며, 오른쪽보다 왼쪽 전두엽을 활성화시키는 경향이 있다. 철회 감정(withdrawal emotion)은 두려움과 슬픔과 같은 부정적인 감정이며, 왼쪽보다 오른쪽 전두엽을 활성화시키는 경향이 있다. 왼쪽 전두엽이 더 많이 활성화가 있는 사람들은 오른쪽이 더 많이 활성화가 있는 사람들보다 낙관적인 경향이 있다. 이것은 우울증이 왼쪽 전두엽에서 상대적으로 덜 활동적이다.

5) 기만의 감정요소

이탈리아의 동화작가인 콜로디(Carlo Collodi)는 『피노키오의 모험』에서 피노키오가 거짓말할 때마다 코가 길어지므로 주인인 제페토는 피노키오가 거짓말하는지를 알 수 있다고 말한다. 피노키오 증후군(Pinocchio syndrome)은 거짓말할 때 코가 길어지거나 얼굴이 붉어지는 자율신경반응으로 거짓말이 탄로가 나는 현상이다. 피노키오의 코가 없더라도 사람들이 거짓말을 할 때 유발되는 감정들이 있기 때문에 거짓말을 알아챌 수 있다. 감정의 신호들이 스쳐 지나가는 것도 속임수 단서로 간주된다. 거짓말할 때 평소와는 다른 태도나 행동을 취하기 때문에 평상시의 태도나 행동과 다르게 바뀐 점을 관찰하는 것이 거짓말 탐지이다.

『로빈슨 크루소(Robinson Crusoe)』의 저자인 영국인 소설가 대니얼 디포(Daniel Defoe)는 맥박의 속도를 측정하여 절도범을 밝혀낼 수 있다고 하였다. 미국의 심리학자 윌리엄 마스턴(William Marston)은 1915년에 혈압 변화를 이용해 처음으로 현대적인 거짓말 탐지기를 고안했다. 독일의 심리학자 프리츠 스트랙(Frits Strack)은 어떤 표정근육을 사용하느냐에 따라 마음의 상태가 달라질 것이라는 안면 피드백 가설(facial feedback hypothesis)을 검증하였다. 울면 슬퍼지고, 도망가면 무서워지고, 웃으면 행복해진다는 심리학자 윌리엄 제임스(William James)와 칼 랑게(Karl Lange)가 주장한 이론을 제임스-랑게 이론이라 한다. 이 이론이 발전한 안면 피드백 가설(facial feedback hypothesis)은 얼굴 동작이 감정경험에 영향을 준다는 가설이다. 얼굴표정을 바꾸면 감정상태가 달라진다. 슬픈 표정을 지으면 슬픔을 느끼고 기쁜 표정을 지으면 기쁨을 느낀다. 억지로 웃어도 즐거운 경험을 실제로 발견한다.

거짓말쟁이는 거짓말한 사실을 은폐하거나 왜곡하고, 감정을 위장하는 등 자신의 행동을 정돈한다. 감정을 속인 것은 새로운 표정을 유발한다. 거짓말이 노출되지 않기 위해서 감정을 은폐하지만 이것은 감정을 왜곡하는 것이 된다. 거짓말할 때 사람들은 발각에 대한 공포, 죄책감, 남을 속일 때 느끼는 쾌감 등 여러 가지 정서를 경험한다(DePaulo et al., 2003).

[그림 2-9] 기만의 감정 요소

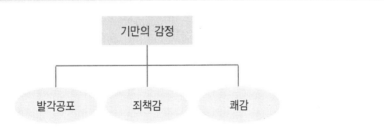

(1) 발각공포

고대 로마의 역사가인 타키투스(Publius Cornelius Tacitus)는 공포는 진실과 어울리지 않는 것이라고 하였다. 사람들이 정말로 진실하다면 공포를 느낄 하등의 이유가 없다. 거짓말쟁이는 진실하지 않기 때문에 발각공포, 불신공포와 체면손상 공포 등을 느끼는 것이다. 거짓말할 때 느끼는 공포는 거짓말이 발각되지 않을까 하는 발각공포, 상대방이 신뢰하지 않을까 하는 불신공포와 발각으로 인한 체면손상 공포가 있다. 이러한 공포는 행동단서로 나타날 수 있다.

[그림 2-10] 거짓말할 때 느끼는 공포의 유형

발각공포에 가장 큰 영향을 미치는 요소는 속는 사람의 탐지능력에 대한 거짓말쟁이의 믿음이다. 발각공포의 요소에는 상대방의 평판이나 개인적 특성, 거짓말쟁이의 사전연습과 자신감, 거짓말쟁이의 인성, 이해관계와 처벌의 정도 등이 있다. 공포가 심할수록 행동이 나타나기 때문에 오히려 거짓말이 발각되기 쉽다. 발각공포는 상대의 거짓말 탐지기술이 가장 크다고 생각할 때 나타난다. 상대가 노련하고 쉽게 속지 않는 사람일수록 발각공포는 증가한다. 상대방이 잘 속는 사람이나 호인으로 알려져 있다면 발각공포는 적을 것이며, 거짓말을 탐지한 경험과 지식이 많다고 느낀다면 발각공포가 커서 거짓말이 어렵다.

거짓말의 사전준비 여부와 이전에 성공한 경험도 공포의 강도에 영향을 미친다. 거짓말로 인한 처벌과 명예훼손의 강도가 강할수록 발각공포는 커진다. 또한 거짓말쟁이의 성격요인도 작용한다. 어릴 때부터 쉽게 성공적인 거짓말을 해온 사람은 타고난 거짓말쟁이라고 부르는데, 이들은 거짓말을 성공해본 경험이 많기 때문에 거짓말을 할 때 두려움을 별로 느끼지 않는다. 발각공포를 느낄 때는 육체적으로 긴장하고 각성되어 자율신경계의 변화가 나타난다. 즉, 동공확장, 눈 깜빡거림의 증가, 언어실수의 빈도 증가와 높은 음의 증가가 나타나는데 이것이 행동단서이다.

(2) 기만죄책감

기만죄책감은 거짓말쟁이가 거짓말한 사실 때문에 느끼는 내적인 감정이다. 죄책감은 거짓말의 내용이나 행동에서 발생하는 심리적인 불편함이다. 이것은 법적인 죄책감이 아니라 거짓말로 인해 자신의 마음속에 느끼는 감정을 의미한다. 죄책감을 느낀다는 것은 수치심을 느끼는 것이다. 건전한 사람은 도덕적 기준에 따라 행동하며 거짓말이 부도덕하다는 점을 인식한다. 그렇기 때문에 거짓말하는 것 자체에 죄책감을 느낀다. 만일 거짓말쟁이가 거짓말로부터 얻는 것이 없다면 어떤 기만죄책감도 느끼지 않을 것이다.

죄책감을 경감하려는 희망은 자백의 원인이 되지만 수치심은 체면손상 때문에 자백을 억제한다. 죄책감이 강해지면 죄책감을 느끼는 사람에게는 고통스러운 경험이 된다. 기만죄책감이 극단적이면 자아가치를 훼손하는 고통스런 경험이 유발된다. 그런 심한 죄책감으로부터 일어나는 고통은 자백의 원인이 된다. 죄책감을 감소하기 위해 거짓말을 정당화하는 방법 중 하나는 고상한 목적이나 업무의 필요성이다. 또 하나는 속는 사람을 보호하기 위한 것이다. 때때로 속이는 사람은 속는 사람이 기꺼이 속으려 했다고 주장하기까지 한다. 예를 들면, 상대방에게서 거짓말할 수밖에 없는 이유, 어쩔 수 없었다고 스스로를 정당화하는 것이 그렇다.

[그림 2-11] 죄책감과 수치심의 변화

수치심은 스스로를 부끄럽게 느끼는 마음이다. 수치심은 타인에 의한 불인정이나 조롱으로 받게 될 체면손상으로 자아와 자존심이 연결되어 있는 개념으로, 수치스런 행동을 할 경우 느낀다. 자신의 잘못을 모른다면 수치심은 생기지 않을 것이다. 수치심은 사회규범에 적응하도록 행동을 촉구하는 것으로 인간의 사회적 욕구를 충족하려는 내적 감정에 기인한다. 사회적 인정과 자아존중감과 관계있는 수치심은 죄책감과 밀접하게 관련되어 있다. 존경심이 없는 사람의 비난은 분노나 경멸을 낳는다. 자백으로 인한 위신손상과 수치심을 염려하기 때문에 자백할 가능성은 오히려 줄어든다.

(3) 속이는 쾌감

속이는 사람들은 자신의 성공에서 다른 사람들이 모르는 즐거움을 발견한다. 이것은 힘을 행사할 때 얻는 즐거움과 같다. 거짓말이 주는 긍정적인 감정은 두뇌 보상으로 다른 사람에 대한 통제력을 확보할 때 얻는 감정과 같다. 속이는 것 자체가 기분 좋은 성취로 여겨지는 것이다. 아직 성공을 확신할 수 없는 상태에서 속이는 사람은 속이는 순간 흥분을 느낄 수도 있다. 기만 성공 후에 느끼는 안도의 기쁨, 성취에 대한 자신감 또는 희생자를 경멸하면서 우쭐해 하는 쾌감이 이에 해당한다.

❶ 힘과 지배의 쾌감

속이는 쾌감은 남보다 우월하다고 느끼거나 성취했다는 안도감과 만족감에서 나타나는 단서이다. 잭내셔(Jack Nasar)는 누군가를 속일 때 긴장감을 갖지만 거짓말이 성공하면 기분 좋은 감정을 느끼게 되고 상대방보다 우월하다는 감정을 느낀다고 한다. 이럴 때 타인을 지배한다거나 스스로를 힘이 있는 사람으로 느끼게 된다. 거짓말을 계획하거나 실행할 때 일종의 흥분을 느끼게 되고 거짓말이 성공하는 경우 안도감, 희열, 성취감 등을 느낀다. 어떤 경우에는 속이는 쾌감이 매우 강해서 다른 사람들에게 거짓말에 대한 무용담을 말하기도 한다.

❷ 비밀의 기쁨

속이기 까다로운 상대에게 거짓말이 성공한 경우는 속이는 쾌감이 증가한다. 한편으로는 속아 넘어간 상대방에 대한 경멸을 느끼기도 한다. 어떤 사람을 속일 때 일어나는 부정적인 느낌은 발각공포와 상대를 현혹시키는 죄책감이 있다. 이와 달리 거짓말은 긍정적인 느낌을 자아낸다. 거짓말은 느낌이 좋은 성취로 간주된다. 난제를 기대하거나 거짓말하는 바로 그 순간 성공이 아직 확실하지 않을 때 속이는 사람은 흥분을 느낀다. 그 후 성취 시의 안도감과 자긍심이나 상대의 멸시를 통한 자아만족에서 오는 즐거움이다. 기만이 성공하면 쾌감을 공유하기 위해서 속임을 고백할 수 있다. 자신이 똑똑한 점을 인정받기 위해 친구나 낯선 사람, 심지어는 경찰관에게 범죄자들은 사실을 털어놓기도 한다. 속이는 기쁨으로 점점 더 대담하고 무모한 행동을 하게 되는 경우도 있다. 쾌감의 징후는 두려움을 느낄 때와 유사하게 나타난다.

5. 거짓말의 심리

선의든 악의든 거짓말은 일상생활에서 너무 흔한 현상이다. 도대체 사람들은 왜 거짓말을 하는가? 거짓말을 통해서 얻으려는 것은 무엇인가? 사람들이 거짓말은 나쁘다고 믿으면서도 거짓말을 자주하는 것을 어떻게 이해해야 하는가? 이런 모순은 위선의 결과이지만 거짓말에는 많은 동기가 있다. 동기(motive)는 행동을 일으키게 하는 내적(內的)인 직접요인이다. 그 동기는 매우 다양하나 가장 일반적으로 곤경회피, 책임회피, 이익획득, 좋은 인상전달, 외관유지, 타인조력, 감정절제와 통제력 확보 등이다.

1) 거짓말 동기의 유형

드파울로(DePaulo, 1996)는 거짓말하는 이유를 자아와 타인지향, 긍정과 부정적 느낌, 지식, 행동, 그리고 변명과 사실로 구분한다. 사람들은 대체로 자신이나 타인의 이익을 추구하기 위해서 거짓말을 한다. 존경, 애정과 관심에 관한 심리적 거짓말과 금전적 이득이나 물질적 이익을 위해 한다. 심리적 거짓말은 자신을 심리적으로 보호하거나 향상하기 위한 것으로 당황, 체면 손상이나 나쁜 모습, 비난이나 감정손상, 걱정, 갈등, 불쾌, 신체적 처벌이나 고통으로부터 자신을 보호하기 위한 거짓말이다. 자신의 사생활을 보호하려고, 더 좋은 인상을 전달하고, 자신의 느낌, 감정과 기분을 조절하기 위한 것이다. 이익을 위한 거짓말은 자신의 개인적 이익추구, 업무의 안락과 용이, 정보수집, 재산이나 안전보호, 신분이나 지위보호를 위한 것이다. 또는 사람들은 자신의 이익을 유리하게 하거나 보호하기 위한 것이다.

[표 2-6] 거짓말 동기의 유형

자아지향 거짓말	■ 이익획득
	• 물질적 이득
	• 손해회피
	• 정신적 이득
	• 존경확보
	■ 처벌회피
	■ 곤경회피
타인지향 거짓말	■ 곤경회피
	■ 물질적 이득
	■ 체면유지

(1) 자아지향 거짓말

다비드 스트래커(David Straker)와 기존 연구자들의 논문을 정리하여 거짓말의 동기 유형을 자아지향과 타인지향으로 구분한다. 자아지향 거짓말은 이익획득, 처벌회피와 곤경회피, 타인지향 거짓말은 곤경회피, 물질적 이득과 체면유지로 분류한다. 거짓말의 동기는 자신의 이익을 얻거나 처벌 또는 곤경을 회피하기 위해서 하는 경우가 대부분이다. 이익획득을 위한 거짓말에는 물질적 이득, 손해회피, 정신적 이득과 존경성취 등이 있다. 경제적인 것이나 심리적인 것을 획득 또는 확보하기 위해서는 위험이 뒤따른다. 위험은 거짓말을 사실로 대체할 때 발생된다. 또한 처벌과 곤경을 회피하기 위해서도 위험이 수반된다. 이처럼 수반되는 위험은 사실을 거짓말로 대체할 때 야기되기 때문에 성취와 위험은 상충관계라 할 수 있다. 그래서 거짓말은 위험관리가 필요한 것이다.

(2) 타인지향 거짓말

사람들은 때때로 다른 사람을 돕기 위해 거짓말한다. 사회적 규범이 거짓말을 해야 한다고 말할 때 진실이라고 느끼는 경우이다. 거짓말이 사회적으로 인정되고 바람직하고 심지어 필요한 이유는 친구와 가족처럼 다른 사람을 돕기 위한 때이다. 때때로 자신이 속한 집단에 더 많은 이익을 실제로 얻을 때 다른 사람을 위해 거짓말하거나 변명한다. 또한 체면을 지키고 친구와 가족을 보호하는 경우이다. 타인지향 거짓말은 선의 거짓말이며, 사회적 이득에 해당하는 경우가 대체로 많다. 자신보다도 다른 사람의 이익을 위해 거짓말을 하거나 진술을 회피한다. 예를 들면, 심각한 질병이 있다는 것을 친구에게 말한다면 그 친구를 화나게 할 것이다. 선의 거짓말은 체면을 세울 때도 많이 사용된다.

2) 거짓말의 구성요건

거짓말은 다른 사람을 속일 의도로 사실을 은폐하거나 왜곡하는 허위진술이나 몸짓으로 고도의 인지적이고 감정적인 과정이다. 거짓말은 어떤 사람이 다른 사람을 고의적으로 속이는 것으로 의도성, 은폐 또는 왜곡, 진실기대, 그리고 송신인과 수신인 등으로 구성되어, 결과물인 허위진술을 산출하는 과정이다.

[그림 2-12] 거짓말의 구성요건

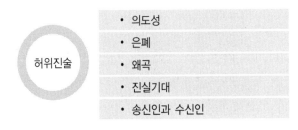

허위진술	• 의도성
	• 은폐
	• 왜곡
	• 진실기대
	• 송신인과 수신인

(1) 의도성

의도성은 고의성과 동기를 내포한다. 고의성은 사전에 속이려는 의도이고, 동기는 속이려는 의도가 이기성이거나 이타성 여부이다. 마음속에 숨겨진 의도가 있는 것이다. 따라서 거짓말은 의사표시를 하는 사람 자신이 진의가 아닌 것을 알고 행한 의사표시인 심중유보[4](mental reservation)가 있어야 한다.

(2) 은폐

은폐는 사실의 일부나 전부를 말하지 않는 것이다. 상대방이 사실적 판단을 못하게 하는 의도로 사실의 전부를 숨기는 침묵도 포함된다. 에크만(Paul Ekman)에 의하면 왜곡에 비해 은폐가 죄책감을 덜 느끼기고 더 쉽기 때문에 거짓말쟁이들은 은폐를 더 많이 선호한다고 한다. 또한 소극적인 거짓말이기 때문에 나중에 발각이 되더라도 왜곡보다 비난을 덜 받는다. 탄로가 나더라도 무마하기가 쉽다. 은폐는 "몰랐다", "나중에 말하려 했다", "생각을 못했다" 등 변명이 가능하고, 지어낸 이야기를 나중에 애써 기억할 필요가 없다. 탄로가 나더라도 기억력의 문제이지 거짓말한 것은 아니라고 주장할 수 있다.

(3) 왜곡

왜곡은 거짓된 정보를 사실인 것처럼 꾸미는 것으로 사실과 다르기 때문에 사실이 아니라 거짓을 전달하는 것이다. 상대방이 진실한 의견을 갖지 않도록 하려는 목적으로 사실과 다른 내용을 상대방에게 전달하는 것이다. 객관적으로 진실이 아니며 상대방이 진실이라고 믿는다면 기만에 해당한다. 따라서 왜곡은 사실과 다른 허위진술이다.

(4) 진실기대

진실기대는 송신인이 전달한 내용을 수신인이 진실일 것이라고 기대하는 경우이다. 송신인이 수신인에게 사전에 거짓말이라고 고지한 것도 아니다. 또한 수신인은 송신인이 전달하는 내용을 속겠다고 동의하지도 않은 것이다. 따라서 전달한 내용에는 사전고지와 동의가 없어야 한다. 전달방법은 언어적이든 비언어적이든 관계없다. 만일 수신인이 진실이라고 기대하지 않았다면 거짓말이 구성되지 않는다. 영화나 드라마와 같이 배우가 연기하는 내용은 관객이 속겠다고 동

---

4) 진술·선서에서 중대한 관련 사항을 숨기는 일.

의한 문화나 관습으로 거짓말에서 제외된다.

(5) 송신인과 수신인

거짓말 과정에는 사실을 은폐 또는 왜곡하여 전달하는 송신인과 송신인이 전달한 내용을 진실인 것으로 인식하는 수신인이 존재해야 한다. 수신인은 송신인이 전달한 것을 진실일 것이라고 기대해야 한다. 이러한 과정에서 송신인은 고도의 인지적이거나 감정적인 상호작용을 하는 것이다. 만일 수신인이 없다면 자기기만인 것이다.

3) 거짓말 행동의 특성

속임수와 연상된 단서들은 개인에 따라 매우 다양하기 때문에 기만의 동기, 연령, 문화, 성, 양심의 가책, 행동의 강도와 상황에 따라 다르다. 때문에 속이는 행동의 일반적인 지표는 존재하지 않는다. 거짓말을 생성하고 거짓말을 탐지할 수 있는 능력에 영향을 미치는 공통적인 특징이 있다. 매우 애매모호하게 진술하여 상대방이 정확하게 추측하지 못하게 하거나 자신의 말실수를 피하려고 한다. 거짓말하는 것은 자율신경계를 통제하기 어려워 여러 가지 반응이 나타난다. 거짓말은 고도의 인지적 행동으로 많은 감정적 반응이 수반되기 때문에 거짓말쟁이는 스스로 상황에 따라 통제할 과업이 많다. 이러한 것들이 단서가 되기 때문에 거짓말쟁이들은 가급적 신중하게 자신의 행동을 통제하려고 한다. 거짓말할 때 나타나는 특성은 인지적 접근, 감정적 접근, 행동통제 접근, 그리고 사회적 상호작용 등이 있다(DePaulo et al., 2003).

[그림 2-13] 거짓말 행동의 특성

(1) 인지적 접근

거짓말이 인지적으로 복잡한 과제이다. 거짓말하는 사람은 모순 없이 그럴 듯한 대답을 해야 하고 말실수를 피해야 하기 때문에 자신이 한 말을 모두 기억하고 있어야 하는 등 인지적 과부하가 발생한다고 가정한다. 따라서 거짓말하는 사람은 응답시간이 길어지거나 발화 속도가 느려지고 세부적인 설명을 할 때 나타나는 손동작이 줄어드는 등 반응을 보이게 된다.

(2) 감정적 접근

거짓말할 때 사람들은 탄로에 대한 공포, 죄책감, 남을 속일 때 느끼는 쾌감 등 여러 가지 정서를 경험하기 때문에 자율신경계에 영향을 주어 생리적 반응을 유발한다고 가정한다. 감정의 유발로 인한 자율신경계의 영향은 호흡이나 심장 박동수, 체온, 땀, 침이나 동공이 증가되거나 확장된다. 이러한 감정으로 인한 표정은 대부분 위장하기 어렵다.

(3) 행동통제 접근

거짓말하는 사람은 거짓말을 하고 있다는 단서가 노출되지 않도록 행동을 억제한다고 가정한다. 거짓말할 때는 감정적으로 되어 겉으로 긴장된 행동이 드러나게 된다. 거짓말쟁이는 거짓말을 드러내는 신호가 될 것이라고 생각하기 때문에 정직한 사람보다 더욱 정직한 인상을 전달하려고 자신의 행동을 통제한다. 따라서 행동을 계획하고 연습한 것처럼 보이고 말실수 등이 전혀 없는 등 부자연스러울 정도로 경직되어 있거나 억제되어 보일 수 있다.

(4) 사회적 상호작용

거짓말은 인지적, 감정적 과정일 뿐만 아니라 사회적 상호작용이다. 기만이 사회적 행동인 것은 상대방과 상황의 변화에 따라 거짓말쟁이의 행동이 수정되거나 새로운 거짓말을 생성하는 것이기 때문이다. 거짓말쟁이는 상대방보다 선제적이고 공격적인 동시에 한편으로는 상대방의 반응에 따라 상대적으로 행동하는 상호작용을 수행한다. 발각의 위험에 처하면 감정을 위장하거나 변명을 찾아야 하기 때문이다.

인간행동의
관점

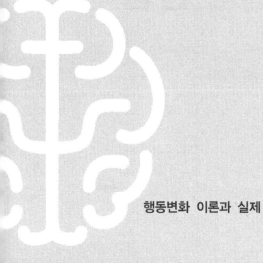

행동변화 이론과 실제

제3장

생물학 관점

　생물학적 관점에서 정상은 정신질환을 앓고 있는 유전적 소인이 없고 정상적으로 기능하는 신체를 의미한다. 이상행동의 원인을 이해하는 데 있어 유전이나 신체적 장애와 같은 신체의 과정에 중점을 둔다. 많은 장애가 가족력이다. 예를 들면, 자녀가 정신분열증을 앓고 있다면 장애가 없는 부모의 자녀와 비교할 때 부모 중 한 사람이 그러한 증상이 있는 경우 더 많다.

　이상행동은 신경계의 구조에 문제가 있을 수 있다. 예를 들면, 정신분열증 환자의 뇌에 있는 뇌실은 정신분열증이 없는 사람들의 뇌보다 더 크다. 또한 화학물질이 질병을 일으킬 수 있다. 정신분열증 환자는 뇌에 과도한 양의 도파민이 있을 수 있다. 유전적 요소는 사람들이 특정 질병을 발병할 수 있는 경향이 있음을 의미한다. 예를 들면, 정신분열증이 있는 가족들은 정상인보다 질환이 나타날 확률이 더 높다. 이처럼 생물학적 관점은 신경계, 생화학, 유전적 요인에 집중한다.

1. 신경계

　신경계가 없다면 긴장된 느낌을 갖지 않을 것이다. 즉, 보고, 듣거나 움직이는데 제한이 있을 것이다. 신경계는 신호 또는 메시지를 신체 전체에 전달하는 신경세포로 구성된다. 메시지를 통해 가려움을 느끼고, 시각과 근육을 조정하고, 연구논문을 쓰고, 수학 문제를 풀 수 있다. 모든 신경세포는 세포의 핵을 포함하고 세포의 일을 수행하기 위해 산소를 대사하는 세포체를 갖고 있다. 신경계(nervous system)는 감각기관을 통해 자극을 받아 정보를 뇌나 척수에 전달하고 정보를 내부적으로 통합하고 적절한 명령을 운동기관에 전달함으로써 신체기능을 조절한다. 신경계는 유기체가 환경에서 정보를 감지, 조직화 및 반응하도록 하는 신체의 주요 전달시스템이다. 환경에서 자료를 수집, 결합 및 사용한다. 주요 기능은 감각정보의 통합과 처리이다.

1) 신경계의 구조

신경계는 중추신경계와 말초신경계의 두 가지 주요 부분으로 구성된다. 신체의 주요 정보 센터인 중추신경계에는 뇌(brain)와 척수(spinal cord)가 포함된다. 뇌는 전두엽, 후두엽, 두정엽과 측두엽을 포함한다. 말초신경계는 체성신경계와 자율신경계로 나누어지고, 자율신경계는 교감신경계와 부교감신경계로 나누어진다.

[그림 3-1] 신경계의 구조

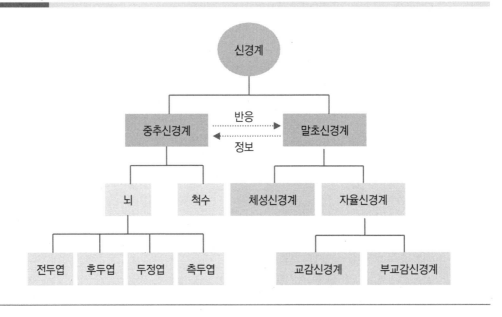

2) 뉴런

신경계의 가장 기본적인 단위는 내부 및 외부 자극의 감지와 전달 역할을 하는 뉴런(neuron)이다. 정보의 흐름은 말초신경계가 감각뉴런을 통해 정보를 가져 와서 중추신경계로 보낸다. 또한 중추신경계에서 말초신경계로 반응을 전달하는 뉴런은 원심성 뉴런으로, 중추신경계로 정보를 가져 오는 역할을 담당하는 뉴런은 구심성 뉴런이다.

　　뉴런은 신경전달물질이라는 화학물질을 통해 다른 뉴런에 정보를 전달한다. 모든 뇌 활동은 뉴런에 달려 있으며, 신경 수준에서 오작동은 종종 심리적 장애의 원인이 된다.[5] 대부분의 뉴런은 다른 뉴런과 상호작용한다. 뉴런은 감각뉴런, 운동뉴런과 연합뉴런이 있다. 감각뉴런(sensory neuron)은 감각을 중추신경계로 전달한다. 운동뉴런(motor neuron)은 근육과 땀샘을 자극하는 정보를 전달한다. 연합뉴런(interneuron)은 감각뉴런과 운동뉴런을 연결하고 정보를 종합하여 적절한 명령을 내린다.

- **감각뉴런**: 감각 기관(눈, 귀 등)으로부터 정보를 받는다.
- **운동뉴런**: 근육과 땀샘을 자극하는 정보를 전달한다.
- **연합뉴런**: 감각뉴런과 운동뉴런을 연결하고 정보를 종합한다.

　　신경전달물질(neurotransmitter)은 뇌를 비롯하여 체내의 신경세포에서 방출되어 인접해 있는 뉴런에 정보를 전달하는 물질이다. 이것은 독특한 화학 구조를 갖고 있다. 불안, 우울증 및 정신분열증에 사용되는 약물은 뇌에서 신경전달물질의 이용에 영향을 준다. 따라서 뇌의 신경전달물질 시스템의 작동 불규칙성이 이상행동 패턴의 발달에 중요한 역할을 한다.

　　신경전달물질의 불규칙성은 정신분열증의 발병과 관련이 있다. 우울증은 여러 신경전달물질, 특히 세로토닌의 기능 불규칙성을 포함한 뇌의 화학적 불균형과 관련이 있다. 세로토닌(serotonin)은 기분조절에 관여하는 주요 뇌 화학물질이다. 이것은 불안장애, 수면장애 및 섭식장애와 관련이 있다. 알츠하이머(alzheimer)는 기억과 인지 기능이 점진적으로 상실되는 뇌질환으로 뇌의 신경전달물질 아세틸콜린(acetylcholine)이 감소하는 것과 관련이 있다. 도파민(dopamine)은 쾌락과 행복감에 관련된 감정을 느끼게 해주는 신경전달물질이다. 아드레날린(adrenaline)은 주의력과 투쟁 또는 도피 반응에서 역할을 한다. 뇌에 이 물질이 너무 적으면 우울증이며, 너무 많으면 과도한 흥분과 불안감이나 두려움이 생길 수 있다.

---

5)　Lambert, K., & Kinsley, C. H. (2005), *Clinical Neuroscience*, New York: Worth.

2. 중추신경계

중추신경계(central nervous system)는 뇌와 척수 두 부분으로 구성된다. 이것은 전체 몸에서 정보를 결합하고 전체 유기체에 걸쳐 활동을 조정하기 때문에 중추(central)라고 한다. 중추신경계는 몸에서 일어나는 모든 신경행동을 결정하고 조직화하고 명령을 내려 행동하도록 하는 곳이다. 중추신경계의 기능은 지각, 자발적 행동, 기억과 의식이다. 중추신경계는 아직도 많은 비밀을 갖고 있지만 생각, 동작, 감정, 욕망, 호흡, 심장 박동수, 호르몬의 방출, 체온 등을 조절한다.

1) 뇌

뇌(brain)는 인체에서 가장 복잡한 기관이다. 뇌는 두개골(skull)에 의해 보호되고 척수는 뇌의 뒤쪽에서 척추의 중심을 따라 이동하여 허리 부분에서 멈춘다. 뇌는 신체의 중앙통제기관이며 활동을 조정한다. 또한 육체운동, 호르몬 분비, 기억의 창조, 감정의 감각 기능을 수행한다. 뇌는 전뇌, 중뇌와 후뇌의 세 가지 주요 영역이 있다. 전뇌(forebrain)는 인간과 다른 것으로 구분하는 뇌의 가장 높은 영역으로 간주된다. 사고, 운동, 성격, 기억 등 고차원적 기능 수행에 관여한다. 중뇌(midbrain)는 눈의 동작과 청각에 관여하고 소뇌와 함께 평형 유지에 관여한다. 후뇌(hindbrain)는 호흡 리듬, 운동 활동, 수면 및 각성 등 생존에 필수적 기능 조정에 관여한다.

- **전뇌**: 사고, 운동, 성격, 기억 등 고차원적 기능 수행
- **중뇌**: 눈의 동작과 청각에 관여하고 소뇌와 함께 평형 유지
- **후뇌**: 호흡 리듬, 운동 활동, 수면 및 각성 등 생존에 필수적 기능 조정

[그림 3-2] 뇌의 구조

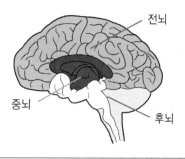

2) 좌우반구

대뇌피질(cerebral cortex)은 두 개의 반구, 즉 좌우반구로 나뉘어져 있다. 뇌의 두 반구는 뇌량이라고 불리는 축색돌기에 의해 서로 연결되고 각기 다른 방식으로 기능한다. 이 연결을 통해 좌우반구가 서로 정보를 교환하고 통합할 수 있다. 각 반구는 몸의 반대쪽을 제어한다. 한쪽 뇌가 손상되면 반대쪽 신체의 기능이 이상을 가져온다. 좌뇌는 신체의 오른쪽을 제어하는 역할하고 과학 및 수학과 같은 논리와 관련이 있는 작업을 수행한다. 좌뇌의 기능은 지능, 분석, 사고, 논리, 문자, 계산, 읽기, 쓰기 등으로 몸의 오른쪽을 관장하고, 우뇌의 기능은 감성, 통합, 직관, 이미지, 스포츠, 예술 등으로 몸의 왼쪽을 관장한다. 좌뇌를 과학적, 논리적 뇌라 하고, 우뇌를 예술적 뇌라고 한다.

[그림 3-3] 우뇌와 좌뇌

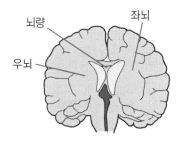

[표 3-1] 좌뇌와 우뇌의 기능

좌뇌의 기능	우뇌의 기능
• 신체의 오른쪽 제어	• 신체의 왼쪽 제어
• 과학적 역량	• 예술적 역량
• 수학적 역량	• 창의력
• 논리적 역량	• 통찰력
• 추리 능력	• 공간적 관계 이해 능력
• 음성 언어 이해 능력	• 얼굴 인식 능력
• 쓰기 능력 이해 능력	• 주의 집중력
• 합리적인 문제해결	• 직관적인 문제해결
• 객관적으로 판단	• 주관적으로 판단
• 계획적이고 구조적	• 유동적이며 자발적
• 분석적 사고	• 종합적 사고
• 사고와 기억 활동은 주로 언어 의존	• 사고와 기억 활동은 주로 심상 의존

3) 대뇌의 4엽

고등 정신 기능을 담당하는 뇌의 부분은 오른쪽 대뇌 반구와 왼쪽 대뇌 반구라고 하는 대뇌의 두 큰 질량이다. 대뇌반구의 표면을 대뇌피질(cerebral cortex)이라고 한다. 대뇌피질은 나무껍질에 비유될 수 있기 때문에 피질이라는 단어는 문자 그대로 껍질을 의미한다. 두뇌에서 가장 큰 부피를 차지하는 대뇌 반구는 위치와 기능에 따라 네 부분, 즉 전두엽, 후두엽, 두정엽과 측두엽으로 분할된다.

- 전두엽(frontal lobe): 기억, 사고와 문제해결, 판단
- 후두엽(occipital lobe): 시각 처리 영역
- 두정엽(parietal lobe): 공간 인식 및 감각 정보 통합
- 측두엽(temporal lobe): 청각 해석, 음성 처리

[그림 3-4] 뇌의 4엽

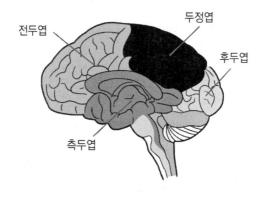

4) 변연계

변연계(邊緣系: limbic system)는 대뇌(cerebrum) 바로 아래와 시상 양쪽에 있는 복잡한 구조 집합이다. 시상과 그 주변의 상호 연결된 구조물들과 함께 시상하부가 뇌의 변연계를 구성한다. 변연계의 가장 중요한 세 가지는 시상하부, 편도체 및 해마이다. 냄새를 제외하고는 모든 감각이 시상하부를 통과하여 처리된다. 변연계는 감정 처리 및 기억에 중요한 역할을 한다. 즉, 변연계는 분노, 두려움, 즐거움, 행복 등과 같은 감정과 행동, 욕망 등의 조절 및 기억에 관여한다.

[그림 3-5] 변연계의 구조

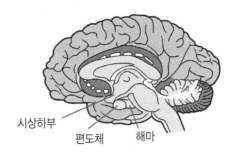

시상하부

편도체 해마

- 시상하부: 음식 섭취, 음주, 체온과 피로를 조절 한다.
- 편도체: 감정을 조절하고 공포에 대한 학습에 중요한 역할을 한다.
- 해마: 학습과 기억에 필수적인 구조이다.

5) 내분비계

내분비계(endocrine system)는 신체의 여러 위치에서 발견되는 땀샘 집합이다. 난소나 고환과 뇌하수체, 갑상선 및 부신 분비선을 포함한다. 내분비선은 호르몬을 혈류로 방출함으로써 정신·생리적 반응을 일으키는데 이는 멀리 있는 신체 시스템의 기능에 영향을 미치고 때로는 신경전달물질로 작용한다. 내분비계는 정상적인 발달, 특히 육체적 성장과 성적 발달의 일부 측면을 조절한다. 내분비계의 기능 이상이 심리적 증상을 유발하는 것으로 알려져 있다. 예를 들면, 갑상선 기능 항진증은 갑상선 호르몬을 너무 많이 분비하여 초조, 흥분과 불안을 유발한다.

6) 척수

척수(spinal cord)는 뇌와 뇌간을 신체의 모든 주요 신경과 연결되어 뇌에서 다른 신체로 정보를 운반한다. 허리의 거의 전체 길이를 달리는 척수는 뇌와 신체 사이의 정보를 전달하지만 다른 작업을 수행한다. 척수에는 손가락이 불꽃에 닿으면 팔을 움직일 수 있는 것과 같은 특정 반사반응을 제어하는 회로가 있다.

3. 말초신경계

말초신경계(peripheral nervous system)는 외부의 자극을 감지하여 중추신경계로 전달하고, 중추신경계에서 오는 반응을 기관에 전달하는 역할을 한다. 즉, 말초신경계는 감각과 운동 자극을 중추신경으로 연결하는 통로이다. 말초신경계는 체성신경계와 자율신경계로 구분된다.

1) 체성신경계

체성신경계(somatic nervous system)는 의식 지각 및 자발적인 운동반응을 담당한다. 즉, 골격근과 감각기관을 자극하고 운동과 감각정보를 전달하고 통합한다. 자발적인 운동반응은 골격근육의 수축을 의미하지만 수축이 항상 자발적인 것은 아니다. 일부 체세포 반응은 반사작용이며, 의식적으로 결정을 내리지 않고 발생한다. 절차적 기억으로 언급되는 운동기술을 배울 때 다른 운동반응은 자율적이다.

2) 자율신경계

자율신경계(autonomic nervous system)는 대뇌의 지배를 거의 받지 않고 생명 유지에 필요한 조절을 자율적으로 수행한다. 즉, 심장박동, 소화관 운동, 소화액 분비 등의 내장 작용은 자신의 의지와 관계없이 자율적으로 작용을 조절한다. 자율신경계는 서로 반대되는 요소인 교감신경계와 부교감신경계로 구성된다. 자율신경계는 항상성(내부 환경의 조절)을 위해 신체의 비자발적 제어를 담당한다. 자율신경계의 역할은 신체의 장기 시스템을 조절하는 것이며 보통은 항상성을 조절하는 것을 의미한다. 예를 들면, 땀샘은 자율신경계에 의해 제어된다. 몸이 더우면 땀이 나서 몸을 식혀준다. 이것이 항상성이다. 그러나 긴장하면 땀이 날 수도 있고, 이것은 항상성이 아니라 감정적인 상태에 대한 생리적 반응이다.

- 교감신경계: 투쟁 또는 도피
- 부교감신경계: 휴식과 소화

(1) 교감신경계

교감신경계(sympathetic nervous system)는 신체의 위험에 대한 투쟁 또는 도피 반응을 담당한다. 교감신경계는 부교감계보다 빠르게 작용하며 매우 짧고 빠른 뉴런을 따라 움직인다. 교감신경계는 부신수질이라는 부신의 일부를 활성화시켜 호르몬을 혈류로 방출한다. 이 호르몬은 근육과 땀샘을 활성화시켜 신체가 속도를 높이고 긴장을 불러일으키며 더욱 주의를 준다. 즉각적으로 필요하지 않은 면역계와 같은 기능은 어느 정도 차단된다. 소화와 면역과 같은 필수가 아닌 시스템은 훨씬 낮은 우선순위가 주어지며 더 많은 에너지가 근육에 제공되고 심장 박동수가 증가한다. 이것은 임박한 신체적 위험을 나타내는 스트레스 요인에 직면했을 때 일어나는 일이다. 교감신경계가 활성화되면 몸이 여러 가지 변화를 겪는다. 이러한 모든 변화는 보다 쉽게 싸우거나 실행할 수 있도록 설계되었다.

투쟁 또는 도피 반응은 행동을 위해 몸을 준비시킨다. 육체적인 도전(투쟁)을 준비하거나 후퇴(도피)를 준비하는 데 관련된 모든 기관이 이 시스템을 통해 활성화된다. 월터 캐넌(Walter Bradford Cannon)이 주장한 투쟁 또는 도피 반응(fight or flight response)은 교감신경계가 작용하여 생긴 에너지를 소비해서 긴급 상황 시 신속한 방어 행동이나 문제해결 반응을 보이기 위한 흥분된 생리적 상태이다.

투쟁, 도피 반응이 일어나면 자율신경계 중 교감신경계가 활성화된다. 호흡이 가빠르고, 얕은 숨을 쉬게 되고, 심박수가 증가하고, 소화 기능이 떨어지고, 근육이 긴장되고, 청각이 차단되고, 주변 시야가 손실(tunnel vision)되고, 몸이 떨리게 된다. 예를 들면, 개를 보고 놀란 고양이가 선택한 것은 도피다. 도피하기 전에 고양이는 잠깐 동안 아무 것도 하지 못하고 그대로 있게 된다. 상황이 너무 급작스러운 나머지 수습할 능력을 잃고 두려움으로 마비된다. 이러한 반응을 투쟁, 도피, 동결 반응(fight or flight or freeze)이라고 한다.

인간의 경우 동결 반응은 주어진 상황에서 살아남거나 벗어날 수 없다는 공포에 휩싸일 때 생겨난다. 그래서 교통사고, 재난, 성폭력, 강도, 습격, 해고 통지 등을 당한 사람은 얼어붙은 채 아무 것도 하지 못하고 있는 일이 실제로 벌어진다. 동결 반응이 길어지면 공황 상태에 빠지거나 호흡 곤란으로 기절할 수도 있다.

[표 3-2] 교감신경계와 부교감신경계의 기능

교감신경계	부교감신경계
• 심박수의 증가 • 피부 및 내장의 혈관 수축 • 발한, 기관지 확장 • 동공 확장 • 소화액 생산 억제 • 연동 억제 • 자궁 이완 • 에너지 동원 • 피를 근육으로 이동 • 분노, 공포나 스트레스의 감정 • 투쟁 또는 도피	• 동공의 수축 • 눈물 흘림 • 타액 분비 • 느린 맥박 • 기관지 분비 • 소화액 분비 • 연동운동 • 괄약근 이완 • 배뇨 및 배변 • 음경 발기 • 휴식과 소화

불수의적 행동(involuntary action)은 반사적 행동으로 자신의 의지와 관계없이 일어나는 근수축에 의한 운동이다. 이와 달리 수의적 행동(voluntary action)은 자신이 의식적으로 시작하는 행동이다. 즉, 자신의 의지에 따라 일어나는 의식적인 운동이다.

[표 3-3] 수의적 행동과 불수의적 행동의 비교

특징	수의적 행동	불수의적 행동
본질	• 의식적 생각 • 자유의지 • 의식적으로 골격근 통제	• 생각을 포함하지 않음 • 의지의 통제 하에 있지 않음 • 행동을 통제할 수 없음
예	• 질문을 할 때 손을 올린다.	• 골격근 : 무릎 반사 • 평활근 : 연동운동[6] • 심근 : 심장박동
역할	• 경험으로 반응	• 위험을 회피하기 위해 신속하게 반응
통제	• 전두엽 : 내부 정보 조정, 감각적 자극이 없이 자동적으로 행동	• 후뇌 : 두개골 반사 • 척추 : 척추 반사 운동, 눈 깜빡임
행동 속도	• 대뇌가 행동하기 전 생각할 시간이 필요하므로 느린 반응	• 소뇌가 관여되지 않아 신속한 반응
동일 자극 반응	• 다양한 반응 : 냉수, 차, 주스 등 결정	• 동일한 반응 : 무릎 반사

---

6) 위나 장의 수축운동.

(2) 부교감신경계

교감신경계와 부교감신경계는 일반적으로 신체에서 반대되는 것을 한다. 교감신경계는 육체활동을 위해 몸을 준비한다. 심장이 빠르고 강하게 뛰고, 기도가 열리므로 쉽게 호흡할 수 있고, 소화를 막을 수 있다. 부교감신경계는 휴식을 취하는 신체기능을 담당한다. 소화를 자극하고 다양한 대사 과정을 활성화하며 긴장을 풀도록 도와준다.

그러나 교감신경계와 부교감신경계는 항상 반대 방향으로 작용하지는 않는다. 때때로 그들은 서로를 보완한다. 부교감신경계는 즉각적인 반응을 필요로 하지 않는 활동에서 작용하며 휴식, 수면, 음식 섭취, 대사율 저하, 활동 지연, 글리코겐 합성, 혈압 회복 및 심장 박동 복원 등의 중추적 역할을 한다. 또한 주된 작용은 휴식과 소화로 요약된다.

4. 생물학 관점

생물학적 구조와 과정은 많은 패턴의 이상행동에 관여한다. 신경전달물질 기능 및 근본적인 뇌 이상이나 결함의 유전적 요인은 많은 심리적 장애와 관련이 있다. 알츠하이머 병과 같은 일부 질환의 경우 생물학적 과정이 직접적인 원인이 된다. 심한 정신질환은 신경해부학적 이상과 관련이 있다. 뇌 손상은 광범위하다. 예를 들면, 뇌졸중이 발병되면 뇌의 혈관은 파열되어 뇌의 일부에 산소 공급을 차단하고 주변 뇌 조직을 파괴한다. 이것은 뇌가 죽은 조직을 제거할 수 없기 때문에 가까운 건강한 뉴런의 기능을 방해한다. 정신분열 환자에서 뇌의 뇌실이 확대되고 다른 뇌 구조에서도 비대칭이 발견된다.

1) 기질

기질(temperament)은 타고난 고유의 특성으로 세계에 대한 접근 방식을 형성하는 영구적인 정신적, 신경학적 특성이다. 기질은 인간의 행동에 무의식적으로 영향을 미치는 선천적 특성의 결합이다. 즉, 정신적, 육체적, 정서적 특성의 결합이다. 기질이란 내면적 또는 외향적인 성격의 측면으로 타고난 것으로 간주된다. 기질이 생의 초기에 있는 상황으로 인해 생물학적 기초를 갖고 있다(Rothbart, M. K., 2011). 기질은 사람의 전형적인 감정 상태와 감정적인 반응을 반영하는 성격의 다양한 측면을 나타낸다. 기질은 대부분 타고났고 초기 아동기 및 영아기의 행동에 영향을 준다. 미국의 정신과 의사인 클로닝거(Robert Cloninger)와 그의 동료들은 현대적인 기질 이론을 제안했다. 이 기질은 진기성 추구, 위험 회피, 보상 의존과 지속성이다. 각각은 의존하는 뇌 체계와 관련이 있다. 주로 신경전달물질에서 관찰되었다.

- 진기성 추구: 새로운 자극을 찾아내 긍정적으로 반응
- 위험 회피: 위험에 매우 부정적으로 반응
- 보상 의존: 과거에 바람직한 결과를 가져온 행동 반복
- 지속성: 성취를 시도할 때 좌절감에 직면하더라도 계속 노력

진기성 추구는 새로운 자극을 찾아내 긍정적으로 반응하는 것이다. 이 기질은 충동적이고, 좌절을 피하고, 쉽게 흥분한다. 이것은 충동적 또는 공격적 행동을 포함하는 다양한 장애와 관련이 있다. 위험 회피는 위험에 매우 부정적으로 반응하고 가능하면 회피한다. 이 기질은 세로토닌의 작용과 관련이 있을 수 있다. 예를 들면, 불안장애가 있는 사람들은 불안장애가 없는 사람들보다 위험을 회피하는 수준이 높다. 보상 의존은 과거에 바람직한 결과를 가져온 행동이 반복되는 정도를 포함한다. 예를 들면, 사람은 과거에 승인을 받았기 때문에 사회적 승인을 계속 추구할 수 있다. 낮은 수준의 보상 의존은 높은 수준의 충동과 결합하여 물질사용 장애가 있는 사람들에게서도 발견된다. 지속성은 성취를 시도할 때 좌절감에 직면하더라도 계속 노력하는 것이다. 주의력 결핍과 과잉 행동장애에서 낮은 수준의 지속성이 발견된다.

2) 유전

유전자는 취약성이나 심리적 장애에 대한 감수성을 결정하는 데 중요한 역할을 한다. 유전자 구조가 특정 비정상 상태의 발달에 기여한다. 자율신경계 반응이 인간에게 유전된다는 증거가 있다. 즉, 자극에 대해 비정상적으로 강한 반응을 나타내는 것은 신경계이다. 예를 들면, 알코올 중독, 정신분열증 및 우울증은 유전적 요인과 관련이 있다(Andreasen, 2005). 가까운 유전적 관계는 장애의 유사성을 높이고 비슷한 생물학적 및 행동적 패턴을 갖고 있다(Siegle et al., 2006). 행동 유전학(behavior genetics)은 정상 및 이상행동의 진화와 발달에 대한 유전적 영향을 연구하는 광범위한 접근법이다. 즉, 유전적 특성과 환경의 상호작용이 어떻게 행동에 영향을 미치는지 연구하는 학문이다.

생물학적 유전은 유전자에 의해 전달된다. 유전자(gene)는 유전에 관한 정보를 담고 있는 초

소형 DNA 단위이다. 유전자는 염색체에 위치하며 세포핵에서 발견되는 사슬 모양의 구조이다. 인간은 일반적으로 23쌍의 염색체를 갖고 있다. 유전학의 가장 중요한 원리 중 하나는 유전자형과 표현형 또는 형질형의 구분이다. 유전자형(genotype)은 유전 인자에 의해서 생물 내부적으로 결정되는 숨겨진 형질이지만 표현형(phenotype)은 생물에서 겉으로 드러나는 여러 가지 물리적인 특성뿐만 아니라 행동 같은 특성이다. 유전자형은 개체의 실제 유전자 구조이나 표현형은 주어진 유전자형의 표현이다. 표현형은 환경에 영향을 받기 때문에 정확한 유전자형을 추론하는 것은 불가능하다. 대부분의 정신장애는 유전적 원인이 있는 경우 단일 유전자에 의해 야기되지 않고 다유전자(polygenic), 즉 하나 이상의 유전자의 영향을 받는다. 다유전자 유전은 특성 또는 장애에 중요한 영향을 미친다. 단일 유전자에 의해 생성된 명백하게 다른 형질형과 달리 다유전자 유전은 정도에 따라 다른 특성을 생성한다.

인간 생명에 대한 유전자의 영향을 이해하려는 가장 획기적인 돌파구는 인간 게놈 프로젝트(Human Genome Project: HGP)의 성취에서 비롯된다. 생명의 지도(map of life)라고 불리는 인간 게놈은 신체의 각 세포에서 발견되는 전체 유전물질의 기본 청사진을 만드는 데 성공했다. 인간 게놈은 특정 유기체의 염색체에 있는 모든 유전물질로 구성되어 있으며 신체가 어떻게 작동하는지에 대한 지침서이다. 신체적 특성이 어떻게 결정되는지, 어떻게 노화하는지, 왜 질병에 걸리기 쉬운지, 성격 특성, 정신장애를 유발하는 성향 등이 포함된다. 문제는 매뉴얼을 완전히 읽지 못하거나 그것이 의미하는 바를 이해할 수 없다는 것이다. 인간 게놈의 지지자들은 여러 가지 유형의 수면장애, 중독, 비만, 암, 심장병 등의 원인, 예방 및 치료법을 이해하는 방법을 제공할 수 있다고 추측한다.

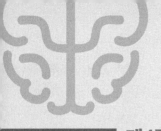

제4장

정신역동 관점

　정신건강에 영향을 미치는 많은 심리적 요인은 인간 본성, 기질, 감정, 학습 및 인지, 감각과 인간발달이다. 일반 대중에게 익숙한 심리이론은 프로이트(Sigmund Freud)와 그의 추종자들에 의해 주창한 정신역동이론일 것이다. 이 이론은 무의식적 사고, 감정 및 기억의 역할에 초점을 맞춘 인간행동을 이해하는 접근법이다. 그는 개인적으로 치료한 환자에 대한 광범위한 분석을 통해 행동에 관한 이론을 개발했다. 그는 불안, 우울증, 성기능장애 등 환자가 경험한 많은 문제가 사람이 더 이상 기억할 수 없는 고통스러운 유년기 경험의 결과라고 믿었다.

　이상행동의 심리적 원인은 사고와 감정의 교란이다. 이상행동은 과거 학습경험, 부적절한 사고방식 및 스트레스에 대처하는 어려움과 같은 요소에서 발생한다. 다양한 이론적 관점은 인간행동의 근본적인 원인에 대한 가정에서 차이를 반영한다. 심리학적 모델에는 정신역학, 인본주의, 행동 및 인지가 포함된다. 임상 심리학자들은 심리적 모델을 선호하는 경향이 있다. 신프로이트파들은 어린 시절의 경험이 중요하다는 데 동의했지만 성에 대한 강조를 줄였고, 사회적 환경과 문화가 인격에 미치는 영향에 더 집중했다.

[표 4-1]　주요 심리학적 모델의 특징

모델의 가정	치료	평가
❶ 정신역동 • **정상** : 원초아, 자아와 초자아 사이의 균형 • **이상** : 아동기의 불균형과 미해결 갈등으로 발생한다. 무의식의 심리적 과정이 이상 증상을 유발한다.	• 치료사는 정신분석을 사용하여 환자가 무의식적인 원인을 찾아내고 해석하도록 돕는다(예: 꿈 분석).	• **장점** : 분석가가 환자를 비난하거나 판단하지 않기 때문에 정신분석이 정답이다. • **단점** : 불안감을 유발할 수 있다 (억압된 경험 방해). 현재의 삶의 문제보다는 과거에 초점을 맞추고 있다.
❷ 인본주의 • **정상** : 자존심, 건강한 관계, 삶에 대한 통제 • **이상** : 사람은 독특하며 관계와 개인적인 상황에서 발생하는 문제를 경험한다. 이상행동을 말하는 것은 잘못이다.	• 치료사가 사람의 변화를 돕는다. • 치료는 사람들이 자유의지가 있다는 것을 전제로 하고 변화에 책임이 있다.	• **장점** : 사람의 행복이 중요하고 치료사가 무조건적이고 긍정적인 반응을 준다. • **단점** : 비용이 비싸지만 성공률이 낮다.
❸ 행동주의 • **정상** : 사람은 자신의 학습에 의해 획득한 광범위한 적응반응을 갖는다. • **이상** : 사람이 잘못된 반응이나 적응반응을 배운다. 관찰할 수 있는 이상행동을 다룬다.	• 치료사는 환자가 부적절한 행동을 취하지 못하게 하고 적응력 있는 행동을 배우도록 도와준다.	• **장점** : 전인이 아니라 특정한 행동을 하는 사람이다. 특정 질환에 대해 상대적으로 저렴하고 성공률이 높다. • **단점** : 행동요법은 스트레스를 받고 고통스러울 수 있다. 치료사가 환경을 통제하기 위해서는 제도화가 필요하다.
❹ 인지주의 • **정상** : 적절하게 기능하는 생각 과정, 정확하게 세계를 인지하고 행동을 통제 • **이상** : 자신, 타인 또는 환경에 관한 비현실적이고 혼란스러운 생각과 행동을 통제하는데 어렵다.	• 치료사는 환자가 자신의 생각을 통제할 수 있도록 도움을 제공한다.	• **장점** : 치료비용이 저렴하다. 장애에 대한 성공률은 상당히 높다. • **단점** : 인지치료는 스트레스가 많고 혼란스럽다. 장애에 대한 책임이 자신에게 있다는 것을 암시한다.

　정신역동모델은 프로이트와 그의 추종자들의 공헌에 바탕을 두고 있고 아들러의 개인심리학과 융의 분석심리학 등을 포함한다. 이 모델은 사람의 생각과 행동이 과거의 경험과 무의식적 동기에서 영향을 받는다는 것을 중심으로 사람의 성격을 설명한다. 정신역동모델은 인간 내에서

의 욕구와 힘의 상호작용, 특히 무의식과 성격의 다른 구조 사이의 상호작용에 기반한 인간의 기능을 본다. 정신분석(psychoanalytic)은 프로이트의 이론이고 정신역동(psychodynamic)은 그의 이론과 추종자의 이론을 모두 가리킨다. 정신역동 치료사는 주로 우울증이나 불안장애 환자를 치료한다.

인간 본성이란 생각, 감정 및 행동의 방식을 포함하여 갖고 있는 고유한 특성을 지칭한다. 인간 본성이 생물학적으로 또는 사회화와 교육에 의해 형성되었는지는 논쟁의 여지가 있다. 그렇다면 인간의 본성은 무엇인가? 이 질문에 대한 프로이트의 대답은 성과 공격성이라는 두 가지 기본 욕구이다. 공격성이 생존을 가능하게 하지만 때로는 폭력을 수반한다. 그의 성격에 대한 정신역동 관점은 성격에 대한 최초의 포괄적 이론이었으며, 다양한 정상 및 이상행동을 설명했다. 그에 따르면 어린 시절의 성적 특질(sexuality)[7]과 함께 성(sex)과 공격성(aggression)의 영향을 받는 무의식적인 욕구는 성격에 영향을 미치는 요인이다. 이와 달리 왓슨은 백지(blank slate)로 세상에 왔다고 제창했다. 칼 융은 실제로 자신 안에서 시작된 성격을 부여할 수 있는 집단무의식이 있다고 생각했다.

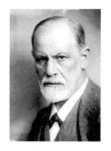

1. 프로이트의 정신분석

프로이트의 정신분석이론(psychoanalytic theory)은 인간행동이 주로 무의식적이고 본능에 의해 결정된다는 것을 가정한다. 즉, 정신결정론과 무의식을 가정한다. 인간의 정신 활동의 기저에 있는 원초아, 자아, 초자아의 갈등과 투쟁, 타협을 통해 인간의 행동이 결정된다. 인간행동은 3가지 구성 요소 사이의 상호작용의 결과라고 주장한다. 행동과 성격 형성에 있어서 무의식적인 심리적 갈등의 역할에 큰 중점을 둔다. 인간의 모든 행동은 우연히 일어나지 않으며 필연적으로 일어난다. 인간행동은 의식보다 무의식의 영향을 더 많이 받는다고 가정한다. 이상행동은 의식이 없는 마음속에서 일어나는 역동적인 투쟁의 증상이다. 히스테리의 경우 증상은 무의식적인 심리적 갈등이 신체적 문제로 전환되는 것을 나타낸다. 환자는 증상을 알고 있지만 무의식적 갈등은 알지 못한다. 다음은 프로이트 이론의 특징이다.

---

7) 섹스(sex)가 생물학적 성의 구별이나 직접적인 성행위를, 성적 특질(sexuality)은 성에 대한 태도, 개념, 행동.

- 인간행동은 원초아, 자아와 초자아의 구성 요소 사이의 상호작용의 결과이다.
- 성격의 구조 이론은 정신의 부분들 사이의 갈등이 행동과 성격을 어떻게 형성하는지를 매우 중요시한다. 이러한 갈등은 대부분 의식이 없다.
- 성격은 어린 시절에 발달하고 정신적인 단계를 거쳐 결정적으로 형성된다.
- 각 단계에서 어린이는 생물학적 욕구와 사회적 기대 사이에 갈등이 있다. 이러한 내적 갈등의 성공적인 처리는 발달단계의 숙달과 성숙한 성격으로 이끈다.

1) 기본 가정

기본적인 과정은 무의식의 최우선, 초기 경험의 중요성과 결정론이다. 행동과 감정은 무의식적인 동기(unconscious motive)에 의해 강력하게 영향을 받는다. 무의식 정신은 의식에 접근할 수 없지만 판단, 감정 또는 행동에 영향을 주는 정신 과정을 포함한다. 무의식 정신은 인간행동의 주요 원천으로 빙산처럼 마음의 가장 중요한 부분을 볼 수 없는 부분이다. 감정, 동기 및 결정은 실제로 과거 경험에 의해 강력하게 영향을 받고 무의식중에 저장된다. 성인의 행동과 느낌은 어린 시절의 경험에 뿌리를 두고 있다. 어린 시절의 사건이 성격을 형성하면서 성인 생활에 커다란 영향을 미친다.

성격은 욕구가 어린 시절에 갈등에 의해 수정됨에 따라 형성된다. 무의식적인 생각과 감정은 실수, 말실수, 기억의 착오와 같은 실책 행위(parapraxis)의 형태로 의식이 있는 마음으로 이전될 수 있다. 의미하지 않은 것을 말함으로써 실제로 마음에 있는 것이 드러난다. 말실수는 사건이 발생한 것은 아니지만 무의식적 정신에 통찰력을 주고, 모든 행동은 중요하며 결정론적이고 원인이 있다. 이처럼 정신역동이론은 행동이 통제할 수 없는 무의식적인 요인들에 의해 완전히 야기된 것으로 본다. 성격은 원초아, 자아와 초자아로 구성되고, 무의식의 일부(원초아와 초자아)는 의식적 부분(자아)과 끊임없이 충돌한다. 이 갈등은 불안을 야기하고 자아가 방어기제를 사용함으로써 처리될 수 있다.

2) 정신 구조

프로이트는 성격을 이해하는 데 매우 중요한 요소를 설명했다. 정신(mind)은 인식 수준에 따라 마음의 세 부분, 즉 의식, 전의식과 무의식이다. 이들은 서로 다른 기능과 과정, 에너지와 관념적 내용을 지닌 역동적 체계이다. 정신을 빙산에 비유하여 인식의 표면 위에 볼 수 있는 부분은 의식이다. 무의식은 인간 마음의 약 90%를 차지하고 나머지 10%는 의식이다. 사람들은 자신의 무의식 내용에 접근할 수 없다. 외상적 기억, 부적절한 욕망, 해결되지 않은 갈등은 억압과 같은 자아 방어기제에 의해 무의식 중에 묻혀 있다. 행동은 내부 또는 심리적 힘에 의해 동기부여되며, 비정상은 행동을 동기부여하는 내부 힘의 불균형으로 인해 발생한다. 어린 시절의 외상과 같은 무의식적인 마음의 내용은 여전히 행동에 영향을 미칠 수 있으며, 이로 인해 이상행동이 발생할 수 있다. 예를 들면, 정신질환은 해결되지 않은 의식적 갈등에서 비롯된 것으로 이는 일반적으로 유아기에 발생한다.

(1) 의식

의식(conscious)은 사람들이 현재 알고 있는 사고, 감정 및 행동과 같은 모든 것을 포함한다. 예를 들면, 식사를 하는 동안 마음은 음식의 맛을 생각하고 있을 것이다. 이러한 사고는 의식적인 사고에서 발생한다. 의식은 정신의 가장 표층에 있으며, 내·외부 세계로부터 정보를 받아들인다. 의식적인 마음은 지금 관심을 기울이는 곳이다. 그것은 현재의 사고 과정과 관심 대상만을 포함하며 현재 인식의 매우 큰 부분을 구성한다. 정신의 더 큰 부분은 의식의 표면 아래에 있는 전의식과 무의식이다.

(2) 전의식

전의식(preconscious)은 인식이 있지 않은 기억이지만 기억에 집중함으로써 의식으로 가져올 수 있다. 전의식은 알고 있는 것들을 의미하지만 주의를 기울이지 않는 곳을 포함한다. 주의를 기울이면 의식적인 마음으로 가져올 수 있다. 예를 들면, 재미있던 어린 시절 사건에 관해 질문하는 경우 기억에서 꺼낼 수 있다. 마음의 가장 큰 부분인 무의식은 수수께끼에 싸인 채로 있다. 그 내용을 매우 어렵게 인식할 수 있다.

(3) 무의식

무의식(unconscious)은 사람들이 모르는 정신 활동을 포함한다. 의식적인 마음을 숨기려고 하는 감정, 생각 및 충동 중 일부는 의식이 없는 마음속에 묻혀서 설명할 수 없는 행동의 일부에 영향을 미친다. 무의식 수준에서 과정과 내용은 의식적인 마음의 직접적인 범위를 벗어난다. 따라서 무의식은 독립적으로 생각하고 행동한다. 많은 행동이 무의식의 마음에서 직접적으로 유도된다. 때때로 선호하는 행동을 통제할 수는 없다. 성적인 욕구와 공격적인 욕구를 기본적인 욕구로 갖고 있는데, 이것들이 인간행동에 중요한 영향을 끼친다. 무의식은 기본적인 생물학적 충동이나 행동의 저장소이다. 본능은 주로 성적인 공격적인 본능이다. 정신의 아주 작은 부분만이 언제든지 의식으로 올라온다. 비록 의식이 없는 정신에 주의를 기울임으로써 의식 속으로 들어갈 수도 있지만, 의식의 충동과 생각은 수수께끼로 덮여있다.

[그림 4-1] 정신 구조

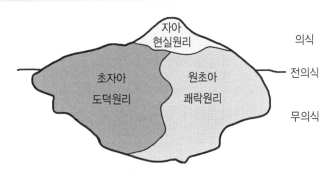

3) 본능

모든 행동, 사고 및 의도는 본능에 의한 것이다. 본능은 생존을 위한 가장 쉬운 길을 동물에게 알려준다. 본능은 자극과는 달리 신체 내에서 자극의 원천으로부터 생겨나고 일정한 힘으로 작용한다. 본능은 원천, 대상 및 목표를 가진 것으로 설명될 수 있다. 원천은 몸내의 흥분 상태이고 목표는 흥분을 제거하는 것이다. 따라서 삶은 이러한 갈등을 다루면서 죄책감과 처벌을 최소화하고 만족을 극대화하고자 한다. 프로이트는 「쾌락원리를 넘어서(Beyond the Pleasure Principle)」에서 제1차 세계 대전 참전용사가 외상 후 스트레스 장애가 있었고, 이것은 정신분석에 맞지 않았기 때문에 모든 인간행동이 욕동(drive)과 본능(instinct)에 의해 동기부여되는 것처럼 죽음의 본능에 대한 이론을 소개하였다. 욕동의 구성 요소는 갈망, 목표, 대상, 근원이며, 목표는 만족이고 근원은 육체이다. 욕동의 갈망은 욕동의 활동성이나 힘을 의미한다.

(1) 삶 본능

삶 본능(life instinct)은 때로는 성적 본능이라고도 한다. 삶의 본질은 생존, 즐거움, 생식을 위해 의존하는 것이다. 삶 본능은 인간 존속을 유지하기 위한 필수 요소이다. 갈증, 굶주림과 통증 회피도 삶 본능이다. 정신 에너지는 성적 에너지와 공격적 에너지로 구분된다. 삶 본능에 의해 생성된 에너지는 욕망에 대한 라틴어 리비도이다. 리비도(libido)는 성적 욕망(sexual desire) 또는 정욕(lust)을 의미하는 성 욕동(sex drive)에 대한 라틴어다. 리비도는 성적 에너지로 정신분석에서 모든 본능적인 생물학적 추진력의 정신 에너지를 의미한다. 인간은 두 가지 기본적 욕구 즉, 공격욕구인 타나토스(thanatos)와 성욕구인 리비도를 갖고 있다. 성본능의 에너지를 리비도라고 가정하고, 삶의 본능에서 성격발달에 가장 큰 영향력을 발휘하는 것이 성본능이다. 리비도는 태어나면서부터 서서히 발달한다. 성본능은 구강기 · 항문기를 통해 발달하다가 5세에 절정에 이른 후 잠재기에 이르고 사춘기에 다시 성욕으로 나타난다고 한다. 자기보존 본능과 성적 본능을 합한 삶의 본능은 에로스(eros)이다. 에로스는 생명의 보전과 종의 보존과 관련이 있으며, 이것은 건강, 안전, 생계유지 및 성행위를 위한 기본적인 욕구로 나타난다. 에로스는 사랑에 대한 긍정적인 감정과 조화로운 사회를 지원하는 친사회적 행동, 협력 및 기타 행동과 관련이 있다.

(2) 죽음 본능

죽음 본능(death instinct)은 사람을 소멸과 생명이 없는 상태로 만든다. 두려움, 증오, 분노와 같은 부정적인 감정과 관련이 있으며, 괴롭힘에서 살인까지 반사회적 행동으로 이어진다. 인간은 원래의 상태를 파괴하거나 전복시키려는 충동이 있고 자기 자신을 파괴하려는 본능이 있다. 죽음 본능에 의해 창출된 에너지의 표현은 자살 시도, 음주 및 마약남용과 같은 혼란스러운 행동이다. 이 에너지가 다른 에너지를 향하게 되면 분노와 폭력으로 표현된다. 죽음 본능은 에로스의 생존, 번식, 성행위 및 기타 창의적이고 생명을 유발하는 경향과 반대이다.

4) 성격 구조

성격은 장기적이고 안정적이며 쉽게 변하지 않는다. personality라는 단어는 라틴어 가면(persona)이라는 단어에서 비롯된다. 고대 세계에서는 배우가 착용한 가면이 있었다. 자신의 정체성을 은폐하기 위해 가면을 착용하는 것으로 연극 가면은 원래 배우의 성격 특성을 표현하거나 투영하는 데 사용되었다. 성격이란 개인이 일관되게 생각하고 느끼고, 특정한 방식으로 행동하도록 유도하는 형질과 패턴을 말한다. 성격은 사람을 독특하게 만든다. 사람은 영속적이고 장기적인 특유한 패턴과 다른 사람이나 주변의 세계와 상호작용하는 방식을 갖고 있다. 성격이 다른 사람에게 지각된 특성이라면 개성(character)은 한 개인의 타고난 특성 그 자체이다. 기질(temperament)은 성격 중에서 개인이 타고난 생물학적 구조를 더 강조한 용어이다. 기질은 환경적 자극에 대한 개인의 반응양식을 결정하고, 성격과 개성을 형성하는 기반이 된다. 따라서 성격이란 한 개인을 특징짓는 독특한 면, 여러 상황에서 비교적 일관성 및 환경에 적응해 나가는 과정에서 나타나는 행동양식이라 할 수 있다.

프로이트에 따르면, 성격(personality)은 복잡하고 하나 이상의 구성 요소를 갖고 있다. 성격은 세 가지 요소로 구성된다. 즉, 원초아(id), 자아(ego), 초자아(superego)로 알려진 이 성격 요소는 함께 작동하여 복잡한 인간행동을 만든다. 원초아는 본능적, 자아는 현실적, 초자아는 도덕적 자신이다. 원초아는 성격의 본질적이고 본능적인 구성 요소이다. 자아는 비현실적인 원초아와 외부 현실 세계를 중재하기 위해 나타나고 성격을 결정하는 요소이다. 초자아는 부모와 다른 사람들에게서 배운 사회의 가치와 도덕을 포함한다. 세 요소 모두가 각 개인에게 강력한 영향을 미치는 방식으로 상호작용한다. 원초아, 자아, 초자아는 명확하게 정의된 경계를 가진 완전히 별개가 아니다. 많은 경쟁 세력이 있기 때문에 원초아, 자아와 초자아 사이에서 갈등이 발생한다.

[그림 4-2] 성격 구조의 갈등 해결 과정

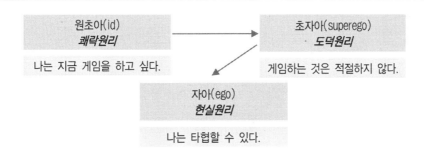

(1) 원초아

원초아(id)는 출생 시부터 갖고 있는 원래의 정신 구조로 성격의 원천이다. 원초아에서 자아와 초자아가 분화되어 간다. 굶주림, 갈증, 성관계, 공격을 포함하여 기초 운동과 본능적 충동의 저장소이다. 무의식 상태에서 완전히 작동하는 원초아는 쾌락원리(pleasure principle)를 따른다. 사회적 규칙이나 관습 또는 다른 사람들의 필요를 고려하지 않고 본능의 즉각적인 만족을 요구한다. 원초아의 충동은 즉각적인 만족감을 찾고 만족할 때까지 불편함이나 불안감을 준다. 성적 또는 공격적 충동은 기아와 같은 생물학적 충동과 유사하다. 인생 첫 해에 아이는 모든 요구가 즉시 만족되지 않는다는 것을 발견한다. 아이는 만족의 지연에 대처하는 법을 배운다.

- 원초아는 출생 시 존재하는 유일한 성격의 구성 요소이다.
- 성격은 전적으로 무의식적이며 본능적이고 원시적인 행동을 포함한다.
- 원초아는 모든 성격 에너지의 원천이며 성격의 주요 구성 요소이다.

(2) 자아

자아(ego)는 원초아의 충동을 완수하고 현실을 다루는 개성의 일부이다. 자아는 좌절감을 극복하기 위한 합리적인 방법을 구성하기 위해 나타난다. 자아는 인생의 첫해에 발달하기 시작하고, 특히 취학 전 기간 동안 진화한다. 무의식적인 원초아 충동과는 달리 자아의 대부분은 의식적인 인식 안에 있다. 자아는 원초아의 요구를 억제하고 사회 관습과 기대에 부합하는 행동을 지향하려고 한다. 만족을 얻을 수는 있지만 사회적 비난을 희생시키지는 않는다. 자아는 성격을 집행하는 부분으로 현실원리(reality principle)에 지배를 받는다. 또한 실용적이며 가능한 것이 무엇인지뿐만 아니라 원초아의 요구를 고려한다. 따라서 자아는 독특한 개인으로서의 의식적 감각을 발전시키기 위한 토대를 마련한다.

- 자아는 현실을 다루는 책임 있는 성격의 구성 요소이다.
- 자아는 원초아와 초자아의 균형을 위해 합리적으로 행동한다.
- 자아는 2~4세경에 나타난다.

(3) 초자아

초자아(superego)는 행동을 완벽하게 하고 세련되게 하는 역할을 한다. 원초아의 용납할 수 없는 모든 욕구를 억압하고 현실적인 원칙보다는 자아를 도덕원리(moral principle)에 따라 행동하게 한다. 초자아는 의식, 전의식, 무의식 중에 존재한다. 초자아에는 행동의 사회적 기준, 특히 아이들이 취학 전 기간 동안 부모처럼 되기 위해 배우는 규칙이 포함되어 있다. 초자아는 원초아의 성적인 공격적인 충동을 지배하려고 노력한다. 중년기에는 초자아가 부모와 다른 주요 인물들의 도덕적 기준과 가치의 내면화로부터 발전한다. 초자아는 자아를 감시하고 옳고 그른지에 대한 판단을 내리는 양심, 또는 내부의 도덕적 후견인 역할을 한다. 자아가 초자아의 도덕적 기준을 지키지 않았다는 것을 알게 되면 죄책감과 수치심의 형태로 처벌을 받게 된다. 초자아는 도덕적 기준을 위반하지 않고 원초아의 욕구를 충족시키려고 노력한다.

- 초자아는 부모와 사회에서 얻은 내면화된 도덕 기준과 이상이다.
- 초자아는 판단을 내리기 위한 지침을 제공한다.
- 초자아는 5세경에 나타난다.

[표 4-2] 성격의 구조와 사고방식

성격의 구조	사고방식	역동
• 원초아(id)	비논리적, 감정적, 비합리적	쾌락원리
• 자아(ego)	논리적, 합리적	현실원리
• 초자아(superego)	이상주의적, 도덕적	도덕원리

5) 심리성적 발달단계

프로이트의 주요 관심사는 성격을 형성하는 원동력, 본능 및 식욕으로 정의된 성적 욕망(sexual desire)이다. 인간의 성격은 성적 에너지가 축적되어 생물학적으로 성숙되는 과정에서 발생한다. 즉, 인간의 성격은 5단계를 통해 결정되며 각 단계는 독특한 과제가 있다. 불리한 상황이 만연하면 성격이 크게 영향을 받을 수 있다. 심리성적 발달 5단계는 구강기(oral), 항문기(anal), 남근기(phallic), 잠복기(latency)와 생식기(genital)이다. 이들은 각 단계가 신체의 다른 영역에서 리비도의 고착을 나타내기 때문에 정신적인 단계라고 한다.

리비도는 기본적으로 인간이 지니고 있는 성적 욕구로 인간이 태어날 때부터 갖추고 있는 본능 에너지를 의미한다. 사람이 신체적으로 성장함에 따라 신체의 특정 부위가 잠재적인 좌절감, 즐거움 또는 두 가지 모두의 원인으로 중요하다. 프로이트는 삶이 긴장과 쾌락으로 만들어졌다고 믿었다. 또한 모든 긴장은 리비도의 축적으로 인한 것이고 모든 쾌락은 그 유출로 인한 것이다. 오이디푸스 콤플렉스(oedipus complex)는 남자 아이들이 어머니에게 성적인 애정을 품고 아버지를 경쟁자로, 엘렉트라 콤플렉스(electra complex)는 딸이 아버지에게 애정을 품고 어머니를 경쟁자로 인식하여 반감을 갖는 경향을 의미한다.

[표 4-3] 프로이트의 심리성적 발달단계

단계	연령	성감대	고착의 결과
구강기	0~2년	입	구강 공격적 : 씹는 껌이나 펜 끝 부분 포함 구강 수동적 : 흡연, 식사, 키스, 구강성교
항문기	2~4년	배변	항문 보유적 : 조직에 대한 집착, 과도한 청결 항문 배출적 : 무모, 부주의, 도전적, 파괴적
남근기	4~6년	외음부	오이디푸스 콤플렉스, 엘렉트라 콤플렉스
잠복기	6년~사춘기	성적 욕구 억압	고착화된다면 극도로 성적으로 성취되지 않는 경향이 있다.
생식기	사춘기 이후	성적 흥미 최고조	성적 흥미, 심리적 이유기, 이타적인 성격

6) 꿈의 분석

꿈은 수면의 특정 단계에서 마음속에서 무의식적으로 발생하는 이미지, 아이디어, 감정 및 감각의 연속이다. 꿈의 내용과 목적은 과학적 추측의 주제이자 철학적 및 종교적 관심의 주제이지만 완전히 이해되지 않는다. 꿈 해석은 꿈에서 의미를 끌어내어 기본 메시지를 찾는 시도이다. 꿈에 대한 과학적 연구는 해몽학(oneirology)이다. 꿈은 주로 수면의 급속 안구운동(rapid eye movement) 단계에서 발생한다. 뇌 활동이 높고 깨어있는 것과 유사하다. 수면의 급속 안구운동은 수면 중에 눈의 지속적인 움직임에 의해 드러난다. 때로는 꿈은 다른 수면 단계에서 발생할 수 있다. 그러나 이러한 꿈은 생생하지 않거나 기억에 잘 남지 않는 경향이 있다. 꿈의 길이는 다양하다. 몇 초 또는 약 20-30분 동안 지속될 수 있다. 평균적인 사람은 밤마다 3~5번 꿈을 꾸지만 대부분의 꿈은 즉시 또는 신속하게 잊어버린다.

많은 사람들은 프로이트의 꿈 이론을 지지한다. 꿈은 숨겨진 욕망과 감정에 대한 통찰력을 나타낸다. 어떤 학자들은 꿈이 기억형성, 문제해결을 돕거나 단순한 뇌 활성화의 산물이라고 제안한다. 프로이트는 꿈은 어린 시절의 기억이나 강박관념과 관련되어 있는 깊은 욕망과 불안의 표출이라고 설명했다. 그는 꿈의 주제가 내용에 관계없이 거의 모든 성적 긴장을 풀어 준다고 믿었다. 그는 '꿈의 해석'에서 꿈을 해석할 수 있는 심리기술을 개발했으며 꿈에 나타나는 상징과 동기를 이해하기 위한 일련의 지침을 고안했다. 꿈에는 무서운 것, 흥미롭고 마법적, 우울, 모험적 또는 성적인 것과 같은 다양한 본성이 있을 수 있다. 꿈에 있는 사건은 일반적으로 몽상가의 통제를 벗어난다. 꿈은 때로는 창조적인 사고를 일으키거나 영감을 줄 수 있다.

꿈은 수면의 여러 단계에서 마음속의 무의식적인 사건을 구현한다. 꿈 분석은 꿈에 숨겨진 의미의 해석에 의존하는 치료기법이다. 치료사의 임무는 위장된 상징적 의미를 밝혀내고 환자가 불안감 유발에 대한 통찰력을 얻도록 하는 것이다. 프로이트는 꿈을 무의식에 이르는 지름길이며 발현내용과 잠재내용을 제안하였다. 즉, 꿈은 기억되는 꿈과 숨겨진 꿈이 있다. 발현내용 (manifest content)은 기억하는 꿈의 외향적 내용이다. 즉, 꿈을 꾼 사람이 깨어나 떠올려 이야기할 수 있는 내용이다. 이와 달리 잠재내용(latent content)은 자유연상법이나 다른 적당한 방법에 의하여 발견할 수 있는 꿈이나 사고로 감추어져 있는 부분이다. 즉, 꿈의 내용을 분석하여 발견할 수 있는 숨은 뜻이다.

- 발현내용: 개인이 겪은 것을 기억하는 정보이다. 이것은 각 개인이 인식하고 있는 꿈 안의 실제 이미지, 생각 및 내용의 모든 요소로 구성된다. 이미지가 처음에는 기괴하고 무의미한 것처럼 보일 수 있지만 꿈의 개별 분석은 기본 의미를 나타낼 수 있다.
- 잠재내용: 자신의 무의식적인 생각, 욕구 및 욕망의 숨겨진 의미이다. 프로이트는 숨겨진 동기와 깊은 생각의 의미를 밝혀냄으로써 개인이 삶의 긴장을 만드는 문제를 해결하고, 내면적인 투쟁을 성공적으로 이해할 수 있다고 믿었다.

7) 꿈의 종류

꿈은 크고 작은 두 종류가 있다. 중요한 꿈은 대개 쉽게 기억되며 관련성을 상당히 빨리 인식하는 반면, 덜 중요한 꿈은 드러나지 않을 수도 있다. 중요한 꿈과 덜 중요한 꿈을 비교하는 것이 가치가 있다. 큰 꿈에서 처음 나타나는 주제는 후속 작은 꿈에 의해 종종 향상되고 더 잘 이해된다. 꿈속에서 극도로 무서울 수 있는 감정이 있다. 사람들은 일상생활에서 이런 감정을 느끼지 못할 수도 있다.

(1) 보통몽

보통몽(normal dream)은 꿈의 가장 일반적인 유형이다. 이것은 몽상가 자신이 경험하고 있는 것이 가공된 현실이라는 것을 모르는 꿈이다. 즉, 몽상가가 꿈의 세계와 현실의 세계를 구별하지 못하는 꿈이다. 꿈 자체는 모든 사람이 경험한다는 의미에서 정상적이지만 꿈의 내용은 정상적이지 않다.

(2) 불안몽

가장 빈번한 꿈의 주제 중 하나는 불안이다. 불안몽(anxiety dream)은 병적인 두려움과 불안이 중요한 부분을 차지하는 꿈이다. 꿈에 방해가 되는 요소는 추억, 산만한 생각이나 인상과 깨어있는 시간 동안 의도적으로 억압받는 자신의 감정에서 비롯된다. 근심과 문제가 불안몽 속에서 안전으로 나타날 수 있고 실제로는 경험했던 감정이다.

(3) 예지몽

예지몽(precognitive dream)은 예언 또는 심령몽이라고도 하며 미래를 예언하는 꿈이다. 어떤 사람들은 예언적 꿈을 포함하여 심령술사 같은 존재가 없다고 생각한다. 그러나 어떤 사람들은 꿈에서 미래를 예측한다고 인식한다. 종종 의도적으로 숨겨진 근심에 직면함으로써 꿈은 실수를 피할 수 있는 조치에 대한 정보를 제공한다. 미래에 대한 기대는 숨겨진 근심을 통해 드러날 수 있다. 예지몽은 불안을 덜어주고 통찰력을 얻을 때 가능한 최선의 행동대안에 접근하고 이미지를 통해 정보를 제공한다.

(4) 서사몽

서사몽(epic dream)은 각성 후 오랫동안 머무르는 모험 영화처럼 생생하고, 논리적이고, 기억에 남을 만한 표현이 특징이다. 모든 꿈 유형 중에서 서사몽은 아마도 오락 측면에서 가장 즐겁다. 스토리의 꿈은 강한 감정을 불러일으키고, 대체 현실로 전환시키고, 경외감, 영감, 그리고 새로운 시각을 갖게 한다. 매혹적으로 생각을 자극함으로써 상상력과 창의력, 그리고 무한한 잠재력을 일깨우는 역할을 한다.

(5) 악몽

악몽(nightmare)은 급속 안구운동 중에 발생하는 꿈이며 무서운 내용이 특징이다. 악몽에는 잠자는 꿈에서 통제할 수 없는 위협이나 위험한 상황이 포함된다. 악몽에는 괴물이나 다른 무서운 인물이 포함될 수 있으며 추격당하거나 다른 위험한 상황이 발생할 수 있다. 불안장애, 지적장애, 우울증은 악몽을 불러올 수도 있다. 특히 충격적인 사건을 따르는 악몽은 외상 후 스트레스 장애의 징후일 수 있다.

(6) 상호몽

상호몽(mutual dream)은 공유된 꿈으로 둘 이상의 사람들이 거의 같은 시간에 동일한 꿈을 경험하는 꿈이다. 상호몽은 일반적으로 우연히 발견되며, 참여한 사람들은 다른 사람들에게 꿈을 말하면서 꿈의 맥락에서 유사성이 있음을 알게 된다. 다른 사람과 같은 꿈을 갖고 있다면 꿈이 전하는 의미와 메시지뿐만 아니라 꿈을 공유하는 사람과의 관계에 주의를 기울여야 한다. 상호몽은 연결의 의미, 꿈의 메시지 및 각 개인에게 의미하는 바는 다를 수 있다.

(7) 자각몽

자각몽(lucid dreaming)은 몽상가가 스스로 꿈을 꾸고 있다는 사실을 자각한 채로 꿈을 꾸는 현상이다. 꿈을 꾸는 동안에도 깨어 있을 때처럼 생각하고 기억할 수 있다. 보통 꿈을 꾸는 동안 현실이 아니라는 생각이 들며, 모든 사물의 색깔까지도 생생하게 자각할 수 있고, 깨어나서도 꿈의 내용을 생생하게 기억한다. 꿈은 현실과 같지만 초현실적인 것처럼 보일 것이다. 꿈꾸는 사건이 제3자 관점에서 펼쳐진다. 꿈꾸는 사람은 또한 꿈에 영향을 미칠 수 있다. 자각몽을 꾸는 상태는 꿈꾸는 사람을 위한 놀라운 마음가짐의 경험일 수 있다. 종종 직관력, 사고력, 창의성 향상 등의 효과가 있다.

(8) 문제해결몽

문제해결몽(problem solving dream)은 두 가지 방법 중 하나로 나타날 수 있다. 가장 흔한 것은 논리적이고 생생한 꿈이며 깨어있는 삶에서 어려움을 겪고 있는 문제에 대한 해답을 얻기 위해 이미지를 사용한다. 다른 하나는 활동적으로 일하고 꿈꿔 오는 동안 찾고 있는 해결안의 생생한 기억으로 적극적으로 문제를 해결하는 유형이다. 일상생활에서 겉으로는 해결할 수 없는 쟁점을 갖고 일하고 있다면, 잠재의식에서 도움을 유도하듯이 꿈속에서 대답을 얻기 위한 의도로 잠을 자도록 노력한다. 이 유형의 활용에 대한 많은 훌륭한 사례가 있다. 토마스 에디슨(Thomas Edison)과 알버트 아인슈타인(Albert Einstein)은 역사상 가장 놀라운 발견의 일부를 문제해결몽으로 이끌어냈다.

8) 불안

불안은 감정에 대한 정신분석 이론의 핵심이다. 자아가 욕구, 현실의 제약과 자신의 도덕적 기준에 대한 요구를 다룰 수 없을 때 어떤 일이 일어나는가? 프로이트에 따르면 불안(anxiety)은 사람들이 피하려고 하는 불쾌한 내면의 상태이다. 즉, 불안은 임박한 위험에 대한 느낌이다. 이러한 불안은 일이 올바르게 진행되지 않는 자아에 보내는 신호로 작용한다. 프로이트가 언급한 세 가지 종류의 불안은 현실불안(reality anxiety), 도덕불안(moral anxiety)과 신경불안(neurotic anxiety)이다.

- **현실불안**: 위험하고 위협받는 상황에 빠지면 현실적인 불안감을 경험할 수 있다. 개를 두려워하는 것, 사고를 당한 후 사고에 대한 공포가 있다.
- **도덕불안**: 도덕 또는 사회규범을 위반하는 것에 대한 두려움에 기인한 불안은 죄책감이나 수치로 보인다. 초자아의 내면화된 세계에서 올 때 불안을 느낀다.
- **신경불안**: 원초아의 충동에 압도당하는 것에 대한 두려움이다. 신경불안은 올바른 승화 없이 원초아의 요구를 표현할 때 발생하는 처벌의 두려움에 기인한다. 통제력, 성질, 합리성, 정신까지 잃어버리면 신경불안을 느낀다.

9) 방어기제

방어기제(defense mechanism)는 불안이나 스트레스에 대한 느낌을 줄이기 위해 자아가 의식적 또는 무의식적으로 수행하는 정신적 책략이다. 방어기제는 심리적 방어이다. 인생의 긴장은 지루함, 계속되는 가족 긴장, 직업 불만족, 고독과 같이 만족스럽지 않은 만성적인 삶의 조건을 포함한다. 자아의 일부가 의식으로 떠오르더라도 일부 활동은 무의식적으로 수행된다. 무의식중에 자아는 일종의 감시자 또는 검열관으로 작용하여 원초아의 충동을 차단한다. 사회적으로 받아들일 수 없는 충동이 의식으로 떠오르는 것을 막기 위해 방어기제를 사용한다. 이것은 자아가 위협받을 때 자발적으로 무의식적으로 작동하기 시작한다. 자신을 위한 비상사태가 너무 많으면 자신이 방어기제를 과도하게 사용하여 실제로 현실을 보지 못할 수 있다. 수용할 수 없는 소망, 충동, 무의식중에 제거하는 억압 또는 망각은 기본적인 방어기제이다.

[표 4-4] 주요 방어기제

방어 유형	설명	사례
억압 (repression)	용납될 수 없는 생각이나 동기에 대한 인식에서의 배제	폭행에 대한 분노심을 억압하려고 피해를 잘 언급하지 않는다.
퇴행 (regression)	발달단계로의 전형적인 행동복귀	스트레스를 받으면 손톱을 물어뜯는다.
전치 (displacement)	용납할 수 없는 충동을 원래 대상에서 더 안전하거나 덜 위협적인 다른 대상으로 옮김	사장에게 혼난 부장이 문을 쾅 닫았다.
부인 (denial)	위협적 충동이나 욕망을 인식하는 것을 거부함	어떤 사람을 폭행한 후 별일 아닌 것처럼 행동한다.
반동형성 (reaction formation)	억압된 감정이나 욕구가 행동으로 나타나지 않도록 반대로 행동	친구의 배신을 사실로 인정하지 않는다.
합리화 (rationalization)	용납할 수 없는 행동을 설명하기 위해 자기 정당화 사용	흡연 이유를 묻자 "암은 내 가족력에 없다"고 말한다.
투사 (projection)	불만이나 불안의 원인을 해소시키기 위해 원인을 남에게 뒤집어씌우는 행동	성적으로 억압된 사람은 다른 사람들의 친근한 접근을 성행위로 잘못 해석한다.
승화 (sublimation)	용납할 수 없는 충동을 사회적으로 인정되는 형태로 변경	싸움을 잘하는 사람이 격투기 선수로 진출한다.
행동화 (acting out)	표현할 수 없는 생각이나 느낌을 표현하기 위해 극단적인 행동	"화가 났다"고 말하는 대신 책을 던진다.

10) 정신역동모델 평가

프로이트에 따르면 건강한 성격의 핵심은 원초아, 자아와 초자아 사이의 균형이다. 자아가 원초아와 초자아의 요구 사이에서 적당히 조절할 수 있다면, 건강하고 잘 조절된 성격이 나타난다. 정신적으로 건강한 사람들에게 자아는 원초아의 본능을 통제하고 초자아의 비난을 견딜 정도로 강하다. 결혼 생활에서의 성숙한 성애 표현과 같은 원시적인 충동을 표현할 수 있는 수용 가능한 출구의 존재는 자아 내의 압력을 감소시키고, 동시에 나머지 충동을 억제하는 자아의 부담을 줄인다. 합리적으로 관대한 부모에 의해 양육됨으로써 초자아가 지나치게 가혹하고 비난하는 것을 막을 수 있다.

성격 요소들 간의 불균형은 부적응한 성격을 낳는다. 예를 들면, 지나치게 지배적인 원초아를 가진 개인은 충동적이고 제어할 수 없거나 심지어 범죄자가 될 수 있다. 이러한 개인은 행동이 적절하고, 합리적인지, 합법적인지에 대한 염려 없이 가장 기본적인 충동에 따라 행동한다. 반면에 지나치게 지배적인 초자아는 극도로 도덕적이며 비판적인 성격을 낳을 수 있다. 이러한 사람은 자신이 나쁜 또는 부도덕한 것으로 인식하는 것을 수락할 수 없을 수도 있다. 지나치게 지배적인 자아 또한 문제를 야기할 수 있다. 이러한 유형의 성격을 지닌 개인은 현실, 규칙 및 적합성과 연계되어 있어 자발적이거나 예기치 않은 행동에 관여할 수 없다. 이러한 개인은 변화를 받아들이고 잘못으로부터 오는 옳은 권리에 대한 느낌이 부족하다.

정신장애가 있는 사람들은 성격 구조 사이에 균형이 부족하다. 어떤 무의식적인 충동은 히스테리 및 공포증과 같은 정신장애를 유발할 수 있다. 증상은 성격의 갈등을 표현하지만 내부의 혼란을 인식하지 못하도록 자아를 보호한다. 초자아가 지나치게 강력해지면 과도한 죄책감을 느끼고 우울증을 유발할 수 있다. 죄책감을 느끼지 않고 의도적으로 다른 사람들에게 상처를 주는 사람들은 발육이 불충분한 초자아를 가진 것이다. 정신장애를 유발하는 근본적인 갈등은 어린 시절에 시작되어 무의식의 깊이에 묻혀 있다. 정신분석을 통해 사람들이 이러한 근본적인 갈등을 해결할 수 있다.

자아는 약해질 수 있으며 극단적인 경우에는 원초아를 억제할 수 있는 능력을 잃어버릴 수 있다. 원초아의 충동이 약해지거나 발육이 부진한 자아에 의해 조절되지 않으면 정신병이다. 정신병의 특징은 일반적으로 특이한 행동과 생각, 그리고 환각과 같은 현실에 대한 그릇된 인식이다. 말에 일관성이 없어질 수 있고 기괴한 자세와 몸짓이 있을 수 있다. 조현병은 정신병의 주요 형태이다. 심리적 건강은 사랑하고 일하는 능력이다. 정상인은 다른 사람들을 깊이 돌보고, 친밀한 관계에서 성적인 만족을 찾고, 생산적인 작업에 참여할 수 있다. 충동은 일, 예술이나 음악의 즐거움, 창조적 표현과 같은 사회적으로 생산적인 추구로 이어진다.

2. 아들러의 개인심리학

아들러(Alfred Adler, 1870~1937)의 어린 시절은 신체적 결함과 형과의 경쟁에 대한 강한 인상이 특징이다. 개인심리학(individual psychology)은 개인을 이해하는 데 있어 사회적 맥락과 생활방식, 열등감의 역할을 강조하는 심리학이다. individual은 라틴어 in+divisible(분리될 수 없는)에서 온 말로 개인은 나누어질 수 없는 전체로서 사회 내에서 자신이 설정한 목표를 달성하기 위해 끊임없이 노력하는 존재이다. 개인심리학은 집단심리학에 대한 용어로서 사용되고 아들러 자신이 명명한 것이다. 그는 프로이트의 리비도에 이론을 제기하고 결별했는데 열등감과 권력에 대한 의지를 중심으로 신경증론과 인격형성론을 발전시켜 생물학적 요인보다는 사회환경의 영향을 중요시했다.

1) 개인심리학의 기본 인간관

아들러는 사람들에 대한 낙관적인 견해 외에도 프로이트와 차이가 있다. 첫째, 프로이트는 성과 공격성에 대한 동기부여를 강조한 반면, 아들러는 사람들을 사회적 영향과 우월성 또는 성공을 위해 노력하는 것으로 보았다. 둘째, 프로이트는 자신의 성격을 형성하는 데 거의 선택의 여지가 없다고 생각했으나 아들러는 자신이 누구인지에 대해 크게 책임이 있다고 믿는다. 셋째, 프로이트는 현재의 행동이 과거 경험에 기인한 것으로 가정하나 아들러는 현재의 행동이 자신의 미래관에 의해 형성된다고 가정한다. 넷째, 프로이트는 행동의 무의식적인 구성 요소에 대해 매우 중점을 두었으나 아들러는 심리학적으로 건강한 사람들이 자신이 하는 일과 왜 하고 있는지를 알고 있다고 믿었다. 다음은 "인간은 하나의 전체다"라는 총체적인 입장을 취한 개인심리학의 기본 인간관이다.

- 하나의 통일된 유기체인 인간
- 목적을 향해 전진하는 능동적으로 존재하는 인간
- 자신의 삶을 스스로 창조하고 선택하는 인간
- 선천적으로 다른 사람과 사회적 관계를 맺을 수 있는 능력을 갖는 인간
- 자신의 주관에 따라 행동을 결정하는 인간

아들러는 인간은 불완전한 존재로 열등감을 누구나 느끼고 있다고 정의했다. 열등감은 다른 사람과의 비교에서 비롯되며, 개인은 '자기완성'이라는 삶의 목표를 위해 열등감을 극복하고 우월성을 추구하고자 동기화되는 존재이다. 아들러는 인간 개성의 깊이와 복잡성에 대한 큰 통찰력을 보여 주었지만 단순하고 간결하게 이론을 발전시켰다. 자신의 접근법을 쉽게 이해하고 자신의 독자가 이미 알고 있는 단어와 아이디어를 사용하기를 원했다. 예를 들면, 형제간의 경쟁은 카인과 아벨의 성경 이야기와 그의 형제들에 의한 요셉의 학대처럼 친숙하다. 많은 사람들이 아들러의 조건(열등감, 보상, 생활방식, 형제간 경쟁)을 인정한다. 다음 개인심리학의 개요이다.

- 행동 뒤에 숨겨진 역동적인 힘은 성공 또는 우월을 위해 노력하는 것이다.
- 주관적 인식은 행동과 개성을 형성한다.
- 개성은 통일되고 일관성이 있다.
- 모든 인간활동의 가치는 사회적 관심의 관점에서 보아야 한다.
- 일관성 있는 성격 구조는 삶의 방식으로 발전한다.
- 삶의 스타일은 창조력에 의해 형성된다.
- 열등감은 발전하고 싶은 욕망으로 인간을 발전시키는 원동력이다.
- 보상은 열등감을 보상하기 위해 더 높은 수준의 발전을 향하는 노력이다.

2) 인간 노력의 원천

아들러는 열등감(inferiority feeling)이 항상 행동의 동기부여 요소로 존재한다고 믿었다. 그는 "인간이 된다는 것은 자신이 열등하다고 느끼는 것을 의미한다(To be a human being means to feel oneself inferior)"고 말했다. 이 상황은 모두에게 공통적이기 때문에 약점이나 이상 징후가 아니다. 열등감이 모든 인간 노력의 근원이다. 개인의 성장은 실제 또는 상상의 열등감을 극복하려는 시도에서 비롯된 보상의 결과이다. 이러한 열등감을 극복하고 더 높은 수준의 개발을 위해 노력해야 한다. 이 과정은 유아기부터 시작된다. 유아는 작고 무력하며 전적으로 성인에게 의존한다. 유아가 자신의 부모의 큰 힘을 알고 그 힘에 저항하거나 도전하는 것은 희망이 없다고 안다. 결과적으로 유아는 주변의 더 크고 강한 사람들에 비해 열등감을 갖게 된다. 초기의 열등감은 유년기의 모든 사람들에게 적용되지만 유전적으로 결정되지는 않는다. 따라서 열등감은 피할 수 없지만 더 중요한 것은 노력과 성장의 동기를 제공하기 때문에 필요하다.

(1) 성공 또는 우월성 추구

인간 정신의 목표는 정복, 완성, 안전과 우월성이다. 인간행동의 역동적인 힘은 성공 또는 우월성을 위해 노력하는 것이다. 우월성은 추구하는 궁극적인 목표이다. 콤플렉스의 원천이 무엇이든 사람은 과잉보상을 하는 경향이 있고, 이것은 우월성 콤플렉스이다. 우월성 콤플렉스(superiority complex)는 개인의 능력과 성취에 대한 과장된 의견이다. 우월성 콤플렉스는 열등감의 결과로 개인이 개발한 보상의 무의식적인 신경 구조이다. 이러한 사람들은 자만심, 허영심과 자기중심성을 보이고 타인을 모욕하는 경향이 있다.

우월성 추구(striving for superiority)는 다른 사람들에 비해 우월성을 얻으려는 노력이다. 이것은 다른 사람들에 비해 우수성을 얻기 위해 일을 완벽하게 완성하는 동기를 부여한다. 즉, 우월성을 얻기 위해 최대한의 노력을 기울이게 한다. 우월성 추구는 완벽을 추구하는 동인(drive for perfection)이다. 완벽은 전부 흠 없이 완료하거나 성취하는 것을 의미한다. 어떤 사람들은 다른 사람들을 전혀 고려하지 않고 우월성을 추구한다. 이들의 목표는 주로 개인적인 열등감에 대한 과장된 느낌에 의해 유발된다. 아들러는 자신을 완전하게 하거나 전인을 이루기 위해 우월성을 추구한다고 제안하였다.

- **우월성 콤플렉스**: 개인의 능력과 성취에 대한 과장된 의견
- **우월성 추구**: 다른 사람들에 비해 우월성을 얻으려는 노력

개인심리학은 모든 사람들이 열등감을 자극하는 육체적 결함으로 삶을 시작한다고 주장한다. 사람들은 다른 사람들과 자신을 비교하고 다른 사람보다 못하거나 부족하다고 느낀다. 열등감(inferiority)은 우월 또는 성공을 위해 노력하도록 동기를 부여하는 감정이다. 개인은 어떤 면에서는 다른 사람들보다 열등하다고 느끼는 것은 종종 무의식적이며 괴로움을 겪은 개인에게 과도한 보상을 하게 하여 대단한 성취 또는 극심한 반사회적 행동을 일으킨다. 열등감 콤플렉스(inferiority complex)는 정상 열등감을 보상할 수 없을 때 발생한다. 보상(compensation)은 열등감을 극복하고 발전 수준을 높이려는 동기이다.

심리적으로 건강하지 않은 사람들은 개인적인 우월감을 추구하는 반면 심리적으로 건강한 사람들은 모든 인류의 성공을 추구한다. 열등감이 항상 행동의 동기부여 요소로 존재한다. 따라서 열등감은 인간 모두에게 공통적이고 모든 인간 노력의 근원이다. 이러한 열등감을 극복하고 갈수록 더 높은 수준의 개발을 위해 노력하는 것이 필요하다.

- **열등감**: 우월 또는 성공을 위해 노력하도록 동기를 부여하는 감정
- **열등감 콤플렉스**: 정상 열등감을 보상할 수 없을 때 발생하는 상태
- **보상**: 열등감을 극복하고 발전 수준을 높이려는 동기

우월성은 자신의 능력과 성취에 대한 과장된 의견을 포함한다. 우월성을 과시하는 사람들은 자만심, 허영심, 자기중심성, 타인을 모욕하는 경향이 있다. 그러나 열등감을 가진 사람들은 자신에 대한 열등한 견해와 느낌이 있다. 무기력하고 삶의 요구에 대처할 능력이 없다. 아들러는

많은 성인의 어린 시절에 열등감 콤플렉스를 발견했다. 열등감을 극복하지 못하면 열등감은 더욱 심각해진다. 열등감을 보상하려는 욕구가 인간행동의 기본적 추진력이다. 열등감 콤플렉스는 어린 시절의 세 가지 원인이 있다. 즉, 기관열등감, 과잉보호와 육아태만으로 발생할 수 있다.

기관열등감(organic inferiority)은 신체의 결함이나 약점에서 오는 열등감이다. 육체적으로 약한 아동은 약점에 집중하고 우수한 운동능력을 개발하기 위해 노력할 수 있다. 과잉보호(spoiling)는 아이를 의존적으로 키우는 육아이다. 응석받이들은 가정에서 관심의 중심이다. 그들의 모든 필요 또는 변덕은 만족스럽고 거의 거부당하지 않는다. 아이들은 자신이 어떤 상황에서도 가장 중요한 인물이라고 생각한다. 응석받이들은 사회적 감정이나 참을성이 없다. 그들은 자신이 원하는 것을 기다리는 법, 어려움을 극복하거나 타인의 필요에 적응하는 법을 배운 적이 없다. 장애에 직면했을 때 개인적인 결함에 열등감을 느낀다. 육아태만(neglect)은 부모의 도리를 하지 않고 자녀를 방치하는 육아이다. 방치되거나 무시당한 아이들은 열등감을 나타낸다. 유년기는 부모가 무관심하거나 적대적이기 때문에 사랑과 안전이 결여되어 있다. 결과적으로 아이들은 무가치한 느낌을, 심지어는 분노를 나타내고, 불신으로 다른 사람들을 보게 된다.

- 기관열등감: 신체의 결함이나 약점에서 오는 열등감
- 과잉보호: 아이를 의존적으로 키우는 육아
- 육아태만: 부모의 도리를 하지 않고 자녀를 방치하는 육아

(2) 허구적 최종 목표

사람들은 우월성 또는 성공의 목표라는 최종 목표(final goal)를 향해 노력한다. 최종 목표는 허구이며 객관적인 존재가 없다. 그럼에도 불구하고 최종 목표는 성격을 통일시키고 모든 행동을 이해할 수 있기 때문에 큰 의미가 있다. 사람은 유전과 환경에 의해 제공된 특성으로 구성된 개인화된 허구의 목표(fictional goal)를 세울 수 있는 힘을 갖고 있다. 그러나 목표는 유전적으로나 환경적으로 결정되지 않고, 오히려 창조력의 산물, 즉 사람들의 행동을 자유롭게 형성하고 자신의 개성을 창조할 수 있는 능력이다.

아이들이 4세 또는 5세가 될 무렵에 창조력은 최종 목표를 세울 수 있는 시점까지 발전한다. 유아는 성장, 완성 또는 성공에 대한 타고난 추진력을 갖고 있다. 또한 유아는 작고 불완전하며 약하기 때문에 열등하고 무력감을 느낀다. 이러한 결점을 보완하기 위해 허구의 목표를 크고 완전하고 강하게 수립한다. 따라서 한 사람의 최종 목표는 열등감의 고통을 줄이고 우월성 또는 성

공의 방향으로 향하게 한다.

가장 중요한 허구는 우월성과 성공의 목표이다. 목표는 인생 초기에 생성되고 명확하게 이해하지 못할 수도 있다. 허구적 최종 목표는 행동을 인도하는 상상의 또는 잠재적인 목표가 있다는 생각이다. 이 주관적이고 허구적인 최종 목표는 삶의 방식을 이끌어 내고 개성과 일치한다. 아들러는 존재의 최종 상태와 그것을 향할 필요성이 있다는 아이디어에 최종 목표라는 용어를 적용했다. 그러나 노력하는 목표는 현실이 아니라 주관적으로 자신 안에 존재하는 이상을 위해 노력하는 것이다. 그는 목표가 현실에 맞설 수 없는 이상적이고 상상적인 이상이라고 믿었다.

- **허구적 최종 목표**: 행동을 인도하는 상상의 또는 잠재적인 목표가 있다는 생각

아들러의 아이디어는 철학자 바이힝거(Hans Vaihinger)의 저서 『만약 처럼의 철학(The Philosophy of As If)』에서 얻었다. 바이힝거는 허구가 진짜 존재가 없는 아이디어라고 믿었다. 그러나 허구는 진짜로 존재하는 것처럼 사람들을 좌우한다. 진실이든 거짓이든 허구는 사람들의 삶에 강력한 영향을 미친다. 아들러의 허구에 대한 강조는 동기부여에 대한 강한 목적론적 견해와 일치한다. 목적론은 보통 미래의 목표나 목적과 관련되는 반면, 인과관계는 현재의 결과를 만들어내는 과거의 경험을 다룬다. 인과관계는 현재라는 결과가 과거라는 원인으로 발생하는 것이다. 프로이트의 동기부여에 대한 견해는 근본적으로 인과관계였다. 그는 사람들이 현재의 행동을 활성화시키는 과거의 사건들에 의해 주도된다고 믿었다. 대조적으로 아들러는 미래에 대한 현재의 인식에 의해 동기부여되는 목적론적 견해를 채택했다.

모든 사람들이 평등하게 태어났거나 근본적으로 선하다는 믿음과 같은 이상에 대한 삶을 살고 있다. 아들러의 인생 목표는 죽음을 정복하는 것이었다. 이러한 신념은 다른 사람들을 인식하고 상호작용하는 방식에 영향을 미친다. 예를 들면, 특정 방식으로 행동하면 천국이나 내세에서 보상을 받을 것이라고 믿는다면, 그 믿음에 따라 행동하려고 노력할 것이다. 사후 세계의 존재에 대한 신념은 객관적인 현실에 근거한 것은 아니지만 그러한 시각을 견지하는 사람에게는 현실적이다. 이 개념이 허구적 최종 목표이다. 허구의 아이디어는 완전한 또는 완전한 존재 상태를 향해 노력할 때 행동을 인도한다는 개념이다. 허구에 의해 삶의 과정을 이끌지만 가장 보편적인 것은 완벽에 대한 이상이다.

사람들은 최종 목표를 위해 노력하면서 많은 보조 목표를 창안하고 추구한다. 이러한 보조 목표는 의식적이지만 목표와 최종 목표 사이의 연결은 대개 알려져 있지 않다. 또한 보조 목표 간

의 관계는 거의 실현되지 않는다. 그러나 최종 목표의 관점에서 볼 때, 그들은 일관성 있는 패턴으로 조화를 이룬다. 아들러는 드라마의 최종 목표에 따라 연극의 특성과 보조 그림을 제작한 극작가의 비유를 사용했다. 최종 장면이 알려지면 모든 대화와 모든 보조 그림은 새로운 의미를 얻는다. 이와 같이 개인의 최종 목표가 알려지면 모든 행동이 의미가 있으며 각 보조 목표는 새로운 의미를 갖는다.

(3) 보상으로서의 추구하는 힘

사람들은 열등감이나 약점에 대한 보상 수단으로 성공이나 우월성을 위해 노력한다. 아들러는 모든 인간이 출생 시 작고 약하고 열등한 몸으로 "축복받은 것"이라고 믿었다. 이러한 육체적 결핍은 사람들이 자연적으로 완성이나 완전에 대한 타고난 경향을 갖고 있기 때문에 열등감을 느낀다. 사람들은 열등감을 극복하고 완성을 위한 욕구에 이끌린다. 불리와 유리한 상황은 동시에 존재하며 분리될 수 없다. 추구하는 힘 자체는 타고난 것이지만 본질과 방향은 열등감과 우월성의 목표 모두에 기인한다. 선천적인 완벽함으로 움직이지 않으면 아이들은 결코 열등감을 느끼지 않을 것이다.

성공을 위한 노력은 선천적이지만 개발되어야 하고, 출생 시 실재가 아니라 잠재적으로 존재한다. 사람은 자신의 방식대로 잠재력을 실현한다. 4세 또는 5세 무렵 아이들은 노력의 방향을 수립하고 개인적 우월성 또는 사회적 성공이라는 목표를 설정한다. 목표는 동기부여, 심리적 발달형성 및 목표달성을 위한 지침을 제공한다. 목표가 보상이라 할지라도 그것은 결함의 거울상(mirror image)[8]일 필요는 없다. 예를 들면, 몸이 약한 사람은 반드시 강력한 운동선수가 될 수는 없지만 대신 예술가, 배우 또는 작가는 될 수 있다. 창조력은 유전과 환경의 힘에 의해 좌우되지만 궁극적으로 사람들의 성격에 기인한다. 유전은 잠재성을 확립하는 반면, 환경은 사회적 관심과 용기의 발전에 기여한다.

3) 생활방식

개인의 최종 목표는 우월성 또는 완벽성이지만 다양한 행동양식을 통해 목표를 달성하려고 노력한다. 각자는 다르게 노력하고 있다. 유아는 무기력과 의존성을 보상하도록 동기를 부여하는 열등감에 시달린다. 보상에 대한 시도에서 유아는 일련의 행동을 습득한다. 예를 들면, 병약

---

8) 거울에 비친 좌우가 바뀐 물체의 상.

한 유아는 달리거나 물건을 들어 올림으로써 육체적 능력을 향상시키기 위해 노력할 수 있다. 이러한 행동은 생활방식의 일부가 되며 열등감을 보상하기 위해 고안된 행동 패턴이다. 이것은 독특한 생활방식에 의해 형성되고 정의된다.

(1) 생활방식

일관성 있는 성격 구조는 사람의 생활방식으로 나타난다. 생활방식은 완성을 추구하는 개인의 행동이나 특성에 대한 독특한 성격의 구조 또는 패턴이다. 이것은 사람의 목표, 자아개념, 세상에 대한 감정이나 태도를 포함한다. 그것은 유전, 환경 및 창조력의 상호작용의 산물이다. 아들러는 음악적 유추를 사용하여 생활방식을 설명했다. 전체 멜로디가 없으면 각 음표는 무의미하지만 멜로디는 작곡가의 스타일이나 독특한 표현 방식을 알 때 더 중요한 의미를 갖는다.

생활방식은 인생 초기의 사회적 상호작용으로부터 배운다. 아들러는 생활방식이 4세에서 5세 사이에 확고하게 결정되어 이후에는 변화하기 어렵다고 제안했다. 생활방식은 이후의 모든 행동에 대한 지침이 된다. 모든 행동은 통일된 생활방식을 중심으로 전개된다. 심리적으로 건강하지 못한 사람들은 자신의 환경에 대응하는 새로운 방식을 선택할 능력이 없고 다소 유연하지 못한 삶을 산다. 이와 달리 심리적으로 건강한 사람들은 다양하고 유연한 방식으로 행동한다. 건강한 사람들은 성공을 위해 여러 가지 방법을 보고 지속적으로 새로운 선택을 만들어 내고자 노력한다. 또한 행동을 통해 사회적 관심을 표현하고, 이웃 사랑, 성적 사랑과 직업을 해결하기 위해 적극적으로 노력한다.

(2) 사회적 관심

모든 인간활동의 가치는 사회적 관심의 관점에서 보아야 한다. 사회적 관심(social interest)은 개인과 사회적 목표를 달성하기 위해 다른 사람들과 협력하는 선천적인 잠재력이다. 사회적 관심은 타인과의 공감이나 동일시와 타인지향으로 모든 사람과 동일하게 느끼는 것을 의미한다. 즉, 사회 공동체 구성원 자격을 의미한다. 집단에 속하면 인간이 느끼는 고립과 고독을 감소시킨다. 잘 발달된 사회적 관심을 가진 사람은 이상적인 공동체의 모든 사람들을 위한 완전을 추구한다. 사회적 관심은 인간 공동체의 구성원에 대한 공감과 인류와의 관련성에 대한 태도를 포함한다. 이것은 개인 이익보다는 사회 발전을 위한 다른 사람들과의 협력이다. 개인의 사회적 관심 수준은 직장 생활에서 의미 있는 관계형성에서부터 승진에 이르기까지 삶의 문제를 해결하는 성공의 열쇠이다. 따라서 사회적 관심을 더욱 발전시키면 개인의 열등감, 소외감과 고립감을 감소시킬 수 있다. 높은 사회적 관심을 가진 개인은 공감적 관계의 맥락에서 협력적이고 건설적이며 기여하는 활동을 보여준다. 사람의 초기 유년기에서 사회적 관심이 인지될 수 있지만 삶의 과정에서 양성되고 개발될 수 있다.

(3) 기본적 생활방식

생활방식은 독특한 환경에서 나타나는 생활태도이다. 개인은 행동이나 특성에서 독특한 생활방식을 갖고 있다. 아들러는 사회적 관심과 활동 수준을 기준으로 기본적인 생활방식을 구분했다. 즉, 생활방식은 지배형, 기생형, 회피형과 사회적 유용형이 있다. 지배형은 독재적인 양육에서, 기생형은 부모의 과잉보호에서 자란 사람에게 나타난다. 회피형은 자신감이 부족하고 소극적인 생활방식이고, 사회적 유용형은 사회적 관심과 활동 수준이 높아 성숙하고 건강한 사람들의 생활방식이다. 활동 수준은 개인이 지닌 에너지 양으로 어렸을 때 형성되어 인생의 과제를 다루는 데 사용된다.

- **지배형**: 타인들을 지배하거나 지배하려고 시도하는 유형
- **기생형**: 타인들로부터 만족을 얻기를 기대하며 타인에게 의존하는 유형
- **회피형**: 문제를 피함으로써 삶에 성공하려는 유형
- **유용형**: 사회적으로 유용한 방법으로 문제를 해결하려는 유형

지배형(dominant type)은 다른 사람들을 지배하거나 지배하려는 유형이다. 사회적 인식이 거의 없는 지배적인 태도를 나타낸다. 이러한 사람은 다른 사람들과 상관없이 행동한다. 이 유형은 다른 사람들을 공격하고, 가학 성애자, 범법자 또는 반사회적 인격장애자가 나타날 수 있다. 기생형(getting type)은 다른 사람들로부터 만족을 얻기를 기대하며 다른 사람에게 의존한다. 회피형(avoiding type)은 문제를 피함으로써 삶에 성공하려는 유형으로 삶의 문제에 직면하려는 시도를 하지 않는다. 어려움을 피함으로써 실패의 가능성을 회피한다. 이 세 가지 유형은 다른 사람들과 협력할 수 없으며 생활방식과 현실 세계 사이의 충돌은 신경증과 정신병을 초래한다. 이들은 사회적 관심이 부족하다. 마지막으로 사회적 유용형(socially useful type)은 사회적으로 유용한 방법으로 문제를 해결하려는 유형이다. 타인과 협력하고 필요에 따라 행동한다. 이러한 사람들은 잘 개발된 사회적 관심의 틀 안에서 문제를 극복한다.

(3) 창조력

창조력(creative power)은 적절한 생활방식을 창조하는 능력이다. 아들러는 사람마다 자신의 방식을 자유롭게 창조할 수 있는 능력을 부여받았다고 주장한다. 궁극적으로 모든 사람들은 자신이 누구이며 어떻게 행동하는지에 대해 책임이 있다. 창조력은 자신의 삶을 통제하고, 최종 목표를 책임지고, 목표를 위해 노력하는 방법을 결정하며, 사회 이익의 발전에 기여한다.

(4) 가족구도와 출생 순서

어떤 의미에서는 인간은 태어나지 않고 다른 인간에 의해 창조된다. 사람은 권력을 장악하고 지배해야 한다는 욕구에 이끌린다. 아이들 간의 권력관계는 출생 순서(birth order)에 영향을 받고 성격에도 영향을 준다. 아들러는 출생 순서에 대한 몇 가지 일반적인 가설을 세웠다. 아동은 가족 내 자신의 지위에만 근거하여 특정 종류의 성격을 자동으로 습득하지 않는다. 개인의 초기 사회적 상호작용과 결합된 출생 순서에 따라 특정 유형의 삶이 발전할 수 있는 가능성이 있다.

첫째 아이는 권력과 우월, 높은 불안, 과보호 경향에 대한 감정을 강화시킬 수 있다. 첫째로 태어난 어린이는 독특하고 부러워하는 위치를 차지한다. 보통 부모는 첫째 아이가 태어났을 때 행복하며 새 아기에게 상당한 시간과 노력을 기울인다. 첫째 태어남은 전형적으로 부모의 즉각적이고 집중된 관심을 받는다. 그러나 어린 동생이 태어났을 때 잠시 동안 외상적인 폐위를 경험한다. 이 사건은 상황과 아동의 세계관을 극적으로 변화시키고 새로운 아기에 대한 적대감과 분노를 느낄 것이다. 그러나 아이가 나이 듦에 따라 종종 교사, 지도자 및 훈육사의 역할을 수행하며, 부모는 어린 형제자매를 돌보는 일을 기대한다. 이러한 경험으로 다른 어린 아이들보다 지적으로 더 성숙할 수 있게 된다.

둘째 아이는 협력과 사회적 관심을 발전시키기 위해 더 나은 상황에서 삶을 시작한다. 둘째 아이의 성격은 첫째 아이의 태도에 대한 인식에 의해 형성된다. 첫째 아이와의 경쟁은 언어 및 운동발달을 촉진시킨다. 즉, 첫째 아이를 따라 잡고 능가하려고 노력할 수 있다. 그는 미래에 대해 더 낙관적이며 경쟁적이고 야심적일 수 있다. 둘째 아이는 첫째 아이를 추월하려는 건강한 욕구를 갖고 온건한 경쟁력을 키운다.

막내 아이는 다른 어린이에 의한 폐위의 입장에 결코 직면하지 않으며, 특히 형제자매가 몇 살 더 많은 경우에는 가족의 애완동물이 된다. 막내 아이는 나이 많은 형제자매를 능가할 필요성에 힘입어 종종 현저하게 빠른 속도로 발전한다. 종종 형제자매를 초월하여 가장 빠른 주자, 최고의 음악가, 가장 숙련된 운동선수 또는 가장 야심적인 학생이 되기 위해 매우 동기부여된다. 막내 아이는 가장 제멋대로 행동하고 결과적으로 문제가 되는 자녀가 될 위험이 높다. 열등감이 강하고 독립심이 부족할 가능성이 크다. 또한 이들은 노력과 투쟁에 익숙하지 않고 보호에 익숙하여 성인으로 적응하는데 어려움이 있다.

독자는 경쟁의 독특한 위치에 있지만 형제자매에 대한 것이 아니라 아버지와 어머니에 대한 것이다. 성인 세계에 살면서 과장된 우월감과 부풀어 오른 자아개념이 나타난다. 잘 발달된 협력과 사회적 관심이 없고 기생적인 태도를 갖고 있으며, 다른 사람들이 애착을 갖고 그들을 보호할 것으로 기대한다. 독자는 가정 밖에서 관심의 중심이 아니라는 사실을 발견할 때 어려움을 겪을 수 있다. 독자들은 배우거나 공유하거나 경쟁한 적이 없다. 자신의 능력으로 충분한 인지와 관심을 얻지 못한다면 실망감을 느낄 것이다.

3. 융의 분석심리학

분석심리학(analytical psychology)은 스위스의 정신과 의사인 칼 융(Carl Gustav Jung)이 개발한 심리치료이다. 직접적이고 개인적인 경험과 계시를 통해 정신의 본질을 꿈과 환상에 부여한 우선순위, 철학, 종교 및 문학을 통해 개발했다. 융의 심리학 접근법은 인류학, 점성술, 연금술, 꿈, 예술, 신화, 종교 및 철학의 세계를 탐구하여 정신을 이해하는 것을 강조했다. 그는 생물학자가 비교해부학을 필요로 하는 것처럼 심리학자는 무의식적인 활동과 신화의 산물에 대한 경험과 지식이 필요하다고 주장했고 집단 무의식과 원형이 핵심이다.

분석심리학은 인간의 마음, 정신 및 무의식뿐만 아니라 의식적 구성 요소에 대한 분석이다. 사람의 행동과 의식 상태는 무의식적인 동기의 원인에 의해서 설명될 수 있다. 융은 인간은 자신의 목표를 달성하기 위해 끊임없이 노력하는 존재이며 무의식이 의식적 사고의 훌륭한 안내자이자 조언자라고 믿었다. 또한 그는 정신의 구조를 의식과 무의식으로, 무의식은 개인무의식과 집단무의식으로 구분한다. 개인이 자신의 의식을 외적 세계에 집중하는 성향은 외향성이고, 내적 세계에 집중하는 성향은 내향성이다. 그는 하나의 지배적인 성향에 따라 성격 및 태도가 달라진다고 믿었다.

1) 정신 구조

인간의 인격 전체는 정신이고 정신은 3부분으로 나눠진다. 즉, 의식, 개인무의식과 집단무의식이다. 의식의 개성화 과정에서 자아가 생겨난다. 가장 중요한 원형은 자아이다. 자아(self)는 심리적 삶의 궁극적인 패턴이다. 자아와 관련된 것은 개인무의식이며 인간의 조상으로부터 유전된 것은 집단무의식이다. 개인무의식은 의식이 없지만 의식으로 되돌릴 수 있는 개인적인 기억을 포함하고, 집단무의식은 원형과 무언가의 신비한 경험과 신화 속에서 발견된 상징주의의 형태로 저장된 인간 경험의 정신 유전을 포함한다. 개인무의식은 의식적인 것이나 집단무의식은 의식적이지 않다. 그는 의식, 개인 및 집단무의식에 따라 정신의 작동을 기술했다.

- 대립원리: 정신 에너지는 전류가 전지의 양극 사이에 흐르는 것처럼 정반대의 생각이나 욕망 사이의 대립에서 온다.
- 등가원리: 에너지는 정신 내에서 한 영역에서 다른 영역으로 전환된다.
- 균형원리: 정신 에너지는 어떤 위치에서 다른 위치로 이동하여 상실되지 않는다. 즉, 의식적 자아에서 개인무의식이나 집단무의식으로 이전한다.

2) 개인무의식

개인무의식(personal unconscious)은 어떤 대상이나 현상을 일정한 시점에 경험하였으나 억압이나 망각 등에 의해 감지할 수 없게 된 상태이다. 즉, 한 개인의 억압된, 잊혀진 또는 잠정적으로 감지된 모든 경험을 포함한다. 개인무의식은 자아의 인정을 받지 못한 경험이 머무는 곳으로 망각되거나 억제된 기억과 경험의 저장소이며 콤플렉스의 원천이다. 개인무의식은 프로이트의 무의식 및 전의식과 유사하다. 의식과 무의식 사이의 원활한 의사소통은 행복을 위해 필수적이다. 또한 꿈은 의식을 표현하는 주된 매개체 중 하나이다. 개인무의식의 내용은 콤플렉스이다. 콤플렉스는 부분적으로 의식적일 수 있으며 개인 및 집단무의식에서 비롯될 수 있다.

3) 집단무의식

집단무의식(collective unconscious)은 모든 인간에게 공통적인 무의식이다. 또한 역사와 문화를 통해 전해진 원형들로 구성된다. 집단무의식은 조상으로부터 물려받고 다음 세대로 유전되며 상징, 꿈, 공상, 환상, 신화나 예술 등으로 나타난다. 융은 집단무의식 속에 저장된 신화를 탐구하고 심지어는 분별하려고 시도하기까지 했다. 그는 모든 문화, 모든 시대와 모든 개인에게 특정 상징적인 주제가 존재한다는 것을 발견했다. 이 상징적인 주제는 집단무의식의 원형을 구성한다. 꿈, 예술, 종교, 그리고 인간관계와 삶에서 만나는 상징을 통해 무의식을 경험한다. 여기에는 신, 어머니, 물, 땅과 같은 보편적 개념에 대한 먼 옛 조상의 경험이 포함되어 있어 세대마다 사람들은 원초적인 경험에 영향을 받는다. 집단무의식의 내용은 모든 문화의 사람들에게 동일하다. 이러한 영향은 신화, 전설 및 종교에 영향을 미칠 수 있다.

4) 원형

원형(archetype)은 타고난 심리적 행동 유형이다. 집단무의식의 여러 가지 내용은 원형이다. 원형은 보편적이며 모든 사람이 같은 기본적인 유형 이미지를 유전적으로 물려받는다. 원형은 집단무의식에서 유래된 고대 또는 고풍의 이미지이다. 개인무의식은 개별화된 구성 요소이지만 원형은 일반화되고 집단무의식에서 파생된다. 무수히 많은 원형의 잠재성은 개인마다 존재하며, 개인적인 경험이 원시 이미지와 일치할 때 원형은 활성화된다. 원형은 꿈, 환상, 망상을 통해 표현된다. 꿈은 개인적인 경험을 통해 몽상가에게 알려지지 않았던 동기를 생성한다. 집단무의식을 구성하는 구성 요소가 보편적인 원형을 모두가 공유하고 있으며 신화적이며 가장 중요한 특질을 가진 성향이라고 이론화했다. 원형은 페르소나, 아니마, 아니무스, 그림자와 자기(the Self)로 제시된다.

- 페르소나: 인공적인 가짜 자기, 공개적 자아
- 그림자: 숨기고 싶은 모든 불유쾌한 성격의 부정적인 부분
- 아니마: 남성의 여성적인 측면
- 아니무스: 여성의 남성적 측면
- 자기: 온전함과 통합에 대한 감정

(1) 페르소나

페르소나(persona)는 다른 사람들에게 보여주는 인공적 가짜 자기, 사회적 기준에 순응하는 공개적 자아, 공개적으로 보여주는 성격 가면을 의미한다. 즉, 외적 인격 또는 가면을 쓴 인격이다. 다른 사람을 나타내는 공개적인 얼굴과 반드시 같지 않아도 된다. 페르소나는 누군가의 공개 이미지이다. 원래 가면을 의미하기 때문에 아버지, 어머니, 사장, 예술가, 공무원, 대통령 등 자신에 관해 특정 이미지를 부과하기 위해 공개적으로 보여주는 가면을 의미한다. 따라서 페르소나

는 동료와의 교섭에서 중요한 역할을 하는 사회적 적응의 결과로 자연스러운 것이 아니라 완전히 허구인 성격을 암시할 수 있다. 정치인, 대중매체의 스타, 사회생활에서 특별한 역할을 수행한다고 주장하는 사람의 경우가 일반적이다. 융은 심리적으로 건강하기 위해서는 사회의 요구와 실제로 존재하는 것 사이의 균형을 맞추어야 한다고 믿었다.

(2) 그림자

그림자(shadow)는 어둠과 억압의 원형으로 인정하고 싶지 않고 자신과 다른 사람들에게 숨기려는 자질을 나타낸다. 즉, 개인이 숨기고 싶은 모든 불유쾌한 성격의 부정적인 부분이나 자신의 어두운 면이다. 그림자는 다른 어떤 원형보다도 인간의 기본적인 동물적 본성을 많이 포함하고 있다. 따라서 그림자는 인격에 있는 부정적이며 열등한 측면들과 받아들이기 어려운 부도덕한 요소이다. 그러나 끊임없이 그림자를 알기 위해 노력해야 한다. 자신 안에 있는 어둠과 맞붙어 싸우는 것은 그림자의 실현을 성취하는 것이다. 대부분은 결코 그림자를 알지 못하고 삶에서 비극, 패배감과 낙담감에 이른다.

(3) 아니마

아니마(anima)는 남성의 무의식 속에 있는 여성적 요소이며 집단무의식에서 원형으로 기원되며 의식에 저항한다. 아니마는 집단무의식의 구조적 요소인 원형의 한 가지로서 수백 년간 이성을 경험한 결과로 집단무의식 속에 생겨난 것이다. 남성은 여성을 볼 때 현실적인 여성을 보는 것이 아니라 자기의 무의식에서 투사된 여신상을 본다. 아니마의 투사를 억제하기 위해서 사람들은 무의식의 마음속을 탐구하고, 성격의 여성적인 측면을 깨달아야 한다. 융은 아니마는 어머니, 자매 및 연인을 포함하여 여성에 대한 초기 남성의 경험에서 비롯된 것이라고 믿었다. 아니마의 원형은 어떤 때에는 이미지이고 다른 때에는 느낌 또는 기분으로 표현된다.

(4) 아니무스

아니무스(animus)는 여성의 무의식 속에 있는 남성적 요소이며 집단무의식에서 기인한다. 아니무스는 생각, 의견, 판단으로 나타난다. 융은 여성 속의 아니무스로 인해 여성이 남성을 볼 때 남성에게서 신화에 나오는 영웅상, 성자상 같은 것을 본다고 믿는다. 아니무스는 사고와 추론을 상징하며 여성에게 속하지 않는 여성의 사고에 영향을 미칠 수 있다. 이것은 집단무의식에 속하며 선사 시대 여성이 남성과의 만남에서 유래한다. 아니무스는 남성의 개념으로 결합된 아버지,

형제 및 연인을 포함하여 초기 여성의 경험에서 기인한다. 아니마와 아니무스는 파트너와의 남녀 관계에 영향을 줄 수 있다. 위대한 어머니는 아니무스와 아니마의 파생물이다. 기존의 어머니 개념은 원형으로 확대되는 긍정적이고 부정적인 느낌을 갖고 있다.

(5) 자기

자기(the Self)가 가장 강력한 원형으로 온전함과 통합에 대한 감정이다. 자기는 자아, 의식적 마음, 개인무의식 및 심리적 존재의 다른 모든 요소들을 구성하고 지시하는 정신의 부분이다. 자아(ego)와 같은 모든 요소를 포함하는 정신의 총체이다. 자기는 모든 정신이기 때문에 관점은 객관성, 수용, 화해 및 균형을 포함한다. 자기의 관점에서 자아를 볼 수 있을 때 자아의 본질에 대한 객관적인 이해를 얻는다. 즉, 정체성에 대한 주장, 정신의 다른 기능에 대한 탁월성, 기호 및 취향, 개인적인 성장과 숙달, 그리고 자기중심의 관점이다.

융은 사람이 성장, 완벽과 완성으로 나아갈 수 있는 타고난 본성을 갖고 있다고 믿었으며, 이 타고난 본성을 자기라고 불렀다. 자기실현 과정에서 다른 원형을 결합하여 통일하므로 모든 원형 유형 중 가장 포괄적인 것으로서 자기는 원형의 원형이다.

(6) 위대한 어머니

위대한 어머니(great mother)와 지혜로운 노인(wise old man)은 아니마와 아니무스의 파생물이다. 모든 남자 또는 여자는 위대한 어머니 원형을 소유한다. 어머니에 대한 기존의 개념은 긍정적이고 부정적인 감정과 관련되어 있다. 위대한 어머니는 다산과 양육, 그리고 다른 한편의 힘과 파괴라는 대립 세력을 대표한다. 어머니는 번식하고 유지할 수 있지만 자손을 파멸시킬 수 있다. 문학이 아이들에게 미치는 영향은 어머니 자신으로부터 오는 것이 아니라 오히려 투영된 원형에서 비롯된 것이며, 이는 어머니에게 신화적 배경을 제공한다.

위대한 어머니 원형의 다산과 양육 차원은 나무, 정원, 산, 바다, 하늘, 가정, 국가, 교회 및 조리 기구로 상징된다. 위대한 어머니는 권력과 파괴를 나타내기 때문에 대모, 어머니, 대자연, 대지구, 계모 또는 마녀로 상징되기도 한다. 전설, 신화, 종교적 신념, 예술 및 문학 이야기는 위대한 어머니, 즉 양육과 파괴하는 사람의 다른 상징으로 가득 차 있다. 다산과 권력이 분리된 원형이 되는 부활의 개념을 형성하기 위해 결합되나 위대한 어머니와의 관계는 분명하다. 부활은 환생, 침례, 개별화 또는 자기실현과 같은 과정으로 표현된다. 세상의 모든 사람들은 다시 태어나기를 원한다. 즉, 자기실현, 열반, 천국, 또는 완성에 이르는 것을 바란다.

(7) 지혜로운 노인

지혜로운 노인(wise old man)은 아니마와 아니무스의 파생물이다. 원형은 지혜와 의미를 대표하며 삶의 신비에 대한 인간의 기존 지식을 상징한다. 이 원형은 의식이 없으므로 개인이 직접 경험할 수 없다. 정치가와 권위 있는 말을 하는 사람들은 자신의 지혜로운 노인 원형에 속하는 사람으로 보인다. 감정뿐만 아니라 이성에 호소하는 정치적, 종교적, 사회적 예언자는 무의식적 원형에 의해 인도된다. 원형은 항상 정서적으로 물들어 있다. 사람들이 강력한 선지자의 거짓 인식과 말도 안 되는 헛소리에 동요될 때 사회에 위험하다. 현명한 노인 원형은 꿈에서 아버지, 할아버지, 교사, 철학자, 전문가, 의사 또는 신부로 형상화된다. 이야기나 이야기 속에서 왕이나 현자, 마술사일 수도 있다. 문제의 주인공에게 도움이 되는 왕, 현인 또는 마술사로 동화에 등장하며, 뛰어난 지혜를 통해 주인공이 무수한 실수로부터 벗어날 수 있도록 도와준다. 또한 현명한 노인은 삶 그 자체에 의해 상징화된다. 문학은 젊은이들이 집을 떠나 세계로 나가고 인생의 시련과 슬픔을 경험하며 결국 지혜의 척도를 얻는 이야기로 가득하다.

(8) 영웅

영웅(hero)은 신화와 전설에서 용, 괴물, 독사 또는 악마의 형태인 악을 정복하거나 완파하기 위해 큰 역경에 맞서 싸우는 강력한 사람, 때로는 신으로 표현된다. 영웅의 기원은 초기 인류 역사로 거슬러 올라간다. 악당을 정복할 때 영웅은 인간이 가진 무의식의 어둠을 상징적으로 극복한다. 의식의 성취는 조상의 가장 위대한 업적 중 하나였으며 정복자 영웅의 이미지는 어둠의 세력에 대한 승리를 나타낸다. 그러나 결국에는 주인공이 사소한 사람이나 사건으로 인해 취소될 수 있다. 예를 들면, 트로이 전쟁의 용감한 영웅 아킬레스(Achilles)는 그의 유일한 취약한 부분인 발뒤꿈치에 화살로 인해 살해되었다. 맥베스(Macbeth)는 비극적인 야망을 가진 영웅적 인물이었다. 야심은 그의 위대함의 근원이기도 했지만 운명과 몰락의 원인이었다. 용감한 행동은 아킬레스 또는 만화 캐릭터인 수퍼맨과 같이 취약한 사람에 의해서만 수행될 수 있다.

영웅은 신화와 전설에서 강력한 인물로, 때로는 부분적인 신으로, 그리고 악마와 싸우는 것으로 대표되는 원형이다. 불멸의 사람은 약점이 없고 영웅이 될 수 없기 때문에 영웅은 언제나 죽는다. 영화, 소설, 연극 및 TV에서 영웅에 매혹되는 것처럼 영웅의 이미지는 원형을 언급한다. 영웅이 악당을 정복할 때 무능과 불행의 감정에서 벗어나게 해준다. 동시에 영웅은 이상적인 성격의 모델 역할을 한다.

5) 심리 유형

사람을 움직이게 하는 본능이 똑같다고 하더라도 사람들은 어떤 기본적인 방법에서 다르다. 다양한 심리적 유형은 두 가지 기본 태도(내향성 및 외향성)와 네 가지 분리된 기능(사고, 감정, 지각 및 직관)의 결합에서 비롯된다. 태도(attitude)는 특정 방향으로 행동하거나 반응하는 경향이 있다. 융의 리비도(libido)는 일반적인 정신 에너지를 의미한다. 리비도가 외부의 세계로 향하면 외향성이며, 내부세계의 자아로 향하면 내향성이다. 외향성은 객관적 현실인 외부세계 지향으로 외부세계에 가치를 두는 경향이다. 이 유형은 외부세계의 변화에 관심을 두며 이를 추구하는 경향이 강하고 객관적 상황을 보다 중요시한다. 내향성은 내부의 주관적인 것에 삶의 방향과 가치를 두고 자신의 내적 충실을 중요시한다. 내향적인 사람은 대상의 인상을 주체적으로 해석하는 경향이 있고 판단과 행동의 결정적인 단서는 자신의 주관에 둔다.

- 내향성: 주관적 태도에 대한 방향으로 정신 에너지를 내면으로 돌리는 성향으로 내부 지향적, 고독적, 사색적이다.
- 외향성: 정신 에너지의 외면으로 향하고, 객관적이고 외향적인 것을 지향하는 성향으로 외부 지향적, 사교적, 행동 지향적이다.

6) 심리 태도

융은 인간이 세상에 살아가면서 갖게 되는 삶의 기능을 4가지로 제시한다. 이 중 가장 발달된 기능을 주 기능, 발달이 안 된 기능을 열등 기능이라 한다. 사고(thinking)는 관념적이며 지적 기능으로 이를 통해 세계와 자신과의 본질을 이해한다. 감정(feeling)은 평가를 하는 기능으로 긍정적이든 부정적이든 사물의 가치를 평가한다. 인간은 즐거움, 고통, 분노, 공포, 비애, 쾌락 및 사랑과 같은 주관적인 경험을 체험한다. 감각(sensing)은 지각적이거나 현실적인 기능으로 외부세계의 주관적인 경험을 체험한다. 직관(intuition)은 무의식적 과정과 잠재적 내용에 의한 지각이다. 직관적인 사람은 현실의 본질을 추구함에 있어서 사실, 감정과 개념을 초월한다. 융은 2가지 태도와 4가지 기능을 조합하여 8가지 성격 유형을 제시한다.

- 외향적 사고형: 사실에 사로잡히는 경향이 있고, 비합리적인 것을 싫어하고 두려워한다. 억압된 감정은 격렬하게 폭발하고 불행한 연애 사건이 발생한다.
- 내향적 사고형: 사실이 아니라 아이디어에 관심이 있다. 이상하게 보일 수 있고 세상과의 관

계에 거의 관심을 기울이지 않는다.

- **외향적 감정형:** 잘 조절된 것처럼 보인다. 재치 있고 매력적이며, 개인적인 관계에 관심이 있다. 동정적이고 도움이 되고 매력적이나 천박하고 불경스럽고 가식적이다.
- **내향적 감정형:** 아직도 물이 깊게 흐른다. 친밀한 친구 또는 고통을 받는 사람들에 대한 많은 동정과 이해가 있다. 역할을 잘 수행하지 못하고 적응하기 쉽지 않다.
- **외향적 지각형:** 감각을 자극하는 대상이 중요하다.
- **내향적 지각형:** 스스로 표현하는 데 어려움이 있을 수 있다.
- **외향적 직관형:** 직관적 능력을 통해 생활한다. 친숙하고 안전하며 잘 정비된 것을 싫어한다. 관습을 존중하지 않아 종교나 법은 신성불가침이 아니다.
- **내향적 직관형:** 집단무의식에 관심이 있다. 환상을 보고, 종교적 또는 우주적 본성, 예언적 꿈을 갖는다.

[표 4-5] 성격 유형의 특징

	내향적	외형적
사고형	철학자, 이론 과학자, 발명가	응용 과학자, 회계사, 수학자
감정형	주관적 영화 비평가, 예술 비평가	부동산 감정사, 실증적 영화 평론가
지각형	예술가, 고전음악가	교정자, 대중 음악가, 가옥 도장업자
직관형	예언자, 신비주의자, 종교적 광신자	발명가, 종교 개혁가

7) 개인화

개인화(individuation)는 개인의 성격이 발달하는 과정이다. 의식과 무의식이 충돌하지 않고 서로 보완할 때 개인의 감정이 유발된다. 이 과정을 통해 개인은 전체적으로 통합되고 평온해지고 행복해진다. 융은 개인화가 인간 본성에 내재하는 자연적 성숙 과정이라고 믿었다. 의식과 무의식에서 발생하는 상징 사이의 만남은 삶을 풍요롭게 하고 심리적 발달을 촉진한다. 또한 개인화는 확장된 의미를 갖는다. 전체성의 발전과 관련된 변증법적 과정이다. 인간의 정신을 구성하고 있는 정신 요소들은 대립 요소들로 구성된다. 즉, 의식과 무의식, 자기와 그림자, 페르소나와 아니마·아니무스이다. 개인화 과정은 이러한 대립 요소들이 인식과 통합을 통해 전체성을 이룬 자기에 도달해가는 과정이다.

사람이 개인화 쪽으로 나아가지 않으면 신경증상이 발생할 수 있다. 증상은 공포증, 성도착, 우울증 등 다양할 수 있다. 신경증은 개인의 의식과 더 큰 원형 세계 사이의 불일치로 인한 결과이다. 정신요법의 목적은 개인이 무의식 상태에 건강한 관계를 회복하는 것을 돕기 위한 것이다. 융은 중년과 노인, 특히 삶이 의미를 잃어버린 것처럼 느껴지는 사람들과의 작업에서 개성화의 과정을 개척했다. 그는 역사, 종교 및 영성의 관점에서 자신의 삶을 보도록 도왔다.

4. 에릭슨의 심리사회이론

정신과 의사가 아니면서 정신분석가가 되는 사람은 거의 없었다. 에릭슨(Erik Erikson)은 안나 프로이트(Anna Freud)의 프로이트 심리학을 알게 된 다음 뉴욕으로 이사하여 정신분석학 실습을 시작했다. 대부분의 환자가 자신을 이해하고 다른 사람들과 어울리는 문제에 대해 이야기하는 것을 에릭슨은 알게 되었다. 이 때 에릭슨은 프로이트의 이론을 갱신해야 한다고 믿었다. 1950년에 「어린 시절과 사회(Childhood and Society)」라는 제목의 책을 저술했으며, 이 책에서 심리사회발달이론을 제안했다. 에릭슨은 프로이트의 정신적 5단계를 심리사회적 8단계로 확장했다. 8단계는 위기의 시기로 설명되었다. 에릭슨은 청소년기에 자신이 누구인지 알아낼 위기에 직면하고 각 단계마다 하나의 특징을 갖는다고 이론화했다. 에릭슨은 섹슈얼리티보다는 발달의 사회적 특성을 강조한다. 섹슈얼리티(sexuality)는 성행위에 대한 인간의 성적 욕망과 성적 행위, 그리고 이와 관련된 사회제도와 규범들을 의미한다. 프로이트는 어린 시절에만 성격이 형성된다고 믿었지만 에릭슨은 성격발달이 모든 수명주기를 통해 이루진다고 제안했다. 또한 에릭슨은 다른 사람들과 상호작용하는 방식이 자아감(sense of self) 또는 자아 정체성(ego identity)에 영향을 준다고 제안했다.

1) 심리사회적 관점

에릭슨은 프로이트의 발달단계를 유아기부터 노년기까지 모든 인간 수명을 포함하는 개발 단계를 확장했다. 프로이트는 생식기(genital stage)를 초월한 단계(청소년기)에 대해서는 거의 말하지 않았다. 반대로 에릭슨은 청소년기, 청년기나 중년기는 잘 발달되어 있으며 사람들이 성숙하고 나이가 들면서 삶 자체로 제시되는 과제가 많은 통찰력을 제공한다. 에릭슨은 자아(ego)를 원초아의 요구 및 원초아와 초자아 사이의 조정자 이상으로 생각했다. 자아는 원초아보다 전체 인격을 더 분명하게 표현한다. 또한 에릭슨은 프로이트가 심리성적 과정으로 발전하는 것에 역점을 두는 것과 달리 발달과정에서 사회적 상호작용의 중요성을 강조했다.

에릭슨의 이론은 프로이트의 정신성욕 단계이론과 닮았지만 몇 가지 중요한 차이점이 있다. 프로이트는 원초아의 영향에 초점을 맞추었지만 에릭슨은 자아에 초점을 맞추었다. 프로이트는 성격이 5세가 되는 시점에 크게 형성된다고 믿는 반면 에릭슨은 전체 일생에 걸쳐 형성된다고 믿었다. 또 프로이트가 어린 시절의 경험과 무의식적인 욕구의 중요성을 강조했지만 에릭슨은 사회적, 문화적 영향의 역할에 중점을 두었다. 에릭슨 이론의 세 가지 주요 요소는 자아 정체성, 자아 강도와 갈등이다.

- 자아 정체성: 사회적 상호작용과 경험으로 인해 끊임없이 변화하는 자아감
- 자아 강도: 발달의 각 단계를 성공적으로 습득할 때 발전한다.
- 갈등: 각 단계마다 발달과정의 전환점으로 작용하는 갈등에 직면한다.

2) 성격발달

에릭슨의 심리사회이론에 따르면 개인은 유년기에서부터 성인기에 이르기까지 8단계의 발달을 경험한다. 각 단계마다 개인이 해결해야 할 갈등(conflict) 또는 과제(task)가 있다. 각 발달 과제를 성공적으로 완수하면 역량과 건강한 성격이 형성되나 이러한 과제를 습득하지 못하면 무능감을 갖게 된다. 유아기에서 성인기에 이르기까지 외부 요인, 부모 및 사회가 성격발달에 미치는 영향을 고려한다. 특정 문화권은 문화적 생존의 필요성에 따라 다양한 방식으로 단계를 해결할 수 있다. 다음은 이론의 주요 특징이다.

- 발달은 점성원리에 따라 일어난다.
- 각 발달단계에는 위기가 있고, 이것은 변화를 위한 전환점이다.
- 자아는 적절 또는 부적절한 적응 방법을 통합해야 한다.
- 각 단계는 개인에게 기본적인 덕목을 발달할 기회를 제공한다.

에릭슨의 심리사회발달이론은 전체 일생 동안 성격이 어떻게 발달하고 변화하는지를 설명하

는 8단계 이론이다. 아이들이 어린 시절과 이후의 삶을 통해 어떻게 발달했는지에 대한 이해를 주는 아동발달이론이다. 유아는 죽을 때까지 삶의 단계에서 어려움을 겪을 수 있는 여러 가지 과제에 직면한다. 각 단계가 이전 단계의 경험을 기반으로 하고 있지만, 다음 단계로 나아가기 위해서는 각 단계 과제를 성취하는 것이 필요하지 않다. 에릭슨은 각 단계들이 점성원리(epigenetic principle)로 알려진 미리 결정된 순서로 일어난다고 믿었다. 발달이 유전에 의해서 이루어진다는 원리가 점성원리이다. 즉, 전 단계의 발달이 이후의 단계를 예측할 수 있다는 원리이다. 발달은 생물학적으로 타고난 원래의 계획대로 적절한 시기에 나타난다.

한 단계의 결과는 영구적이지 않으며 나중에 경험으로 수정할 수 있다. 에릭슨의 발달 이론은 생물학적 힘과 사회문화적 힘을 협상하는 기능으로서 8단계의 삶의 단계를 거치면서 발전하는 개인을 특징으로 한다. 각 단계는 이 두 상충하는 힘의 심리적 사회적 위기를 특징으로 한다. 개인이 실제로 이러한 힘을 성공적으로 조정하면 해당 미덕으로 발달에서 나온다. 이처럼 각 단계에는 심리사회적 위기(psychosocial crisis)가 존재하며, 이는 하나의 전환점으로 성장잠재력이 큰 동시에 매우 취약한 기간이다. 각 단계에는 특유한 발달과제가 있다. 각 단계에 있는 발달 과제나 위기가 어떻게 해결되느냐에 따라 개인의 특징적인 행동 패턴이 결정된다. 이때 자아(ego)는 갈등의 측면을 모두 통합해야 한다. 갈등이 균형적으로 통합될 때 자아 특성 혹은 덕목(virtue)이 나타난다.

[표 4-6] 에릭슨의 심리사회 발달단계

단계	연령	심리적 사회적 위기	주요 질문	덕목
유아기	0~2세	신뢰감 대 불신감	나는 세상을 신뢰할 수 있는가?	희망
걸음마기	2~4세	자율성과 수치심, 의심	내가 직접 할 수 있거나 다른 사람에게 의존해야 하는가?	의지
취학전기	4~5세	주도성 대 죄책감	나는 일을 하는 것이 좋은가?	목적
학령기	5~12세	근면성 대 열등감	어떻게 하면 좋은가?	역량
청소년기	13~19세	정체성 대 역할 혼란	나는 누구인가?	충실성
청년기	20~40세	친밀감과 고립감	사랑하고 사랑받을 수 있는가?	사랑
중년기	40~65세	생산성 대 침체	나는 세상에 무엇을 기여할 수 있는가?	배려
노년기	65세 이후	자아통합 대 절망감	내 인생이 훌륭했는가?	지혜

(1) 유아기(Infancy)

유아는 생후 1년 또는 2년 동안 시각적인 접촉 및 촉감으로 활동한다. 부모는 육아 및 보호에 중점을 둔다. 유아의 욕구에 민감한 보호자는 유아가 신뢰감(trust)을 키울 수 있게 도와준다. 유아는 세상을 안전하고 예측 가능한 장소로 보게 된다. 한편 유아의 욕구를 충족시키지 않으면 유아는 불안, 공포와 불신감(mistrust)을 느끼고, 세상을 예측 불가능한 장소로 본다. 유아가 적절하게 보호되고 다루어진다면 유아는 낙천주의, 신뢰, 자신감 및 안전감을 개발하지만, 신뢰를 경험하지 않으면 불안정하고 무가치하며 세계에 대한 불신을 발전시킨다.

유아기의 심리적 사회적 위기는 신뢰감 대 불신감이고 기본적인 덕목은 희망이다. 희망 단계는 신뢰감 대 불신의 충동에 의해 정의된다. 이 단계는 부모 또는 다른 보호자가 유아의 기본적인 욕구에 중점을 둔다. 이러한 욕구 때문에 발생하는 상호작용은 신뢰감 대 불신감이 된다. 유아는 기본적인 욕구를 충족시키기 위해 다른 사람들을 의지해야 하므로 욕구가 충족되는지 여부에 따라 크게 영향을 받게 된다. 다음은 신뢰감과 불신감의 단계에 대해 기억해야 할 사항이다.

- 유아기가 성공적으로 달성되면 아이는 희망의 미덕으로 나타날 것이다.
- 유아의 욕구에 반응하는 보호자는 도움과 배려를 줄 수 있다고 생각할 것이다.
- 미덕을 얻지 못하면 두려움을 느끼게 된다.

(2) 걸음마기(Toddler)

주요 과제는 자율성 대 수치심 및 의심이다. 이 시점에서 아이들은 새로운 기술과 잘못으로부터 옳은 것을 배우면서 자긍심과 자율성을 구축할 수 있는 기회를 갖는다. 아이가 세상을 탐험하기 시작할 때 자신의 행동을 통제하고 결과를 얻기 위해 환경에 따라 행동하는 것을 안다. 음식, 장난감 및 의류와 같은 환경의 특정 요소에 대한 명확한 선호를 보여주기 시작한다. 아이의 주된 과제는 독립을 확립하기 위해 노력함으로써 자율성(autonomy)과 수치심(shame), 의심(doubt)의 문제를 해결하는 것이다.

아이를 잘 돌보면 수치심보다는 자부심을 갖고 확신하고 행동한다. 미운 두 살(terrible twos)의 이 시간 동안 아이는 반항, 짜증, 고집이 나타날 수 있다. 아이는 이 단계에서 취약한 경향이 있으며 특정 기술을 습득할 수 없을 때 때로는 수치심을 느끼고 자부심이 낮다. 예를 들면, 옷을 선택하고 옷을 입기 원하는 2세 아동의 싹트기 시작하는 자율성을 관찰할 수 있다. 의상은 상황에 적절하지 않을 수도 있지만, 그러한 기본적인 결정은 자율성에 영향을 미친다. 환경에 따라 행동할 수 있는 기회가 주어지지 않는다면 아이는 자신의 능력에 의심을 품을 수 있다. 그러면 자아 존중감이 낮아지고 수치심을 가질 수 있다.

이 단계에서 발전하는 미덕은 의지(will)이다. 이 단계에서 자신의 운동능력을 통제하기 시작한 어린이들은 먼저 주변 세계를 탐험한다. 이 탐험은 부모가 자녀의 조기 탐험을 격려하고 참을 성이 있다면 별도로 자율성을 개발하는 데 도움이 될 수 있다. 아이들은 종종 특정 유형의 음악을 즐기기 시작하고, 자연과 동물에서 재미있는 일 등 취미와 관심을 개발한다. 탐험 및 격려는 자율성을 조장하는 데 도움이 되나 격려의 부족이나 과도한 제한은 어린이에게 수치심과 의문을 불러일으킬 수 있다. 다음은 자율성과 수치심 및 의심의 단계에 대해 기억해야 할 사항이다.

- 이 단계는 향후 발달을 위한 과정을 설정하는 데 도움이 된다.
- 이 단계에서 성공한 어린이들은 자신의 자율성에 대해 큰 감각을 갖는다.
- 투쟁하는 어린이는 자신의 노력과 능력과 관련하여 수치스러울 수 있다.

(3) 취학전기(Preschooler)

아이들이 활동을 시작하고 사회적 상호작용과 놀이를 통해 세계를 통제할 수 있다. 아이는 이 기간 동안 주변의 어른들을 모방하고 놀이 상황을 만드는 데 주도권을 쥐고 싶어 한다. 장난감 휴대전화 및 소형차로 이야기를 구성하여 시험적인 우주에서 역할을 수행한다. 또한 세상을 탐험하기 위해 멋진 단어 '왜'를 사용하기 시작한다. 아이들은 다른 사람들과 상호작용하면서 목표를 계획하고 달성하는 방법을 배우는 것으로 이러한 임무를 완수할 수 있다. 아이들은 주도성 (initiative) 대 죄책감(guilt)을 해결해야 한다. 자신감을 키우고 목적(purpose)을 느낄 것이다. 이 단계에서 성공하지 못하면 죄책감을 갖게 된다. 과도하게 통제하는 부모는 아이의 주도권을 질식시킬 수 있다. 이 단계에서 고전적인 오이디푸스 콤플렉스에 관여하고 사회적 역할 인식을 통해 갈등을 해결할 것이다. 자연적인 욕망과 목표에 좌절한다면 쉽게 죄책감을 느낄 수 있다.

이 단계에서 발전하는 목적의 미덕을 나타나고 주도성과 죄책감의 갈등에 중점을 둔다. 이 단계에서 아이들은 교육이 시작된다. 그들은 숫자와 글자뿐만 아니라 "무언가가 둥글다면 그것은 구를 것이다"처럼 기본적인 기술과 정보를 배운다. 아이들은 자신의 목표를 위해 자신의 행동을 시작하고 끝내기를 결정하는 자신의 주도권을 개발하기 시작할 것이다. 아이들이 자신의 주도권을 쥐도록 권장받을 때 자기 목적의 감각을 발달시킨다. 그러나 아이들이 그렇게 하지 못하게 되면 보통 죄책감을 갖게 된다. 다음은 주도성과 죄책감의 단계에 대해 기억해야 할 사항이다.

- 이 단계를 성공적으로 성취하면 주도하고 그렇지 않으면 죄책감을 느낄 수 있다.
- 이 단계의 미덕은 목적이다.

(4) 학령기(School Age Child)

세상이 조금 더 넓어짐에 따라 가장 중요한 관계는 학교와 이웃이다. 잠복기라고 불리는 이 단계에서 수많은 새로운 기술과 지식을 배우고 창조하며 성취할 수 있어 근면성(industry)을 개발할 수 있다. 이것은 또한 사회적 발달단계이며 동료들 간의 부적절함과 열등감(inferiority)에 대한 미해결의 감정을 경험한다면 역량과 자존심 면에서 심각한 문제가 발생할 수 있다. 학부모는 완전한 권위는 아니지만 여전히 중요하다. 초등학교 동안 아이들은 근면성 대 열등감의 과제에 직면한다. 아이들은 동료들과 자신의 능력을 비교하기 시작한다. 학업, 스포츠, 사회활동 및 가정생활에서 자부심과 성취감을 발달시키거나 미치지 못할 때 열등하고 부적절하다고 생각한다.

이 단계를 성공적으로 완수함으로써 나타나는 기본 덕목은 역량(competence)이다. 역량은 근면성 대 열등감의 충돌을 중심으로 이루어진다. 이 단계에서 아이들은 자신을 개인으로 인식하고 도덕성, 개인적 가치 및 문화와 같은 훨씬 어려운 개념을 파악할 수 있다. 아이들은 또한 공간과 시간을 이해하고, 읽기, 쓰기 등의 훨씬 더 복잡한 기술을 익힐 수 있는 능력을 개발한다. 아이들은 취미 생활과 기술 개발을 시작하여 격려를 받으면 근면성을 키울 수 있다. 예를 들면, 이야기를 쓰고 격려받는 어린이는 자신의 기술에 대한 자신감을 갖게 되어 계속 글쓰기를 하여 근면성을 고취시킬 것이다. 반면에 격려를 받지 않거나 글쓰기를 꺼리는 아이들은 자신의 기술과 자신에 대해 열등감을 갖는다. 다음은 발달의 근면성과 열등감에 대해 기억해야 할 사항이다.

- 아이를 지원하고 격려하는 것은 역량을 키우고 새로운 기술을 배울 수 있게 한다.
- 어려움을 겪는 아이들은 나이가 들수록 자신감에 문제가 있을 수 있다.

(5) 청소년기(Adolescent)

사춘기 청소년들은 자신의 정체성을 발견하고 찾아내려고 한다. 사회적 상호작용으로 협상하고 투쟁하고 어울리고 도덕감과 정의를 개발한다. 일부는 성인기 진입을 지연하고 책임을 회피하려고 시도한다. 그들은 이상, 대의와 친구들에 대한 강한 소속감과 몰입을 발전시키기 시작한다. 또한 그들은 정체성(identity)과 역할 혼란(role confusion)에 직면한다. 그들의 주요 과제는 자아감(sense of self)을 개발하는 것이다. 그들은 "나는 누구인가?" 와 "나는 내 인생에서 무엇을 하고 싶은가?"와 같은 질문에 어려움을 겪는다. 그들은 적합해 보이는 것들을 시도해본다. 성공한 청소년은 강한 정체성을 가지며 문제와 다른 사람들의 관점에 비추어 그들의 신념과 가치에 충실할 수 있다. 정체성을 의식적으로 찾지 않는 무관심한 청소년은 미래에 대해 부모의 아이디어를 준수하도록 압력을 받는다. 이들은 약한 자아감을 갖고 역할 혼란을 경험한다.

이 단계를 성공적으로 마쳤을 때 나타나는 기본 덕목은 충실성(fidelity)이다. 개인은 더 이상 아동으로 간주되지 않는다. 외모에 대한 관심과 특히 다른 사람들에게 나타나는 것처럼 정체성이 증가한다. 그들은 주로 자신이 누구이고 어른이 되었을 때 무엇을 해야 하는지 찾으려고 한다. 그들은 성인이 될 때 접하게 될 개념과 행동을 실험한다. 예를 들면, 청소년들은 정치집단이나 종교집회와 같은 집단에 가입하기 시작하며 음식점 배달에서 일하는 것과 같이 즐기는 분야에서 아르바이트를 구할 수도 있다. 격려와 정체성의 감각을 탐구할 수 있는 청소년들이 제대로 육성되지 않으면 청소년의 역할 혼란을 초래할 수 있다. 다음은 정체성과 역할 혼란의 단계에 대해 기억해야 할 사항이다.

- 이 단계를 성공적으로 성취하면 강한 독립심, 개인적 선택 의지, 자아감을 나타난다.
- 이 단계를 완료하지 못하면 종종 자신이 실제로 누구이며 인생에서 원하는 것을 혼란스럽게 만드는 성년기에 들어선다.

(6) 청년기(Young Adult)

청년기에서 사람들은 동반자 관계와 사랑을 추구하는 경향이 있다. 밀려난 것처럼 보이지만 정착되고 가족을 만들기 시작한다. 청년들은 깊은 친밀감과 만족스러운 관계를 추구하지만 실패할 경우 고립감이 발생할 수 있다. 이 단계에서 중요한 관계는 결혼 배우자 및 친구이다. 청년기의 사람들은 친밀감(intimacy) 대 고립감(isolation)에 관심이 있다. 청소년기에 정체성을 개발한 후에 삶을 다른 사람들과 나눌 준비가 되어 있다. 다른 사람들과의 친밀한 관계를 발전시키기 전에 강한 자신감을 가져야 한다. 청소년기에 긍정적인 자아개념을 개발하지 않는 성인은 외로움과 정서적 고립감을 경험할 수 있다.

이 단계에서 발전하는 기본 미덕은 사랑(love)이고, 친밀감과 고립감의 갈등을 중심으로 이루어지고, 개인은 마침내 성인으로 간주된다. 청년기는 여전히 정체성과 자아발달을 포함하지만, 주로 다른 사람들과의 관계 개발에 중점을 둔다. 개발된 우정과 낭만적 관계는 어떤 사람들에게는 성인이 될 때까지 또는 심지어 사망할 때까지 지속될 수 있다. 사람들이 자신감을 느낄 수 있을 때, 다른 사람들과의 친밀감을 형성하기에 충분한 신뢰를 얻을 때 친밀하고 만족스러운 관계를 발전시킬 수 있다. 그러나 개인이 다른 사람을 신뢰하는 것을 두려워하거나 연결을 두려워하면 다른 사람과 자신을 격리하는 경향이 있다. 친밀감과 고립감 단계에 대해 기억해야 할 중요한 사항이 있다.

- 이 단계에서의 성공은 다른 사람들과의 강한 유대감을 가져오고, 실패는 고립감과 고독감을 유발할 수 있다.
- 이 단계에서 발전하는 기본 미덕은 사랑이다.

(7) 중년기(Middle-aged Adult)

가족, 직업과 경력은 가장 중요하고 많은 책임과 통제의 시기이다. 사회적인 과제는 생산성(generativity) 대 침체감(stagnation)이다. 생산성은 자원봉사, 멘토, 자녀양육과 같은 활동을 통해 인생의 일자리를 찾고 다른 사람들의 발전에 기여하는 것을 포함한다. 이 과제를 습득하지 못하는 사람들은 다른 사람들과의 관계가 거의 없고 생산성과 자기개선에 관심이 없는 정체를 경험할 수 있다. 안정성을 확립하기 위해 노력하고 사회에 중요한 것을 만들어 내려고 시도한다. 무활동과 무의미는 공통적인 두려움이고, 중요한 인생의 변화가 발생할 수 있다. 예를 들면, 아이들은 출가하고 직업은 바뀔 수 있다. 어떤 사람은 목적을 찾는데 어려움을 겪을 수 있다. 중요한 관계는 가족, 직장, 지역 교회 및 공동체의 사람들이다. 다음은 중년기의 중심적인 과제이다.

- 성적 접촉 이상의 것을 통해 사랑을 표현한다.
- 건강한 생활 패턴을 유지한다.
- 친구와 일체감을 키운다.
- 성장한 어린이들이 책임 있는 성인이 되도록 돕는다.
- 성장한 어린이의 삶에서 중심 역할을 포기한다.
- 자녀의 친구와 친구를 수락한다.
- 편안한 집을 만든다.
- 자아와 배우자의 성취를 자랑스럽게 생각한다.
- 연로한 부모와 역할을 바꾼다.
- 성숙하고 시민적이며 사회적으로 책임감을 완수한다.
- 중년의 신체적 변화에 적응한다.
- 창조적으로 여가 시간을 이용한다.

이 단계를 성공적으로 마쳤을 때 나타나는 기본 덕목은 배려(care)이다. 성인들은 일반적으로 자신과 다른 사람들과 함께 정체감을 형성한다. 생산성의 예로는 어린이 자선단체를 위해 일하고, 지역사회에서 책임을 이행하며, 가족 내 모든 어린이들에게 긍정적인 환경을 조성하는 것이 포함된다. 생산성의 감각이 없으면 이 단계의 성인들은 정체 상태인 것처럼 느끼게 되어 격리, 좌절감, 우울증을 유발할 수 있다. 다음은 이 단계에 대해 기억해야 할 사항이다.

- 이 단계를 습득하는 사람들은 주변 세계에 의미 있고 가치 있는 영향을 미치고 기본 미덕을 개발한다는 감각이 나타난다.
- 이 단계를 효과적으로 관리하지 않는 사람들은 관계가 좁거나 비생산적으로 느껴질 수도 있으며 심지어는 세상과 단절될 수도 있다.

(8) 노년기(Late Adult)

에릭슨은 삶의 대부분이 성인기의 중간 단계를 준비하고 있으며 마지막 단계에는 많은 반성이 필요하다고 생각했다. 이 단계에서 과제는 자아통합(integrity) 대 절망(despair)이다. 사람들은 삶을 반성하고 만족감이나 실패감을 느낀다. 노인층은 사회에 의미 있는 삶과 가치 있는 공헌을 가져다 준 성실감, 즉 만족감과 성취감을 되돌아 볼 수 있다. 어떤 사람들은 절망감을 느낄 수 있고, 삶의 목적을 찾기 위해 노력하면서 죽음을 두려워할 수도 있다. 삶의 핵심은 무엇인가? 그만한 가치가 있는가? 성취감에 대해 자부심을 느끼는 사람들은 정직을 느낀다. 그들은 후회하지 않고 삶을 되돌아 볼 수 있다. 그러나 이 단계에서 성공하지 못한 사람들은 마치 그들의 삶이 낭비되는 것처럼 느낄 수 있다. 그들은 "가질 것", "있어야 할 것" 및 "가질 수 있는 것"에 중점을 둔다. 그들은 괴로움, 우울증, 절망감으로 삶의 끝을 맞이한다.

이 단계를 성공적으로 마쳤을 때 나타나는 기본 덕목은 지혜(wisdom)이다. 이 단계에서 자아통합 대 절망의 충돌이 중심이다. 늦은 성인기에 들어서면서, 통합감과 평생 동안 원했던 것을 성취하기를 바란다. 이것은 일반적으로 회고를 통해 관계 및 성취를 돌아본다. 이 회고가 그들이 성취하고 생산적이고 행복한 삶을 살았다고 믿게 한다면 자신에 대한 긍정적인 자아통합을 갖게 될 것이다. 반면에 자신의 삶에서 성취하지 않아 실망한다면 자신의 삶과 자신의 정체성에 대한 전반적인 절망감을 느낄 수 있다. 다음은 이 단계에 대해 기억해야 할 사항이다.

- 삶의 최종 단계에 있는 사람들은 지혜의 감각으로 등장하고, 죽음의 엄청난 유령에 직면하

더라도 보람 있고 의미 있는 삶을 살았다고 느낀다.

- 삶이 낭비되거나 무의미하다고 느끼는 사람들은 슬픔, 분노와 후회를 느낀다.

3) 에릭슨 이론의 평가

에릭슨은 자신의 예술적 감각과 감성을 글쓰기에 가져 왔으며 사물을 보는 새로운 방법을 제시한다. 에릭슨의 관점은 몇 가지 가치 있는 목표를 달성했다. 그는 프로이트의 이론을 후기의 삶으로 확장시켰을 뿐만 아니라 문화적 차이를 강조하고 엄격하게 생물학적인 것보다 심리적인 정체성 도전을 통해 자아의 발달을 강조했다. 주로 개인의 관찰과 직관에 기반을 두어 자신의 삶에 대한 고찰을 포함하여 많은 관찰이 실제로 통찰력이 있었고 많은 새롭고 유익한 연구조사를 이끌어냈다. 에릭슨은 과학적 훈련이나 방법론이 아니라 자신의 예술적 감각으로 이론을 제시하였다. 단계가 순차적으로 간주되어야 하는지, 제안한 연령대 내에서만 발생하는지에 대해 의문을 제기할 수 있다. 사춘기 동안 사람들이 정체성을 찾느냐 아니면 다른 단계가 완료되기 전에 한 단계만 일어나야 하는지에 대한 논쟁이 있다. 그러나 에릭슨은 이러한 각 단계가 평생 동안 한 가지 형태로 발생한다고 말하면서 갈등이 가장 두드러지게 나타나는 시기를 강조한다.

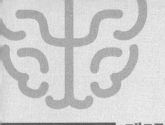

제5장

행동주의와 사회학습 관점

행동주의는 정신질환 및 기타 심리적 현상을 이해하기 위해 직접 관찰 가능한 행동에 중점을 둔 심리학 접근법이다. 행동주의 관점은 직접적으로 관찰 가능한 행동과 행동을 유발하고 강화하고 소멸시키는 조건 또는 자극의 중요성을 강조하고, 정상행동과 이상행동의 발달에 관한 대안적인 설명을 제공하고, 부적응 행동을 성공적으로 치료할 수 있다는 것을 보여준다. 이상행동에서 학습의 역할과 관련이 있는 이론은 고전적 조건화, 조작적 조건화와 관찰학습이 있다.

행동주의는 조건반사의 발견자인 러시아의 생리학자 파블로프와 행동주의의 아버지인 미국의 심리학자 왓슨에 의해 확립되었다. 관찰학습은 고전 및 조작적 조건화를 확장한다. 직접적인 경험을 통해서만 학습이 이루어지는 고전 및 조작적 조건화와는 달리 관찰학습은 다른 사람들을 관찰하고 그들이 하는 것을 모방하는 과정이다. 모방함으로써 학습하는 과정은 대리 조건화 또는 모델링(modeling)이다. 왜 어떤 사람들은 비정상적으로 행동하는가? 그들의 학습 역사가 대부분의 사람들과 다를 수 있다. 비행에 대한 변덕스런 처벌과 선행에 대한 칭찬이나 보상의 실패와 같은 좋지 못한 자녀양육은 반사회적 행동으로 이어진다.

1. 고전적 조건화

러시아 과학자인 파블로프(Ivan Pavlov: 1849-1936)는 고전적 조건화에 대한 개 실험을 수행했다. 종소리와 같은 중성자극은 처음에는 개의 침 분비 반응을 유발하지 못하지만 침 분비 반응을 유발하는 음식과 계속 짝으로 주게 되면 음식 제공 없이도 종소리만 들려주어도 개가 침을 분비한다. 개를 이용한 연구에서 침을 수집하기 위해 개의 뺨 안쪽에 튜브를 수술로 이식했다. 다양한 음식에 대한 반응으로 생성된 침의 양을 측정했다. 시간이 지남에 따라 개가 음식이나 빈 그릇을 보고, 또 실험 조교의 발소리에도 침을 분비하기 시작했다. 입안에서 침을 흘리면 반사적이어서 아무런 학습이 필요하지 않았다. 개는 빈 그릇이나 발소리로 자연스럽게 침을 흘리지 않았다. 심적 분비(psychic secretion)는 실험에서 여러 번 먹이를 받아먹

었던 개가 입속에 무언가가 들어오기도 전에 침을 흘리는 현상이다. 개가 침을 유발하는 자극을 확인하기 위해 실험했다.

1) 습관화

습관화(habituation)는 반복되는 동일한 자극에 주의를 덜 기울이고 반응이 감소하는 현상을 말한다. 자극이 익숙해지면 자극에 대한 유기체의 반응이 감소한다. 탈습관화(dishabituation)는 습관화된 자극에 변화를 주면 감소되었던 반응이 다시 증가하는 현상이다. 친숙한 것의 변화로 인한 반응이 증가한다. 자극의 변화가 세계에 대한 중요한 소식을 전하기 때문에 탈습관화는 중요하다. 근처의 나무에 있는 새들이 갑자기 짹짹 울기를 멈추면 약탈자를 발견했기 때문일까? 시냇물 소리가 갑자기 커지면 수위가 갑자기 증가했는가? 이것 역시 조사할 만한 가치가 있다. 따라서 습관화가 오래된 뉴스를 무시할 수 있도록 도와주는 기능과 마찬가지로 탈습관화는 새로 도착하고 유용한 정보에 주의를 환기시키는 기능을 한다. 때로는 고전적 조건화가 습관화로 이어질 수 있다. 습관화는 변화 없이 반복적으로 나타나는 자극에 반응하지 않는 것을 의미한다. 자극이 반복해서 발생함에 따라 자극에 반응하지 않는 것이다.

- 습관화: 반복되는 동일한 자극에 주의를 덜 기울이고 반응이 감소하는 현상
- 탈습관화: 습관화된 자극에 변화를 주면 감소되었던 반응이 다시 증가하는 현상

2) 조건반응

러시아의 생리학자인 파블로프는 조건반응(conditioned response)을 연구했다. 그는 [그림 5-1]에서와 같은 기구에 개를 이용하여 음식에 대한 타액 반응을 연구했다. 동물들이 고기를 먹기 전에 침을 흘리고 위액을 분비하는 것을 관찰했다. 그는 동물들이 먹이와 관련이 있는 종소리와 같은 다른 자극에 반응하여 침을 흘리는 실험을 했고 조건형성의 과정을 시연했다. 왼쪽에는 연구

원이 종소리를 울리는 한쪽에 유리창인 거울이 있다. 종소리가 울리면 고기가 개 혀 앞에 놓인다. 종과 고기의 몇 가지 조합에 따라 개는 종에 대한 반응으로 침을 흘린다. 동물의 침은 튜브를 통해 유리병으로 전달되며 유리병의 양은 조건반응의 강도의 척도로 사용된다.

[그림 5-1] 파블로프의 조건형성 실험에 사용된 장치

자극(stimulus)은 반응을 이끌어내는 제공물이고 반응(response)은 자극에 대한 상태의 변화이다. 예를 들면, 어린이가 불에 손을 댔다면, 불은 자극이고 어린이가 불에서 손을 피하는 것은 반응이다. 고전적 조건화는 조건자극과 무조건자극의 연합과 반복에 의해 결정된다. 개들은 보통 종소리에 침을 분비하지 않는다. 고기를 보고 침을 흘렸던 개는 종소리와 고기가 동시에 주어지는 훈련이 반복되면 종소리만 듣고도 침을 흘렸다. 무조건자극(unconditioned stimulus: US)은 어떤 특정한 훈련이 없이 반응을 유발하는 자극으로 고기이다. 무조건 반응(unconditioned response: UR)은 무조건 자극이 주어질 때 자동적으로 일어나는 반응으로 고기를 보고 침을 흘리는 반응이다. 개에게 고기를 주면 침을 흘리는 반사반응이다. 무조건자극과 무조건반응 사이의 관계는 후천적인 학습을 통해 형성되는 것이 아니라 생존을 위해 갖고 태어나는 것이다. 조건은 학습된 것이나 무조건은 학습된 것이 아니다.

[그림 5-2] 고전적 조건화의 용어

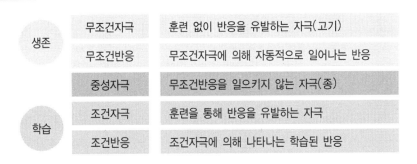

중성자극(neutral stimulus: NS)은 무조건반응을 일으키지 않는 자극이다. 파블로프는 실험을 통해 음식을 주기 전 울리는 종소리에도 개가 침을 흘린다는 것을 발견했다. 이는 곧 중성자극에 해당하는 종소리가 무조건자극인 음식과 여러 번 연합될 경우 침을 흘리는 조건자극(conditioned stimulus: CS)으로 변화했다는 것을 의미하며, 이때의 침을 흘리는 반응은 조건반응(conditioned response: CR)이다. 예를 들면, 치과의사의 드릴 소리는 대기실에 있는 환자를 위축시킨다. 이러한 드릴 소리는 두려움과 근육 긴장의 조건반응을 유도하는 조건자극일 수 있다. 공포증이나 과도한 두려움은 고전적 조건화를 통해 얻게 된다. 조건반응과 무조건반응은 동일한 침 분비이지만 조건반응은 무조건반응과 달리 학습된 반응이다.

[그림 5-3] 고전적 조건화의 과정

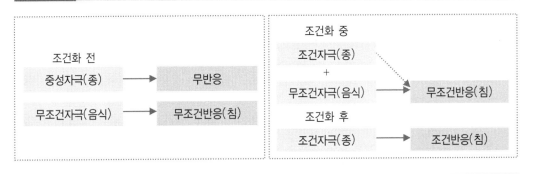

3) 자극 일반화, 변별과 소거

자극 일반화(stimulus generalization)는 이전에 조건반응을 성립시킨 조건자극과 유사한 자극이 제시될 때 동일한 행동이 계속 일어나는 현상이다. 중립자극이 무조건자극과 연합되어 조건자극이 형성될 경우 이 조건자극과 유사한 자극도 동일한 조건반응을 이끌어낼 수 있다. 자극 일반화가 발생하는 자극과 조건자극 간에 유사성이 클수록 자극 일반화가 더 잘 일어난다.

이와 달리 변별(discrimination)은 어떤 자극에 대하여서는 반응하고 다른 자극에 대하여서는 반응하지 않도록 학습하는 것이다. 손이 뜨거운 난로에 너무 가까이 가 손을 덴 경험이 학습되지 않는다면 화상을 반복적으로 겪게 될 것이다. 반면에 조건화를 기반으로 두려움을 얻는 것은 활동하는 노력을 감소시킬 수 있다. 이러한 조건화는 공포증과 외상 후 스트레스 장애와 같은 불안장애를 설명하는 데 도움이 된다.

소거(extinction)는 현재 또는 이전에 생성된 유기체의 반응을 감소시키는 것을 의미한다. 즉, 무조건자극 없이 조건자극만 반복적으로 제시될 때 발생하는 반응의 감소이다. 칭찬이나 상과 같은 보상을 계속 주지 않으면 학습된 반응이 없어진다. 예를 들면, 수상한 친구가 상 받은 것을 자랑하지만 더 이상 관심을 보이지 않자 자랑의 빈도가 줄어든 경우가 해당된다. 이전에는 주변 친구들의 관심을 받아 자랑을 계속하는 강화된 행동이었지만 지금은 관심이 없자 자랑하는 행동이 바람직하지 않게 되었다. 따라서 소거는 바람직한 결과를 감소시킴으로써 행동의 발생을 억제시키는 것을 말한다.

- **자극 일반화**: 이전에 조건반응을 성립시킨 조건자극과 유사한 자극이 제시될 때 동일한 행동이 계속 일어나는 현상
- **변별**: 어떤 자극에 반응하고 다른 자극에 반응하지 않도록 학습하는 것
- **소거**: 현재 또는 이전에 생성된 유기체의 반응을 감소시키는 것

4) 조건화 기법

고전적 조건화는 연상 과정을 통해 새로운 행동을 배우는 것을 포함한다. 두 자극이 함께 연결되어 새롭게 배운 반응을 일으킨다. 고전적 조건화는 환경 학습의 중요성을 강조한다. 행동주의자들이 변화에 중점을 두는 것은 행동이다. 행동수정은 학습이론에서 파생된 모든 과정에서 주어진 일반적인 용어로, 목표는 사람의 행동이나 세상과 상호작용하는 방식을 바꾸는 것이다. 고전적 조건화는 유사한 반응을 일으키기 위해 자연적으로 발생하는 자극과 반응 사슬을 다른 자

극과 짝 지어주는 것을 의미한다. 고전적 조건화로 행동을 수정하는 주요 기법은 체계적 둔감법과 혐오조건화 등이 있다.

(1) 체계적 둔감법

조셉 울프(Joseph Wolpe)는 불안치료를 위한 체계적 둔감법을 사용했다. 체계적 둔감법(systematic desensitization)은 공포 자극과 안정 자극을 동시에 제시하여 불안이나 공포를 제거하는 행동수정 기법이다. 약한 자극부터 강한 자극까지 단계적으로 수위를 조절한다. 예를 들면, 여성이 비행기 탑승을 두려워하면 항공기에서 휴식하는 훈련으로 불안감을 줄일 수 있다. 이 치료법은 특정공포증, 사회불안, 발표불안 등 공포증이나 불안의 치료에 활용된다.

치료사는 먼저 내담자에게 이완 방법을 사용하여 긴장을 풀도록 훈련시킨다. 치료사와 함께 환자는 공포의 수준을 구성한다. 직접 노출을 수반하지 않고 불안과 공포증을 치료하는 데 도움이 되는 치료방법이다. 두려운 상황은 여러 단계로 분리되고 각 단계는 자신이 편안하게 느낄 때까지 혼자 경험하게 된다. 감정 조절을 잃지 않고 일정 수준을 통과한 경우 다음 단계로 이동해야 하며 최악의 두려움에 직면하면서 편안한 느낌이 들 때까지 같은 수준으로 행동한다. 다음은 체계적 둔감법의 실시 단계이다.

❶ **긴장이완 단계**: 근육이완 상태에서는 불안이 발생하지 않는다는 원리에 근거하여 근육 이완이나 심호흡, 명상 등을 통해 이완 상태에 들어가 긴장을 억제한다.
❷ **불안 수준 목록 작성**: 최저 수준부터 최고 수준까지 불안 목록을 작성한다.
❸ **단계적 불안 경험**: 편안한 상태에서 최저 수준부터 최고 수준까지 불안을 유발하는 자극에 노출하면서 불안을 극복한다. 불안 반응이 소거될 때까지 반복한다.

이 치료법은 자신감을 향상시키는 이점을 갖고 있다. 왜냐하면 두려운 상황에 직면하고 회피하는 대신에 중화하면 결과적으로 자신감이 생기기 때문이다. 대부분의 비합리적인 두려움은 비합리적인 생각을 기반으로 한다. 예를 들면, 어둠을 두려워하는 사람은 유령에 의해 공격당할 것이라고 믿을 수 있으며, 그것이 두려움의 원인이 될 수 있다. 체계적 둔감법은 자신의 두려움이 비합리적임을 발견하게 하고 두려워할 것이 없다는 것을 깨닫게 하는 기법이다. 행동 치료사는 단순한 공포증과 같은 특정 종류의 문제에 대해 체계적 둔감법이 효과적이라고 믿는다.

(2) 혐오조건화

혐오조건화(aversive conditioning)는 혐오자극이 제시되면 특정한 행동의 빈도가 감소되는 처벌의 한 유형이다. 즉, 문제행동을 할 때마다 혐오자극을 제시하여 문제행동을 치료하는 기법이다. 문제행동을 억제하기 위해 문제행동은 불쾌한 자극과 짝을 이룬다. 예를 들면, 흡연자에게 빠른 속도로 담배를 피우라고 요청한다. 6~7초마다 담배를 피우도록 한다. 이 속도로 담배를 피우면 보통 메스꺼움을 유발한다. 메스꺼움은 흡연 행동과 관련이 있다. 반복적으로 짝을 지어 많은 흡연자들은 담배 연기를 혐오스럽게 발견하고 동기를 잃어버리게 된다. 혐오조건화는 마약이나 알코올 중독 또는 성기능장애가 있는 사람들의 치료에도 다양한 수준의 성공을 거두었다. 유해한 자극에는 전기 충격, 마약, 냄새, 언어 비난 및 견책이 포함된다.

혐오조건화를 사용할 때 몇 가지 문제가 있다. 첫째, 유해한 자극이 사용되기 때문에 많은 사람들이 치료를 중단한다. 둘째, 혐오 방법은 행동에 대한 처벌이 실제 생활과 거의 비슷하지 않은 실험실 상황에서만 적용될 때 일시적으로 바람직하지 않은 행동을 억제한다. 셋째, 환자가 염려하고 적대적이 될 수 있다. 그리고 처벌이 비윤리적이거나 오용과 남용의 가능성이 있다. 따라서 바람직하지 않은 행동을 제거하려고 하는 사람과 함께 혐오스런 상황을 상상하는 것이 필요하다. 예를 들면, 금연하려는 사람은 연기가 가득한 방과 메스껍고, 질식할 것 같고, 폐가 죽어가는 것을 상상하도록 요청한다.

2. 조작적 조건화

조작적 조건화는 유기체 자체에 의해 시작된 행동과 관련된다. 즉, 고전적 조건화는 본질적으로 새로운 반사 작용을 필요로 하지만, 조작적 조건화는 새로운 자발적인 행동의 학습을 포함한다. 조작적 조건화는 어떤 반응에 대해 선택적으로 보상함으로써 반응이 일어날 확률을 증가시키거나 감소시키는 방법이다. 사람들이 긍정적 결과를 가져오는 행동은 계속 수행하고, 부정적 결과를 낳는 행동들은 피하도록 학습하게 될 때 발생한다.

1) 손다이크의 실험

손다이크(Edward Lee Thorndike: 1874~1949)는 다양한 동물실험을 통해 학습심리학의 이론을 발전시켰다. 고양이를 문제 상자(puzzle box)에 넣고 지렛대를 밟고 밖으로 나오기까지 걸리는 시간을 측정했다. 굶주린 고양이를 문제 상자에 넣고, 발이 닿지 않는 곳에 먹이를 잘 보이게 놓아두었다. 상자에는 문이 달려 있었는데, 문은 철사 고리를 당기거나 페달을 밟는 간단한 행동으로 열린다. 반복적인 행동으로 먹이를 먹게 되고 같은 상황에 처했을 때 처음보다 짧은 시간으로 적절한 행동을 한다. 문을 열면 보상이 있고, 우연히 효과적인 방법을 찾으면 빨리 문을 열고 문 여는 것에 대한 관심과 집중력도 높아진다.

손다이크는 결과에 만족하면 반응이 증가하고 결과에 불만족하면 반응이 감소한다는 효과의 법칙(law of effect)을 제안하였다. 효과의 법칙은 활동 결과에 만족하게 되면 활동을 반복하려는 경향이 있고 만족하지 않으면 반복하지 않으려는 경향이 있다는 법칙이다. 보상이 있는 반응은 강해지나 보상이 없는 반응(또는 처벌)은 약화된다. 유기체를 만족시키는 결과가 뒤따르는 행동은 반복될 가능성이 높으나 불쾌한 결과가 뒤따르는 행동은 반복될 가능성이 적다. 손다이크는 행동변화의 요인으로 보상과 처벌을 고려하여 보상은 특정 행동을 촉진하나 처벌은 이를 억제한다는 점을 강조했다.

■ **효과의 법칙**: 결과에 만족하면 반응이 증가하고 불만족하면 반응이 감소하는 경향

2) 스키너의 실험

학습은 성과의 결과라는 스키너(Burrhus Frederic Skinner: 1904~1990)의 생각은 심리학자 손다이크가 제안한 효과의 법칙(law of effect)에 근거한다. 고전적 조건화는 공부, 일, 사교 또는 식사 준비와 같은 복잡한 행동을 설명하지 않는다. 고전적 조건화가 반사적으로 이끌어낸 기존 행동에 국한되어 있고, 자전거 타기와 같은 새로운 행동을 설명하지는 못한다. 고전적 조건화처럼 인간의 반사행동을 조건화할 수 있다면 반사적이지 않은 다른 행동  들도 조건화할 수 있을까? 효과의 법칙을 기초로 행동 심리학자 스키너는 생물체가 조작적 조건화를 통해 배우는 방법을 결정하기 위해 동물에 대한 과학적 실험을 시작했다. 그는 이 동물들을 스키너 상자(Skinner box)로 알려진 조작적 조건화실에 배치했다. 스키너 상자에는 동물이 누를 수 있는 음식물 분배기에 지렛대(쥐) 또는 원판(비둘기)이 들어 있다. 스피커와 조명은 특정 동작과 연관될 수 있고 동물이 한 응답 수를 계산한다. 스키너는 이러한 유형의 복잡한 행동을

조작적 반응(operant response)이라고 하는데, 어떤 반응을 선택적으로 보상하면 반응이 일어날 확률이 증가 또는 감소될 수 있다.

[그림 5-4] 스키너의 실험 상자

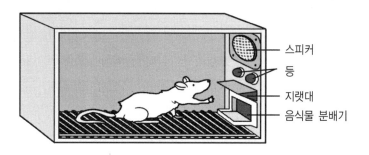

스피커
등
지랫대
음식물 분배기

조작은 유기체가 능동적으로 환경에 대해 어떤 행동(반응)을 하는 것이다. 조작적 행동(operant behavior)은 제시되는 자극 없이 자발적으로 나타나는 행동이다. 즉, 조작적 행동은 인간이 환경에 능동적으로 반응하여 나타나는 행동이다. 예를 들면, 매우 더운 사우나 안에서는 땀 흘리지 않게 의식적으로 조절하는 것이 어렵지만 그 사우나에서 나오기만 하면 된다. 매우 더운 사우나 안에서 나오는 것이 조작적 행동이다. 조작적 조건화(operant conditioning)는 어떤 반응에 대해 선택적 보상으로 반응이 일어날 확률을 증가 또는 감소시키는 방법이다. 선택적 보상은 강화와 처벌이다. 긍정적인 결과를 가져오는 행동은 계속 수행하고, 부정적 결과를 가져오는 행동은 피하도록 학습하는 방법이다. 인간은 환경을 조작해서 행동의 결과를 만들어가는 능동적 존재이다. 스키너는 사람도 어떤 행동을 반복하느냐의 여부는 행동의 결과로 얻어지는 강화물에 의해 결정된다고 주장한다. 이러한 조작적 조건화는 정적 강화, 부적 강화, 처벌 등이 있다.

- **조작적 행동**: 제시되는 자극 없이 자발적으로 나타나는 행동
- **조작적 조건화**: 선택적 보상으로 반응이 일어날 확률을 증가나 감소시키는 방법

(1) 강화

제공되는 강화의 유용성에 따라 행동을 계속할지, 혹은 하지 않을지를 결정하게 된다. 조작적 조건화는 행동의 결과가 좋으면 행동을 반복한다. 이때 보상(reward)은 행동의 결과를 좋게

하는 것, 즉 특정 행동에 대하여 행위자에게 주어지는 긍정적이거나 매력적인 대가이다. 강화 (reinforcement)는 보상을 통해 어떤 행동의 발생빈도를 증가시키는 것이다. 강화물(reinforcer) 은 행동의 발생빈도를 증가시키는 자극이다. 유익한 결과를 가져 오는 행동이 강화된다. 다시 발생할 가능성이 더 크고, 시간이 지남에 따라 이러한 행동은 습관이 된다. 예를 들면, 선생님이 손을 먼저 든 학생에게 반응하는 초등학교 초기의 경험을 토대로 수업 시간에 손을 드는 습관 이 있을 것이다.

- 강화: 보상을 통해 어떤 행동의 발생빈도를 증가시키는 것
- 강화물: 행동의 발생빈도를 증가시키는 자극

보상이라고 하는 정적 강화(positive reinforce)는 행동이 제시될 때 행동의 발생빈도를 증가시 킨다. 부적 강화(negative reinforce)는 행동이 제거될 때 행동의 발생빈도를 증가시킨다. 우는 아 이를 안는 것이 울음을 멈추게 하면 부적 강화물(우는 소리, 혐오스러운 자극)을 제거함으로써 행동(아이를 안는 것)이 부적으로 강화된다.

- 정적 강화: 행동이 제시될 때 행동의 발생빈도 증가
- 부적 강화: 행동이 제거될 때 행동의 발생빈도 증가

[표 5-1] 고전적 조건화와 조작적 조건화 비교

방법	고전적 조건화	조작적 조건화
조건화 방법	무조건자극(음식)은 중성자극(종)과 쌍을 이룬다. 중성자극은 조건자극이 되어 조건반응 (침 분비)을 유발한다.	목표 행동은 학습자가 미래에 원하는 행동을 보일 수 있도록 강화하거나 약화시키기 위해 강화 또는 처벌이 뒤 따른다.
자극 제시 시점	자극은 반응 직전에 발생한다.	자극(강화 또는 처벌)은 반응 직후에 발생한다.

(2) 처벌

처벌(punishment)은 행동의 발생빈도를 줄이는 혐오스런 자극이다. 처벌은 육체적인 처벌, 강 화물의 제거(게임 금지), 벌금 부과(주차 위반 과태료), 특권 폐지(할인 혜택 폐지), 또는 강화 환 경의 제거(휴식 중단) 등이 있다. 처벌은 정적 처벌과 부적 처벌이 있다. 정적 처벌은 혐오하는

자극을 제시해 바람직하지 않은 행동을 억제하는 방식인 반면, 부적 처벌은 좋아하는 자극을 제거해 바람직하지 않은 행동을 억제하는 방식이다.

- **정적 처벌**: 혐오하는 자극을 제시해 바람직하지 않은 행동 억제
- **부적 처벌**: 좋아하는 자극을 제거해 바람직하지 않은 행동 억제

처벌은 바람직하지 않은 행동을 잠시 동안 억제하거나 제거하지 않을지도 모른다. 처벌이 철회되면 행동이 복귀될 수 있다. 더 바람직한 대안행동의 발달로 이어지지 않는다. 처벌받은 아이들은 수업을 중단하고 학교를 그만두거나 도망갈 수 있다. 더욱이 처벌은 건설적인 학습보다는 분노와 적대감을 유발할 수 있다. 아동학대는 성격장애 및 해리성장애를 비롯한 많은 비정상적인 행동 패턴에서 두드러지게 나타난다.

강화는 처벌보다 바람직하다. 좋은 행동에 관심을 주는 것이 필요하다. 행동에 문제가 있는 일부 어린이는 비행을 저지를 때만 다른 사람들로부터 주의를 얻는다. 결과적으로 다른 사람들이 우발적으로 바람직하지 않은 행동으로 아이들을 강화시킬 수 있다. 아이들에게 바람직한 행동을 가르치고 보여주기 위해 정기적으로 강화시켜야 한다.

[그림 5-5] 행동의 증가와 감소 과정

[표 5-2] 강화와 처벌

용어	설명	결과	예
정적 강화	유쾌한 자극의 증가나 추가	행동 강화	우승한 사람에게 상을 준다.
부적 강화	불쾌한 자극의 축소나 제거	행동 강화	고통을 제거하는 진통제를 복용하면 진통제를 다시 복용할 가능성이 높아진다.
정적 처벌	불쾌한 자극의 제시나 추가	행동 약화	수업 태도가 불량한 학생에게 숙제를 준다.
부적 처벌	유쾌한 자극의 축소나 제거	행동 약화	수업에 지각한 학생에게 과자를 제공하지 않는다.

(3) 조성

조작적 조건화 실험에서 스키너는 조성(shaping)이라는 기법을 사용했다. 원하는 목표 행동에 연속적으로 더 가깝게 접근하는 것을 강화하는 과정이다. 즉, 원하는 목표 행동을 형성해내는 절차이다. 부모는 아이에게 숟가락과 젓가락으로 먹는 것을 어떻게 가르치는가? 처음에 아이는 단지 숟가락을 들고 이 시점에서 부모는 웃음과 칭찬으로 아이에게 보상한다. 이 단계는 곧 숟가락 조작법을 확립한다. 이 시점에서 부모는 좀 더 많은 것을 요구할 수 있다. 이제 부모는 아이가 숟가락과 젓가락으로 음식을 집는 순간 아이를 칭찬한다. 세밀한 강화를 통해 아이의 행동이 형성된다. 이 강화 덕분에 새로운 조작적 행동이 빠르게 확립된다. 부모가 이런 식으로 계속해서 점차적으로 기대를 높일 경우 아이는 곧 적절한 방식으로 음식을 집어 먹는다. 그러면 기대되는 반응만이 강화되는 결과에 이르게 된다. 조성이 필요한 이유는 무엇인가? 강화를 위해서는 유기체가 먼저 행동을 표시해야 한다. 조성에서 행동은 작고 성취 가능한 많은 단계로 나누어진다. 이 과정에서 사용되는 특정 단계는 다음과 같다.

- 원하는 행동과 유사한 반응을 강화한다.
- 원하는 행동과 더욱 유사한 반응을 강화한다.
- 원하는 행동과 훨씬 더 유사한 반응을 강화한다.
- 원하는 행동에 대한 더 밀접한 접근법을 강화한다.
- 마지막으로 원하는 행동만 강화한다.

(4) 토큰경제

토큰(token)은 강화물과 교환될 수 있는 방법이다. 토큰경제(token economics)는 토큰을 사용하여 바람직한 행동을 증가시키고 바람직하지 않은 행동을 감소시키도록 고안된 행동수정이다. 특별한 유형의 행동수정을 돈과 같이 물건을 사고 특전을 얻을 수 있는 토큰이라는 강화를 사용한다. 토큰경제는 원하는 목표 반응을 설정하고 그러한 행위를 했을 때는 명확하게 대가를 지불하는데, 대가로 받은 토큰이나 점수는 어떠한 강화물과도 교환이 가능하다. 토큰경제에는 세 가지 요소가 필요하다.

- 특정 환자 행동을 바람직하고 강화할 수 있게 지정
- 토큰 또는 종이와 같은 교환의 매체 지정
- 토큰으로 구입할 수 있는 상품, 서비스 또는 특권 지정

토큰경제 프로그램은 청소년 범죄자, 학생, 정신지체자 및 환자와 같은 다양한 유형에서 사용된다. 바람직한 환자 행동을 위해 토큰을 제공하는 것은 치료사에게 달려 있다. 예를 들면, 토큰은 병원 입원, 과자, 음식, 텔레비전 시청의 선택 등으로 교환될 수 있다. 개인은 원하는 행동을 표시한 후에 토큰을 받는다. 환자들은 좋은 몸가짐과 깔끔한 육체적인 외모를 갖거나 설거지나 다른 집안일을 위해 토큰을 받을 수 있다. 이 기법은 제도적 환경에서 행동을 수정하는 데 있어 성공적이지만 문제가 남아 있다. 어떤 환자는 토큰경제에 반응하지 않는다. 언어와 관련된 복잡한 동작은 이 기술로 수정하기가 어렵다. 마지막 비판은 병원에서 나타나는 바람직한 환자 행동이 병원 환경 밖에서 계속되지 않을 수도 있다. 다음은 토큰경제의 실시 절차이다.

❶ 토큰

보이고 집계가 가능한 것은 토큰으로 사용할 수 있다. 토큰은 포커 칩, 스티커, 포인트, 계산표 또는 돈이 사용된다. 개인이 원하는 행동을 표시하면 지정된 토큰 수가 즉시 지급된다. 토큰은 수집되어 나중에 의미 있는 물건, 특권 또는 활동으로 교환된다. 개인은 바람직하지 않은 행동을 표시하기 위해 토큰을 잃을 수도 있다.

❷ 명확한 목표 행동

토큰경제에 참여하는 개인은 토큰을 받기 위해 해야 할 일을 정확히 알아야 한다. 바람직하고 바람직하지 않은 행동은 간단하고 구체적인 용어로 미리 설명한다. 특정 동작에 대해 부여되거나 손실된 토큰 수 또한 지정된다.

❸ 지원 강화물

지원 강화물은 개인이 토큰을 교환하는 의미 있는 대상, 특권 또는 활동이다. 예를 들면, 음식, 장난감, 여가 시간 또는 외출이다. 토큰경제의 성공은 지원 강화물의 매력에 달려 있다. 개인은 미래의 보상을 예상할 경우에 동기를 부여받게 된다.

❹ 토큰 교환 시스템

지원 강화물을 구입할 시간과 장소가 필요하다. 지원 강화물의 토큰 값은 금전적 가치, 수요 또는 치료 가치에 따라 미리 결정된다. 예를 들면, 강화물이 비싸거나 매력적이라면 토큰 값이 비싸다. 토큰 값이 너무 적으면 개인의 토큰 획득 동기가 낮아지고, 값이 너무 높으면 개인이 쉽게 낙담할 수 있다. 개인이 적어도 토큰을 일부 얻을 수 있어야 한다.

❺ 자료 기록 시스템

치료가 시작되기 전에 각 개인의 현재 행동에 대한 정보가 수집된다. 행동변화는 일일 자료에 기록된다. 이 정보는 토큰경제의 효과뿐만 아니라 개인의 발전을 측정하는 데 사용된다. 토큰 교환에 관한 정보도 기록해야 한다.

❻ 일관된 실행

토큰경제가 성공하기 위해서는 모든 관련 치료사가 동일한 행동에 대해 보상하고, 적절한 양의 토큰을 사용하고, 무료로 강화물을 배포하는 것을 피하고, 위조, 도난 등 부당하게 취득할 수 없어야 한다. 치료사의 책임과 규칙은 서면 매뉴얼에 기술되어야 한다.

3. 사회인지이론

사회인지이론(social-cognitive theory)은 행동과 환경, 개인적 특성 간의 상호작용을 통해 학습이 일어난다고 보는 이론이다. 거의 모든 상황에서 개인의 행동과 반응은 자신이 관찰한 다른 사람들의 행동에 영향을 받는다. 이 이론은 반두라(Albert Bandura), 로터(Julian B. Rotter), 미셸(Walter Mischel) 등이 확립하였다. 사회인지이론에서 상호결정론, 관찰학습, 자아효능감의 개념은 모두 성격발달의 일부이다. 지식습득은 인지, 행동과 환경 간의 상호작용 결과이다.

반두라는 상호결정론의 개념을 제안했다. 행동, 인지와 환경 요인이 상호작용하여 성격을 결정한다는 것이 상호결정론(reciprocal determinism)이다. 즉, 인간행동의 원인들은 행동, 인지, 환경 간의 끊임없는 상호작용이다. 행동이란 보상이나 처벌을 받을 수 있는 행위를 말한다. 인지는 지각 · 상상 · 추리 및 판단 등 모든 형태의 지각활동이다. 인지과정은 지각과 사고 작용이 이루어지는 과정을 의미한다. 행동이 발생하는 맥락은 보상과 처벌 자극을 포함하는 환경 또는 상황이다. 이 행동에 영향을 미칠 수 있는 인지 요소에는 신념과 가치, 과거의 비슷한 행동에 대한 경험이 포함된다. 환경은 동작에 대한 보상 구조를 나타낸다. 이 모든 요인들이 상호작용하여 인간의 행동방식에 영향을 준다.

[그림 5-6] 반두라의 상호결정론

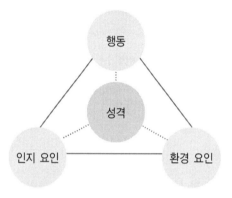

1) 관찰학습

다른 사람의 행동과 결과를 관찰함으로써 배우는데 이를 반두라는 관찰학습(observational learning)이라고 불렀다. 그는 이런 유형의 학습이 성격에 일익을 담당한다고 느꼈다. 다른 사람이나 모델에 의해 수행된 행동을 관찰할 때 새로운 행동 패턴을 배운다. 그는 행동을 모방할지 여부는 모델이 강화되거나 처벌받는지 여부에 달려 있다고 제안했다. 고전적 조건화와 조작적 조건화는 개인이 실제로 배우기 위해 행동을 수행하는 것이 필요하나 관찰학습은 다른 사람들의 행동을 관찰함으로써 학습한다. 실제로 위험한 행동에 관여하지 않고도 배울 수 있기 때문에 관찰학습은 동물과 사람들에게 유용하다.

관찰학습은 개인이 단순히 다른 사람들이 행동하는 것을 보면서 새로운 행동을 습득할 수 있다. 이를 사회학습 또는 대리학습이라고 한다. 모방된 행동을 수행하는 개인을 모델(model)이라고 한다. 다른 사람의 행동을 관찰하거나 모방함으로써 목표행동을 학습하는 방법을 대리적 조건화(vicarious conditioning) 또는 모델링(modeling)이라고 한다. 이런 방식으로 습득한 행동을 유지하기 위해서는 강화물이 필요하다. 관찰학습은 응답자와 조작자의 행동 모두를 포함할 수 있다. 관찰학습을 통해 어떤 행동이 문화에서 받아들여지고 보상받는지를 배우게 되며, 처벌되는 행동을 보아 비정상적이거나 사회적으로 받아들일 수 없는 행동을 금지하는 법도 배운다.

2) 자아효능감

반두라는 학습과 성격발달에 영향을 미치는 여러 가지 인지 및 개인적 요인을 연구했다. 자아효능감(self-efficacy)은 자신이 어떤 일을 성공적으로 수행할 수 있는 능력이 있다고 믿는 기대와 신념을 뜻한다. 즉, 사회적 경험을 통해 개발된 자신의 능력에 대한 자신감의 수준이다. 자아효능감은 도전에 접근하고 목표를 달성하는 방법에 영향을 준다.

높은 자아효능감을 가진 사람들은 자신의 목표가 도달할 수 있다고 믿으며, 과제를 자신이 해야 할 과제로 보고, 도전에 대한 긍정적인 견해를 갖고, 참여한 활동에 깊은 관심과 강한 의지를 나타내며, 좌절에서도 신속하게 회복한다.

반대로 자아효능감이 낮은 사람들은 자신의 능력을 의심하고, 실패와 부정적인 결과에 집중하는 경향이 있으며, 좌절을 경험할 경우 자신의 능력을 잃어버리기 때문에 도전적인 과업을 피한다. 자아효능감은 특정 상황에 따라 다를 수 있다. 예를 들면, 어떤 학생은 논리학 수업에서의 자신감을 느낄 수 있지만 통계학 수업에서는 자신감이 없을 수 있다.

- **자아효능감**: 어떤 일을 성공적으로 수행할 수 있는 능력이 있다고 믿는 기대와 신념

3) 학습모델의 평가

행동을 취하기 위해 강화가 필요하지 않다. 관찰, 모방 및 모델링으로 충분하다. 그러나 보상이나 처벌이 사용되면 어린이의 행동은 부분적으로 영향을 받을 수 있다. 사회학습이론이 인지적 사회학습이론의 영역으로 확장되어 아동이 자신의 환경에서 오는 정보를 능동적으로 처리할 수 있는 개발 능력을 강조한다. 반두라의 수정된 견해에 따르면 아이들은 모방하는 것들에 점차 선택성을 갖게 된다. 학습 관점은 행동요법(행동수정)이라고 불리는 치료모델을 만들어 냈다.

이 치료법은 사람들이 행동을 변화시키는 데 도움이 되는 학습 원리를 체계적으로 적용한다. 행동요법은 사람들이 공포증, 불안장애, 성기능장애 및 우울증을 비롯한 광범위한 정신적 문제를 극복하는 데 도움이 되었다.

비평가들은 행동주의만으로는 인간행동을 설명할 수 없으며 인간 경험을 관찰 가능한 반응으로 축소할 수 없다고 주장한다. 사회인지이론가들은 보상과 처벌로 인해 행동을 기계적으로 통제한다는 엄격한 행동 견해에 만족하지 못한다. 인간은 생각과 꿈을 경험하고 목표와 포부를 공식화한다. 행동주의는 인간이 의미하는 많은 부분을 다루지 못한다. 사회인지이론가들은 전통적인 행동주의의 범위를 넓혀 왔지만 행동에 대한 유전적 기여에 지나치게 역점을 두고 자기인식과 의식의 흐름과 같은 주관적 경험에 대한 충분한 설명을 제공하지 않는다고 비평한다.

제6장
인본주의 관점

    인본주의(humanism)는 개인의 존엄성과 사적인 자유, 경험과 자기이해의 성장의 중요성, 그리고 인간복지와 타인 도움에 대한 관심을 강조하는 심리학이다. 인본주의는 자아, 자존감, 자기실현, 자유의지의 개념을 포함한다. 프로이트의 결정론적이고 본능적인 인간관과 행동주의의 기계론적 인간관을 비판하였다. 인본주의는 인간이 자신의 문제를 해결하고, 잠재력을 실현하고, 삶을 긍정적으로 변화시킬 수 있는 능력을 가진 자율적인 존재라고 생각한다. 인본주의자들은 자유의지(free will)의 개념을 받아들였다. 사람들이 자신의 삶을 자유롭게 선택하고 자신의 결정을 내릴 수 있다고 생각하면서 성격을 도출하고 자아개념, 자존감, 자신에 대한 긍정적인 감정에 집중했다.

    칼 로저스와 매슬로우와 같은 인본주의자들은 개인이 잠재력을 최대한 발휘하려고 노력한다고 믿었다. 그들은 유기체를 유지하거나 향상시키는 역할을 하는 자아실현을 강조했다. 그들은 개인을 기본적으로 신뢰할 수 있고, 존엄성과 가치가 있으며, 다른 사람들과 조화를 이루기를 희망하는 것으로 생각했다. 로저스는 환자 중심의 치료법으로 알려진 사람 중심의 치료법을 개발하여 환자가 자신의 삶의 방향을 선택할 수 있을 때 치료 방향을 안내해야 한다고 생각했다.

1. 매슬로우의 인본주의

    심리학자인 매슬로우(Abraham Maslow: 1908-1970)는 인간 동기부여 이론(Theory of Human Motivation)에서 사람들은 다섯 가지 욕구를 갖고 있다고 주장했다. 그는 인간이 현재의 상태에 만족하지 않고 더 높은 수준에 도달하기 위해 스스로를 성장시키고 자신의 잠재력을 발달시키고자 하는 태생적이고 본능적인 욕구를 갖고 있다고 주장했다. 또한 그는 인간의 동기의 단계로 작용하는 욕구단계를 제안했다. 그의 이론은 사람들이 기본적인 욕구에서 자아실현에 이르기까지 잠재력을 완전히 발휘한다고 한다. 각 수준의 욕구가 충족되면 다음 단계의 욕구를 나타난다는 욕구단계(Hierarchy of Needs) 측면에서 성격을 개념화했다. 하위 수준은 기아와 갈증을 포함하여 낮은 수준의 동기부여로 구성되어 있으며 높은 수준의 자부심과 궁극적으로 자기실현은 상위 수준에서 발생한다. 인본주의 접근법의 심리학자들은 회복성, 자기 수용성 및 개인적 성장을 촉진시키는 변수를 이해하려고 노력한다.

1) 매슬로우의 동기이론

매슬로우는 인본주의 심리학(humanistic psychology)의 아버지로 간주된다. 그의 이론은 인간행동의 연구와 분석에서 가장 중요한 현상인 개인의 독특한 경험이라고 제안한 인본주의와 실존주의의 철학을 전제로 한다. 인본주의 접근법은 자아실현과 창조성을 향한 개인의 본질적인 추진을 강조한다. 자아실현은 자신의 잠재력을 실현한다. 창조적인 표현, 영적 깨달음에 대한 탐구, 지식 추구, 또는 사회에 대한 욕구를 포함할 수 있다. 매슬로우는 사람에 대해 극도로 긍정적인 견해를 유지하고 인간의 선, 존엄성 및 정보를 중요하게 생각하는 낙천주의자였다. 자유의지와 인간의 지배에 대한 확고한 신봉자로서 선택, 가치관, 창의력, 자기실현의 아이디어를 강조했다. 인간의 동기부여가 욕구의 계층에 기초한다는 제안으로 유명했다. 다음은 매슬로우의 이론 특징이다.

- 주관적인 경험, 자유의지와 자아실현을 향한 타고난 욕구에 초점을 두었다.
- 인본주의의 심리학 분야를 확장하여 인간의 욕구가 어떻게 변하는지와 이러한 요구가 성격의 발달에 어떻게 영향을 미치는지를 설명하였다.
- 욕구는 가장 기본적인 신체적 욕구에서부터 자아실현의 가장 진보된 욕구에 이른다. 다음 단계로 나아가기 전에 각 단계의 욕구를 충족해야 한다.
- 서구의 문화적 편향뿐 아니라 과학적 엄격함의 부족으로 비판받았다.

2) 욕구단계이론

매슬로우는 자아실현된 사람들이 창조적이고 자발적이며 자신과 다른 사람들을 사랑한다고 믿었다. 욕구단계 이론은 사람들이 높은 수준의 성장 욕구를 충족시키기 위해 계속 나아가기 전에 기본적인 욕구를 충족시키도록 동기부여를 제시한다. 이 계층 구조는 5단계로 구성된 계층적 피라미드로 표시된다. 매슬로우의 동기부여 이론의 기본은 인간은 불만족스런 욕구에 의해 동기부여되며, 더 높은 욕구를 충족시키기 위해서는 더 낮은 욕구를 충족시켜야 한다. 피라미드 하위 수준의 욕구는 식량, 물, 수면 및 보온의 필요성을 비롯한 기본적인 신체적 욕구이다. 이러한 저수준 요구가 충족되면 사람들은 안전과 안전을 위한 다음 욕구 수준으로 이동할 수 있다. 이러한 욕구가 합리적으로 충족되면 자기실현이라고 하는 최고 수준에 도달할 수 있다. 모든 사람들은 계층 구조를 자기실현 수준으로 올라가기 위해 동기부여한다.

인간의 욕구는 선천적이며, 강도와 중요성에 따라 단계를 이루는 욕구 구조를 갖고 있다. 하위 욕구가 제대로 충족되지 않으면 상위 욕구가 나타나지 않는다. 심리적으로 건강한 사람은 현재 당면하고 있는 욕구의 수준이 높은 사람이다. 욕구는 기본욕구, 사회욕구와 내적욕구로 구성된다. 기본욕구에는 생리적 욕구, 안전 · 안정 욕구가 있고, 사회욕구에는 소속 · 애정 욕구, 존경욕구가 있다. 내적욕구는 자아실현 욕구가 해당된다. 언제나 욕구의 단계를 따르지 않는다. 즉, 반전과 대체가 있다. 예를 들면, 창조하는 과정(자아실현)에서 먹고 잠자는 것을 간과할 수 있다. 어떤 사람들은 집단의 귀속욕구(사회적 욕구)를 배제하고 거의 부의 획득(존경욕구)에 집중한다. 욕구는 강도에서 상대적이고 개인적이다. 높은 욕구가 나타나기 전에 낮은 욕구가 반드시 충분히 충족되어야 하는 것은 아니다. 또한 개인의 욕구는 시간에 따라 변할 수 있고 환경이 단계를 하향으로 이동시킬 수 있다.

[그림 6-1] 매슬로우의 욕구단계 모형

- 생리적 욕구(physiological needs): 기아를 면하고 생명유지를 위한 기초적 욕구로 의식주 · 성적 욕구가 있다. 이것들은 공기, 물, 음식, 의복과 쉼터의 욕구이다.
- 안전·안정 욕구(safety needs): 위험, 위협, 박탈로부터 자신을 보호하고 불안을 회피하고자 하는 욕구이다. 신체적, 환경적, 정서적 안전 및 보호가 포함된다.
- 소속·애정 욕구(belongingness and love needs): 인간의 사회적이고 사교적인 동료의식을 위한 욕구이다. 사회적 욕구로 사랑, 애정, 돌봄, 소속감, 우정 등이 있다.
- 존경 욕구(esteem and status needs): 자기 존경에 초점을 두고 있으며 타인으로부터의 인정과 존경이다. 존경 욕구는 내적 존중의 욕구(자존심, 자신감, 역량, 성취, 자유)와 외적 존경 욕구(인정, 권력, 지위, 관심, 존경)이 포함된다.
- 자아실현 욕구(self-actualization needs): 계속적인 자기 발전을 위하여 자신의 잠재력을 최대한 발휘하는 데 초점을 둔다. 성장 동기가 자아실현의 심리적 조건이 된다. 성장과 자기만족, 지식, 사회봉사, 창의력 및 미적 감각을 얻고자 하는 욕구를 포함한다.

3) 자아실현자의 특징

매슬로우는 자아실현자(self-actualizer)를 인류의 최고의 성취자로 보았다. 그는 자아실현을 성취할 수 있는 자신이 소유한 특성을 더 잘 이해하기 위해 뛰어난 사람을 연구했다. 연구에서 많은 이들이 특정 성격을 공유한다는 것을 발견했다. 대부분의 자아실현자들은 거의 끊임없는 즐거움과 경외심을 유지하면서 자신의 잠재력을 실현했다. 그들은 자신을 초월하는 격렬한 만족감을 느낀 최고 경험을 서술했다. 그들은 화합과 의미를 느끼게 하는 활동에 적극적으로 참여했고, 적극적인 문제추구자이자 해결자였다. 그들은 자주 상호작용하는 소집단과 건강한 관계를 맺고 있고, 일관된 성격을 갖고 최적의 심리적 건강과 기능을 나타낸다.

2. 로저스의 인본주의

가장 잘 알려진 인본주의 이론가는 칼 로저스(Carl Rogers)이다. 로저스의 성격 이론은 자아개념을 형성할 때 자아실현 성향의 중요성을 강조한다. 로저스는 사람을 기본적으로 다른 사람에게 도덕적이며 도움이 되는 것으로 보는 인간의 본성에 대해 긍정적이었다. 인간의 행동은 진실

하고, 경험에 개방적이고 투명하고, 다른 사람에게 경청할 수 있고, 공감적이라고 믿는다. 무조건적 긍정적 태도로 자신이나 다른 사람들을 대할 때 이해와 지지를 표명한다. 무조건적 긍정적 고려는 두려움과 실패를 인정하고 허세를 부인하는 동시에 자신을 완전히 받아들이게 한다. 무조건적 긍정적 원칙은 심리치료의 기초가 되었다.

로저스는 인본주의적 심리학자로서 매슬로우의 주요 가정에 동의했지만 사람이 성장하려면 진실성(개방성과 자기노출), 수용성(무조건적 긍정적 관점), 그리고 공감(경청과 이해)을 제공하는 환경을 필요로 한다. 이러한 것들이 없으면 나무가 햇빛과 물 없이 자라지 않는 것처럼 관계와 건강한 개성이 발전하지 않는다. 로저스는 모든 사람이 인생에서 자신의 목표, 희망 및 욕구를 성취할 수 있다고 믿었다. 이러한 것들을 성취했을 때 자기실현(self actualization)이 일어난다. 이것은 칼 로저스의 심리학에 대한 가장 중요한 공헌 중 하나였다. 다음은 로저스 이론의 특징이다.

- 자아실현의 중요성을 강조한 성격 이론을 개발했다.
- 인간이 끊임없이 변화하는 주관적 현실로 자극에 지속적으로 반응한다.
- 시간이 지남에 따라 인간은 현실 세계의 피드백을 기반으로 자아개념을 개발한다.
- 자아개념의 발달에서 긍정적 존중이 중요하다.
- 무조건적 긍정적 존중은 가치의 선입관이 없는 환경이다.
- 인간은 긍정적 존중의 조건적 상태에 따라 이상적 자아와 진정한 자아를 개발한다.
- 충분히 기능하는 사람들이 좋은 삶을 달성할 수 있다고 믿는다.
- 좋은 삶은 자신의 잠재력을 성취한다.
- 연구에서 경험적 증거가 부족하여 비판을 받았다.

1) 자아실현

로저스는 정신분석과 행동주의 결정론적 성격을 거부했으며 상황을 인지하는 방식 때문에 개인은 행동한다고 주장했다. 아무도 인식하는 방식을 알 수 없기 때문에 개인은 자신에 대한 최고의 전문가(the best expert)라고 생각한다. 인간은 하나의 기본 동기인 자아실현 경향을 갖고 있다. 즉, 잠재력과 최고 수준을 달성하려는 경향이 있다. 사람들은 환경이 충분히 좋다면 번영하고 잠재력에 도달할 것이다. 그러나 잠재력은 독특하며 개성에 따라 다양한 방식으로 발전해야 한다. 사람들은 본질적으로 선하고 창조적이다. 열악한 자아개념이나 외부 제약이 가치 부여 과정을 무시할 때만 파괴적으로 된다.

로저스는 인간은 유기체를 유지하거나 향상시키고 자율성으로 이동시키는 방식으로 모든 역량을 개발하는 것을 목표로 하는 근본적인 실현 경향성(actualizing tendency)을 갖고 있다고 주장한다. 이 경향성은 방향적이고 건설적이며 모든 생명체에 존재한다. 실현 경향성의 개념은 이론에서 유일한 원동력이다. 그것은 모든 동기, 즉 긴장, 필요, 욕구 감퇴, 쾌락 또는 창의성 추구를 포함한다. 자아와 관련된 실현 경향성은 자아실현 경향성이다. 이것은 자아에서 상징된 경험의 실현으로 현재 상태의 의식적인 견해와 일치하는 방식으로 스스로 경험하게 하는 것이다.

2) 충분히 기능하는 사람

로저스는 모든 사람이 인생에서 자신의 목표, 희망 및 욕구를 성취할 수 있다고 믿었다. 언제 자아실현을 하는가? 스스로 실현할 수 있는 사람은 충분히 기능하는 사람(fully functioning person)이다. 이것은 사람이 지속적으로 성장하고 변화하고 있다는 것을 의미한다. 로저스는 여러 면에서 충분히 기능하는 사람을 이상으로 생각했다. 이것을 인생의 여정의 끝이나 완성이라고 생각하는 것은 잘못이다. 오히려 그것은 항상 변화하고 변화하는 과정이다. 로저스는 충분히 기능하는 사람은 잘 조정되고 잘 균형잡혀 있고 재미있다고 주장한다. 종종 그런 사람들은 사회에서 높은 성취자이다. 다음은 충분히 기능하는 사람의 다섯 가지 특성이다.

[그림 6-2] 충분히 기능하는 사람

충분히 기능하는 사람	• 경험 개방적
	• 실존적인 삶
	• 신뢰감
	• 창의력
	• 완성된 삶

- **경험 개방적(open to experience)**: 긍정적, 부정적 감정을 받아들인다. 방어적이지 않고 자신의 감정에 대해 개방적이다. 경험을 제삼자의 입장에서 객관적으로 인식하고 자신의 수치심, 죄책감과 열등감을 숨기지 않는다.

- **실존적인 삶**(existential living): 편견과 선입관을 피하면서 인생에서 일어나는 다른 경험들과 접촉한다. 항상 과거나 미래로 되돌아보는 것이 아니라 현재에 살고 완전히 감사할 수 있는 존재이다. 자신을 위한 경험의 의미를 발견한다.
- **신뢰감**(trust feelings): 자신이 느끼기에 합당한 일을 한다. 감정, 본능 및 반응에 주의를 기울이고 신뢰한다. 자신의 결정은 올바른 것이고 올바른 선택을 위해 자신을 신뢰해야 한다. 스스로 선택하고 결과를 경험하고 만족하지 못하면 수정한다.
- **창의력**(creativity): 창조적 사고와 위험 감수는 삶의 특징이다. 항상 안전하지 못하다. 이것은 새로운 경험을 조정하고 추구할 수 있는 능력을 포함한다. 새로운 경험에 개방적이고 판단을 신뢰하며 위험을 감수한다면 창의적 산출물과 삶이 실현될 것이다.
- **완성된 삶**(fulfilled life): 행복하고 삶에 만족하며 항상 새로운 도전과 경험을 찾는다. 행복, 만족, 안전, 기쁨과 같은 감정을 적절한 때에 경험하며 흥미롭고 도전적이며 가치 있는 삶을 살아간다.

3) 이상적 자아와 실제적 자아

현상학적 장(phenomenal field)이란 지속적으로 변화하는 주관적인 현실을 말한다. 즉, 주관적 경험의 세계이다. 사람의 동기와 환경은 현상학적 장에서 작용한다. 유기체(organism)는 한 개인의 전체로 개인의 신체, 정서, 지식을 의미한다. 유기체의 현상학적 장에는 의식과 무의식 모두 주어진 순간에 사용할 수 있는 모든 경험이 포함된다. 발달이 진행됨에 따라 이 분야의 일부가 차별화되고 이것이 사람의 자아가 된다. 이것은 다른 사람들과의 상호작용을 통해 발전하고 존재 및 기능에 대한 인식을 포함한다.

자아개념은 개인이 자기 자신에게 특유하게 느끼는 조직화된 특성 집합이다. 자아를 이상적 자아와 실제적 자아로 구분된다. 이상적 자아(ideal self)는 자신이 원하는 사람이다. 실제적 자아(real self)는 실제로 있는 자신이다. 로저스는 이 두 자아 사이의 일치성을 유지해야 한다고 생각했다. 실제적 자아와 이상적 자아에 대한 생각이 매우 유사할 때, 즉 자아개념이 정확할 때 일치를 경험한다. 높은 일치성은 자아존중감과 건강하고 생산적인 삶을 의미한다. 로저스는 한 사람이 자아실현을 달성하기 위해서는 자아가 일치 상태에 있어야 한다고 믿었다. 즉, 사람의 이상적 자아가 실제 행동(자아 이미지)과 일치할 때 자아실현이 일어난다.

4) 성격발달

로저스의 성격 이론의 중심은 자아(self) 또는 자아개념(self-concept)이다. 자아는 자신에 대한 인식과 신념의 체계적이고 일관된 집합으로 정의된다. 자아는 내면의 성격이며 프로이트의 정신에 비유될 수 있다. 자아는 사람이 자신의 삶에서 갖고 있는 경험과 경험에 대한 해석에 영향을 받는다. 자아개념에 영향을 미치는 두 가지 주요 원천은 어린 시절의 경험과 다른 사람들의 평가이다. 사람은 자아 이미지(self-image)와 일치하고 이상적으로 되고자 하는 이상적 자아를 반영하는 방식으로 느끼고, 경험하고 행동하기를 원한다. 자아 이미지와 이상적 자아가 서로 가깝게 가까워질수록 자아가치가 높아진다. 자신의 경험 전체가 수용 불가능하고 자아 이미지에서 부인되거나 왜곡된 경우에는 부적절한 상태에 있다. 인본주의적 접근은 자아가 자신에게 독특한 개념으로 구성되어 있다고 말한다. 자아개념에는 세 가지 구성 요소가 포함된다.

[그림 6-3] 자아개념의 구성 요소

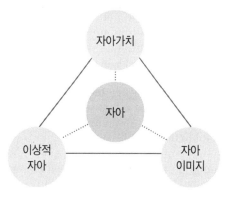

- **자아가치**: 자아존중감으로 개인이 자신에 관해 생각하는 것이다. 유아기에 자아의 감정이 발달하고 아이와 부모 간의 상호작용으로 형성된다.
- **자아 이미지**: 자신을 어떻게 보는가? 이것은 심리적 건강에 중요하고 성격에 대한 신체 이미지의 영향을 포함한다. 사람은 좋거나 나쁜 사람, 아름답거나 추악한 사람으로 인식할 수 있다. 자아 이미지는 세상에서 어떻게 생각하고, 느끼고, 행동하는지에 영향을 준다.
- **이상적 자아**: 자신이 원하는 사람이다. 그것은 삶의 목표와 야망으로 구성되며 끊임없이 변한다. 어린 시절의 이상적 자아는 20대에 있는 이상적 자아가 아니다.

5) 자아가치와 긍정적 의견

로저스는 아이에게 두 가지 기본적인 욕구, 즉 다른 사람들의 긍정적 존중(positive regard)과

자아가치(self-worth)를 지닌 것으로 보았다. 자신에 대해 생각하는 방식, 즉 자아가치에 대한 자신의 감정은 심리적 건강, 삶의 목표와 야망을 달성하고 자아실현(self-actualization)을 달성할 수 있는 가능성에 근본적으로 중요하다. 높은 자아가치, 즉 자신감과 긍정적 존중을 갖고 있는 사람은 삶에서 도전에 직면하고 때로는 실패와 불행을 받아들이고, 사람들에게 솔직하다. 반면 자아가치가 낮은 사람은 삶에서 도전을 피하고, 삶이 고통스럽고, 때로는 불행하다고 받아들이고, 다른 사람에게 방어적이다.

로저스는 자아발달의 감정이 유아기에 발달되고, 아이와 부모 간의 상호작용으로 형성된다고 믿었다. 어린이가 성장함에 따라 중요한 타인들과의 상호작용은 자아가치에 영향을 미친다. 타인들에 의해 긍정적으로 개인이 존중받아야 한다. 존중, 대우, 사랑받는 느낌을 가져야 한다. 긍정적 존중은 타인들이 사회적 상호작용에서 평가하고 판단하는 방법과 관련이 있다.

6) 무조건적 긍정적 존중

무조건적 긍정적 존중(unconditional positive regard)은 부모나 중요한 다른 사람들이 자신이 어떤 사람인지를 받아들이고 사랑하는 곳에 있다. 사람이 어떤 일을 잘못하거나 실수를 하더라도 긍정적 존중이 철회되지 않는다. 무조건적 긍정적 존중의 결과는 상황에 따라 악화될 수 있지만, 마음대로 일을 시도하고 실수할 수 있다고 느끼는 것이다. 자아실현 능력이 있는 사람들은 다른 사람들, 특히 어린 시절의 부모들로부터 무조건 긍정적 반응을 얻었을 가능성이 크다.

조건적 긍정적 존중(conditional positive regard)은 긍정적 존중, 칭찬 및 인정이 있는 곳이며, 부모가 올바르게 생각하는 방식으로 행동하는 경우와 같이 아동에 따라 다르다. 즉, 아동의 바람직한 행동에만 애정과 관심으로 대응한다. 그러므로 아이가 사랑받는 것이 아니라 자신이 부모의 승인을 받아 행동하는 것을 조건으로 한다. 극단적으로 다른 사람의 인정을 끊임없이 찾는 사람은 조건적 긍정적 존중을 경험했을 가능성이 크다.

7) 자아 이미지와 이상적 자아의 일치

이상적인 자아는 자신의 삶과 경험에서 실제로 일어나는 것과 일치하지 않을 수 있다. 즉, 이상적인 자아와 실제 경험 사이에는 차이가 있는데, 이를 불일치(incongruence)라고 한다. 이상적인 자아와 실제 경험이 일치하거나 매우 유사한 경우 일치의 상태가 존재한다. 드물게 완전한 일치의 상태가 존재한다. 사람들은 일정한 불일치를 경험한다.

일치의 발달은 무조건적 긍정적 존중에 달려있다. 개인은 자기실현을 성취하기 위해서는 자아 이미지와 이상적 자아가 일치 상태에 있어야 한다. 개인은 자아 이미지와 일치하고 자신이 원하는 이상적 자아를 반영하는 방식으로 느끼고 경험하고 행동하기를 원한다. 자아 이미지와 이상적 자아가 서로 가까울수록 더욱 일관되거나 일치하게 되고 자아가치는 높아진다. 자신의 경험 전체가 수용 불가능하고 자아 이미지에서 부인되거나 왜곡된 경우에는 불일치 상태이다. 불일치는 경험을 나타내는 한 유기체의 실제 경험과 개인의 자아 이미지 사이의 모순이다. 자아 이미지와 일치하는 방식으로 자신을 보는 것이 더 좋기 때문에 바람직하지 않은 감정으로 여겨지는 것에 대한 위협을 덜 느끼기 위해 거부 또는 억압과 같은 방어기제를 사용할 수 있다. 자아개념이 자신의 진정한 감정과 경험에 어긋나는 사람은 진실이 상처를 입기 때문에 방어적인 태도를 갖게 될 것이다.

[그림 6-4] 자아 이미지와 이상적 자아의 관계

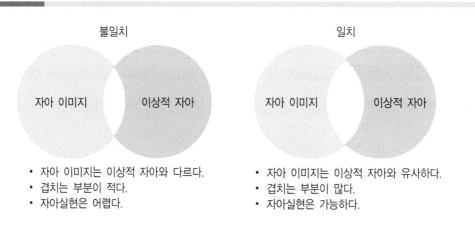

출처: https://www.simplypsychology.org/carl-rogers.html

8) 인본주의 모델의 평가

심리학자 로저스와 매슬로우는 사람들은 자신이 할 수 있는 모든 일이 되도록 자기실현에 대한 선천적인 경향이 있다고 믿었다. 사람은 자신의 감정, 욕구와 삶에 대한 자신의 관점을 제공하는 독특한 특성과 재능을 갖고 있다. 진정한 욕구와 감정을 인정하고 받아들임으로써 의미와 목적에 따라 진실하게 살아간다. 모든 소원과 공상을 행동으로 결정할 수는 없지만 진정한 감정과 주관적인 경험에 대한 인식은 의미 있는 선택을 하는데 도움이 된다.

이상행동은 자아실현과 진정성을 위해 사람들이 직면하는 장애물을 이해하는 것이 필요하다.

이것을 달성하기 위해 심리학자들은 환자의 세계에서 세계를 보는 법을 배워야 한다. 환자는 주관적 견해에 따라 자기 개선 또는 자기 패배 방식으로 자신의 경험을 해석하고 평가하게 된다. 인본주의 관점은 다른 사람들의 주관적인 경험을 이해하려는 시도, 즉 사람들이 "세상에 있다"는 의식적 경험의 흐름을 포함한다.

이상행동을 이해하는 데 있어서의 인본주의 모델의 강점은 주로 사람들이 자아발견과 자기수용을 안내하는 의식적인 경험과 치료방법이다. 인본주의는 자유로운 선택, 개인적인 책임감, 진실성에 대한 개념을 현대 심리학에 도입했다. 그러나 의식적인 경험에 중점을 둔 인본주의 접근의 주요 강점 또한 주요 약점일 수 있다. 의식적인 경험은 사적이고 주관적이어서 객관적으로 정량화하고 연구하는 것이 어렵다. 심리학자들은 어떻게 환자의 눈으로 세상을 정확하게 인식하는지 확신할 수 있는가? 비평가들은 로저스와 매슬로우에게 기초적인 자기실현의 개념이 증명되거나 반증될 수 없다고 주장한다.

인본주의자인 매슬로우는 앨버트 아인슈타인, 엘레노어 루스벨트, 토머스 제퍼슨, 에이브러햄 링컨 등 건강하고 창조적이며 생산적인 사람을 연구했다. 매슬로우는 그러한 사람들이 개방적이고 창조적이며 사랑스럽고 자발적이며 동정심 많고 다른 사람들을 염려하며 스스로를 받아들이는 것과 같은 비슷한 성격을 공유하고 있음을 발견했다. 매슬로우는 인간이 공통적으로 필요로 하는 것과 특정 순서로 충족시켜야 한다고 제안한다. 가장 큰 욕구는 자아실현의 필요성이며 이것은 최대 잠재력의 성취이다.

로저스는 이상행동은 왜곡된 자아개념에서 비롯된 것이라고 주장했다. 부모는 자녀가 무조건 긍정적 관점을 보임으로써 긍정적인 자아개념을 개발하도록 도울 수 있다. 즉, 언제나 자신의 행동에 관계없이 그들이 가치 있는 사랑이라는 것을 보여주고 상을 주는 것이다. 부모는 특정 행동을 부인할 수는 있지만 행동이 바람직하지 않다는 것을 자녀에게 전할 필요가 있다. 어떤 어린이들은 부모의 견해에서 벗어나기 때문에 자신의 생각을 고수하는 것이 용납될 수 없다는 것을 알게 된다. 부모의 비승인은 자신의 감정을 그릇된 것으로, 이기적으로, 심지어 악으로 생각하게 만든다. 자존심을 유지하려면 진정한 감정을 부정하거나 자신의 일부를 부인해야 할 수도 있다. 결과는 왜곡된 자아개념일 수 있다. 아이들은 자신의 진정한 자아에 대한 낯선 사람이 된다.

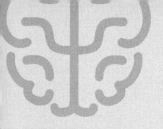

제7장

인지적 관점

앨버트 엘리스(Albert Ellis)는 인지행동치료의 선구자로 합리적 정서행동치료(Rational Emotive Behavior Therapy)의 개발을 주도한 심리학자이다. 부모와 매우 깊은 감정적인 관계를 가졌고, 어머니는 양극성 장애로 고통받는 여성이었다. 1934년 경영학 학사 학위를 취득한 후 처음에는 비즈니스 경력을 쌓았고 그런 후 작가 경력을 쌓았다. 그 후 1942년 컬럼비아대학교에서 임상 심리학 박사 학위를 취득했다. 그는 사람들 앞에서 이야기하는 것을 고통스럽고 부끄럽게 느꼈다. 19세 때 브롱크스 식물원에서 100명의 낯선 여성들과의 대화에 도전했다. 이때의 행동변화 경험은 합리적 정서행동치료의 개발에 영향을 미쳤다.

앨버트 엘리스는 자신의 치료법을 합리적 치료(rational therapy)라 하고 나중에 합리적 정서행동치료(Rational Emotive Behavior Therapy: REBT)로 변경했다. 현재 널리 사용되는 인지행동치료법은 내담자의 행동과 신념 체계를 다루는 것을 목표로 삼았다. 우울증과 같은 정서적인 문제가 비합리적인 사고방식에서 온 것이라 생각했다. 부정적인 결론을 미리 내리고 반복해서 부정적으로 생각하고 자동적으로 판단하여 결국 감정까지 우울해진다. 비합리적으로 반응하는 자동적 사고가 습관적 사고방식을 만들어 부정적 견해를 확고하게 하는 것이라고 믿었다. 그는 1960년대에 성 혁명과 무신론에 심하게 관여하게 되었다. 인지행동치료법은 과학적으로 입증된 효과적인 치료방법으로 인정받았다.

합리적 정서행동치료는 유아기의 경험, 정신분석, 꿈의 해석 또는 가족과 부모와의 관계에 초점을 맞추기보다 자멸적인 행동으로 이끄는 문제가 되는 신념을 직접적으로 다룬다. 「죄책감이 없는 성관계(Sex Without Guilt)」는 인기 있는 저서였다. 그것은 진보적인 성적인 태도와 성의 포옹을 쾌락적 선으로 옹호했다. 죽을 때까지 계속 기사를 쓰고 자신의 책을 출판했다. 또한 철학자, 심리학자 및 정치인에 관한 토론자로도 유명한 사회평론가였고, 심리학 역사상 가장 영향력 있는 인물 중 한 명으로 간주된다.

아론 벡(Aaron Beck)은 장애, 특히 우울증 치료에 대한 인지적 접근법과 왜곡되거나 부정확한 사고가 우울증의 발달과 유지에 대한 연구의 선구자 이다. 그는 다섯 명의 자녀 중 막내였다. 인플루엔자 유행 기간에 동생이었던 형제는 이미 유아기에 사망했다. 이러한 사건의 결과로 어머니는 그의 어린 시절에 심하게 우울해졌다. 아주 어린 나이에 어머니의 우울증을 부분적으로 치료한 것이 계기가 되어 평생 동안 연구하게 된다. 팔이 부러져서  감염된 어린 시절 사고는 나중에 정신병리학에 관심을 갖게 되는 중요한 사건이다. 그의 상태는 심각했고 병원에서의 회복은 길고 힘들었다. 그 결과 수많은 공포증과 근심이 생겨 학교수업 결석으로 인해 어리석고 무능하다고 믿게 되었다. 그러나 열심히 공부해서 결국 연령대가 다른 동료를 따라 잡았다. 그는 정신적으로 자신이 할 수 있는 일을 할 수 있는 증거를 보여 주었다. 그의 실현은 후기 치료 모델의 초석이 되었다.

아론 벡은 공포증과 불안, 그리고 경험에서 얻은 통찰력으로 장애의 원인과 치료법에 관한 책을 썼다. 그는 1942년 Brown 대학에서 최우등학생 모임인 파이 베타 카파(Phi Beta Kappa) 회원으로 졸업하고 1946년 Yale대학에서 의학박사를 받았다. 1954년에 펜실베니아대학교 정신과 교수가 되었다. 그는 정신분석가로 활동해 오다가 엘리스의 합리적 정서행동치료의 영향을 받아 자신만의 인지치료법을 정립하기 시작했다. 엘리스가 초석을 닦아놓은 인지적 접근은 벡에 의해 인지치료로 확립됐다. 또한 우울증의 심각도를 측정하는 Beck Depression Inventory(BDI) 측정 도구를 개발했다. 그는 심리치료, 정신병리학, 자살, 정신측정에 관한 연구로 유명하다. 그는 600 이상의 전문 저널 기사와 25권의 저서를 저술하거나 공동 저술했다.

1. 인지치료의 개념

인지치료(cognitive therapy)는 환자가 세계와 자신을 보는 방식을 바꾸도록 권장하는 비교적 단기적인 형태의 심리치료법이다. 인지치료는 과거의 경험보다는 현재의 사고, 행동 및 의사소통에 중점을 두고 문제해결을 지향한다. 인지치료는 우울증, 불안, 공황, 공포, 섭식장애, 물질남용 및 성격장애를 포함한 광범위한 문제에 적용된다. 인지치료는 사고방식(인지)과 행동방식(행동)에 도움이 되기 때문에 인지행동치료라고도 한다.

1) 인지모델의 정의

인지모델(cognitive model)은 사람들의 생각과 인식이 어떻게 삶에 영향을 미치는지 설명한다. 인지모델은 사람들의 인식 또는 상황에 대한 생각이 어떻게 자신의 정서적, 행동적, 그리고 생리학적 반응에 영향을 미치는지를 설명한다. 개인의 인식은 고민할 때 왜곡되고 기능이 감소된다. 개인은 자신의 자동적 사고를 확인하고 평가하는 방법을 배울 수 있으며, 사고를 수정하여 현실과 더 가깝게 만들 때 고민은 대개 감소되고, 더 기능적으로 행동할 수 있으며, 특히 불안한 경우에는 생리적 각성이 약화된다. 인지모델은 인지행동치료의 핵심이다.

- 인지형성: 심리적 장애를 특징짓는 신념과 행동전략
- 개념화: 구체적인 신념 또는 행동양식에 대한 이해
- 인지모델: 내담자의 반응과 연결된 상황을 지각하는 방법
- 자동적 사고: 마음속에 자동적으로 떠오르는 생각이나 이미지

2) 인지행동치료의 개념

인지치료(cognitive therapy)는 미국의 정신과 의사인 아론 벡에 의해 개발된 심리치료법이다. 인지행동치료는 별개의 치료 기술로 존재하지 않는다. 인지행동치료는 유사성이 있는 치료법을 분류하는 매우 일반적인 용어이다. 합리적 정서행동치료, 합리적인 행동치료, 합리적인 생활치료, 인지치료 및 변증법적 행동치료를 포함한 인지행동치료에 대한 몇 가지 접근법이 있다. 인지행동치료는 광범위한 정신건강 문제가 있는 사람들을 치료하는 데 사용할 수 있다.

인지행동치료(cognitive behavioral therapy: CBT)는 상담자와 치료사가 사고방식을 바꾸어 불필요한 행동을 바꾸도록 가르치는 단기 치료기법이다. 이 기법의 생각 패턴(인지)과 인생 사건의 느낌(감정)이 행동에 영향을 미친다는 것에 근거한다. 즉, 생각(인지)은 감정과 행동을 결정한다. 따라서 부정적이고 비현실적인 생각은 개인을 괴롭히고 문제를 야기할 수 있다. 사람이 심리적 장애로 고통을 당하면 상황을 해석하는 방식이 왜곡되어 결국 자신이 취하는 행동에 부정적인 영향을 미친다. 인지행동치료의 구성요소에는 인지, 행동과 감정이 있다.

[그림 7-1] 인지행동치료의 구성 요소

인지(cognition)라는 단어는 지식을 의미하는 라틴어 cognitio에서 유래되었는데 무언가를 알고 학습하고 이해하는 정신적인 과정이다. 인지는 의식적 사고, 자동적 사고와 도식이 있다. 의식적 사고(conscious thoughts)는 완전한 인식이 이루어지는 합리적 사고와 선택을 의미한다. 자동적 사고(automatic thoughts)는 사건에 대한 반응으로 자동으로 떠오르는 생각이나 이미지이다. 빠르게 흘러가는 생각으로 완전히 깨닫지 못할 수도 있다. 이는 정확성이나 관련성을 확인할 수 없음을 의미한다. 정신건강 문제가 있는 사람은 이러한 생각이 논리적이지 않을 수 있다.

[표 7-1] 자동적 사고의 예

사건	자동적 사고	느낌
건물이 흔들리고 있다.	매우 위험해!	공포, 불안

도식(schemas)은 정보를 처리하기 위한 핵심 신념 및 개인적 규칙이다. 도식은 어린 시절과 다른 삶의 경험에 영향을 받아 형성된다. 사람이 사회적 상황에서 스스로를 즐길 수 있다는 것을 알게 되면 부정적 생각과 감정이 줄어든다. 행동은 자기감시, 활동 스케줄링, 노출 및 반응 예방 등의 기술을 사용하여 변경할 수 있다. 자기감시(self-monitoring)는 자신의 사고과정, 문제해결 과정, 신체적 행동이나 정서 상태 등을 확인하고 조정하고 통제하는 사고이다.

3) 인지행동치료의 특징

인지행동치료는 부정적인 해석과 왜곡된 사고를 강화하는 행동 패턴을 알도록 돕는 것을 목표로 한다. 이것은 자신의 심리적 고통을 줄이려는 사고와 행동의 대안을 개발하는 데 도움이 된다. 인지행동치료 중 두 가지는 앨버트 엘리스가 개발한 합리적 정서행동치료법(Rational Emotive Behavior Therapy: REBT)과 아론 벡이 개발한 인지치료법이다. 엘리스는 인본주의부터 행동요법에 이르는 치료 틀을 실험했다. 그러한 실험을 통해 엘리스는 합리적 정서행동치료를 구성했다. 엘리스 등이 개발한 인지행동치료는 부적응한 인지적 오류의 확인과 수정, 핵심 신념의 재구성 및 자기표현과 같은 인지 전략에 초점을 둔다. 원하는 행동변화를 목표로 내담자를 활성화시키기 위해 고안된 행동전략에 초점을 맞춘다.

인지행동치료는 도움이 되지 않거나 건강에 해로운 생각과 행동을 바꾸는 데 중점을 둔다. 이것은 인지치료(cognitive therapy)와 행동치료(behaviour therapy)의 두 가지 치료법의 조합이다. 이두 기법의 기본은 건강한 사고가 건강한 감정과 행동으로 이어진다는 것이다. 인지행동치료에서내담자는 어려움을 유발하는 정서적 및 행동적 반응과 관련된 생각, 태도 및 신념을 식별하고 질문하고 변경하는 방법을 학습한다. 혼란스러운 상황에서 감시 및 기록을 통해 정서적 문제에 어떻게 기여할 수 있다고 생각하는지를 배운다. 인지행동치료는 다음과 같은 치료에도 사용된다.

- 양극성 장애
- 섭식장애
- 범불안장애
- 강박장애
- 공황장애
- 외상 후 스트레스 장애
- 정신분열증 및 기분장애
- 특정공포증
- 물질사용 장애

(1) 인지치료

인지치료(cognitive therapy)는 개인의 특이하고 부적응적인 신념을 수정하는 치료이다. 기본적인 인지기술은 개인의 특정한 오해, 왜곡 및 부적응적인 가정을 묘사하고 그 타당성 및 합리성을 테스트하는 것으로 구성된다. 집요하게 반복되고 왜곡된 신념을 완화시켜 경험을 현실적으로 하도록 한다. 인지치료의 목적은 우려를 유발하는 문제에 대해 사람들이 생각하는 방식을 바꾸는 것이다. 부정적 생각은 자기 파괴적인 감정과 행동을 일으킨다. 예를 들면, 사랑이나 존경의 가치가 없다고 생각하는 사람은 사회적 상황에서 내성적이고 수줍게 행동한다고 느낄 수 있다. 인지치료는 이러한 사고에 도전하고 사람들에게 더 건강한 전략을 제공한다. 다음은 인지치료를 위한 일반적인 가정이다.

- 이상행동은 다른 사람, 세상이나 자신에 대한 잘못된 인식에서 기인한다. 이 잘못된 사고는 인지 부족 또는 인지적 왜곡을 통해 발생할 수 있다.
- 이러한 인식은 사물을 보는 방식에 왜곡을 일으킨다.
- 정신적 표현을 통해 세계와 상호작용한다. 정신적 표현이 부정확하거나 추론의 방식이 부적합하다면 감정과 행동이 혼란을 일으킨다.

(2) 행동치료

행동치료(behavioral therapy)는 행동을 의도적으로 자극하여 변화를 일으킴으로써 부적응 행동을 감소 또는 소멸시키는 것이다. 행동치료는 행동에 초점을 맞추고 원치 않는 행동이나 부적절한 행동을 근절하기 위한 것이다. 이 치료는 행동장애 또는 정신건강상태가 좋지 않은 행동을 하는 사람들을 위해 사용된다. 예를 들면, 중독, 불안, 공포증 및 강박장애가 있다. 정신분석치료는 통찰력과 과거에 대한 탐구에 중점을 두는 경향이 있다. 행동치료에서 과거는 종종 원치 않는 행동이 어디에서 언제 배웠는지를 보여주기 때문에 여전히 중요하다.

치료의 초점은 종종 현재의 문제와 행동들을 바꾸는 방법이다. 행동치료는 개인에게 도움이 되는 행동을 가르친다. 행동치료의 목적은 행동을 변경하기 위한 개인 기술을 가르치는 것이다. 예를 들면, 파티에서 수줍게 행동하는 사람은 자신에 대한 부정적인 생각과 느낌을 가질 수 있다. 목표는 개인이 문제를 최소화하거나 제거할 수 있는 새롭고 긍정적인 행동을 학습하도록 돕는 것이다. 이 문제 자체에 따라 다양한 방법이 있다. 행동치료의 주요 분야는 다음과 같다.

- **응용행동분석**: 조건화와 긍정적 강화를 사용하여 행동변화가 유발한다.
- **인지행동치료**: 인지치료와 행동치료를 결합한 통합 요법
- **사회학습치료**: 모방과 학습의 본질을 중심으로 전개되는 이론

2. 인지행동치료의 유형

인지행동치료는 정서와 행동에 대한 심리적 모델에서 파생된 개념과 원리에 기초한 치료법으로 구조화된 개별적인 심리치료에서부터 자기 도움이 되는 정서적 장애에 대한 광범위한 치료법이다. 이것은 현재의 문제를 해결하고 인지, 행동과 감정에 도움이 되지 않는 패턴을 변경하는 것을 목표로 한다. 정신건강 전문가가 정기적으로 사용하는 CBT는 여러 가지가 있다. 각 유형의 인지행동치료는 고유한 접근 방식을 제공하지만 각각은 심리적 장애에 기여하는 근본적인 사고패턴을 다루는 데 중점을 두고 있다.

- ABC 모델: 비합리적인 신념의 ABC 기법으로 기술되었으며, 비합리적인 신념과 반응이 어떻게 발생하는지를 조사하여 효과적으로 다루어 질 수 있는지 검토한다.
- 합리적 정서행동치료: 비합리적 신념을 확인하고 변경하는 데 중점을 둔다. 근본적인 비합리적 신념을 파악하고, 적극적으로 이러한 신념에 도전하며, 마지막으로 이러한 사고방식을 인식하고 변화시키는 것을 학습한다.
- 인지치료: 왜곡된 인지와 신념의 파악 및 수정을 통한 심리치료기법이다.

1) ABC 모델

인지치료의 주요 원조는 엘리스가 개발한 비합리적 신념의 ABC 기법(ABC Technique of Irrational Beliefs)이다. 일상적으로 일어나고 있는 사건을 보고, 해석하고, 생각할 것을 촉구하는 선행사건(Activating Events: A)을 경험한다. 이러한 사건에 대한 해석은 자신, 세계 및 사건에 대한 자신의 역할에 대한 구체적인 신념(Beliefs: B)을 초래한다. 이 신념을 개발하면 신념에 기초한 결과(Consequences: C)를 경험한다. 개인이 비합리적 신념을 발전시킨 과정을 분석하고 기록한다.

- 선행사건: 선행사건은 정서적 혼란을 가져오게 되는 활동, 행동, 사건이다. 어떤 정서적 반응이나 부정적 역기능적 생각을 일으키는 사건을 기록한다.
- 신념: 신념은 일어나는 활동, 행동, 사건에 대한 개인의 믿음이다. 개인에게 발생한 부정적인 생각을 기록한다.
- 결과: 결과로 생기는 부정적인 감정과 역기능이다. 부정적인 생각은 상황과 비참한 감정 사이를 연결하는 다리 역할을 한다.

C는 내담자가 A에 의한 것이라고 생각하는 부정적인 생각 또는 감정을 기술함으로써 설명된다. 이것은 분노, 슬픔, 불안일 수 있다. 부정적인 정서적 및 행동적 결과(C)은 선행사건(A)이 아니라 비현실적으로 이러한 사건을 해석하고, 결과(C)를 야기하는데 기여하는 것은 비합리적 신념 체계(B)이다.

[그림 7-2] ABC 접근법

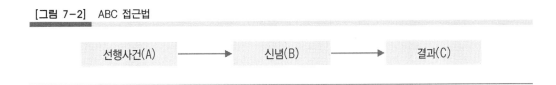

선행사건(A) ⟶ 신념(B) ⟶ 결과(C)

엘리스는 괴로운 사건 자체가 불안, 우울이나 불행한 행동으로 이어지지는 않는다고 믿었다. 오히려 부정적인 감정과 부적절한 행동을 유발하는 것은 비합리적 신념(irrational belief)이다. 엘리스는 불행의 원인을 설명하기 위해 ABC 접근법을 사용했다. 직장에서 해고되는 것은 선행사건(A)이다. 궁극적 결과(C)는 정서적인 고통이다. 그러나 선행사건(A)과 결과(C)는 다양한 신념(B)에 의해 중재된다. A는 인간이 생활하면서 경험하는 선행사건, B는 선행사건을 해석하는 신념 체계, 그리고 C는 사건에 대하여 신념 체계가 작용하여 나타난 정서적 행동 결과를 의미한다.

사람들은 어떠한 선행사건 때문에 현재 정서적 행동 결과가 나타났다고 설명하지만, 현재의 정서적 행동 결과의 진정한 원인은 신념 체계이다. 예를 들면, 어떤 사람이 직장에서 해고당하였다. 해고는 자신의 인생에서 가장 중요한 일이라고 생각할 수 있다. 이 신념 중 일부는 "일은 내 인생에서 가장 중요한 일", "쓸데없는 일", "내 가족은 배가 고프다", "나는 다른 일자리를 결코 찾을 수 없을 것이다", "나는 할 수 있는 것이 없다" 이러한 과장되고 비합리적 신념은 우울증을 유발하고 무력감을 키우며 무엇을 해야 하는지 평가하지 못하게 한다. 상황은 다음과 같이 도표로 나타낼 수 있다.

[그림 7-3] ABC 모델

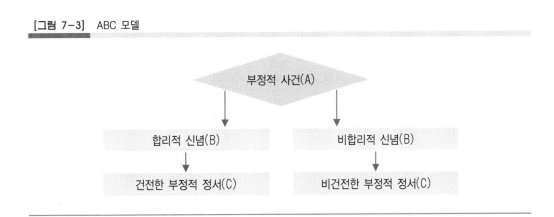

부정적 사건(A)

합리적 신념(B) — 비합리적 신념(B)

건전한 부정적 정서(C) — 비건전한 부정적 정서(C)

엘리스는 사람들이 체면을 잃을 때 미래에 대한 불안과 실망감은 정상이라고 지적했다. 그러나 비합리적 신념의 채택은 사람들로 하여금 실망을 최악 상황으로 상상하게 하여 우울증과 심한 어려움을 낳게 한다. "나에게 중요한 모든 사람들의 사랑과 인정을 받아야 한다. 그렇지 않으면 나는 가치 없고 사랑할 수 없는 사람이다"라는 비합리적 신념은 대처능력을 훼손한다. 그는 자신에게 "꼭 필요하다"와 "해야 한다"를 강조했다. 그는 다른 사람의 인정에 대한 욕망은 이해할 만하지만 살아남거나 보람을 느껴야 한다고 가정하는 것은 비합리적이라고 지적했다. 모든 일에서 탁월한 것은 놀랄 만한 일이지만, 그것에 부합하지 못하면 입장을 취할 수 없다고 생각하는 것은 비합리적이다. 그는 어린 시절의 경험이 비합리적 신념의 기원과 관련되어 있음을 인정했지만 비참하게 만드는 "지금과 현재(here and now)"에서 이러한 신념의 반복이라고 주장했다. 불안하고 우울한 대부분의 사람들에게 더 큰 행복을 위한 열쇠는 뿌리 깊은 갈등을 발견하고 해방시키는 것이 아니라 비합리적인 자기 요구를 인식하고 수정하는 데 있다.

2) 합리적 정서행동치료

합리적 정서행동치료(Rational Emotive Behavior Therapy: REBT)는 정서적 및 행동적 문제를 해결하는 데 중점을 둔 엘리스가 처음 사용한 인지치료법이다. 치료의 목표는 비합리적 신념을 보다 합리적인 것으로 바꾸는 것이다. 이것은 치료사에게 자신의 일반적이고 비합리적 신념을 밝히고, 현실 검사를 통해 비합리적 신념에 도전하도록 설득한다. 엘리스는 사람들이 종종이 비논리적인 사고방식을 강력히 고수하고 있기 때문에 이 기술을 사용하여 적극적으로 비합리적인 사고를 변화시킬 수 있다고 믿는다.

(1) 비합리적 신념

신념은 세상을 보는 방법을 정의하고 행동과 판단을 안내한다. 예를 들면, 성공이 우연이 아니라고 생각하는 사람들은 최선을 다할 동기가 있다. 우울한 사람들은 자신이 무력하고 자신의 삶에서 일어나는 사건에 대해 아무런 권한도 없다고 믿는다. 많은 신념은 의식이 없이 자동으로 형성된다. 비합리적 신념(irrational beliefs)은 일반적으로 이용 가능하고 이해되는 객관적인 증거에도 불구하고 반대로 사람이 강력하게 갖고 있는 태도, 신념, 가치이다. 이러한 신념은 개인적 인지 구조에 의해 유지될 수 있으며 때로는 특별한 흔치 않은 상황에 기반을 둔다. 예를 들면, 자동차 사고에 연루된 후 자동차 여행이 갑자기 매우 위험하다는 신념을 유지한다. 엘리스의 비합리적인 신념에 대한 정의는 다음과 같다.

- 현실을 왜곡시킨다.
- 그것은 비논리적이다.
- 목표 달성을 방해한다.
- 건강에 해로운 감정을 초래한다.
- 자멸적인 행동으로 이어진다.

(2) 비합리적 신념의 유형

엘리스는 정서행동치료의 가장 핵심에 비합리적 신념을 두었다. 이것이 인간의 불행과 기능장애의 주요 원인이기 때문이다. 비합리적 신념에 도전하고, 심문하고, 논박하고 행동함으로써 해로운 것에서 유익한 것에 이르기까지 사건에 대한 정서적인 반응을 바꿀 수 있다. 이는 삶의 목표를 달성하는데 도움이 된다. 그는 불합리하고 비논리적이며 사회적 현실과 모순되는 완곡어법으로 비합리적이라는 용어를 선택했다. 합리적인 신념은 다른 한편으로는 도움이 되고, 논리적이며, 사회적 현실과 일치하는 신념에 대한 완곡어법이다. 다음은 비합리적 신념의 유형이다.

- **요구 사항:** 이것은 주된 비합리적 신념이다. 종종 해야만 하고, 절대적으로 해야 하는 것과 같은 문구가 특징이다. 예를 들면, 성공하기를 원하기 때문에 성공해야만 한다.
- **과장표현:** 실제보다 더 나쁘다고 평가한다. 예를 들면, 내가 발표에 성공하지 못한다면 끔찍한 일이 될 것이다.
- **좌절 내성:** 어떤 사건을 실제로 견딜 수 없다고 단언한다. 예를 들면, 사람들이 나에게 무례하다면 나는 견딜 수 없다.
- **조건부 자기 수용:** 자기 멸시이다. 예를 들면, 만약 내가 중요한 어떤 일에 실패한다면 나는 실패자이다.

(3) 비합리적 가정

엘리스는 사람은 인생에서 만나는 다양한 상황에 대한 반응을 결정하는 역할을 하는 자신과 세계에 대해 독특한 가정을 갖고 있다고 제안한다. 행복과 성공의 기회를 저해하는 방식으로 행동하고 반응하는 사람의 가정은 대체로 비합리적이다. 그는 이것을 기본적인 비합리적 가정(irrational assumption)이라고 한다. 어떤 사람들은 자신이 아는 모든 사람에게 사랑받지 못하면 실패라고 비합리적으로 추측한다. 그들은 끊임없이 인정을 찾고 반복적으로 거절당한다고 생각한다. 모든 상호작용은 이러한 가정의 영향을 받는다. 따라서 충분한 칭찬을 얻지 못하기 때문에 불만을 품을 수 있다. 다음은 엘리스가 주장한 일반적인 비합리적 가정들이다.

- 모든 것에 전부 유능해야 한다는 생각
- 대상이 원하는 방식이 아닐 때 대재앙이라는 생각
- 자신의 행복을 통제할 수 없다는 생각
- 자신보다 더 강한 사람에 대한 의존이 필요하다는 생각
- 과거의 역사가 현재의 삶에 큰 영향을 미친다는 생각
- 문제에 대한 완벽한 해결책이 있다는 생각과 발견하지 못하면 재앙이라는 생각

(4) ABCDE 모델

ABCDE 모델은 초기 ABC모델을 기초로 DEF 라는 논박 단계를 추가 하였다. 이 모델은 엘리스가 합리적 정서행동치료 분야에서 개발한 간단한 연상 기호로 사람들이 생각을 바꿀 필요가 있는지, 어떤 감정을 둘러싼 행동을 바꿀 필요가 있는지 생각할 때 반사 과정을 통해 정신적으로 일하는 데 도움이 된다. 비합리적 신념(irrational beliefs)을 확인하고, 논박하고, 새로운 합리적 신념을 개발하는 과정이다. 비합리적 신념 논박은 내담자의 비합리적 사고에 의한 언어표현을 찾아서 합리적 사고와 언어로 바꾸는 것이다.

- A(Antecedent): 문제 사건이나 역경
- B(Belief): 선행사건에 대한 신념
- C(Consequence): 비합리적 신념으로 나타난 정서적, 행동적 결과
- D(Dispute): 비합리적 신념에 대한 논박
- E(Effect): 비합리적 신념의 합리적 신념 변화(인지적, 정서적, 행동적 결과)

[그림 7-4] ABCDE 모델

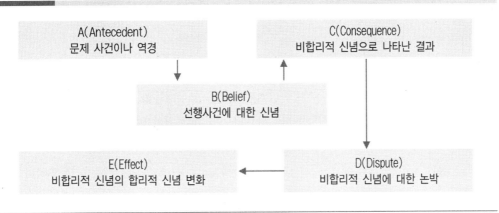

❶ A: 스트레스, 걱정이나 변화를 유발하는 촉진 사건이나 역경이다. 이것은 사소하거나 중요한 사건으로부터 올 수 있다. 인식은 많은 변화 과정의 첫 번째 단계이다. 예: 공개적으로 발표하는 사람

❷ B: 사건에 대한 반응에서 인지적 구성 요소인 신념 체계이다. 이것은 제한된 신념이나 부정적인 자기 대화이다. 선행사건을 인지하고 정신적인 자기 대화를 변경하는 능력은 변화의 중요한 부분이다. 예: 나는 정말로 발표에 능숙하지 못하다. 이 발표는 실제로 엉망일 것이다.

❸ C: 정서적 관점의 결과는 종종 반복적이고 자기실현예언을 낳는다. 예: 발표자의 긴장감은 발표 흐름을 엉성하게 하고 이것은 발표자를 더욱 긴장하게 만든다.

❹ D: 정신적 변화가 일어나기 위해 비합리적이거나 제한적인 신념을 논박하거나 도전하는 것이 필요하다. 현재의 신념을 검토하고, 도전하고, 피하는 것은 미래의 성공을 유발한다. 논박 과정에서 사용할 수 있는 핵심적인 논박이 있다. 예: 발표자는 생각 패턴을 인식하고 변경하며 논리에 근거하지 않고 시간을 두고 알맞은 발표할 수 있다고 믿는다.

- 경험적 논박: 신념, 감정과 사고 패턴을 위한 근거는 어디에 있는가?
- 기능적 논박: 잠재적으로 무의식적 목표를 지원하는 신념이 있는가?
- 논리적 논박: 신념 체계가 상식적인가? 신념 체계에 영향을 주는 다른 생각이 있는가?

❺ E: 자아 패배적인 신념 체계에 도전하는 결과이다. 종종 새로운 정신 패턴과 습관이 만들어지면서 이러한 인지 재구축을 한다. 예: 발표가 더욱 유창하고 더욱 긍정적인 피드백을

얻기 때문에 발표자는 더욱 자신감을 얻게 된다. 이것은 자아 신념이 향상되고 긍정적인 변화가 창조된다.

(5) 새로운 합리적 신념 개발

개인이 갖고 있는 비논리적이거나 비현실적인 신념은 이상행동을 유발한다. 비합리적 신념은 경험적으로 타당할 수 없는 사고방식이다. 인간의 감정은 사고의 결과로 부적응적인 분노·수치·불안·공포를 야기한다. 이러한 비합리적 신념은 합리적인 논박, 도전에 의해 효과적으로 교정할 수 있다. 여기에 새로운 합리적 신념을 개발하는 데 내담자를 지원하는 방법이 있다.

- 자기주장 대처: 이것은 새로 형성된 합리적 신념을 강화시킬 수 있다. 예를 들면, 연설을 두려워하는 사람이 있다. 나는 완벽하게 말하고 싶지만 그렇게 못하더라도 괜찮다. 서투르게 말하는 것에 대해 누구도 기세를 꺾지 않는다. 나는 잘 표현하는 사람이다.
- 비용편익 분석: 이것은 특정 신념을 보유하는 비용과 이점을 비교하는 과정이다. 내담자는 장단점에 대해 정기적으로 생각하는 것이 좋다.
- 정신교육 방법: 자조 서적, 오디오 CD 및 기타 학습 도구가 상담 회기를 보완할 수 있다. 상담에서 배운 전략을 일깨워주는 역할을 한다.
- 타인에 대한 교육: 내담자는 다른 사람들에게 비합리적 신념에 이의를 제기하도록 교육하는 것이 좋다. 이것은 학습 도구 및 상담에서 배운 전략의 강화 역할을 한다.

3) 인지치료

아론 벡(Aaron Beck)은 인지치료의 아버지로 간주된다. 그는 사람의 경험이 인지 또는 사고를 초래한다는 믿음으로 인지치료를 개발했다. 이러한 인식은 초기 삶에서 발전된 핵심 신념인 스키마와 연결되어 세계에 대한 시각을 만들고 감정 상태와 행동을 결정한다. 그는 부정적 태도 (negative attitudes)와 왜곡된 사고(distorted thinking)로 질병이 유지된다고 믿었다.

인지치료는 우울증 치료를 위해 고안되었으며 불안, 식욕부진, 과식증, 성기능장애, 신체변형 장애, 외상 후 스트레스 장애 및 약물남용을 치료하기 위해 확장되었다. 이것은 성인, 어린이, 청소년 및 집단을 위한 단기치료 및 장기치료로서 유용하다는 것이 밝혀졌다. 인지치료는 어떻게 느끼고, 행동하고, 환경에 어떻게 반응하는지에 영향을 미친다는 믿음에 근거한다. 인지치료의 목표는 인지체계를 통해 작용하는 모든 체계에서 정보처리를 조정하고 긍정적 변화를 주도하는 것이다. 즉, 심리치료의 목표는 잘못된 정보처리 과정의 인지적 오류와 편견을 수정하여 부적응적인 행동과 정서를 변화하는 것이다.

(1) 인지적 왜곡

인지치료에서 환자는 정서적 반응(emotional response)과 자동적 사고(automatic thought)의 연관성을 학습한다. 이전에 언급한 스키마 그리고 사고에 편향된 인지 왜곡이다. 예를 들어, "나는 쓸모없다"라고 생각하면 슬픔을 느낄 수 있다. 아론 벡의 인지적 왜곡(cognitive distortion)은 우울증과 불안과 같은 심리 사회적 요인의 영향을 받는 상태의 발병과 지속에 관여하는 과장되거나 비합리적인 사고 패턴이다. 즉, 불합리한 생각, 신념과 태도이다. 인지적 왜곡은 사고하는 과정에서 잘못될 수 있다. 이러한 부정적 사고를 긍정적 사고로 전환하는 것이 인지치료이다.

인지치료에서는 개인이 지니고 있는 인지적 왜곡을 수정하는 것이다. 아론 벡은 이러한 인지적 왜곡과 그에 따른 행동을 변화시키기 위해 인지적 접근을 통한 치료를 주장했다. 그는 우울증은 사고의 오류 또는 결함이나 실패에 근거하여 전적으로 판단하고 부정적인 면에서 사건을 해석하는 것과 같은 인지적 왜곡에서 비롯될 수 있다고 제안한다.

★ 정서적인 고통에 기여하는 인지적 왜곡의 기본 유형

- 임의적 추론(arbitrary inference): 자신의 생각을 뒷받침하는 증거가 없거나 명백한 반대의 증거가 있음에도 특정한 결론을 내린다. 예: 내 신경을 거슬리게 하려고 노래를 큰 소리로 부르고 있군요.
- 선택적 추론(selective abstraction): 특정한 사건과 관련된 일부의 정보만 선택적으로 받아들여 그것이 마치 전체를 의미하는 것처럼 잘못 해석한다. 예: 여자 친구가 파티에서 대화를 잘 들으려고 다른 남자 쪽으로 고개를 돌리는 것을 보고 질투한다.
- 과도한 일반화(overgeneralization): 어떤 현상을 너무 넓은 범위에 적용하는 현상이다. 예: 시험에 계속 실패한 후 무슨 일이든 노력에 상관없이 항상 실패할 것이다.
- 과장과 축소(magnification and minimization): 실제보다 훨씬 심각하게 생각하거나 의미를 축소한다. 과장: 당신이 내 삶을 망쳐 놓았어. 축소: 그 사람이 한 칭찬은 별 뜻 없이 한 말이야. 신경 쓸 필요 없어.
- 개인화(personalization): 자신과는 관련이 전혀 없는 사건을 자신과 관련된 것으로 잘못 생각한다. 예: 길을 지나가는 사람이 웃자 자신을 비웃는다고 생각한다.

- **이분법적 사고**(dichotomous thinking): 두 개의 극단으로만 해석한다. 전부 또는 전무 사고 (all-or-nothing thinking)이다. 예: 성공하지 않는 이상 나는 실패한 거나 다름없어.
- **인지협착**(tunnel vision): 사건의 한 가지 측면만 본다. 예: 유일한 해결책은 전쟁이야. 한 번 도 평화롭게 지낸 적이 없어.
- **잘못된 명명**(mislabeling): 사람들의 특성이나 행위를 기술할 때 과장하거나 부적절한 명 칭을 사용한다. 예: 그 사람은 악질이다. 그 사람은 탐관오리이다.
- **독심술의 오류**(mind-reading): 충분한 근거 없이 다른 사람의 마음을 제멋대로 추측하고 단정한다. 모호하고 사소한 단서로 타인의 마음을 판단한다.
- **예언자의 오류**(fortune-telling): 합리적인 근거 없이 미래의 사건을 예상하고 확신한다. 예: 까마귀가 날아가는 것을 보고 오늘 경기에서 질 것이라고 생각한다.
- **감정적 추리**(emotional reasoning): 현실적 근거 없이 막연히 느껴지는 자신의 감정에 근거 해 결론을 내린다.

(2) 인지 3원소

인지 3원소(cognitive triad)는 우울증을 앓고 있는 사람들에게 전형적인 세 가지 형태의 부정 적인 생각이다. 즉, 자아, 세계와 미래에 관한 부정적 생각이다. 이러한 생각은 자동적인 경향이 있다. 이 세 가지 구성 요소가 상호작용할 때, 정상적인 인지 과정을 방해하여 부정적인 생각에 사로잡혀 지각, 기억 및 문제해결에 장애를 초래한다. 인지 3원소는 부정적 3요소로 우울증이 있 는 사람의 신념 체계의 세 가지 주요 요소에 대한 비합리적이고 비관적인 견해이다. 3원소에는 자동적이고 자발적이며 겉으로는 통제할 수 없는 부정적인 생각이 포함된다. 이 부정적인 사고 의 예는 다음과 같다.

- **자아**(the self): 아무도 나를 사랑하지 않는다.
- **세계**(the world): 세상은 불공정한 곳이다.
- **미래**(the future): 나는 항상 실패할 것이다.

[그림 7-5] 부정적 사고의 과정

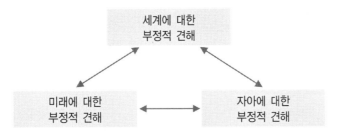

(3) 부정적인 자기도식

아론 벡은 인지적 편향과 부정적인 자기도식이 자아, 미래와 주변의 세계에 대한 부정적이고 비합리적인 시각을 유지한다고 주장했다. 그는 또한 우울한 사람이 어린 시절의 경험에서 종종 부정적인 자기도식(negative self-schema)이 있다고 믿었다. 이 도식은 비판, 학대 또는 괴롭힘과 같은 부정적인 초기 경험에서 비롯될 수 있다. 벡은 부정적인 자기도식을 가진 사람들이 부정적인 방식으로 제시된 정보를 해석하여 인지적 왜곡을 야기할 수 있다고 제안한다. 우울증 환자의 경우 이러한 사고는 자동으로 발생하며 우울증의 증상이다. 부정적인 스키마에 기여할 수 있는 경험은 다음과 같다.

- 부모 또는 형제자매의 사망
- 부모의 거부, 비판, 과도한 보호, 방치 또는 학대
- 왕따 또는 동료집단에서 배제

4) 인지적 관점의 평가

인지이론가들은 비정상적인 행동 패턴에 대한 이해와 치료방법 개발에 많은 영향을 미쳤다. 이것은 인지행동치료의 출현으로 가장 잘 표현된다. 인지치료사는 주로 불안과 우울과 관련된 정서장애에 집중했다. 그러나 정신분열증과 같은 심각한 형태의 방해받은 행동에 대한 치료 접근법이나 개념 모델의 개발에 미치는 영향이 적다. 왜곡된 사고 패턴이 우울증의 원인인지 또는 우울증의 영향인지는 불분명하다.

[표 7-2] 생물학, 정신역동, 인지행동과 인본주의 비교

주제	생물학	정신역동	인지행동	인본주의
인간 본성	약간의 애타주의	공격적, 성적	중립	기본적인 선
이상행동의 원인	유전자, 신경화학, 신체적 손상	유아기의 경험	사회학습	사회의 좌절
치료 유형	약물치료, 체세포 요법	정신역동 요법	인지행동치료	비방향성 치료
초점	신체기능과 구조	무의식	관찰 가능한 행동	자유의지

(1) 심리적 장애의 사회적 요인

사회적 요인은 가족, 친구, 동료 및 이웃과의 관계, 미디어를 통해 받는 메시지, 문화의 규범이다. 사회적 요인은 심리적인 장애로부터 보호하기 위해 도움을 줄 수 있으며, 또는 심리적 장애에 보다 취약하게 만들거나 악화시킬 수 있다. 문화가 시간이 지남에 따라 변화하고 각 세대에 다르게 영향을 미칠 수 있다. 예를 들면, 이혼율의 증가, 위험의 증가, 지역 공동체의 감소와 같은 사회적 추세로 인해 최근에 사람들은 심리적 장애를 일으킬 가능성이 커진다. 사회적 요인으로 인해 가족 구성원과의 관계, 재정적 상황, 문화적 기준, 그리고 차별 등이 포함된다.

(2) 가족 상호작용

가족 구성원이 적대감을 나타내거나 불필요한 비판을 표현하거나 감정적으로 과도하게 관여되면 가족 환경은 높은 표현 감정을 특징으로 한다. 가족이 높은 감정을 표현한 사람들에게 장애가 발생할 확률이 높다. 그러나 높은 표현 감정은 환자가 자신의 증상 행동을 조절할 수 있는 능력이 있다고 가족 구성원이 믿는 것과 관련되어 있기 때문에 가족 구성원이 환자를 변화시키도록 유도하기도 한다(Miura et al., 2004). 가족 구성원에게 환자의 장애에 대해 교육을 받고 환자와 의사소통하는 생산적인 방법을 가르치면 일반적으로 재발률이 감소한다. 높은 표현 감정은 특정한 문화 또는 민족 집단과 관련이 있다. 다른 집단의 구성원은 그러한 감정표현을 다르게 해석하기 때문이다.

(3) 부모의 심리적 장애

심리적 장애의 원인이 되는 가족 관련 요소는 부모 중 한쪽 또는 양쪽 모두가 심리적 장애이

다. 예를 들면, 부모가 심리적 장애에 대한 유전적 취약성을 자녀에게 전달시킬 수 있다. 또는 부모와 자녀 간의 상호작용의 특정 패턴은 학습, 정신적 과정, 인지상의 왜곡, 정서적 규칙 또는 사회적 상호작용의 특정 취약성으로 이어질 수 있으며, 그 중 일부 또는 전부가 아동에게 심리적 장애의 위험을 증가시킬 수 있다(Finzi-Dottan et al., 2006). 부모의 심리적 장애와 자녀의 심리적 장애를 일으킬 위험 증가는 전적으로 유전적 취약성 때문만은 아니다. 연구에 따르면 우울한 엄마가 치료를 받으면 증상이 호전되고 자녀의 불안, 우울증 및 파괴적인 증상도 호전된다. 어머니가 치료에 긍정적으로 반응할수록 자녀는 증상을 나타낼 가능성이 낮아진다.

(4) 성 및 성 역할

성 및 성 역할, 남성 또는 여성의 적절한 행동에 대한 기대는 행동에 큰 영향을 미칠 수 있다. 일부 성 차이는 유전학 및 호르몬에 의해 결정되지만 사회적으로 규정된 성역할 또한 행동에 강한 영향을 미친다. 성 역할은 정신병리의 발달, 표현 또는 오명에 영향을 줄 수 있다. 성 역할이 이상행동을 일으키지는 않지만 정신병리에 영향을 미친다.

(5) 결혼 상태와 정신병리

결혼 전의 동거가 빈번하며 많은 어린이들이 혼외로 태어나고, 많은 결혼이 이혼으로 끝난다. 결혼 상태와 심리적 문제는 분명하게 관련되어 있다. 이혼 또는 결혼하지 않은 가족의 어린이와 성인은 결혼한 가족의 사람들보다 다소 심리적인 문제가 있다. 이러한 인과관계를 잘 설명하는 것이 쌍둥이를 비교한 연구이다. 이혼한 쌍둥이가 결혼한 쌍둥이보다 심리적인 문제가 더 많다면 차이는 유전자가 아니다. 왜 그런가? 동일한 쌍둥이는 동일한 유전자를 갖고 있으며 같은 가족에서 자란다. 그러나 그들 간의 차이는 비공유 환경, 즉 자신만의 고유한 경험에 의해 발생되는데, 그 중 하나는 이혼이다. 실제로 이혼은 어린이와 성인 모두에서 심리적인 문제를 유발한다(Rutter, 2007).

(6) 아동학대

가족생활의 특정 측면은 아동이 주보호자에게 애착(attachment)을 형성한다. 이는 자녀가 자신을 보는 방식에 영향을 미치고 다른 사람들이 기대하는 것을 배우게 된다. 다른 가족 관련 사회적 요소에는 가족 구성원 간의 상호작용 방식, 아동학대 및 부모의 심리적 장애가 포함된다. 이러한 모든 요소는 심리적 장애의 출현이나 지속성의 원인이 된다. 방임, 언어학대, 신체적 학대 및 성적학대와 같은 아동학대는 성격장애를 포함한 다양한 심리적 장애와 관련된다. 다음은 아동학대가 미치는 영향이다.

- **스트레스에 대한 반응**: 학대당한 어린이는 그렇지 않은 어린이보다 코르티솔의 수치가 높다. 학대당한 스트레스 반응은 성인기까지 계속된다(Tarullo et al., 2006).
- **학습된 무력감**: 학대는 학습된 무력감(learned helplessness)이 되고 실제로 자신의 능력으로 극복할 수 있어도 피하지 않는다. 이것은 다른 자극을 피할 수 있음에도 불구하고 피할 수 없게 되는 심리학적 상태를 말한다.
- **안면표정 구별**: 신체적 학대를 겪은 아이들은 그렇지 않은 아이들보다 분노를 전달할 때 안면표정을 더 잘 인지할 수 있다(Pollak et al., 2000).
- **애착의 어려움**: 학대당한 아동은 그렇지 않은 아동보다 애착을 나타낼 가능성이 적다.
- **사회적 고립 증가**: 학대를 겪은 아이들은 그렇지 않은 아이들보다 사회적으로 더 고립되어 있다. 그러나 학대를 경험한 아이들이 모두 심리적 장애를 유발하는 것은 아니다.

(7) 사회적 관계

대인관계 문제, 특히 긴밀한 관계에서의 갈등과 분노가 다양한 정서장애와 관련이 있다. 문제가 있는 관계는 이상행동을 일으키거나 개인의 심리적인 문제로 인해 관계가 어려워질 수 있다. 개인이 다른 사람들과의 상호작용을 통해 받는 위로와 같은 사회적 지지는 스트레스를 완화시킬 수 있다. 반면 사회적 지지가 부족하면 다양한 심리적 장애에 취약해질 수 있다. 스트레스 수준이 높은 대학생들이라도 상대적으로 높은 수준의 사회적 지지를 받으면 우울증에 빠질 가능성이 적어진다(Scarpa et al., 2006).

- **사회적 스트레스**

가난은 심리적인 장애가 될 수 있다. 또 다른 사회적 요소는 차별이다. 사회적 스트레스는 사회적 맥락 속에서 관계, 존중이나 소속감을 위협하는 상황이다. 사회적 스트레스는 어려운 사회적 상호작용에서 야기된다. 갈등이나 혼란스러운 결혼 또는 가족 관계에서 유래할 수 있다. 다른 사람이 비판적이거나 거부되거나 배척당하거나 무시당하는 상황에서 사회적 스트레스가 나타날 수 있다. 인간은 사회적 존재이다. 따라서 긍정적인 사회적 유대관계를 유지하는 것이 유익하지만, 다른 사람들과의 관계를 붕괴시키거나 위협하는 것은 사회적 스트레스를 초래할 수 있다.

• 사회적 지위

사회적 지위는 교육, 소득 및 직업 수준 측면에서 정의된다. 사회 경제적 지위가 낮은 사람들은 심리적 장애가 더 높다(Mittendorfer-Rutz et al., 2004). 사회 경제적 요인은 여러 면에서 심리적 장애의 발달의 원인이 된다. 사회 경제적 불이익과 스트레스는 심리적 장애를 유발한다. 부적절한 주택, 매우 낮은 소득, 그리고 일자리 기회가 적은 생활은 스트레스 요소에 해당한다.

• 차별과 왕따

차별(discrimination)은 인종, 민족, 생활방식, 국적, 성별, 언어, 종교, 사상 등에 따라 사회생활 속에서 이루어지는 차별적 대우이다. 예를 들면, 여성은 성희롱과 폭행, 자유에 대한 제한, 유리 천장을 경험할 수 있다. 유리 천장(glass ceiling)은 여성에게 높은 자리 진출을 가로막는 직장 내의 보이지 않는 장벽을 말한다. 이러한 경험은 스트레스를 증가시키고 심리적인 장애가 된다. 소수 민족, 인종 또는 성 소수자 집단의 구성원은 무력감을 유발하고 학교, 지역 또는 직장에서의 괴롭힘 또는 차별을 경험할 수 있다. 이는 심리적 장애를 일으킬 위험을 증가시킨다.

보호 요소에는 사회적 지지, 민족 정체감, 영성 및 종교적 참여가 포함된다. 차별은 특정 집단(민족, 인종, 종교, 성적 취향)의 구성원으로서 받는 부당한 행동인 반면, 왕따는 상습적으로 힘 없는 개인에게 집단적으로 학대, 협박, 따돌림, 무시 등의 심리적 압박을 반복해서 고통을 주는 행동이다. 어린 시절의 왕따를 당한 희생자는 심리적 문제를 야기할 수 있다.

• 편견과 빈곤

편견(prejudice)과 빈곤(poverty)은 오늘날 심리적 안녕에 대한 광범위한 사회적 요소이다. 이 두 가지 요소는 생활에서 매우 일반적으로 연관되어 있다. 인종과 빈곤 또한 결혼 상태와 밀접하게 관련되어 있다. 심리적 장애 위험의 증가는 편견과 빈곤과 관련이 있다. 빈곤은 많은 스트레스 요인과 관련이 있다. 광범위하게 사회와 문화가 이상행동에 영향을 준다. 삶과 교육, 과학까지도 문화에 깊이 자리 잡고 있다. 사회적 관행, 신념 및 가치는 이상행동의 정의와 뿌리를 밝혀내는 요소이다. 빈곤층에서 생활하는 것이 더 큰 사회적 스트레스를 받기 때문에 낮은 사회 경제적 단체의 사람들이 심각한 행동 문제의 위험에 처해 있다(Wadsworth et al., 2005).

(8) 문화

모든 문화는 정상적인 성격의 건강한 기능과 해로운 기능을 촉진한다. 문화에 따라 다소 다르고 시간이 지남에 따라 변할 수 있다. 아시아, 라틴 아메리카 및 중동 국가의 문화는 집단주의이며 다른 사람들과 어울리는 데 높은 가치를 두고 있다. 이러한 문화권에서는 집단의 목표가 전통적으로 개인의 목표보다 우선한다. 반면 호주, 캐나다, 영국, 미국 등의 문화는 독립적이고 자율성을 중시하는 개인주의 문화이다. 개인의 목표는 집단의 목표보다 우선한다. 두 경우 모두 개인이 문화에 의해 평가되는 특성과 다른 성격 특성을 가졌을 경우 모욕감을 느끼게 되고 자존심을 손상시켜 심리적 장애에 이를 수 있다.

문화는 행동을 억제하거나 촉진할 수 있다. 가치, 사회적 규범 및 허용된 육아 관행과 같은 문화적 요소는 아동의 자연 행동 경향을 최소화하거나 증폭시킴으로써 아동의 행동에 영향을 미칠 수 있다. 한 문화에서 다른 문화로 옮겨가는 것은 종종 사람들로 하여금 새로운 문화의 가치와 행동, 즉 문화적 적응이라는 과정을 채택하도록 유도한다. 이것은 매우 스트레스가 많을 수 있으며, 성인으로서 새로운 문화로 이주한 부모와 새로운 문화에서 형성되는 자녀 사이에 긴장감을 유발할 수 있다. 아이들이 자라면서 스트레스를 받을 수 있고 심리적 장애를 일으킬 가능성이 있다.

정신장애

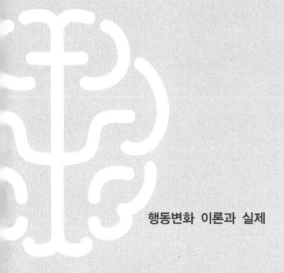

행동변화 이론과 실제

제8장

성격장애

성격(personality)은 자신과 세상에 대해 인식하고 생각하는 방식이다. 성격은 안정적이고, 유전적이고, 습관적인 성향의 패턴이다. 성격장애(personality disorder)는 경직되고 부적절하고 심각한 기능장애 또는 주관적인 고통을 유발하는 성격으로 정의된다. 개인의 문화의 규범에서 벗어난 내적인 경험과 행동의 지속적인 패턴이다. 이 패턴은 두 가지 이상의 영역에서 나타난다. 즉, 인지, 감정, 대인관계 기능 또는 충동조절이다.

성격장애를 가진 사람은 상황과 사람을 인지하고 관련시키는 데 어려움을 겪는다. 이것은 관계, 사회활동, 직장 및 학교에서 심각한 문제와 제한을 초래한다. 성격장애는 대개 10대 또는 초기 성인기에 시작된다. 다음은 성격장애의 특징이다.

- 상호작용이 유연하지 못하여 자신이나 타인에게 심각한 고통을 초래한다.
- 과도한 의존, 친밀감에 대한 불안, 과도한 걱정, 통제할 수 없는 분노를 포함한다.
- 치료하기 어려운 정신질환이다.
- 성격장애는 젊은 사람, 학생 및 실직한 가정주부 중에서 가장 흔히 진단된다.
- 성격장애는 알코올 및 약물남용 장애가 있는 개인이 더 높다.

성격장애는 어떤 사람의 성격이 보통 사람에게서 볼 수 있는 일반적인 범위에서 벗어나고 융통성 또한 떨어져서, 적응, 직업, 대인관계 등에서 문제를 일으킨다. DSM-V는 성격장애를 융통성이 없고 부적응적이고 심각한 기능장애 또는 주관적 고통을 유발하는 특징으로 정의한다. 따라서 성격장애는 개인의 직업, 대인관계 및 사회기능을 손상시키고 개인 및 주변 사람들 모두에게 문제가 되는 행동을 나타낸다. 성격장애는 다음과 같은 영역에서 적어도 두 가지를 포함한다.

- 왜곡된 사고 패턴
- 문제가 되는 정서적 반응
- 충동조절
- 대인관계의 어려움

DSM-V는 성격장애를 10가지 성격장애로 분류한다. 즉, 3개의 집단에 10개의 다른 성격장애로 분류할 수 있다. A집단은 성격이 이상하고 편협적이고 사회적으로 고립적이다. B집단은 성격이 극적이고 감정적이며 엉뚱한 경향이 있다. 이 집단은 다른 집단에 비해 정신건강 또는 법적 당국과 접촉할 가능성이 더 크다. 또한 C집단은 성격이 걱정과 근심이 많고 불안해하고 공포를 잘 느끼는 특성이다. 본서에서는 DSM-V에 근거하여 정신장애를 설명한다.

[표 8-1] 성격장애 유형

집단	특성	장애 유형
A집단	괴상, 괴팍, 고립	편집성, 분열성, 분열형
B집단	극적, 감정적, 산만	연극성, 자기애성, 반사회적, 경계성
C집단	걱정, 불안, 공포	회피성, 의존성, 강박성

1. 편집성 성격장애

편집(偏執)은 편견을 고집하고 남의 말을 잘 듣지 않는다는 뜻이다. 편집성 성격장애(paranoid personality disorder)는 지속적인 불신과 의심을 갖고 있는 성격장애이다. 그들의 행동이 다른 사람에게는 이상하거나 비정상적으로 보일 수 있다. 편집성 성격을 가진 사람은 다른 사람을 매우 의심한다. 그들은 다른 사람들의 동기를 불신하고 다른 사람들이 그들에게 해를 끼치기를 원한다고 믿는다. 또한 빨리 분노를 느끼고 다른 사람들에 대해 적대감을 느낄 수 있다.

편집성 성격장애는 대개 성인 초기에 그리고 여성보다 남성에서 더 흔하다. 이들은 다른 사람들에 대한 심한 의심과 불신이 있기 때문에 치료받기 어렵다. 전문가는 환자와 신뢰를 쌓아야 한다. 이러한 신뢰는 환자가 전문인을 신뢰하고 장애가 있다고 믿을 수 있게 해준다.

1) 특징

편집성 성격장애는 다른 사람의 행동을 계획적인 악용이나 위협으로 인식하여 지속적인 불신과 의심을 갖고 있는 성격장애이다. 환자의 특징은 타인의 동기를 악의적으로 해석하는 등 전반적인 불신감과 의심을 갖고 있다. 이들은 뒷받침하는 증거가 없더라도 다른 사람들이 악용하거나 해를 줄 것이라고 추정한다. 그러나 모든 사람은 자신의 삶에서 특정 상황에 대해 어느 정도의 편집증을 갖는 것이 일반적이다.

편집성 성격장애가 있는 사람들은 일반적으로 잘 지내기가 어렵고 긴밀한 관계에 문제가 있다. 그들의 과도한 의심과 적개심은 공개적인 논쟁, 반복적인 불평 또는 적대적인 무관심으로 표현될 수 있다. 그들은 잠재적인 위협에 대해 과민반응을 보일 수 있기 때문에 감추고 은밀하거나 사악한 방식으로 행동할 수 있으며 차갑게 보인다. 적대적이고 완고하고 냉소적인 표현이 주를 이루며 불안정한 감정을 표현하는 경우가 많다. 환자들은 다른 사람들을 신뢰하지 않기 때문에 자급자족과 자율성이 과도하다. 그들은 종종 다른 사람들에 대해 비판적이며 공동 작업을 하는 데 큰 어려움을 겪는다.

2) 원인

편집성 성격장애의 원인은 알려져 있지 않다. 그러나 원인에 대한 많은 이론이 있다. 대부분의 전문가들은 인과관계의 생물심리사회모델에 동의한다. 즉, 원인은 생물학적 및 유전적 요인, 사회적 요인(예: 사람과 가족, 친구 및 다른 어린이와의 초기 발달과정에서 상호작용하는 방식)과 심리적 요인(개인의 성격과 기질, 환경에 따라 형성되고 스트레스를 다룰 수 있는 대처능력) 등이 결합된다. 이 장애는 정신분열증 및 망상장애의 병력이 있는 가족에서 더 자주 나타난다. 조기 아동기 외상이 원인이 될 수 있다.

- 성격장애 또는 기타 정신질환의 가족력
- 낮은 사회 경제적 지위
- 어린 시절의 언어적, 신체적 또는 성적학대
- 어린 시절 육아방치
- 어린 시절의 불안정하거나 혼란스러운 가정생활
- 유년기 행동장애
- 유년기 부모의 이혼이나 사망

3) 증상 및 진단

편집성 성격장애가 있는 사람들은 자신의 행동이 비정상이라고 생각하지 않는다. 환자들에게는 다른 사람을 의심하는 것이 완전히 합리적으로 보일 수 있다. 그러나 주변 사람들은 불신이 부당하고 불쾌하다고 생각할 수 있다. 환자들은 적대적이거나 고집적으로 행동할 수 있다. 편집성 성격장애는 다른 사람들에 대한 불신과 의심으로 다른 사람들의 동기를 악의적으로 해석한다. 이것은 대개 성인 초기에 시작한다. 본서에서는 DSM-V에 따라 정신장애의 진단기준을 설명하고 인용한다. 다음은 장애의 공통적인 증상이다.

- 의심
- 숨겨진 동기에 대한 우려
- 악용될 것으로 예상
- 공동 작업 불가능
- 사회적 고립
- 초라한 자아 이미지
- 고립
- 적대감

Diagnostic Criteria | 편집성 성격장애

편집성 성격장애는 지속적인 불신과 의심을 갖고 있는 성격장애이다. 다음 항목 중에서 4개 이상이 지속적으로 나타나면 편집성 성격장애일 수 있다.

- 다른 사람들이 자신을 이용하고 해치거나 속인다고 충분한 근거 없이 의심한다.
- 친구 또는 동료의 충성도나 신뢰도에 대해 부당하게 의혹한다.
- 정보가 악의적으로 사용된다는 부당한 우려 때문에 자신을 밝히기를 꺼린다.
- 좋은 발언이나 사건을 비열한 비방이나 위협적인 의미로 해석한다.
- 영구히 원한을 품는다. 즉, 모욕, 상해 또는 슬픔을 용서하지 않는다.
- 상대방에게 명백하지는 않지만 성격이나 명성에 대한 공격은 쉽게 화를 내고 반격한다.
- 배우자 또는 성관계 상대방의 정절을 반복적으로 의심한다.

4) 치료

편집성 성격장애의 치료는 의료 전문가를 의심하기 때문에 치료하기가 더 어렵다. 환자들은 특유의 의심과 불신 때문에 치료가 필요하다는 것을 인정하지 않는다. 그러나 치료를 받지 않으면 장애는 만성적이다. 편집성 성격장애를 가진 사람이 우울증이나 불안장애와 같은 다른 관련 질환을 앓고 있는 경우에는 약물치료가 도움이 될 수 있다. 대화치료와 약물치료를 결합하는 것이 매우 성공적일 수 있다. 집단치료는 지원 구조를 제공하고 사회기술을 향상시킬 수 있다.

인지행동치료는 환자가 행동에 영향을 미치는 생각과 감정을 이해하도록 돕는 심리요법이다. 치료 과정에서 사람들은 행동에 부정적인 영향을 미치는 파괴적이거나 혼란스러운 사고 패턴을 식별하고 변경하는 법을 배운다. 환자들이 장애에 대처하는 법, 사회 상황에서 다른 사람들과 소통하는 법을 배우고, 편집증 감정을 줄이는 노력을 하는 치료가 도움이 된다. 환자들은 치료가 필요한 대인관계 기능에 뿌리 깊은 문제를 갖고 있다. 치료사와의 관계는 환자들에게 가장 큰 이점을 제공하지만, 환자들의 회의론으로 인해 확립하기가 극히 어렵다. 이 장애가 있는 대부분의 환자는 평생 동안 증상을 경험하고 일관된 치료가 필요하다.

2. 분열성 성격장애

분열성 성격장애(schizoid personality disorder)는 사람들이 사회활동을 피하고 다른 사람들과의 상호작용을 끊임없이 외면하는 흔치 않은 상태이다. 그들은 또한 감정표현의 범위가 제한되어 있다. 대인관계 또는 사회활동을 기피하고, 분노, 기쁨이나 적대감 등 감정을 나타내는 경우가 드물다. 지나치게 내성적이고 비현실적인 공상에 사로잡혀 있다. 혼자 있는 것을 좋아하고 타인이 자신에 대해 칭찬하든 비난하든 관심이 없으며 사회에 적응하지 못한다. 분열성 성격장애의 원인은 알려져 있지 않으나 대화치료 및 약물치료가 도움이 될 수 있다.

1) 특징

분열성 성격장애를 가진 사람들은 거의 아무 문제가 없다고 느끼지만 증상으로는 사회적 관계에 대한 무관심과 감정표현의 제한이 있다. 즉, 대인관계 및 사회활동에 대한 욕구가 없고 혼자 지내려고 하고 내향적이며 정서적으로 냉정한 성격장애이다. 그들은 정서적 표현과 경험의 범위가 제한되어 사회적 관계에 대해 무관심하다. 장애는 사람들이 가까운 관계를 갖지 못하게 하는 사회적 정서적 분리를 통해 나타난다. 그들은 일상생활에서 기능할 수는 있지만 다른 사람들과의 의미 있는 관계를 발전시키지는 못한다. 그들은 전형적으로 외롭고 동물에게 애착을 형성하는 것뿐만 아니라 과도한 공상에 걸리기 쉽다. 그들은 다른 사람들이 견딜 수 없는 독방에서 잘 견딜 수 있다. 무질서가 장애의 시작이거나 아주 온화한 형태일 수 있다.

2) 원인

성격은 개인을 독특하게 만드는 생각, 감정 및 행동의 조합이다. 이것은 자신을 보는 방법뿐만 아니라 외부 세계를 보고 이해하고 관계를 맺는 방식이다. 정상적인 발달과정에서 아이들은 사회적 단서를 정확하게 해석하고 적절하게 반응하기 위해 학습한다. 이 증상의 원인은 유전적 요인과 환경적 요인이 복합적으로 나타나기는 하지만 알 수 없다. 온정과 감정이 없었던 냉담한 어린 시절이 장애의 발달에 기여한다고 추측된다. 그러나 분열성 성격장애의 원인에 대해서는 많은 이론이 있다. 분열성 성격장애의 정확한 원인은 없다. 유전적 및 환경적 요소의 조합을 제외하면 다음과 같은 장애를 유발할 수 있는 위험이 증가한다.

- 분열성 성격장애, 분열형 성격장애 또는 정신분열증의 가족력
- 망상장애 또는 불안장애
- 우울증
- 냉정하거나 감정적인 필요에 반응이 없는 부모의 육아
- 부정적 자기개념과 대인관계 회피 사고
- 아동학대, 방치의 피해자

3) 증상 및 진단

분열성 성격장애는 대개 초기 성인기에 시작되지만 어린 시절에 두드러질 수 있다. 이러한 증상으로 인해 학교, 직장, 사회적 또는 다른 삶의 영역에서 문제가 발생할 수 있다. 이들은 종종 다른 사람들과의 접촉을 피하고 은둔적이다. 많은 사람들이 결혼하지 않거나 부모와 함께 성인으로 계속 산다. 또한 남성이 여성보다 장애가 더 많이 발생할 수 있다. 많은 사회적 상호작용이나 대인기술이 필요한 직위에서 일하기 어려울 수 있다. 그러나 대부분 혼자 일하는 경우 직장에서 합리적으로 잘 할 수 있다. 다음은 장애의 공통적인 증상이다.

- 둔하고 유머가 없다.
- 사회적으로 거리를 두고 냉정하다.
- 가족 및 친척과의 관계를 피한다.
- 비판과 칭찬에 무관심하다.
- 사회적 상황에서 다른 사람들과 관계의 어려움이 있다.
- 섹스를 포함하여 타인과 관련된 활동을 거의 즐거워하지 않는다.
- 분리된 활동 및 직업을 선택한다.
- 다른 사람들이 이상하게 보는 방식으로 행동한다.
- 빈번한 백일몽, 복잡한 내면 경험을 포함한 생생한 환상을 창조한다.
- 정서적 냉정, 고독 또는 평온한 감정을 나타낸다.

Diagnostic Criteria	분열성 성격장애

분열성 성격장애는 대인관계 및 사회활동에 대한 욕구가 없고 혼자 지내려고 하고 내향적이며 정서적으로 냉정한 성격장애이다. 다음의 항목 중에서 4개 이상이 지속적으로 나타나면 분열성 성격장애일 수 있다.

- 혼자서 하는 활동을 선택한다.
- 가족을 포함하여 긴밀한 관계를 원하거나 즐기지 않는다.
- 고집스럽고 분리된 것으로 나타난다.
- 다른 사람들과의 중요한 접촉을 포함하는 사회활동을 피한다.
- 거의 항상 독방 활동을 선택한다.
- 다른 사람과의 성 경험에 거의 또는 전혀 관심 없다.
- 친척과의 친밀한 관계가 결여된다.

4) 치료

분열성 성격장애 치료에 대한 연구는 거의 이루어지지 않았다. 환자들은 거의 치료하지 않는다. 환자들은 다른 사람들과 잘 어울리지 않기 때문에 대화치료가 효과적이지 않을 수 있다. 따라서 전문가와의 관계형성이 없으면 치료가 어려울 수 있다. 환자를 지원하는 환경에서 사회적 접촉을 함으로써 친밀감에 대한 두려움을 극복할 수 있다. 고독감, 사회적 상호작용 및 긴밀한 관계에 대한 두려움을 완화할 수 있다. 개인치료는 환자의 우울한 인식을 진정한 관계로 바꾸기 위한 출구를 환자에게 제공할 수 있다. 인지행동치료는 개인의 삶에 부정적인 영향을 미치는 비합리적인 생각에 적절할 수 있다. 집단치료는 개인이 사회기술을 실천하는 데 도움이 되는 치료이다. 포괄적 치료는 증상을 개선하고 회복을 도우며 오명을 교정하는 데 중요하다. 자조 프로그램, 가족 지원, 주거 및 직업 지원을 위한 옹호 및 서비스는 공식 치료 시스템을 보완한다.

3. 분열형 성격장애

분열형 성격장애(schizotypal personality disorder)를 가진 사람들은 종종 이상하거나 기이한 것으로 묘사되고 친밀한 관계가 거의 없다. 그들은 관계가 형성되는 방식이나 자신의 행동이 다른 사람들에게 미치는 영향을 이해하지 못한다. 그들은 다른 사람들의 동기와 행동을 잘못 해석하고 다른 사람들에 대해 심각하게 불신한다. 이러한 문제는 분열형 성격장애를 가진 사람이 사회적 단서에 부적절하게 반응하고 독특한 신념을 갖고 있기 때문에 심한 불안과 사회적 상황에서 내면으로 지향하는 경향이 있다. 분열형 성격장애는 행동과 의사소통에 특이와 극도 불안을 제외하고는 분열성 성격장애와 유사하다.

1) 특징

분열형 성격장애는 불안한 생각과 행동, 특이한 신념과 두려움, 그리고 관계 형성과 유지에 어려움이 있는 정신 상태이다. 이 장애는 긴밀한 관계의 불편함, 괴상한 행동, 그리고 비정상적인 사고와 현실 인식을 포함하는 사회적 및 대인관계의 어려움이 있는 장애유형이다. 말은 주제에서 벗어나고, 이상한 단어를 사용하고 또는 투시력과 기괴한 환상에 대한 믿음과 같은 마술적 사고를 나타낼 수 있다 그들은 보통 왜곡된 사고를 경험하고 이상하게 행동하며 친밀함을 피한다. 또한 그들은 비정상적으로 미신적이거나 초자연 현상에 정신이 팔릴 수 있다. 그들은 일반적으로 친한 친구가 거의 없으며 일자리를 유지할 수 있지만 낯선 사람들에 대해 긴장감을 느낀다. 남성에서 더 자주 나타날 수 있는 장애이며 초기 성인기에 나타나며 불안과 우울증을 악화시킬 수 있다.

환자들은 친척을 제외하고는 친한 친구가 없다. 그들은 사람들과 관계하는 것을 매우 불편해한다. 그들은 사회적 상황, 특히 생소한 상황에서 매우 불안해한다. 그들은 생각하고 인식하고 전달하는 이상한 방법을 갖고 있다. 그들은 지각(보고, 듣거나 느끼는 것)이 왜곡될 수 있다. 예를 들면, 이름이 속삭이는 목소리로 들릴 수 있다. 말이 이상할 수 있다. 지나치게 추상적이거나 구체적이고, 이상한 구, 절 또는 단어를 사용한다. 그들은 종종 부적당한 옷을 입거나 더러운 옷을 입는다. 가장 큰 특징은 생각과 행동이 매우 특이하고 기괴하다.

2) 원인

오늘날 연구자들은 분열형 성격장애를 일으키는 원인을 알지 못하지만 원인에 관한 많은 이론이 있다. 대부분의 전문가들은 인과관계의 생물심리사회모델을 동의한다. 즉, 원인은 생물학적 및 유전적 요인, 사회적 요인(사람과 가족, 친구 및 다른 어린이와의 초기 발달과정에서 상호작용하는 방식), 심리적 요인(개인의 성격과 기질, 스트레스를 대처하는 기술)이다.

분열형 성격장애를 가진 사람은 뇌 기능과 유전학의 변화가 원인일 가능성이 있다. 유전자는 분열형 성격장애의 발달에 중요한 역할을 한다고 여겨진다. 이러한 장애는 자녀에게 전달되는 위험이 약간 증가할 수 있다. 정신분열증이나 다른 정신장애가 있는 사람들의 친척(부모, 형제자매 및 어린이)이 더 일반적이다.

3) 증상 및 진단

분열형 성격장애는 친밀한 관계에 대한 심각한 불쾌감과 부족한 능력으로 사회 및 대인관계 결핍이 특징이다. 또한 인지적 또는 지각적 왜곡과 행동의 기이성이 나타난다. 이들은 초기 성인기에 시작한다. 환자는 독방 생활을 하는 경향이 있다. 사회적 불안이 심하면 관계를 형성하기가 어려울 수 있다. 사회 상황에 불편을 겪어 다른 사람을 비난할 수 있다.

그러나 그들은 종종 관계사고가 있다. 관계사고(ideas of reference)는 상대방의 말이나 행동에 내가 관계되어 있다고 생각하는 잘못된 해석이다. 즉, 타인의 말과 행동이 자신과 관련되어 있다는 억측이다. 예를 들면, 직장 동료들이 복도에서 대화하는 것을 볼 때 그들이 자신을 험담하고 있다고 추측한다. 다음은 장애의 공통적인 증상이다.

- 사회적 상황의 불편
- 이상한 신념, 환상 또는 선입관
- 이상한 행동 또는 외모
- 이상한 말

- 친구 교제와 유지의 어려움
- 부적절한 감정 표현
- 의심 또는 편집증

Diagnostic Criteria　　**분열형 성격장애**

분열형 성격장애는 불안한 생각과 행동, 특이한 신념과 공포, 관계형성과 유지에 어려움이 있는 성격장애이다. 다음의 항목 중에서 5개 이상이 지속적으로 나타나면 분열형 성격장애일 수 있다.

- 관계사고
- 행동에 영향을 미치고 하위 문화적 규범에 어긋나는 신념이나 마술적 사고(예: 미신, 투시력, 텔레파시나 육감, 소아나 청소년에서 보이는 기이한 환상이나 집착)
- 신체적 환상을 포함한 비정상적인 지각적 경험
- 이상한 사고와 언어(예: 모호하고, 정황적, 은유적이고, 과도하게 섬세하고, 상투적)
- 의심 또는 편집적 관념
- 부정확하거나 제한적인 영향
- 이상하거나 괴팍하거나 특이한 행동이나 외모
- 직계가족 외에는 가까운 친구나 친척 부족
- 친숙해도 과도한 사회불안이 줄어들지 않는데, 이는 자신에 대한 부정적인 판단보다는 편집적인 두려움과 관련이 있다.

4) 치료

　성격장애는 치료가 가장 어려운 장애이다. 대처기술 및 관계기술을 향상시키는 데 목적이 있는 장기적인 정신요법이 가장 유용하다. 사회적 관계 및 사회적 상호작용의 기초를 배우는 것을 강조하는 사회기술 훈련, 불안관리 및 기타 행동적 접근은 종종 유익하다. 이러한 치료법은 또한 사람들로 하여금 자신의 행동이 어떻게 감지될 수 있는지를 더 잘 알게 해준다. 환자는 장애치료를 시작하는 대신 우울한 문제에서 벗어나려는 경향이 있다. 어떤 사람들은 항정신이상 약물치료에 도움을 받을 수 있다. 환자는 종종 상당한 진전을 보이지 않는다. 종합적인 치료는 증상의 완화와 회복의 길을 찾는 데 중요하다. 분열형 성격장애의 일반적인 치료는 모든 성격 장애를 위한 치료와 동일하다. 항우울제는 불안을 줄이는 데 도움이 될 수 있다.

4. 연극성 성격장애

연극성 성격장애(histrionic personality disorder)는 감정표현이 과장되고 주변의 시선을 받으려는 일관된 정신 상태이다. 이러한 장애가 있는 사람들은 강렬하고 불안정한 감정과 왜곡된 자기 이미지를 갖고 있다. 지속적인 주의집중, 감정적인 과잉반응 및 암시가 특징이다. 이 조건을 가진 사람은 상황을 과도하게 드러내는 경향이 있으며 이는 관계를 손상시키고 우울증을 유발할 수 있다. 몸매에 대한 관심이 지나치고 성적으로 유혹적이며 참을성이 없고 감정의 표현이 빨리 바뀐다. 그들은 왜곡된 정신적 이미지를 갖고 있다. 그들은 종종 다른 사람들의 인정에 자존심을 둔다. 주의를 끌 필요가 있기 때문에 그들은 극적인 장난에 의지할 수 있다.

1) 특징

histrionic이라는 단어는 '연극'을 의미한다. 연극성 성격장애는 성격이 매우 흥분하기 쉽고 주변의 시선을 받으려고 과장된 행동을 일삼는 장애이다. 환자들은 자신들이 주의의 중심이 아닐 때 불편하거나 가치가 없다고 느낀다. 또한 그들은 인정이나 관심, 자기 극화, 연극성, 자기중심 또는 성적인 유혹을 끊임없이 추구한다. 그들은 활기차고 극적일 수 있으며 처음에는 열정, 개방성 또는 허영심을 가진 새로운 지인을 사로잡는다. 친구들이나 지인들에게 감정을 과도하게 공개적으로 보여줄 수도 있다.

환자들은 파티의 삶(life of the party)의 역할을 맡고 관심과 대화는 자기중심적이다. 그들은 육체적인 외모를 사용하여 자신에게 주의를 환기시킨다. 감정적 표현은 얕고 빠르게 변할 수 있다. 그들의 언어 스타일은 지나치게 인상적이나 세부적으로 부족하다. 그들은 가치 있고 상상력과 창의력을 필요로 하는 과업을 잘 수행하지만 논리적이거나 분석적 사고가 요구되는 과업에는 어려움을 겪을 수 있다. 연극성 성격장애는 남성보다 여성에서 더 흔하게 발생하며 일반적으로 성인 초기에 나타난다.

2) 원인

연극성 성격장애의 정확한 원인은 알려져 있지 않지만 많은 정신건강 전문가들은 학습된 요소와 상속된 요소가 모두 중요한 역할을 한다고 믿는다. 성격장애가 가족에서 발생하는 경향은 장애에 대한 유전적 감수성이 유전될 수 있음을 시사한다. 그러나 이 장애를 가진 부모의 자녀는

_185

단순히 학습된 행동을 반복할 수 있다. 다른 환경 요인으로는 아동으로서의 비판이나 처벌 부족, 아동이 특정 승인된 행동을 완료했을 때만 주어지는 긍정적인 강화 결여, 아동에게 예기치 않은 주의, 어떤 종류의 행동이 부모의 승인을 얻는지에 대한 혼란이 있다.

- **신경생물학적 원인**: 신경전달물질은 뇌의 한 신경세포에서 다른 신경세포로 반응을 전달하는 화학물질이며 이러한 반응은 행동을 지시한다. 환자에게 흔히 나타나는 과도한 정서적 반응의 경향은 신경전달물질의 기능장애 때문일 수 있다.
- **발달 원인**: 정신적 발달 단계에 따라 성인의 후기 심리발달이 결정된다. 정신분석학자들은 외상성 유년기가 장애의 발달에 기여한다는 데 동의한다. 일부 이론가들은 초기의 어머니와 자식 관계에서 불만에서 파생된다고 제안한다.
- **생물사회적 학습 원인**: 생물사회적 모델은 사회적이고 생물학적 요소가 성격의 발전에 기여한다고 주장한다. 생물사회적 학습모델은 개인이 부모가 제공하는 일관성 없는 대인관계 강화로부터 장애를 습득할 수 있다고 제안한다. 환자들은 자신에게 주의를 끌기 위해 다른 사람들에게서 원하는 것을 얻는 법을 배운다.

3) 증상 및 진단

대체로 연극성 장애가 있는 사람들은 훌륭한 사회기술을 갖고 있다. 그들은 이 기술을 사용하여 다른 사람들을 조종하여 관심의 중심이 될 수 있다. 이 성격장애는 성년기에 시작하여 다양한 상황에서 나타나는 과도한 감정과 주의집중이 특징적이다. 성격장애는 오래 지속되는 행동 패턴 때문에 성년기에 진단되는 경우가 가장 흔하다. 그들은 일반적으로 장애가 삶을 크게 방해하거나 그렇지 않으면 영향을 미치기 시작할 때까지 치료를 찾지 않는다. 다음은 장애의 공통적인 증상이다.

- 자기중심적이다.
- 지속적으로 안도감이나 인정을 구한다.
- 부적절한 성적인 매력이나 도발적인 행동이 있다.
- 감정이 빠르게 변하고 표현이 천박하다.
- 다른 사람의 주의를 끌기 위해 육체적 외모를 지속적으로 활용한다.
- 말의 스타일이 지나치게 인상적이나 세밀하지 못하다.
- 자기 극화와 정서의 과장된 표현을 보여준다.

- 매우 암시적이지만 쉽게 다른 사람들의 영향을 받는다.
- 관계를 실제보다 더 친밀한 것으로 고려한다.

Diagnostic Criteria | **연극성 성격장애**

연극성 성격장애는 감정표현이 과장되고 주변의 시선을 받으려는 일관된 성격장애이다. 다음의 항목 중에서 5개 이상이 지속적으로 나타나면 연극성 성격장애일 수 있다.

- 관심의 중심에 있지 않다면 불편하게 느낀다.
- 도발적으로 옷을 입거나 부적절하게 매혹적인 행동을 보인다.
- 감정을 빠르게 변경한다.
- 과장된 감정과 표현으로 매우 극적으로 행동하지만 성의가 부족한 것처럼 보인다.
- 외모에 지나치게 관심을 가진다.
- 지속적으로 안도감이나 인정을 찾는다.
- 다른 사람들에게 잘 속아 넘어가고 쉽게 영향을 받는다.
- 비판이나 거절에 지나치게 민감하다.
- 좌절감에 대한 내성이 낮고 일상적으로 쉽게 지루해 한다. 프로젝트를 마무리하지 않거나 한 사건에서 다른 사건으로 건너뛴다.
- 행동하기 전에 생각하지 않는다.
- 성급하게 결정한다.
- 자기중심적이며 다른 사람들에 대한 관심을 거의 나타내지 않는다.
- 타인과의 거래에서 종종 가짜이거나 얕게 보여 관계유지에 어려움을 겪는다.
- 주의를 얻기 위해 위협하거나 자살을 시도한다.

4) 치료

연극성 성격장애를 위한 치료의 추천은 정신요법이다. 치료는 증상이나 기능이 과장될 수 있으므로 종종 어려움을 겪는다. 그들은 또한 감정적으로 도움이 필요할 수도 있고 치료사가 설정한 경계에 도전할 수도 있다. 치료는 일반적으로 지지와 해결책 중심적이어야 한다. 치료사는 사람의 행동에 원인이 있을 수 있는 불안이나 동기를 파악하려고 노력한다. 그러나 환자는 자신의 성격장애 치료가 필요하다고 항상 느끼는 것은 아니다.

이 장애는 수년간의 치료가 필요할 수 있으며 평생 동안 개인에게 영향을 줄 수 있다. 일부 전문가들은 환자가 자신의 감정을 인식하도록 돕는다. 장기간의 정신역동요법은 환자의 근본적인 갈등을 목표로 하고 환자가 감정적인 반응을 줄이는데 도움을 준다.

인지행동치료는 환자의 역기능적 사고를 줄인다. 인지치료는 암시 가능한 생각에서 체계적이고 구조화된 문제에 초점을 맞추는 데 중점을 둔다. 개인에게 자동 사고와 충동적인 행동을 식별하고 더 나은 문제해결 기술을 개발하도록 가르친다. 작업 환경에서 다른 사람들에게 연극 행위가 미치는 영향에 대해 환자에게 가르치기 위한 모델링 및 행동 리허설과 같은 기술이 포함된다.

집단치료는 환자에게 대인관계에서 일하도록 돕기 위해 제안된다. 심리극 기술이나 집단 역할극은 직장에서의 문제를 연습하고 지나치게 극적인 행동을 줄이는 방법을 가르친다. 환자는 역할연기법을 사용하여 대인관계 및 결과를 탐색하여 여러 시나리오와 관련된 프로세스를 더 잘 이해할 수 있다. 갈등을 피하기보다는 주장을 가르치기 위해 가족 치료사는 환자에게 가족 구성원과 직접 이야기하도록 지시해야 한다. 가족 치료는 가족이 긴밀한 관계를 유지할 수 있도록 극적인 위기를 겪고 있는 환자에게 비판적 행동을 지원하지 않고 그의 욕구를 충족시키기 위해 가족 구성원을 지원할 수 있다.

5. 자기애성 성격장애

자기애성 성격장애(narcissistic personality disorder)는 자신에 대한 과장된 평가, 인정받고 싶은 욕구나 다른 사람에 대한 공감 부족을 특징으로 하는 성격장애이다. 다른 사람들과 공감할 수 있는 능력이 부족하고 자신감이 과장될 수 있다. 환자들은 자신의 과도한 중요성, 무한한 성공 욕구, 특별하고 독특한 믿음, 대인관계의 이용, 공감의 부족, 오만과 질투가 있다. 이러한 증상은 사람의 삶에 심각한 고통을 초래한다. 자기애성 성격장애는 관계, 직장, 학교 또는 재정 문제와 같은 많은 삶의 영역에서 문제를 일으킨다.

1) 특징

자기애성 성격장애는 성공 욕구로 가득 차 있고 존경과 관심을 끌려고 노력하고, 성공을 위하여 대인관계에서의 이용, 공감부족, 사기성 같은 행동 양식을 보인다. 자기애성 성격장애의 특징은 호기심, 다른 사람들에 대한 공감부족과 존경 욕구이다. 이 조건을 가진 사람들은 종종 오만하고, 자기중심적이고, 조작적이고, 요구가 많다. 그들은 또한 장대한 환상(예: 자신의 성공, 아름다움, 영광)에 집중할 수 있으며 특별한 대우를 받을 자격이 있다고 확신할 수 있다. 이러한 성격은 일반적으로 성인 초기에 시작되며 직장 및 관계와 같은 다양한 맥락에서 일관되게 나타난다.

자기애성 성격장애가 있는 사람들은 자신이 우월하거나 특별하다고 믿으며 종종 어떤 면에서는 독특하거나 재능이 있다고 믿는 다른 사람들과 연관을 시도한다. 이 연관성은 일반적으로 표면 아래에서 매우 취약한 자존감을 향상시킨다. 그들은 다른 사람들이 자신의 생각을 잘 알고 있는지를 알기 위해 과도한 존경과 주의를 추구한다. 그들은 비판이나 패배를 용인하는 데 어려움을 겪으며 비판이나 거절의 형태로 피해를 경험할 때 굴욕감을 느끼거나 공허감을 자주 느껴질 수 있다. 그들은 받을 가치가 있다고 생각하는 특별한 호의와 존경을 받지 못하면 일반적으로 불행해 하고 실망할 수 있다.

2) 원인

자기애성 성격장애의 원인은 아직 잘 알려져 있지 않다. 그러나 자기애성 성격장애의 원인에 대한 많은 이론이 있다. 대부분의 전문가들은 인과관계의 생물심리사회모델에 동의한다. 유전적 및 생물학적 요인뿐만 아니라 환경 및 초기 생활 경험은 모두 장애의 발전에 중요한 역할을 한다. 자기애성 성격장애의 원인은 복잡할 수 있다.

- 환경: 아동의 경험에 부적절한 과도한 존경 또는 비판이 있는 자녀와 부모 관계
- 유전학: 유전된 특성
- 신경생물학: 뇌와 행동 및 사고 사이의 연결

3) 증상 및 진단

자기애성 성격장애는 오래 지속되는 행동 패턴 때문에 성년기에 진단되는 경우가 가장 흔하다. 자기애성 성격장애는 여성보다 남성이 더 많이 발생하며 일반 인구의 약 6%에서 발생한다고 한다. 대부분의 성격장애와 마찬가지로 자기애성 성격장애는 일반적으로 나이에 따라 강도가 떨어진다. 다음은 자기애성 성격장애의 공통적인 증상이다.

- 자신의 중요성을 과장한다.
- 자격이나 권리가 있고 끊임없이 과도한 감탄이 있어야 한다.
- 보증하는 업적이 없는 경우에도 우수한 것으로 인정받을 것으로 기대한다.

- 업적과 재능을 과장한다.
- 성공, 힘, 영광, 아름다움 또는 완벽한 배우자에 대한 환상에 몰두한다.
- 자신은 우수하고 특별한 사람들만 연관될 수 있다고 믿는다.
- 대화를 독점하고 열등하다고 느끼는 사람들을 과소평가하거나 보지 않는다.
- 특별한 호의와 절대적인 순응을 기대한다.
- 자신이 원하는 것을 얻기 위해 다른 사람들을 이용한다.
- 타인의 필요와 감정을 인식하지 못하거나 기피한다.
- 다른 사람들을 부러워하고 다른 사람들이 자신을 부러워한다고 믿는다.
- 교만하거나 거만하고, 도도하고 오만하거나 허세적 태도로 행동한다.
- 최고의 제품을 갖는 것을 중시한다. 예를 들면, 최고의 자동차 또는 사무실

Diagnostic Criteria	자기애성 성격장애

자기애성 성격장애는 자신에 대한 과장된 평가, 인정받고 싶은 욕구나 다른 사람에 대한 공감의 결여를 특징으로 하는 성격장애이다. 다음의 항목 중에서 5개 이상이 지속적으로 나타나면 자기애성 성격장애일 수 있다.

- 자신의 중요성을 과장한다.
- 성공, 힘, 아름다움, 지능 또는 이상적인 로맨스에 대한 환상에 몰두한다.
- 자신은 특별하고 특별한 사람만 자신을 이해할 수 있다고 믿는다.
- 다른 사람들의 지속적인 관심과 존경을 요구한다.
- 특별한 대우를 기대한다.
- 자신의 목표에 도달하기 위해 다른 사람들을 이용한다.
- 다른 사람들의 감정을 무시하고 공감이 부족하다.
- 종종 다른 사람들을 질투하거나 다른 사람들이 자신을 질투한다고 믿는다.
- 거만한 행동과 태도를 보인다.

4) 치료

자기애성 성격장애에 대한 치료는 이 조건을 가진 사람들이 많은 호기심과 방어력을 지니기 때문에 어려울 수 있다. 이것은 자신이 문제와 취약성을 인식하는 것을 어렵게 만든다. 개인 및 집단 정신요법은 건강하고 자비로운 방식으로 관련시키는 데 도움이 될 수 있다. 대화요법은 다

른 사람과 더 잘 관계를 맺고 더 기능적 인간관계를 장려하고 자신의 감정과 자신의 하는 방식을 을 더 잘 이해할 수 있다.

6. 반사회적 성격장애

반사회적 성격장애(antisocial personality disorder)는 타인의 권리를 대수롭지 않게 여기고 침해하며, 반복적인 범법행위나 거짓말, 사기성, 공격성, 무책임을 보이는 성격장애이다. 이들은 옳고 그름을 고려하지 않으며 다른 사람들의 권리와 감정을 무시한다. 이들은 다른 사람들을 가혹하게 또는 냉담한 무관심으로 적대감을 갖고, 조종하거나 대하는 경향이 있다. 이들은 자신의 행동에 대해 죄책감이나 후회를 나타내지 않고, 사회의 법과 규범에 대립한다.

사이코패스(psychopath)와 소시오패스(sociopath) 모두 반사회적 성격장애를 지닌 인물을 지칭하는 용어이다. 사이코패스는 유전적 요인으로 인해 발생하는 선천적인 것으로 타인의 고통에 공감하지 못하며 법적·윤리적 개념이 형성되지 않아 옳고 그름을 판단하지 못한다. 반면 소시오패스는 후천적인 영향으로 탄생하며 나쁜 행동이라는 사실을 알면서도 자신의 이익을 위해 서슴없이 잘못된 행동을 한다.

1) 특징

반사회적 성격장애는 주변 사람들의 권리를 무시하고 위반하는 경향이 있는 정신 상태이다. 반사회적 성격장애는 지독하고, 유해하거나 위험한 행동 패턴으로 사회병리 또는 정신병증이라고 한다. 사회병리(sociopathy)는 주로 자신의 양심에 중대한 문제가 있는 것이며 정신병증(psychopathy)은 양심의 완전한 결여로 특징지어진다. 이들은 도덕·양심적 판단을 지각할 수 있으나 이것이 불필요하다고 생각하여 타인을 속이고, 범죄행위를 한다. 윤리적 관념에 따라 악과 선을 구분할 수 있으나, 후천적 요인으로 공감 능력이나 죄책감이 결여되어 남을 전혀 배려하지 않는 것은 사회병리, 즉 소시오패스이다.

환자들은 표면적으로 매력적일 수도 있지만, 무책임하고 자극적이며 공격적일 수 있다. 그들의 교묘한 경향으로 인해 거짓말인지 진실인지를 분간하기 어렵다. 그들은 종종 법을 어기고 범죄자가 된다. 그들은 거짓말을 하거나 폭력적으로 또는 충동적으로 행동할 수 있으며 약물 및 알코올 사용에 문제가 있을 수 있다. 이러한 특성 때문에 환자들은 일반적으로 가족, 직장 또는 학교와 관련된 책임을 완수할 수 없다. 반사회적 성격장애는 타인의 권리를 무시하고 위반하는 패턴이 특징이다. 약 3%의 남성과 약 1%의 여성이 반사회적 성격장애를 앓고 있다.

2) 원인

이 질환의 정확한 원인은 알려져 있지 않지만 유전적 요인과 환경적 요인이 모두 관련되어 있다. 반사회적 행동의 발생률이 반사회적 생물학적 부모를 가진 사람들에서 더 높기 때문에 유전적 요인이 의심된다. 유전자는 반사회적 성격장애에 취약하게 만들 수 있으며, 삶의 상황에 따라 발달이 촉발될 수 있다. 뇌 기능 발달과정에서 뇌의 기능 변화가 원인이 될 수 있다. 임신 중 흡연과 비정상적인 뇌 기능을 포함하여 장애의 위험을 증가시키는 여러 요인이 발견되었다. 아동 학대 및 방치는 발병과 관련이 있다. 혼란스럽고 무시당하는 가정에서 자란 어린이들은 강경한 훈육, 자기통제, 다른 사람들에 대한 공감을 키울 기회가 없다.

3) 증상 및 진단

반사회적 성격장애는 종종 어린 시절에 시작된다. 어린이로서 이 질환을 앓는 사람들은 폭력적인 분노를 자주 겪으며 동물에게 잔인하며 동료들에 의해 괴롭힘을 당하는 경우가 많다. 성인으로서 장애는 고통받는 사람과 개인과 접촉하는 사람들 모두에게 파괴적일 수 있다. 그들은 위험을 감수하는 행동, 위험한 활동, 범죄행위에 더 쉽게 개입할 수 있다. 그들은 종종 양심이 없는 것으로 묘사되며 그들의 유해한 행동에 대해 후회를 느끼지 않는다. 반사회적 성격장애는 여성보다 남성에서 훨씬 흔하다. 반사회적 성격장애는 15세 이후에 시작된다. 다음은 장애의 공통적인 증상이다.

- 지속적인 거짓말 또는 절도
- 반복적인 구속
- 타인의 권리를 침해하는 경향
- 공격적이거나 폭력적인 행동
- 불안정한 직업의 역사
- 흔들리거나 우울한 기분이 지속된다.
- 위험이나 흥분을 감수한다.
- 자신이나 타인의 안전을 무시한다.

- 행동장애의 역사
- 양심의 가책이 없다.
- 표면적인 매력 또는 재치
- 충동성향
- 권리감 집착
- 우정 또는 건강한 관계 발전의 어려움

Diagnostic Criteria ┃ **반사회적 성격장애**

반사회적인 성격장애는 다른 사람들의 권리와 감정을 무시하는 성격장애이다. 다음의 항목 중에서 3개 이상이 15세 이후에 지속적으로 나타나면 반사회적 성격장애일 수 있다.

- 구속될 수 있는 행위를 반복적으로 수행하고 사회적 규범을 준수하지 못한다.
- 개인적인 이익이나 쾌락을 위해 반복적인 거짓말, 가명 사용, 다른 사람을 속이는 사기
- 충동성 또는 사전 계획 실패
- 반복적인 육체적 싸움이나 폭행으로 지적되는 성격과 공격성
- 자신이나 타인의 안전에 대한 무모한 무시
- 일관된 직업을 지속하지 못하거나 재정적 의무를 지키지 않는 반복적 일관성 없는 무책임
- 자책이 없고, 타인에게 상처주거나 학대하거나 절도하는 것에 대해 무관심하거나 합리화

4) 치료

반사회적 성격장애는 치료하기 가장 어려운 성격장애 중 하나이다. 개인은 거의 스스로 치료를 추구하지 않으며 법원에서 요구할 경우에만 치료를 시작할 수 있다. 반사회적 성격장애에 대한 명확한 치료법은 없다. 인지행동치료는 개인이 행동에 대한 통찰력을 얻고 부적절한 사고 패턴을 변화시키는 것을 돕는 데 유용할 수 있다. 심리요법은 적절한 대인관계 기술 및 도덕적 규범을 개발하도록 도울 수 있다. 집단치료와 가족치료가 권장된다. 집단치료는 일부 개인에게는 덜 위협적일 수 있으며 방어를 줄일 수 있다.

7. 경계성 성격장애

경계성 성격장애(borderline personality disorder)는 강렬하고 불안정한 기분, 충동적인 행동, 포기에 대한 두려움, 일관성 없는 자아상을 특징으로 하는 정신장애이다. 일상생활에서 문제를 일으키는 자신과 타인에 대해 생각하고 느끼는 방식에 영향을 미치는 정신건강 장애이다. 그것은 불안정한 강렬한 관계 패턴, 왜곡된 자기 이미지, 극도의 감정과 충동을 포함한다. 우울, 분노가 충동적이기 때문에 자해나 자살행위도 잦다.

1) 특징

경계성 성격장애는 자아상, 대인관계, 정서가 불안정하고 충동적인 특징을 갖는 성격장애이다. 경계성 성격장애는 전반적인 정서, 대인관계, 자아상이 심각한 정신질환이다. 이 불안정성은 종종 가족 및 직장생활, 장기계획 및 개인의 정체성을 방해한다. 정신병(psychosis)과 신경증(neurosis)의 경계에 있는 것으로 생각되는 경계성 성격장애는 감정 조절에 어려움을 겪는다. 정신분열증이나 양극성 장애보다 잘 알려지지는 않지만 이 장애는 성인의 2%에 영향을 미친다. 이 장애를 가진 사람들은 자해나 심각한 경우에는 자살 시도나 자살과 같은 자해 행동이 많다. 남성보다 여성에서 더 흔하게 발생한다.

- 정서적 불안정성: 정서적 조절 장애
- 사고 또는 인식의 방해 패턴: 지각적 왜곡
- 충동적인 행동
- 다른 사람과의 강렬하지만 불안정한 관계

2) 원인

이 질환의 정확한 원인은 알려져 있지 않지만 유전적, 환경적, 신경학적 요인이 작용할 가능성이 있다. 이 질환을 가진 가까운 친척이 있는 사람들 사이에서 더 많다. 대체로 환경 스트레스, 어린 시절의 외상, 육아방치, 신체적 성적학대에 대한 개별 취약성의 조합으로 이 질환이 발생하는 것으로 알려져 있다. 연구에 따르면 충동적 공격에 취약한 사람들은 감정을 조절하는 신경회로의 조절이 손상되었다. 정서적 불안이 심하면 충동적이고 자기 파괴적인 행동이 나타난다.

- 유전학 및 가족력: 이 질환이 있는 부모 또는 형제는 발병 위험이 크다.
- 환경 및 사회적 요인: 어린 시절 외상, 학대, 방기, 언어학대와 관련이 있다
- 신경학적 요인: 정서적인 행동과 관련된 뇌 영역에서의 활동이 적고 분노와 공포와 관련된 뇌 영역에서의 활동이 높다.

3) 증상 및 진단

경계성 성격장애를 가진 사람은 단 몇 시간 또는 며칠까지 지속되는 분노, 우울증 또는 불안감을 경험할 수 있다. 이는 충동적 공격, 자해, 약물 또는 알코올 남용과 관련될 수 있다. 사고의 왜곡과 자아감은 장기 목표, 경력 계획, 직업, 우정, 정체성, 가치관에서 빈번한 변화로 이어질 수 있다. 때때로 그들은 자신을 근본적으로 나쁘거나 가치 없는 것으로 간주한다. 그들은 지루하고, 공허하며, 부당하게 오해하거나 학대받는 듯한 느낌을 가질 수 있으며, 그들이 누군지 거의 알지 못한다. 경계성 성격장애 증상은 사람마다 다르며 여성이 남성보다 더 많다.

[표 8-2] 경계성 성격장애의 증상

행동적 증상	인지적 증상	심리사회적 증상
• 충동적인 행동 • 무모하고 위험한 행동 관여 • 포기에 대한 극단적인 반응 • 분노조절의 어려움 • 격렬한 언쟁	• 의심 • 환각과 환상 • 편집증 • 현실감 상실 • 개인화	• 만성적인 공허감 • 만성적 권태 • 격렬한 기분변화 • 불안정한 자기의 이미지 • 자살 생각과 행동

Diagnostic Criteria 경계성 성격장애

경계성 성격장애는 자아상, 대인관계, 정서가 불안정하고 충동적인 특징을 갖는 성격장애이다. 다음의 항목 중에서 5개 이상이 지속적으로 나타나면 성격장애일 수 있다.

- 현실적이거나 상상적인 포기를 피하기 위한 대단한 노력
- 극단적인 이상화와 평가절하를 번갈아 가며 나타나는 불안정하고 강렬한 대인관계의 패턴
- 불안정한 자기 이미지 또는 자아감과 같은 정체감 혼란
- 자해를 일으킬 수 있는 최소한 두 영역(예: 낭비, 성행위, 약물남용, 무모한 운전, 폭식)

- 반복적인 자살 행동, 시늉 또는 위협, 자해행동
- 기분의 변화로 인한 정서적 불안정성(예: 강렬한 일시적 불쾌감, 과민성 또는 불안감이 대개 몇 시간 지속되며 며칠 이상 지속되는 경우도 많음)
- 만성적인 공허감
- 부적절하고 강렬한 분노 또는 분노 조절의 어려움(예: 지속적 분노표현, 반복적 신체적 싸움)
- 일시적, 스트레스 관련 편집증적 사고 또는 심한 해리 증상

4) 치료

경계성 성격장애에 대한 권장 치료에는 정신요법, 약물치료, 집단, 동료 및 가족 지원이 포함된다. 집단 및 개별심리요법은 많은 환자들에게 효과적인 치료법이다. 특정 문제와 쇠약 증상을 치료하기 위해 약물을 처방할 수도 있다. 약물치료는 종종 개별 환자가 나타내는 특정 증상에 따라 처방된다. 항우울제와 기분 안정제는 우울 및 불안정한 기분에 도움이 될 수 있다.

- 인지행동치료: 환자는 개인 치료사와 함께 부정적인 생각 패턴을 식별하고 상황을 보다 명확하게 파악하는 방법을 배운다.
- 변증법적 행동치료: 정서를 관리하고 관계를 개선하기 위한 대처기술을 가르친다. 이것은 개별 또는 집단과 함께 할 수 있다.
- 정신화 치료: 당시의 생각과 느낌을 확인하고 행동하기 전에 생각하는 것을 배운다. 정신화(mentalization)는 타인의 행동이 어떤 감정, 어떤 의도에서 나온 것인지 이해하는 능력이 형성되는 과정이다. 자신이나 다른 사람의 마음에 초점을 두어 살펴보는 것으로 상호교류하는 의사소통이다, 이것은 심리적 공유의 영역을 말한다. 환자의 경험을 감지하고, 상상하고, 이해해주는 안정된 부모처럼 치료자는 환자의 경험을 정신화한다.

8. 회피성 성격장애

많은 사람들은 수줍음 때문에 고생하고 고통받는다. 극도의 수줍음과 거부감에 대한 두려움 때문에 일부 사람들은 사회적으로나 전문적으로 상호작용하기 어렵다. 회피성 성격장애(avoidant personality disorder)는 상대에게 거부당하는 것이 두려워 사람들을 피하는 성격장애이다. 거절에

대한 부적절한 느낌은 자신을 사회적으로 억압하고 부적절하다고 느끼게 한다. 이러한 부적절과 억제의 감정 때문에 일이나 학교, 다른 사람들과 사교나 상호작용하는 행위를 피하려고 한다.

1) 특징

회피성 성격장애란 극단적인 사회적 억압, 부적절한 느낌, 거부감에 대한 평생의 패턴을 특징으로 하는 정신 상태이다. 이 장애를 가진 사람들은 다른 사람들로부터 비판이나 실망에 대한 두려움 때문에 직장 활동을 기피하거나 직무를 거부할 수 있다. 그들은 자부심이 낮고 부적절한 느낌으로 인해 사회적 상황이 저해될 수 있다. 또한 자신의 단점에 정신이 팔려서 거부당하지 않을 것이라고 생각하는 경우에만 다른 사람들과 관계를 형성할 수 있다. 손실과 거부는 자신들에게 너무 고통스럽기 때문에 다른 사람들과 연결하려고 할 때 위험을 감수하기보다는 외로움을 선택할 것이다.

2) 원인

회피성 성격장애의 원인은 알려져 있지 않다. 부모 또는 친구에 의한 거절과 같은 유전학 또는 환경 요인은 발달에 중요한 역할을 할 수 있다. 어린 시절에 수줍음을 가진 대부분의 사람들은 이러한 행동에서 벗어나는 경향이 있지만 회피성 성격장애를 겪는 사람들은 청소년기와 성인기에 접어들면서 점점 소심해진다.

- **유전적 요인:** 쌍둥이에서 이 장애가 27%에서 35%의 상속 가능성이 나타났다. 이 유전자의 약 83%가 성격장애와 관련이 있다(Kendler et al. 2008).
- **환경적 요인:** 질환은 자라면서 적절한 대처기술을 배우지 못하기 때문에 크게 발생한다. 회피하는 사람들은 사회 도전 과제를 탐색하는 방법을 배우지 못한다.
- **소아 방치:** 유년기의 방치가 질환의 위험 인자이며 사회공포증에서 중요한 요인일 수 있다 (Eikenaes et al., 2015).

3) 증상 및 진단

장애와 관련된 주요 문제는 사회 및 직업 기능에서 발생한다. 낮은 자부심과 거절에 대한 과민 반응은 제한된 대인관계와 관련이 있다. 이들은 상대적으로 고립되어 있고 대개 위기대응에 도움이 되는 커다란 사회적 지원 네트워크가 없다. 그들은 애정과 수용을 원하고 다른 사람들과 이상적인 관계에 대해 환상을 가질 수 있고, 직업능력에 부정적인 영향을 미칠 수 있다. 왜냐하면 이러한 사람들은 직업의 기본적인 요구를 충족시키거나 진보하는 데 중요한 사회적 상황의 유형을 피하려고 노력하기 때문이다. 회피성 성격장애는 일반적으로 초기 성인기에 나타난다. 다음은 장애의 공통적인 증상이다.

- 비판이나 거절로 쉽게 상처 입는다.
- 친한 친구가 없다.
- 사람들과 관계를 맺기를 꺼린다.
- 타인과의 접촉을 포함하는 활동이나 직업을 회피한다.
- 잘못된 행동을 두려워하는 사회적 상황에서 수줍음이 있다.
- 잠재적 어려움을 과장한다.
- 친밀한 관계에서 과도한 억제력을 보인다.
- 거절에 대한 두려움으로 다른 사람들에게 호소하지 않는다.
- 당혹스러울 수 있으므로 위험을 무릅쓰거나 새로운 것을 시도하지 않는다.

Diagnostic Criteria	회피성 성격장애

회피성 성격장애는 상대에게 거부당하는 것이 두려워 사람들을 기피하는 성격장애이다. 다음의 항목 중에서 4개 이상이 지속적으로 나타나면 회피성 성격장애일 수 있다.

- 비판, 반대 또는 거절에 대한 두려움 때문에 대인관계에 중대한 영향을 미치는 직업활동을 피한다.
- 좋아하는 느낌을 받지 않는다면 사람들과 관계 형성을 꺼린다.
- 창피나 조소당하는 것에 대한 두려움 때문에 친밀한 관계를 제한한다.
- 사회 상황에서 비난받거나 거부당하는 것에 정신이 사로잡혀있다.
- 부적절한 느낌으로 새로운 대인관계가 위축된다.
- 자신을 사회적으로 부적절하거나 개인적으로 호소력이 없거나 다른 사람들보다 열등한 것으로 생각한다.
- 당황하는 모습을 보이기 때문에 개인적 위험을 감수하거나 새로운 활동에 관여하는 것을 비정상적으로 꺼린다.

4) 치료

성격장애는 본질적으로 치료하기가 어렵다. 정신요법, 특히 인지행동치료가 도움이 될 수 있다. 약물치료와 대화치료의 병용은 어느 치료법보다 효과적일 수 있다. 치료를 받지 않으면 회피성 성격장애를 가진 사람들은 삶이 거의 고립된다. 그들은 물질남용 또는 우울증과 같은 기분장애를 일으킬 수 있다. 이들이 다른 사람들을 불신하는 경향이 있기 때문에 치료는 일반적으로 처음에는 천천히 시작한다. 치료사는 불안이나 우울증과 같은 특정 증상의 영향을 줄이기 위해 약물을 처방할 수도 있다.

- **정신요법:** 신뢰를 쌓고 단단한 치료 관계를 발전시킨다. 치료의 초기 목표는 부적응 행동을 유발하는 요인에 대해 통찰력을 얻도록 도와주며, 자신과 다른 사람들에게 영향을 미칠 수 있는 방법에 대한 통찰력을 얻도록 돕는다. 다음 단계는 개인이 효과적인 사회기술과 행동을 배우도록 돕고, 주변 사람들과 상호작용할 수 있는 방법을 제공한다.
- **인지행동치료:** 이 접근법은 왜곡되고 부정확한 사고 패턴이 장애의 기초를 형성한다고 가정한다. 치료사는 이 기술을 사용하여 주변을 둘러싼 가정의 진실을 조사하고 논박함으로써 왜곡된 사고 패턴을 변경한다.
- **대화요법:** 대화에서 자신의 경험, 태도 및 행동에 대해 환자를 안내하는 치료방법이다. 그것은 어떤 치료법에도 적용될 수 있다. 자신의 두려움, 수치심 및 불안감에 대한 대화를 유지함으로써 환자는 비판과 거부에 덜 민감하다는 것을 알게 된다.
- **집단치료:** 환자가 집단치료 환경에 처하기 전에 회복을 향한 어떤 진전을 보일 때까지 기다리는 것이 좋다. 그러나 준비가 되어있는 환자의 경우 집단치료를 통해 긍정적인 사회적 경험을 부여하고 안전하고 통제된 환경에서 의견을 수렴할 수 있다.

9. 의존성 성격장애

의존성 성격장애(dependent personality disorder)는 정서적 및 육체적 요구를 충족시키기 위해 다른 사람에게 지나치게 의존하는 정신 상태이다. 그들은 종종 비관주의와 자기의심을 특징으로 하며 자신의 능력을 과소평가하는 경향이 있고 끊임없이 자신을 어리석은 사람이라고 비난한다. 비판과 반대를 자신의 무가치 증거로 받아들이고 자신에 대한 신념을 잃는다. 그들은 다른 사람들로부터 과다보호와 의존을 추구할 수 있다. 독립적 활동이 필요하다면 일상적인 활동이 손상될 수 있다. 그들은 책임의 위치를 피할 수 있고 의사결정에 직면할 때 불안해 할 수 있다. 사회적 관계는 개인이 의존하는 소수의 사람들에게만 한정되는 경향이 있다.

1) 특징

의존성 성격장애는 자신의 정신적 신체적인 욕구를 충족하기 위해 다른 사람에게 지나치게 의존하는 만성적인 정신 상태이다. 의존 욕구가 거절되는 것이 두려워 무리한 요구를 해도 순종적으로 응한다. 이 패턴은 초기 성인기에 시작되어 다양한 상황에서 나타난다. 종속적이고 복종하는 행동은 보호를 이끌어 내고 다른 사람들의 도움 없이는 적절하게 기능하지 못한다는 자각으로부터 발생한다. 이들은 혼자서 일할 수 없다고 느낀다. 이들은 프로젝트를 시작하거나 독립적으로 일하기가 어렵다.

그들은 과도한 충고와 다른 사람들의 확신 없이 일상의 결정을 하는 데 큰 어려움을 겪는다. 수동적인 경향이 있으며 다른 사람들이 주도권을 쥐고 자신들의 삶에 대부분 책임을 지는 것을 허용한다. 그들은 일반적으로 자신이 어디에 살고, 어떤 직업을 가지며, 어떤 친구를 가지는지를 부모 또는 배우자가 결정해야 한다. 이러한 청소년은 입을 옷, 누구를 만나야 하는지, 자유 시간을 보내는 방법, 어떤 학교에 다니는지를 부모가 결정해야 한다. 그들은 지지 또는 승인을 잃을까봐 다른 사람, 특히 자신이 의존하는 사람과 불일치를 표현하기가 어려울 수 있다.

2) 원인

의존성 성격장애의 원인은 알려져 있지 않다. 이 질환은 대개 성인 초기에 나타난다. 소아기 또는 청소년기에 만성적인 신체 질환 또는 분리불안장애를 경험한 사람은 의존성 성격장애를 유발할 위험이 높다. 환자들은 종종 다른 사람들이 당연시하는 다양한 상황의 결과에 대해 걱정하는 경향이 있는 타고난 기질을 갖고 있는 것처럼 보인다. 연구에 의하면 6세 또는 7세 어린이들의 의존적 행동과 젊은 성인으로 이어지는 것과의 사이에 높은 상관관계가 있다. 이 질환은 남성보다 여성이 더 많다.

- 애착붕괴: 일관성 없는 양육, 학대, 방치 또는 기타 외상으로 인해 어린 시절에 안전한 자아감, 내적 안전감, 타인에 대한 안전한 애착, 독립심과 타인에 대한 친밀감의 균형을 형성할 수 있는 능력을 손상시킬 수 있다.

- **권위주의 또는 과보호 육아**: 이것은 정서 및 행동 독립과 자립을 실천할 수 있는 기회를 박탈할 수 있고, 아이들에게 높은 수준의 불안감, 결정을 내리는 다른 사람에 대한 의존감을 주고, 자신의 생각, 감정 및 능력을 신뢰하지 못하게 할 수 있다.
- **부적절하거나 결여된 보상**: 행동 및 사회학습이론은 성격이 조건화와 강화를 통해 형성된다는 것을 견지한다. 다른 사람들과의 상호작용을 통해 그리고 자신의 행동이 다른 사람들에 의해 어떻게 받아들여지는지 관찰함으로써 세상에 존재하는 법을 배운다.

3) 증상 및 진단

의존성 성격장애가 있는 사람들은 자신의 의사결정 능력을 신뢰하지 않으며 다른 사람들이 더 나은 생각을 갖고 있다고 느낀다. 이들은 분리와 상실로 인해 황폐해질 수 있으며, 학대를 당하더라도 관계를 유지하는 데 많은 시간을 할애할 수 있다. 이들은 자신의 능력을 과소평가하는 경향이 있으며 종종 자신을 어리석다고 말한다. 다음은 장애의 공통적인 증상이다.

- 다른 사람들의 충고와 보증 없이 의사결정, 일상적인 결정조차 할 수 없다.
- 개인적 책임, 독립적인 기능과 책임감이 요구되는 직무를 회피한다.
- 관계가 끝날 때 두려움 또는 무력감을 느낀다.
- 비판에 대한 지나친 감수성
- 자신을 돌보지 못한다는 믿음을 포함하여 비관주의와 자신감 부족
- 지지 또는 승인을 잃을까봐 두려워 다른 사람의 의견을 피한다.
- 프로젝트를 혼자서 시작할 수 없다.
- 혼자 하는 것이 어렵다.
- 타인의 학대와 부당한 대우를 용인한다.
- 환상 속에 살려는 경향

Diagnostic Criteria	의존성 성격장애

의존성 성격장애는 다른 사람에게 지나치게 의존하는 만성적인 성격장애이다. 다음의 항목 중에서 5개 이상이 지속적으로 나타나면 의존성 성격장애일 수 있다.

- 과도한 조언과 안도감 없이 일상의 결정을 내리는 데 어려움이 있다.
- 자신의 삶의 대부분의 주요 부분에 책임을 지는 타인이 필요하다.

- 지지나 인정을 잃을까봐 두려워 다른 사람들에게 불화를 표현하는 것이 어렵다.
- 프로젝트를 시작하거나 자신의 일을 하는 데 어려움이 있다(동기부여나 활력이 부족한 것이 아니라 판단이나 능력에 대한 자신감이 부족하기 때문이다).
- 타인의 보호와 지원을 얻기 위해 어떤 행동도 할 수 있다. 심지어 불쾌한 일도 보호와 지지를 얻는다면 자원할 수 있다.
- 자신을 돌볼 수 없다는 과장된 두려움 때문에 혼자 있을 때 불편하거나 무력감을 느낀다.
- 긴밀한 관계가 끝났을 때 보호와 지지를 얻기 위해 다른 관계를 즉시 추구한다.
- 자신을 돌봐야 한다는 두려움에 비현실적으로 빠진다.

4) 치료

정신요법은 의존성 성격장애를 가진 사람들에게 선호되는 치료법이다. 정신치료법은 무의식적인 생각을 알게 도와준다. 과거 경험이 현재의 행동에 어떤 영향을 미치는지 이해하는 데 도움이 된다. 이를 통해 과거의 정서적 고통과 갈등을 조사하고 해결할 수 있다. 인지행동치료는 부적응적 사고 패턴, 그러한 사고의 기초가 되는 신념과 중요한 삶의 결정을 내릴 수 없거나 관계를 시작할 수 없는 장애를 해결하는 데 중점을 둔다. 건강에 해로운 신념과 사고 과정을 인식하고 대체하도록 도와준다. 개선은 대개 장기간의 치료에서 나타난다. 약물치료는 다른 근본적인 증상을 치료하는 데 도움이 될 수 있다.

10. 강박성 성격장애

강박성 성격장애(obsessive-compulsive personality disorder)는 사소한 세부사항이나 규칙에 지나치게 집착하거나 자신의 방식을 고수하는 성격장애이다. 이들은 일상생활의 여러 측면을 수행하기 위한 신중한 규칙과 절차를 갖고 있다. 그들의 목표는 조심스럽고 질서 정연한 방식으로 일을 완수하는 것이다. 장애는 유연성, 개방성 및 효율성을 희생시키면서 질서 정연성, 완벽주의, 정신과 대인통제에 대한 선입관을 특징으로 한다. 규칙과 확립된 절차가 정답을 지시하지 않을 때, 의사결정은 시간이 많이 걸리고 종종 고통스러운 과정이 될 수 있다.

1) 특징

강박성 성격장애는 원치 않는 반복적인 생각, 감정, 이미지 및 감각을 갖고 이러한 생각이나 강박에 대한 반응으로 행동하는 불안장애이다. 충격을 줄이거나 강박관념을 없애기 위한 행동을 취하지만 일시적인 안도만 가져온다. 강박의식을 하지 않으면 커다란 불안을 초래할 수 있다. 사람의 강박성 성격장애는 치료를 받지 않으면 직장이나 학교에서 기능을 수행할 수 있는 능력을 제한할 수 있다. 강박성 성격장애는 강건성, 통제력, 완벽주의 및 긴밀한 대인관계를 희생하여 일에 대한 과민성이 특징이다. 이들은 세부 사항, 규칙 및 생산성에 몰두하기 때문에 편안함을 느끼지 못한다. 이들은 다른 사람들에 의해 완고하고, 인색하고, 독선적이며, 비협조적인 것으로 인식된다. 다음은 강박성 성격장애 환자들의 공통적인 특징이다.

- 자신의 감정을 표현하기가 어렵다.
- 다른 사람들과 긴밀한 관계를 형성하고 유지하는 데 어려움을 겪는다.
- 근면하지만 완벽에 대한 집착은 비효율적 일 수 있다.
- 종종 의롭고 분개하며 분노를 느낀다.
- 종종 사회적 고립에 직면한다.
- 우울증과 관련된 불안을 경험할 수 있다.

2) 원인

장애의 원인은 신경생물학적 요인과 환경적 영향의 상호작용에 초점을 맞추고 있다. 생물학적 요인은 강박성 성격장애의 위험과 관련이 있다. 환자가 신경전달물질 세로토닌에 영향을 미치는 특정 약물에 잘 반응한다는 사실은 이 질환이 신경생물학적 기초를 갖고 있음을 시사한다. 또한 장애가 있는 성인의 가까운 친척 중에 강박성 성격장애의 비율이 높다. 소아기 또는 기타 외상 사건의 신체적 또는 성적학대는 강박성 성격장애 발병의 위험과 관련된다. 이 장애는 종종 우울증, 섭식장애, 물질남용, 주의력 결핍장애 또는 다른 불안장애가 동반된다.

- **유전적 원인**: 장애는 가족성 장애로 간주될 수 있다. 성인의 쌍둥이 연구는 강박 증상이 적당히 유전될 수 있음을 시사한다. 그러나 원인으로 확인된 유전자는 하나도 없다.
- **행동적 원인**: 행동이론은 그들이 어떤 물건이나 상황을 불안과 관련짓고 있음을 시사한다. 그들은 불안을 줄이기 위해 피한다. 이러한 불안과 회피는 새로운 직업을 시작하거나 중요

한 관계가 끝난 직후와 같이 격렬한 스트레스를 받을 때 시작할 수 있다.

- **인지적 원인:** 인지이론은 장애를 가진 사람들이 어떻게 생각을 잘못 해석하는지에 초점을 맞추고 있다. 대부분의 사람들은 특정 시기에 환영받지 못하거나 방해받는 생각을 갖고 있지만, 강박성 장애자들에게는 이러한 생각의 중요성이 과장되어 있다. 그들은 생각의 중요성을 과장하여 위협을 의미하는 것처럼 반응할 수 있다.

3) 증상 및 진단

통제감을 유지하기 위해 환자는 규칙, 세부 정보, 절차, 일정 및 목록에 초점을 맞춘다. 환자들은 반복적으로 실수를 확인하고 세부 사항에 특별한 주의를 기울인다. 세부 사항에 대한 선입견과 모든 것이 완벽하다는 것을 확인하는 것은 완성을 지연시킬 수 있다. 그들의 행동이 동료들에게 어떻게 영향을 미치는지 알지 못한다. 한 가지 과제에 집중할 때 환자들은 다른 모든 면을 무시할 수 있다. 다음은 장애의 공통적인 증상이다.

- 과제를 끝내는 능력을 손상시킬 정도의 완벽주의
- 경직되고, 형식적인, 또는 엄격한 버릇
- 지나치게 매우 검소하다.
- 시간엄수에 대한 압도적인 요구
- 세부 사항에 대한 극도의 주의
- 가족이나 사회적 관계를 희생하면서까지 직장에 헌신
- 낡고 쓸모없는 물건 저장
- 옳게 수행되지 않을 것이라는 공포로 인해 일을 공유하거나 위임할 수 없다.
- 목록으로 고정
- 규칙 및 규정 준수
- 정돈에 대한 압도적인 요구
- 일이 어떻게 이루어져야 하는지에 대한 방식에 관한 공정
- 도덕적 윤리 강령 준수

Diagnostic Criteria **강박성 성격장애**

강박성 성격장애는 세부사항이나 규칙에 지나치게 집착하거나 자신의 방식을 고수하는 성격장애
이다. 다음의 항목 중에서 4개 이상이 지속적으로 나타나면 강박성 성격장애일 수 있다.

- 사소한 세부 사항, 규칙, 목록, 순서, 조직 또는 일정에 대한 선입견으로 활동의 주요 목표
  를 잃는다.
- 일의 완료를 방해하는 세부 사항에 대해 과도하게 우려한다.
- 우정과 여가 활동을 희생하고 장시간의 업무와 생산성에 몰입한다.
- 윤리 및 가치문제에 대해 과도하게 고지식하고 경직하다.
- 닳거나 쓸모없는 물건이나 금전적 가치가 없는 경우에도 보관한다.
- 개인의 취향에 따라 과제가 완료되어야 한다고 주장한다.
- 자신과 다른 사람들에게 모두 인색하다.
- 과도한 강성과 고집을 보인다.

4) 치료

정신역동치료 및 인지행동치료는 환자에게 도움이 될 수 있다. 때로는 치료를 하는 동안 환자
의 흥미롭고 세부적이고 지적인 대화가 심리적으로 지향하는 것처럼 보일 수도 있지만 변화를
가져 오지 않는다. 치료는 환자가 자신의 생각 패턴을 인지하고 감정과 행동에 어떻게 영향을 미
치는지를 알도록 돕는 데 중점을 둔다. 이들은 자신의 감정에 대한 강한 인식을 갖지 않기 때문
에 이러한 인식을 발전시키는 것이 첫 번째 단계이다. 궁극적으로 목표는 이들에게 새로운 대처
기술을 부여하고 사고방식을 조정하여 삶의 질을 향상시키는 것이다.

- **정신역동요법**: 이 기법은 통찰 지향적이다. 환자가 특정 상황에 대한 자신의 인식을 확인하
  도록 돕고 이러한 상황을 통제하지 않는 것이 왜 많은 걱정을 초래하는지 검토한다. 목표는
  환자가 자각 능력을 강화하도록 돕는 것이다.
- **인지행동치료**: 환자의 사고 패턴과 다양한 상황에 대한 반응에 어떻게 영향을 미치는지 조
  사한다. 치료사는 환자에게 부정적인 행동과 감정을 유발하는 사고를 수정하기 위한 새로
  운 기술을 가르친다. 환자는 이러한 새로운 도구를 사용하여 대인관계 및 레크리에이션 활
  동에서 더 많은 즐거움을 이끌어 낼 수 있다.

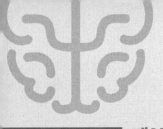

제9장

불안장애

사람들은 특정한 조건에 대해 공포나 불안감을 느끼게 된다. 공황 상태에 빠지면 공포를 느낀다. 불안(anxiety)이란 다가올 잠재적인 위험에서 오는 동요나 긴장감을 의미한다. 사람들은 수시로 공포나 불안감을 느낀다. 이러한 감정은 적응력이 있으며, 위험한 자극의 존재를 알리고 조심하여 감각을 높인다. 불안은 뇌에서 발생하는 생리적 반응이다. 공황발작(panic attack)은 실제적인 두려움에 대한 경보 반응을 나타내지만 실제로 위험하지는 않다. 공황과 불안이 합쳐져 다른 불안장애를 만든다.

불안한 기분은 공포의 특정한 감정과는 대조적으로 정의되는 경우가 많다. 현실적이고 즉각적인 위험에 직면하여 두려움을 경험한다. 불안이나 공황의 원인은 다양하고, 긴장 경향은 상속된다는 강한 증거가 있다. 행동주의자들은 불안을 고전적 조건화의 산물로 간주한다. 불안장애(anxiety disorder)는 극도의 불안, 강렬한 환기, 공포와 불안이 증상인 심리적 장애이다. 불안장애는 생물학적, 심리적, 인지적 치료와 상담 등과 같은 다양한 접근법으로 치료할 수 있다. 대부분의 사람들은 어린 시절의 공포에서 벗어나 성년기의 공포는 경미하거나 단기적이거나 적당하다. 다음은 불안의 존재를 결정하는 유형이다.

- **신체적 증상:** 근육 긴장, 심계항진[9], 복통
- **정서적 증상:** 불안, 공포, 과민성 및 지속적인 주의력
- **인지적 증상:** 결정과 집중력의 문제, 죽음 공포, 통제 완화
- **행동적 증상:** 행동 기피, 공격성, 회피

---

9) 심계항진(palpitations): 불규칙하거나 빠른 심장 박동이 느껴지는 증상.

1. 공황장애

공황장애(panic disorder)는 예상치 못한 반복적인 공황발작을 경험할 때 발생한다. 공항장애는 공항발작이 나타나는 불안장애이다. 공황발작은 극도의 공포심이 느껴지면서 심장이 터지도록 빨리 뛰거나 가슴이 답답하고 숨이 차며 땀이 나는 등 신체증상이 동반된 죽음에 이를 것 같은 극도의 불안증상이다. 대부분의 사람들은 자신의 삶에서 한 두 차례 공황발작을 경험한다.

1) 특징

공황발작은 격렬한 두려움이나 불편함이 갑자기 급상승하는 것으로 정의한다. 갑작스런 공포감을 느낄 때 공황발작이 있을 수 있다. 명백한 원인이 없는 압도적인 공포이다. 빠른 심장 박동, 호흡 곤란 및 발한과 같은 신체적 증상이 발생할 수 있다. 공황장애는 적어도 1개월 또는 그 이상의 지속적인 우려가 있거나 추가 공황발작이 반복되는 것에 대해 걱정한 후에도 계속 될지 모른다는 두려움이 특징이다. 공황장애의 증상은 25세 미만의 청소년에게 종종 나타난다. 공황발작은 갑작스러운 두려움을 유발하며 경고 없이 시작된다. 일반적으로 발작은 10분에서 20분 동안 지속되지만 극단적인 경우 증상은 1시간 이상 지속될 수 있다. 공황발작의 증상은 명확한 이유 없이 종종 발생한다. 그러나 질환은 치료를 통해 관리되고 개선될 수 있다.

2) 원인

공황발작의 원인은 다양하다. 공황발작의 가족력이 없는 겉으로 보기에 건강한 사람들도 특정 상황에서 가질 수 있다. 공황장애의 생물학적 이론은 사람들이 자율신경계를 갖고 있어 완전한 투쟁 또는 도피에 빠지게 한다는 것이다. 공황장애가 유전적으로 전달될 수 있다는 증거도 있다. 공황장애로 고통을 받는 사람들은 신체 감각에 매우 주의를 기울이고, 부정적인 방식으로 신체 감각을 잘못 해석하며, 눈덩이처럼 확대되는 비극적인 생각에 빠지게 된다. 다음은 공황장애 발병을 높을 수 있는 위험 요소이다.

- **가족력**: 공황장애가 있는 사람은 불안장애 또는 우울한 상태의 가족력이 있는 경향이 있는 등 유전적 요소가 있다.
- **생물학적 요인**: 특정한 의학적 상태(심장 부정맥, 갑상선 기능 저하, 천식, 만성 폐쇄성 폐질

환 및 과민성 장증후군)는 공황장애와 관련이 있다.

- **부정적인 경험:** 폭행, 성적학대, 강간, 심각한 사고, 실직, 이혼 또는 사별, 재정적 압박이나 심각한 질병과 같은 스트레스이다.

3) 증상 및 진단

공황장애의 핵심 증상인 공황발작(panic attacks)은 갑작스럽고 압도적인 공포 또는 두려움의 경험이다. 심계항진, 떨림, 질식 느낌, 현기증, 강렬한 공포 등이 있다. 공황발작은 상황에 따라 변할 수 있다. 특정 상황에서 나타날 가능성이 높지만 항상 나타나는 것은 아니다. 공황발작은 심한 공포나 불편함을 유발하는 무서운 경험이다.

공황발작이 발생할 때 불안의 생리적 증상은 통제력 상실, 미친 듯한 느낌 또는 죽어가는 듯한 느낌이다. 공황장애가 있는 사람들은 단기간에 많은 발작이 나타나고, 생명을 위협하는 질병에 걸릴 위험이 있다. 예를 들면, 갑상선 장애나 심장질환이 있을 수 있다. 다음은 공항발작의 공통적인 증상이다.

- 호흡 곤란 또는 과호흡
- 심장 두근거림
- 가슴 통증 또는 불편
- 떨림이나 흔들림
- 질식 느낌
- 비현실적이거나 주변 환경에서 벗어난 느낌
- 발한
- 메스꺼움 또는 위장 장애
- 어지럽거나 희미한 느낌
- 마비 또는 따끔 따끔 느낌
- 뜨겁거나 차가운 섬광
- 죽어가는 것, 통제력을 잃는 것, 또는 미쳐가는 것에 대한 두려움

Diagnostic Criteria   공황장애

공황장애는 예상치 못한 반복적인 공황발작을 경험할 때 발생하는 장애이다. 다음의 항목 중에서 4개 이상이 지속적으로 나타나면 공황장애일 수 있다.

- 심계항진, 두근거림, 또는 심박수 증가
- 발한
- 떨림이나 전율
- 숨이나 호흡 곤란 느낌
- 질식
- 가슴 통증이나 불편
- 메스꺼움 또는 복부 고통
- 현기증, 불안정, 아찔함 또는 희미한 느낌
- 비현실감 또는 이인증[10]
- 통제력 상실이나 실성에 대한 두려움
- 죽음에 대한 두려움
- 감각 이상(마비 또는 따끔거림)
- 오한 또는 안면 홍조

4) 치료

치료는 공황발작의 강도와 빈도를 줄이고 일상생활에서의 기능을 향상시키는 데 도움이 될 수 있다. 주요 치료는 정신요법과 약물이다. 항우울제와 신경안정제는 공황발작 및 광장공포증을 감소시키는 데 효과적이지만 이러한 약물을 중단할 때 장애가 재발하는 경향이 있다. 공황장애에 대한 효과적인 치료법은 인지행동치료법과 노출요법이 있다.

인지행동치료는 경험을 통해 공황증상이 위험하지 않다는 것을 배우는 기법이다. 이것은 공황발작을 유지하거나 유발하는 사고 패턴과 행동에 초점을 맞추고 현실적인 방식으로 두려움을 바라보도록 도와준다. 예를 들면, 운전 중 공황발작이 있었다면 실제로 일어난 최악의 상황은 무엇인가? 진정으로 비참한 일이 일어나지 않을 것이라는 사실을 알게 되면 공포감이 적다. 더 이

---

10) 이인증(離人症: depersonalization): 자신이 낯설게 느껴지거나 자신과 분리된 느낌을 경험하는 것으로 자기 지각에 이상이 생긴 상태.

상 위협을 느끼지 않으면 공황발작이 해결되기 시작한다.

공황장애에 대한 노출요법은 안전하고 통제된 환경에서 공황의 물리적 감각을 경험할 수 있게 하여 건강한 대처방법을 배울 수 있는 기회를 제공한다. 즉, 노출요법은 환자가 무서워하거나 위험을 느끼는 장면에 실제로 노출시켜 상상했던 것보다 실제로 두렵지 않다는 것을 직접 경험하도록 하여 잘못된 인지를 교정하는 방법이다. 실제 공포 자극에 노출시키는 실제적 노출법, 공포자극을 상상하게 하는 심상 노출법과 단번에 강한 공포 자극을 직면시키는 홍수법이 있다.

2. 광장공포증

불안장애가 있는 사람들의 공포는 심각하며 삶의 질을 떨어뜨린다. 공포의 주된 원인이 불안과 공황이다. 공황(panic)은 극심한 스트레스 반응과 함께 임박한 운명에 대한 두려움이다. 즉, 갑자기 생기는 심리적 불안 상태이다. 공포증(phobia)은 사물이나 상황에 대한 과장된 두려움이나 극단적인 회피이다. 공포증은 특정 대상이나 상황과 관련된 지속적이고 비합리적이다. 공포증에는 광장공포증, 특정공포증이나 사회공포증 등이 있다.

- **광장공포증**: 특정한 장소에 대한 공포
- **특정공포증**: 특정한 대상이나 상황에 대한 공포
- **사회공포증**: 다른 사람들 앞에서 느끼는 심한 공포

고대 그리스에서 '아고라(agora)'는 '시장'을 의미한다. 광장공포증(agoraphobia)은 특정한 장소(판매점, 극장, 엘리베이터, 지하철)에 대한 공포이다. 광장공포증이 있는 사람들은 시장과 같은 번화한 장소, 쇼핑몰을 두려워한다. 또한 그들은 버스, 지하철 또는 엘리베이터와 같은 밀폐된 공간을 또는 넓은 열린 공간을 두려워한다. 특히 홀로 있다면 그들은 긴급 상황(공황발작)에서 벗어나거나 도움을 얻는 데 어려움을 겪을 수 있는 장소를 두려워한다. 그들은 다른 사람들이 공황발작의 증상을 보게 되면 당황할까 두려워한다. 잦은 불안증상을 겪기 시작한 후 1년 이내에 광장공포가 시작된다. 광장공포증은 15세~25세 젊은 시절에 나타난다.

1) 특징

광장공포증은 불안을 느껴 장소와 상황을 피하게 하는 유형의 불안장애이다. 광장공포증을 앓고 있는 사람들은 종종 자신들의 집을 벗어나는 것을 두려워한다. 또한 그들은 이전에 불쾌한 경험을 겪은 장소나 상황과 관련하여 발전할 수 있다. 예를 들면, 쇼핑몰에서 쇼핑하는 등 특정 상황에서 공황발작을 겪은 경우 반복되는 두려움에 시달리고 향후 상황을 피하려고 시도할 수 있다. 다음은 광장공포증의 특성이다.

- 집을 떠나는 것을 두려워한다.
- 사회적 상황에서 혼자가 될까봐 두려워한다.
- 공공장소에서 통제력을 상실하는 것을 두려워한다.
- 자동차나 엘리베이터와 같이 탈출하기 어려운 곳을 두려워한다.
- 타인으로부터 분리되거나 멀어지는 것을 두려워한다.

2) 원인

광장공포증을 일으키는 원인이 무엇인지는 명확하지 않으나 하나의 원인보다는 여러 가지 원인이라고 말할 수 있다. 광장공포증을 앓고 있는 사람들은 다른 사람들보다 쉽게 아드레날린을 생성한다는 의미에서 생물학적 요인이다. 따라서 이 증후군에 생물학적 및 정신적으로 요인을 고려할 수 있다. 또한 공포 반응을 제어하는 뇌 영역이 중요한 역할을 한다고 생각된다. 유전적 요인도 광장공포증에 영향을 줄 수 있다.

광장공포증은 스트레스가 많은 삶의 사건과 연관될 수 있으며 반복되는 스트레스를 받는 사람들에게 나타날 수 있다. 때로 사람들은 무서운 경험에 따라 광장공포증을 앓게 되는데, 가장 좋은 예는 붕괴나 화재를 당한 사람들에게서 찾을 수 있다. 어린 시절의 분리경험은 매우 중요하다. 이전의 침입이나 물리적 공격과 같은 환경 요인도 원인이다. 발병의 위험을 증가시키는 것으로 알려진 몇 가지 요인이 있다.

- 유전학: 광장공포증 및 기타 불안장애는 때로는 가족력이 있다.
- 뇌 구조: 두려움과 불안을 조절하는 뇌 영역의 차이
- 외상 사건: 어린 시절의 신체적 또는 성적인 외상

3) 증상 및 진단

광장공포증은 열린 공간에 대한 공포로 알려져 있지만 쇼핑센터와 같은 특정 공공장소를 방문하는 것에 대한 두려움, 대중교통과 같은 특정 상황에 대한 두려움 또는 집을 떠나는 것에 대한 두려움을 포함할 수 있는 복잡한 상태이다. 두려워하는 자극에 노출되면 불안이나 공황발작이 발생한다. 다음은 장애의 공통적인 증상이다.

- 빠르고 쿵쿵치는 심장
- 발한, 전율, 동요
- 호흡 곤란
- 뜨겁거나 차가운 느낌
- 메스꺼움 또는 설사
- 가슴 통증
- 삼키는 데 문제가 있음
- 어지러움 또는 현기증
- 죽음의 두려움

Diagnostic Criteria	광장공포증

광장공포증은 특정한 장소(판매점, 극장, 엘리베이터, 지하철)에 대한 공포이다. 다음의 항목 중에서 2개 이상의 경우에 공포가 발생하면 광장공포증일 수 있다.

- 자동차, 버스, 기차, 선박 또는 비행기와 같은 대중교통 이용
- 주차장, 장터 또는 다리와 같은 열린 공간에 있는 것
- 상점, 극장 또는 영화관과 같은 밀폐된 장소에 있는 경우
- 일렬로 서 있거나 군중에 있는 경우
- 혼자 집 밖에 있는 경우

4) 치료

광장공포증은 대중들이 밀집한 장소, 즉 백화점, 광장, 공공장소 등에 혼자서 나갈 때 갑자기 식은땀이 흐르고 현기증이 나며 심장이 빨리 뛰는 등의 불안 증상이 일어나는 강박신경증의 한

증상이다. 광장공포증이 생기면 두려워하는 곳으로 가지 않을 것이고, 심각한 고통을 초래하고 삶의 기능을 방해할 수 있으나 증상을 완화하거나 치료할 수 있는 많은 치료법이 있다.

인지행동치료는 불안을 견디고, 왜곡된 사고방식을 바꾸고, 정상적인 활동으로 돌아오는데 도움이 되는 기술을 배우는 것이다. 또한 스트레스가 많은 상황에서 일하는 방법을 가르쳐 준다. 왜곡된 사고를 건강한 사고로 대체하여 인생의 통제 감각을 회복할 수 있다. 노출요법은 일반적으로 인지행동치료의 일부이다. 환자는 점차적으로 두려움을 유발하는 대상이나 상황에 노출된다. 노출을 통해 두려움이 감소한다.

라이프스타일 변화가 반드시 광장공포증을 치료하지는 않지만 불안을 줄이는 데 도움이 될 수 있다. 정기적으로 운동하여 두뇌 화학물질의 생산을 증가시켜 보다 행복하고 편안하게 느끼게 한다. 야채 및 저단백질로 구성된 건강식을 섭취하면 전반적으로 기분이 좋아진다. 불안을 줄이고 공황발작과 싸우기 위해 매일 명상이나 심호흡 운동을 연습한다. 약물치료는 광장공포증 또는 공황발작 증상을 완화하는 데 도움이 될 수 있다.

3. 특정공포증

특정공포증(specific phobias)은 특정한 대상(뱀, 개, 거미)이나 상황(높은 곳, 폭풍)에 대한 공포이다. 즉, 특정 대상이나 상황에 대해 국한되어 발생하는 공포증이다. 이 공포증을 앓고 있는 사람들이 두려운 대상이나 상황에 직면할 때 불안감은 즉각적이고 강렬하다. 심지어 공황 상태에 빠질 수도 있다. 공포증은 어린 시절에 발생한다. 공포증을 앓고 있는 성인은 불안이 비논리적이고 비합리적임을 인식하지만, 어린이는 자신의 통찰력을 갖지 못하고 단지 불안감을 느낀다.

1) 특징

특정공포증은 특정한 물건, 환경 또는 상황에 대하여 지나치게 두려워하는 불안장애이다. 사람들은 누구나 때때로 두려움을 경험한다. 비행기를 타고 날아가거나 담이 무너지거나 폭풍우를 만날 때 불안을 경험한다. 그러나 특정 상황이나 사물에 직면했을 때 두려움이나 공포감을 느낄 수 있다. 이 증상은 극단적이거나 비합리적인 두려움이나 혐오감으로 정의되는 불안장애 유형이다. 이러한 비합리적인 두려움은 개인적인 관계, 직장 및 학교생활을 방해한다.

특정공포증이 있는 사람에게 상황이나 대상에 대한 지속적이고 비합리적인 공포가 존재하거나 예상된다. 공포 대상이나 상황에 노출되면 불안이나 공황발작이 유발된다. 상황이나 사물은 개인에게 실제 위험이 거의 없거나 전혀 없지만 종종 자신에 대한 두려움을 통제할 수 없다. 이들은 두려움의 비합리성을 인정하지만 이러한 두려움 자체가 엄청난 쇠약감을 유발할 수 있다. 이러한 특정공포증은 4개 유형이 있다.

- **동물 공포증**: 개, 고양이, 뱀 또는 거미와 같은 특정 동물에 대한 공포이다. 뱀 공포증은 동물 공포증의 가장 흔한 유형이다.
- **자연환경 공포증**: 폭풍, 높이, 물 등 자연환경의 사건이나 상황에 대한 공포이다.
- **상황 공포증**: 대중교통, 터널, 교량, 엘리베이터, 비행 및 운전에 대한 공포이다.
- **혈액·주사·상해 공포증**: 피를 볼 때, 부상을 입을 때, 주사를 맞을 때, 또는 다른 의학적 절차를 경험할 때 느끼는 공포이다.

2) 원인

특정공포증 발병 위험 요소는 기질적, 환경적, 유전적 요소이다. 예를 들면, 부정적인 감정(혐오감, 분노, 공포 또는 죄책감)이나 행동 억제는 특정공포증을 비롯한 다양한 불안장애에 대한 기질적 위험 요소이다. 부모의 과보호, 신체적·성적학대와 외상은 개인이 특정공포증을 일으킬 가능성을 높이는 환경적 위험 요소이다. 예를 들면, 비행의 특정 상황 공포증을 가진 가족이 있다면 동일한 특정공포증을 가질 가능성이 크다. 증상이 있는 부모 또는 형제자매가 있거나 모르는 사람들을 두려워하면 위험이 있다. 부모를 잃거나 성적 또는 신체적 학대를 겪거나, 두려움과 관련된 외상을 경험할 경우 특정공포증이 나타날 위험이 더 크다. 대체로 특정공포증은 7세에서 11세 사이의 어린 시절에 발생하지만 모든 연령대에서 발생할 수 있다.

특정공포증이 발생하는 원인은 정확하지 않고 다양하다. 심리역동이론가들은 개인이 받아들일 수 없는 욕동을 갖고 있고 욕동을 억제하기 때문에 공포증이 나타난다고 설명한다. 프로이트는 공포가 미해결된 오이디푸스 갈등으로 인해 출현한다고 한다. 남근기에서 아버지, 어머니, 자녀의 삼원 관계에서 갈등이 발생한다. 갈등은 자녀가 이성 부모에 대한 성적인 충동과 자녀가 동성 부모에 대해 갖는 적대적인 충동에 영향을 미친다. 이 단계에서 갈등은 오이디푸스 문제의 해결과 관련이 있다. 두려워하는 상황이나 대상은 갈등의 근원을 상징한다.

3) 증상 및 진단

특정공포증은 청소년기부터 시작될 수 있지만 청소년기 또는 성인기 초기에 시작된다. 증상은 적어도 6개월 이상 지속되며 평생 지속될 수 있다. 그들은 두려워 할 실질적인 이유가 없다는 것을 알고 자신의 행동 자체가 이해되지 않더라도 일상적인 상황과 사물을 극도로 두려워한다. 그들은 단순히 두려움에 직면하여 무력감을 느낀다. 특정 상황이나 사물에 대한 두려움이 일반적이지만 비슷한 증상을 보이는 몇 가지 장애가 있다.

[표 9-1] 특정공포증의 증상

신체적 증상	정서적 증상
<ul><li>심장 박동</li><li>호흡 곤란</li><li>전율이나 동요</li><li>발한</li><li>구역질</li><li>입안 건조</li><li>가슴 통증 또는 압박감</li></ul>	<ul><li>압도적인 불안이나 두려움</li><li>두려움이 비합리적인 것으로 알고 있지만 극복하기에는 힘이 없다고 느낀다.</li><li>통제력 상실에 대한 두려움</li><li>도피할 강렬한 필요성을 느낀다.</li></ul>

Diagnostic Criteria   특정공포증

특정공포증은 특정한 물건, 환경 또는 상황에 대하여 지나치게 두려워하는 불안장애이다. 다음의 항목 중에서 4개 이상이 발생하면 특정공포증일 수 있다.

- 공포 자극에 대한 상당하고 지속적인 공포: 특정공포증 환자는 정의된 상황이나 대상인 공포 자극을 만날 때 명백하고 지속적인 공포를 나타낸다.
- 공포 자극에 대한 불안 반응: 특정공포증 환자는 공포 자극에 직면하자마자 불안감을 나타낸다. 그들이 특정 상황이나 대상인 공포 자극에 직면했을 때 특정공포증 환자는 특정 상황과 관련된 공황발작을 경험할 수 있다. 아이들은 공포 자극에 직면하여 불안감을 나타낼 때 울부짖거나 붙잡거나 몸서리치거나 화를 낼 수 있다.
- 인식: 청소년과 성인이 공포가 부당하고 상황에 맞지 않는 것을 알더라도 아이들은 공포가 과도하다는 것을 인식하지 못할 수 있다.
- 회피: 특정공포증 환자는 공포 자극을 피하거나 심한 고통과 불안감을 갖고 견딘다.
- 상처 및 곤경: 특정공포증 환자는 공포 자극을 만날 때 회피, 곤경 및 불안감을 나타낸다.

회피 반응은 일상 기능을 방해하거나 공포 자극에 대해 심각한 곤경을 나타낸다.

- **지속 기간:** 18세 미만의 환자에서 진단하려면 장애 기간이 최소 6개월 이상이어야 한다.
- **다른 장애로 설명되지 않음:** 정의된 상황이나 대상과 관련된 공포감, 공황발작 또는 불안이 다른 장애로 더 잘 설명되지 않으면 특정공포증의 진단이 지정된다.

4) 치료

특정공포증에 대한 치료는 인지행동치료와 약물치료 또는 이 둘의 병용이 포함될 수 있다. 인지행동치료를 사고에 중점을 두어 행동과 감정 모두에 영향을 미치는 치료 시스템이다. 인지행동치료는 역기능 신념과 정서적 및 행동 결과에 미치는 영향을 강조한다. 치료법은 공포증에 대한 반응을 바꾸기 위해 부정적 생각과 기능을 변화시키는 데 중점을 둔다. 치료는 공포 자극에 대한 점진적이고 단계적인 노출을 포함한다. 노출요법은 상황이 공포 반응을 촉발하지 않을 때까지 서서히 두려운 상황에 노출시킨다. 이는 두려운 상황을 상상하거나 실제 상황에서 두려운 상황에 직면함으로써 수행될 수 있다. 약물치료는 대개 공포증을 해결하지는 않지만 잠시 두려움을 없애준다. 공포감을 치료하기 위해 여러 종류의 약물이 사용된다.

4. 사회공포증

사회공포증(social phobia)은 다른 사람들 앞에서 느끼는 심한 공포이다. 사회공포증은 사람의 일상생활에 심각한 혼란을 야기한다. 그들은 대중 앞에서 먹거나 마시는 것을 피할 수 있다. 그들은 다른 사람들이 자신의 손이 떨리는 것을 보는 것이 두려워 공개적으로 글을 쓰는 것을 피할 수 있다. 또한 공중 화장실에서 소변을 기피하고 대중 연설을 두려워하는 경향이 있다.

사람들은 다양한 사회적 상황에 대한 보통의 불안을 갖고 있다. 그러나 공개적으로 말하는 것에서 다른 사람과 대화하는 것까지 사회 상황이 심각하게 두려워하는 사람들은 사회공포증이 있다. 사회공포증은 상대적으로 흔한데, 여성은 남성보다 이 질환을 발전할 가능성이 더 높다. 사회공포증을 치료하지 않으면 만성적인 문제가 된다. 사회공포증을 가진 대부분의 사람들은 증상에 대한 치료를 찾지 않는다.

1) 특징

사회공포증으로 알려진 사회불안장애는 특정 사회적 상황, 즉 생소한 상황이나 다른 사람이 보거나 평가할 것 같은 상황에 대한 강한 두려움이다. 이러한 상황이 너무 무섭기 때문에 불안해하거나 회피하려고 한다. 그러나 이러한 두려움은 다소 비합리적이고 지나치게 과장되어 있음을 깨닫지만 불안감이 없어지지 않는다. 많은 사람들이 불안을 고심하지만 사회불안 증상을 유발하는 상황은 다를 수 있다. 어떤 사람들은 대부분의 사회적 상황에서 불안을 경험한다. 불안은 낯선 사람들에게 말하거나, 파티에서 사람들 사이에 섞이거나, 청중 앞에서 공연하는 것과 같은 특정 사회적 상황과 관련이 있다. 사회불안이 있는 사람들은 대개 다음과 같은 상황에서 심각한 어려움을 겪는다.

- 다른 사람들에게 소개받을 때
- 조롱을 당하거나 비난을 당할 때
- 관심의 중심에 있을 때
- 무엇인가 하는 동안 다른 사람이 지켜보거나 관찰할 때
- 공식적인 공공 상황에서 무엇인가를 말할 때
- 권위 있거나 중요한 사람을 만날 때
- 사회적 상황에서 불안하고 불안정하게 느낄 때
- 쉽게 당황할 때
- 다른 사람들의 눈을 마주칠 때
- 공중에서 침 삼킴, 글쓰기, 말하기, 전화 걸기

2) 원인

사회불안은 수줍음과 다르다. 수줍음(shyness)은 대개 단기적이고 인생을 혼란스럽게 하지 않는다. 사회불안은 지속적이고, 직장, 학업과 가족과 관계가 없는 사람들과 긴밀한 관계유지 능력에 영향을 줄 수 있다. 사회공포증의 원인은 알려져 있지 않지만 환경 요인과 유전학의 조합에 의해 야기된다. 세로토닌 불균형과 같은 신체적 이상이 영향을 줄 수 있다. 세로토닌은 기분을 조절하는 데 도움이 되는 뇌의 화학물질이다. 불안장애는 가족에서 발생할 수 있다. 그러나 실제로 유전적 요인과 관련이 있는지 확실하지 않다. 아이들은 통제 또는 과보호 환경에서 자라서 불안장애를 일으킬 수 있다. 부정적인 경험은 다음을 포함하여 이 장애에 기여할 수 있다.

- 따돌림
- 가족갈등
- 성적학대
- 신체적 이상
- 유전적 요인
- 과보호 환경

3) 증상 및 진단

모든 상황에서 사회불안의 증상이 나타나는 것은 아니다. 제한적이거나 선택적인 불안을 가질 수 있다. 예를 들면, 사람들 앞에서 식사를 하거나 낯선 사람과 이야기 할 때만 증상이 발생할 수 있다. 다른 사람들이 지켜보고 판단할 때 지속적이고 강렬하며 만성적인 두려움을 갖는다. 다른 사람들이 지켜보고 있을 때 수줍음을 느끼고 불편함을 느끼기도 한다. 동급생이나 동료들과 이야기하는 것을 주저한다.

[표 9-2] 사회공포증의 증상

신체적 증상	심리적 증상	사회적 증상
• 홍조 • 구역질 • 과도한 발한 • 전율이나 동요 • 말하기 어려움 • 현기증, 두통 • 빠른 심박수	• 사회적 상황에 대한 과도한 우려 • 행사 전 며칠 동안 걱정 • 사회 상황 회피 • 긴장이나 불안에 대한 타인 인지 우려 • 사회적 상황에 직면하기 위해 술 필요 • 불안으로 학교나 직장 포기	• 질문하기 • 취업 면접 • 쇼핑 • 공중 화장실 사용 • 전화 통화 • 일반 대중 앞에서 먹기

Diagnostic Criteria 사회공포증

사회공포증은 다른 사람들 앞에서 느끼는 심한 공포이다. 다음의 항목 중에서 4개 이상이 발생하면 사회공포증일 수 있다.

- 사회적 환경과 관련된 공포나 불안: 개인은 주목받거나, 관찰되거나, 세밀하게 관찰된다.
- 사회적 상호작용은 지속적으로 고통을 유발한다.

- 사회적 상호작용을 회피하거나 마지못해 지속한다.
- 개인의 경험이 실제 상황과 맞지 않는 공포와 불안의 양
- 공포, 불안 또는 고통이 6개월 이상 지속된다.
- 공포는 대인관계 또는 직무 기능에서 개인적 고통과 기능장애를 일으킨다.
- 공포나 불안은 다른 의학적/정신적 장애, 물질남용, 또는 약물효과에 기인하지 않는다.

4) 치료

사회공포증은 다른 한편으로는 일상적인 과업을 방해하고 엄청난 고통을 초래한다. 이들은 일반적으로 자신의 불안이 비합리적이며, 사실에 근거하지 않고 합리적인 의미를 갖지 못한다는 것을 알고 있다. 그럼에도 불구하고 불안의 사고 및 감정은 지속되고 만성적이다. 사회불안에 대한 인지행동요법이 현저하게 성공적이다. 적절한 치료법은 사람들의 사고, 신념, 감정 및 행동을 변화시키는데 있다. 인지행동요법은 이완과 호흡을 통해 불안을 조절하는 방법과 부정적인 생각을 긍정적인 것으로 대체하는 방법을 배우는 데 도움이 된다. 노출치료는 사회 상황을 피하는 것이 아니라 점차적으로 직면하도록 도와준다. 집단치료법은 사교기술을 배우는 데 도움이 된다. 같은 두려움을 가진 사람들과 집단치료에 참여하는 것은 혼자가 아니라는 것을 느낄 수 있게 해준다.

5. 범불안장애

범불안장애(generalized anxiety disorder)는 미래에 경험하게 될 다양한 상황에 대해서 과도한 불안과 걱정을 나타내는 장애이다. 즉, 많은 사건이나 활동에 대한 통제할 수 없는 걱정과 불안이다. 어떤 사람은 자신의 삶에서 많은 것을 걱정한다. 예를 들면, 직장에서의 실적, 다른 사람과의 관계나 건강에 대해 걱정한다. 걱정의 초점은 자주 바뀔 수 있고, 한 가지 관심사가 아니라 많은 다른 것들에 대해 걱정하는 경향이 있다. 그들의 걱정은 근력긴장, 수면장애, 만성적 불안감과 같은 생리학적 불안증상을 동반한다.

1) 특징

범불안장애는 많은 사건이나 활동에 대한 통제할 수 없는 걱정과 불안이다. 이들은 재난을 예

상할 수 있으며 돈, 건강, 가족, 직장 또는 기타 문제에 지나치게 염려할 수 있고 걱정을 통제하기가 어렵다. 그들은 실제보다 더 걱정할 수도 있고, 명백한 이유가 없는 경우에도 최악을 예상할수도 있다. 때로는 하루 생활하기도 힘들다는 생각이 불안을 일으키는 경우가 있다. 그들은 상황보다 자신의 불안감이 더 강하다는 사실을 알면서도 걱정한다. 그들은 걱정이 나쁜 일이 일어나는 것을 예방한다고 생각하므로 걱정을 포기하는 것은 대체로 위험하다고 간주한다. 그러나 불안이 심할 때 일상생활을 하는 데 어려움을 겪을 수 있다. 때때로 복통이나 두통과 같은 신체적증상으로 고생할 수 있다.

2) 원인

프로이트는 범불안에 대한 최초의 심리학적 이론을 개발했다. 그는 불안을 현실적, 신경증적, 도덕적 불안으로 구별했다. 현실적 불안은 실제적 위험 또는 위협에 직면할 때 발생한다. 신경증적 불안은 이드 충동을 표현하는 것을 반복적으로 막을 때 발생한다. 도덕적 불안은 이드 충동을표현하는 것이 처벌을 받을 때 발생한다. 이러한 충동을 처벌과 연관시켜 불안감을 느끼게 된다. 부모가 충분히 따뜻하게 양육하지 않았고 지나치게 엄격하거나 비판적이면 어린이들은 자신의이미지는 취약하게, 다른 사람의 이미지는 적대적으로 발전시킬 수 있다. 스트레스를 받는 어린이들은 불안감이 나타난다.

로저스의 범불안에 대한 인본주의적인 설명은 중요한 타인들(significant others)로부터 무조건긍정적 존중을 받지 않는 어린이는 자신을 과도하게 비판하고 가치 조건, 가혹한 자기 기준을 개발하는 것을 암시한다. 이들은 평생 동안 자신의 진정한 자아를 부인하고 다른 사람들의 인정을위해 끊임없이 노력한다. 가치 조건은 중요한 타인들, 즉 어린 시절 영향력이 큰 부모나 보호자로부터 긍정적 존중을 얻기 위해 반드시 생각하는 조건이다. 자라면서 선생님, 친구, 사회가 일반적으로 기대하는 것을 배우게 된다.

실존이론은 범불안장애를 존재의 한계와 책임에 대한 보편적인 인간의 두려움인 실존적 불안으로 본다. 실존적 불안은 인간이 세상에 태어나게 되면서 필연적으로 느끼는 불안감을 의미한다. 즉, 인생의 가장 큰 질문인 "나는 누구인가?" 또는 "나는 왜 여기에 있는가?"와 같은 고민이나두려움을 나타낸다. 죽음, 불행한 사고 또는 삶이 의미가 없다는 전망에 직면할 때 실존적 불안이 생긴다. 그러나 한계를 받아들이고 삶을 의미 있게 만들 때 실존적 불안을 피할 수 있다. 책임을 피하거나 규칙을 준수함으로써 불안을 완화할 수 있다. 삶의 실존적 문제에 맞서지 못할 때불안이 남아있다.

인지이론은 범불안장애가 있는 사람들의 인지가 의식 및 비의식적 수준에서 위협에 초점을 맞추고 있다. 이들은 다른 사람들로부터 사랑이나 인정을 받는 것과 같이 불안을 설정하는 많은 부적절한 가정이 있다. 최악의 상황을 기대하는 것이 최선이다. 이들은 나쁜 일이 일어나는 것을 막을 수 있는 것은 걱정이라고 믿는다. 걱정이 동기를 부여하고 문제해결을 용이하게 한다고 믿지만 문제해결을 거의 하지 못한다. 그들의 부적절한 가정은 직접적으로 불안감을 불러일으키는 원인이 되고 상황에 과민하게 반응한다.

범불안장애는 어느 정도 유전된다. 어머니, 아버지 또는 형제자매가 범불안장애가 있다면 발병 기회가 크다. 또한 신경증이나 부정적인 감성이 강한 사람들은 외향성이나 긍정적 감성이 있는 사람에 비해 범불안장애가 발병할 위험이 크다. 외향적이고 긍정적인 성격을 가진 낙관주의자들은 위험과 운명의 가능성을 무시하고, 이는 불안과 걱정을 경감해 준다(Watson et al., 2005).

범불안장애의 발병은 양육 환경에 달려 있다. 부모가 자녀를 양육하는 방식은 범불안장애가 발병하는 방식에 큰 영향을 미친다. 아이들은 자라면서 부모를 모방한다. 그래서 부모로부터 아이는 불확실성과 불안정을 다루는 방법을 학습한다. 장애가 있는 사람들은 중요한 삶의 변화, 어린 시절의 외상 또는 부정적인 경험, 최근의 외상 또는 부정적인 사건이 있을 수 있다. 만성적인 질병이나 정신건강 장애는 위험을 증가시킬 수 있다. 높은 업무 스트레스는 낮은 업무 스트레스에 비해 장애가 발병할 위험이 또한 크다. 스트레스를 다룰 대처기술과 시간이 없을 때 장애가 발병할 위험이 크다.

3) 증상 및 진단

범불안장애는 모두 같은 증상을 보이지는 않지만 대부분 정서적, 행동적, 신체적 증상이 복합적으로 나타난다. 어떤 사람들은 모든 증상으로 고생하는 반면, 어떤 사람들은 한두 가지로 고생할 수도 있다. 뚜렷한 이유가 없을 때에도 여전히 불안감을 느낀다. 예를 들면, 안전 또는 사랑하는 사람들에 대한 강한 걱정을 느낄 수도 있고, 뭔가 나쁜 일이 일어나려는 일반적인 느낌을 가질 수도 있다. 불안, 걱정 또는 신체적 증상으로 인해 사회, 직장 또는 기타 삶의 영역에서 심각한 어려움을 겪을 수 있다. 걱정은 한 관심사에서 다른 관심사로 바뀔 수 있으며 시간과 나이에 따라 바뀔 수 있다.

[표 9-3] 범불안장애의 증상

신체적 증상	심리적 증상
• 피로와 정상적인 활력 부족 • 원인이 없는 과민반응 • 근육긴장 • 잠들 때 어려움 • 전율이나 초조 • 발한 • 메스꺼움 또는 소화 문제 • 두통	• 지속적이고 강박적인 걱정 • 현실적인 상황보다 훨씬 더 나쁘게 걱정 • 걱정을 무시하고 다른 것에 집중할 수 없다. • 결정을 내릴 수 없다. • 상황에 대한 집착과 부정적 결론에 대한 생각 • 안절부절 못하거나 긴장을 풀 수 없다. • 집중력 부족이나 심적 공백 상태

Diagnostic Criteria   범불안장애

범불안장애는 많은 사건이나 활동에 대한 통제할 수 없는 걱정과 불안이다. 다음의 항목 중에서 3개 이상이 발생하면 범불안장애일 수 있다.

A. 여러 가지 사건이나 활동에 대한 과도한 불안과 걱정이 적어도 6개월 이상 지속된다.

B. 개인은 걱정을 통제하기가 어렵다고 안다.

C. 불안과 걱정은 다음의 6개 증상 중 적어도 3개 증상과 관련이 있다. 어린이는 단 하나이다.

   • 동요하거나 긴장이 고조되고 흥분한 느낌

   • 쉽게 피곤함

   • 집중곤란

   • 과민반응

   • 근육긴장

   • 수면장애

D. 불안, 걱정 또는 신체적 증상으로 인해 중요한 기능 영역에서 임상적으로 심각한 고통이나 장애가 발생한다.

E. 동요는 물질 또는 의학적 상태의 생리적 영향이 아니다.

F. 장애는 다른 의학적 장애에 의해 잘 설명되지 않는다.

4) 치료

인지행동치료는 범불안장애의 치료에 특히 도움이 된다. 치료사는 환자에게 세계와 자신을 바라보는 방식의 왜곡이 있는지를 조사한다. 예를 들면, 어떤 주어진 상황에서 최악의 결과가 언제나 상상을 초월할 경우 "이 최악의 시나리오가 실제로 실현될 가능성은 어느 정도인가?"와 "긍정적인 결과가 발생할 가능성이 더 높은가?"같은 질문을 통해 이러한 경향을 조사할 수 있다. 다음은 범불안장애를 치료하는 기법이다.

- **교육**: 범불안장애를 배운다. 도움이 되거나 도움이 되지 않는 걱정을 구분하는 법을 배운다. 불안의 이해가 높아짐에 따라 적극적으로 대응할 수 있다.
- **추적**: 걱정을 추적하는 법을 배운다. 걱정하는 구체적인 것들, 그리고 특정한 증상의 심각성을 확인한다.
- **신체적 통제**: 투쟁 또는 도피 반응의 신체적으로 과도한 각성을 줄이는데 도움이 되는 이완 기술을 훈련시킨다.
- **인지조절**: 장애 원인이 되는 사고 패턴을 현실적으로 평가하고 변경하도록 안내한다. 부정적 생각에 도전할 때 두려움은 완화되기 시작한다.
- **행동수행**: 두려운 상황을 맞서도록 가르친다. 가장 두려운 것을 상상한다. 두려움을 피하지 않고 집중함으로써 불안감을 덜 느낄 것이다.
- **약물치료**: 약물치료는 일반적으로 장기간의 성공을 위한 열쇠로서 치료법의 시작과 함께 증상을 완화하기 위한 조치로서 권장된다.

6. 강박장애

강박장애(obsessive compulsive disorder)는 강박사고와 강박행동을 보이는 불안장애이다. 불안을 유발하는 부적절한 강박사고와 불안을 완화시키는 강박행동이 반복적으로 나타나는 장애이다. 어떤 사람은 과도하게 비합리적인 강박사고 및 강박행동을 보인다. 강박사고(obsession)는 불안이나 고통을 일으키는 반복적이고 지속적인 원하지 않는 생각, 충동이나 이미지이다. 즉, 쓸데없는 생각, 감정 등이 집요하게 따라다녀 버리기 어려운 현상이다. 강박행동(compulsion)은 강박사고에 사로잡힌 결과로 수행하도록 유도한 반복적인 행동 또는 정신적인 행동이다. 강박행동은 청결행동, 확인행동, 반복행동, 정돈행동, 지연행동 등의 형태로 나타나며, 스스로 부적절하고 지나치다는 것을 알면서도 불안감으로부터 회복되기 위해 반복적으로 수행된다.

1) 특징

강박장애는 무언가를 하도록 유도하는(강박행동) 반복적이고 지속적인 원치 않는 생각, 아이디어 또는 감각(강박사고)을 갖는 불안장애이다. 손 씻기, 물건 확인 또는 청소와 같은 반복적인 행동은 사람의 일상활동과 사회적 상호작용을 크게 방해할 수 있다. 많은 사람들이 생각이나 반복되는 행동에 집중한다. 그러나 이것들은 일상생활에 지장을 주지 않으며 작업을 쉽게 할 수 있다. 어떤 사람은 자신의 강박사고가 사실이 아니라고 믿는다.

강박장애가 있는 사람들은 강박사고가 있을 때나 강박행동을 실행할 수 없을 때 불안을 느낀다. 일반적인 강박장애는 오염, 성, 폭력 및 반복된 의구심에 초점이 집중된다. 강박장애는 사람들에게 다르게 영향을 미치지만 보통 생각과 행동의 특정 패턴이 있다. 예를 들면, 오염을 두려워하는 경우 정교한 청소 의식을 개발할 수 있다. 그러나 안도는 지속되지 않는다. 강박사고는 대개 강해진다. 강박적 의식과 행동은 더 까다로워지고 시간이 많이 걸리는 만큼 스스로를 불안하게 만든다. 이것이 강박장애의 악순환이다.

- **강박사고**: 불안이나 고통을 일으키는 반복적이고 지속적인 원하지 않는 생각
- **불안**: 강박사고는 격렬한 불안이나 고통을 일으킨다.
- **강박행동**: 강박사고에 사로잡힌 결과로 수행하도록 유도한 반복적인 행동
- **일시적 안도**: 강박행동으로 일시적으로 불안감이 완화된다.
- **악순환**: 강박사고와 불안이 다시 시작된다.

[그림 9-1] 강박장애의 악순환

(1) 강박사고

강박사고(obsession)는 불안이나 고통을 일으키는 반복적이고 지속적인 원하지 않는 생각, 충동, 또는 정신적 이미지이다. 강박장애가 있는 사람들은 생각, 충동 또는 이미지가 마음의 산물이며 과도하거나 부당하다는 것을 인식한다. 그러나 이러한 사고는 논리 또는 추론에 의해 해결될 수 없다. 그들은 강박사고를 무시하거나 억제하거나 다른 생각이나 행동으로 상쇄하려고 한다. 일반적인 강박사고는 오염이나 해악에 대한 과도한 우려, 대칭 또는 정확성의 필요성 또는 금지된 성적 또는 종교적 사고를 포함한다.

(2) 강박행동

강박행동(compulsion)은 강박사고를 없애기 위해 수행하는 반복적인 행동이다. 이러한 행동은 곤경, 불안이나 두려운 상황을 예방하거나 줄이기 위한 것이다. 가장 심한 경우에는 반복적인 의식이 하루를 채울 수 있어 정상적인 일상을 불가능하게 만든다. 이러한 의식이 고뇌를 복잡하게 하는 것은 강박행동이 비합리적이라는 지식이다. 강박행동이 걱정에 약간의 안도를 가져올지라도 강박사고는 돌아오고 반복은 계속된다.

강박장애가 있는 사람들이 만성적으로 고민하고, 엄격하고 도덕적인 방식으로 생각하고, 생각과 행동에 더 많은 책임감을 느낀다. 대부분의 사람들이 가끔 갖고 있는 부정적인 생각을 중지시킬 수 없다. 강박행동은 조작적 조건화를 통해 발전하고, 사람들은 불안을 감소시킨다는 사실로 강박행동을 강화시킨다. 다음은 강박행동의 유형이다.

- 점검: 위험, 누출, 손상 또는 화재에 대해 무언가를 반복적으로 지나치게 점검하는 현상이다. 점검에는 도청, 경보, 차량문, 스위치를 반복적으로 추적한다.
- 오염: 오염은 어떤 행동을 한 후 인식하는 더러운 느낌이다. 접촉한 물건이 오염되어 있다고 느낄 때 강박장애가 발생한다. 청소를 반복하지 않으면 오염되거나 아플 수 있고 느낀다.
- 수집증: 사용되거나 쓸모없는 물건을 버리지 못하고 저장한다.
- 반추: 반추는 어떤 일을 반복적으로 생각하는 것이다. 죽음 또는 우주처럼 초연하고 깊은 생각으로 보일 수 있으나 결코 만족스러운 결론에 도달하지 못한다.
- 침투적 사고: 침투적 사고는 우연히 의식 속에 떠오르는 원치 않는 불쾌한 생각이다. 반복적이며 수용하기 힘들다. 머릿속에 어떤 생각이 들어와서 빠져나가지 않는다.
- 대칭 및 질서: 강박증이 있는 사람은 불편함이나 해를 입지 않기 위해 물건을 질서 있게 정

돈한다. 예를 들면, 선반 위의 책을 반복적으로 정리한다.

2) 원인

강박장애의 정확한 원인은 밝혀지지 않았지만 반복적이거나 특정한 방법으로의 손 씻기와 청소가 일반적인 강박장애이다. 신경 영상 연구에 의하면 강박장애는 신경생물학 기초를 갖고 있다. 신경전달물질의 비정상이나 불균형은 강박장애와 관련이 있다. 어린 시절부터 시작되는 강박장애는 남자보다 여자에게 더 흔하다. 이 장애는 유전적, 행동적, 인지적, 신경학적 및 환경적 원인의 조합에 의해 유발될 수 있다.

- 유전과 신경학적 원인: 강박장애는 가족력이 있으며 가족 장애로 간주될 수 있다. 이 질환은 강박장애가 있는 사람들의 가까운 친척이 있는 세대에 발병할 가능성이 높다. 뇌영상 기술에 의하면 뇌의 특정 부분이 강박장애 환자가 비환자와 다르다.
- 인지와 행동적 원인: 강박장애가 있는 사람들에게는 사고의 중요성이 과장되어 있다. 사람들은 생각을 무시할 수 있지만 그들은 생각의 중요성을 과장하여 위협으로 반응할 수 있다. 강박장애 환자는 어떤 대상이나 상황을 두려움과 관련짓는다. 그들은 두려움을 피하거나 두려움을 감소하는데 도움이 되는 의식(ritual)을 수행하는 법을 배운다.
- 환경적 원인: 환경 스트레스 요인은 강박장애의 원인이 될 수 있다. 청소년과 어린이의 외상성 뇌 손상은 강박장애의 발병 위험이 증가하는 것과 관련이 있다.

3) 증상 및 진단

강박장애는 심한 고통을 야기할 수 있다. 증상에는 관계에 대한 집착, 폭력, 상해, 살해, 소아성애에 대한 두려움, 미신 집착 등이 있다. 이들은 강박사고와 강박행동 증상이 있다. 이러한 증상은 직장, 학교 및 개인적인 관계와 같은 삶의 모든 측면을 방해할 수 있다. 강박증으로 인해 이러한 생각과 행동은 고통을 초래하고 많은 시간을 차지하며 일상생활과 관계를 방해한다. 이들은 강박사고와 강박행동을 동시에 경험하지만 어떤 사람들은 단지 하나 또는 다른 것을 경험한다. 일반적인 강박사고의 증상은 다음과 같다.

- 먼지, 세균 또는 오염에 대한 극심한 두려움
- 폭력, 상해, 살해 또는 자신을 해치는 것에 대한 지나친 생각

- 물건을 만지고, 세고, 숫자와 순서를 생각하면서 오랜 시간을 보낸다.
- 질서, 대칭 또는 정확성에 대한 선입견
- 성행위, 종교 및 해를 포함하여 원치 않는 금기된 생각
- 다른 사람이나 자기에 대한 공격적인 생각
- 종교적 또는 도덕적 사상에 지나치게 집중
- 매우 사소한 일을 알고 있거나 기억
- 세부 사항에 대한 과도한 주의
- 행운 또는 불운으로 간주되는 것에 과도한 주의
- 끔찍한 일에 대한 과도한 걱정
- 공격적인 생각, 충동 또는 행동

강박행동은 과도하고 파괴적이며 시간 소모적일 수 있으며 일상적인 활동과 관계를 방해할 수 있다. 강박행동은 강박사고에 대한 반응으로 강박사고를 느끼는 사람이 반복적으로 하는 행동이다. 이러한 반복적인 행동이나 정신적 행동은 집착과 관련된 불안을 예방하거나 경감하거나 나쁜 일이 일어나지 않도록 방지하기 위한 것이다. 그러나 강박행동은 즐거움을 가져오지 않으며 불안으로부터의 일시적인 완화만 제공할 수 있다. 강박사고를 갖고 있을 때 불안을 통제하는데 도움이 되는 규칙이나 의식을 만들 수 있다. 다음은 강박행동의 증상이다.

- 반복되는 손 씻기, 샤워 및 칫솔질을 포함한 정리 의식
- 반복적으로 확인하고 다시 점검
- 엄격한 순서 규칙
- 물건 수집
- 지나치게 반복적인 계산
- 집단화 또는 순서 지정
- 단어 반복 또는 동일한 질문 반복
- 강박적 외설어증(coprolalia)
- 욕설행동증(copropraxia)
- 소리, 단어, 숫자 또는 음악 반복

Diagnostic Criteria	강박장애

강박장애는 강박사고와 강박행동을 보이는 불안장애이다.

A. 강박사고 또는 강박행동의 존재
- 강박사고는 (1)과 (2)로 정의된다.
  (1) 반복적이고 지속적인 생각, 충동 또는 이미지 증상은 방해가 되거나 원치 않는 것으로 동요 중에 언젠가 경험하고, 분명한 불안과 근심을 야기한다.
  (2) 개인은 이러한 생각, 충동 또는 이미지를 무시하거나 억제하려고 하거나 다른 생각이나 행동으로 중립화하려고 한다(예: 강요를 통해).
- 강박행동은 (1)과 (2)로 정의된다.
  (1) 반복적 행동(예: 세수, 정돈, 확인) 또는 정신적 행동(예: 기도, 숫자 세기, 단어 반복) 증상은 강박사고에 반응하거나 엄격하게 적용되는 규칙에 따라 수행하도록 압박감을 느낀다.
  (2) 행동은 불안이나 고통을 예방하거나 줄이거나 어떤 두려운 사건이나 상황을 예방하는 것을 목표로 한다. 그러나 이러한 행동은 중화하거나 예방하도록 설계되었거나 분명히 과도한 것으로 현실적인 방식으로 연결되어 있지 않다.
B. 강박사고나 강박행동은 시간이 많이 걸리며(예: 하루 1시간 이상) 사회적, 직업적 또는 기타 중요한 기능 영역에서 임상적으로 심각한 고통이나 손상을 초래할 수 있다.
C. 강박증상은 물질(예: 약물남용, 약물치료) 또는 다른 의학적 상태의 생리학적 효과에 기인하는 것은 아니다.
D. 장애가 다른 정신질환의 증상으로 더 잘 설명되지 않는다.

4) 치료

강박장애의 생물학적 이론은 세척 의식과 같은 원시적 패턴의 실행과 관련된 뇌 영역이 손상될 수 있다고 추측한다. 관련된 뇌 영역은 신경전달물질 세로토닌이 풍부하고, 세로토닌을 조절하는 약물은 강박장애 치료에 도움이 된다. 강박사고와 강박행동이 무의식적인 갈등이나 충동을 상징하며 강박장애의 적절한 치료는 무의식적인 생각을 밝혀내는 것이다. 인지행동치료는 재발을 예방하는 데 도움이 된다. 인지행동치료는 개인의 변화가 생각하고 느끼고 행동하는 방식을 돕는 것을 목표로 하는 대화치료이다.

- **노출**: 공포와 불안을 유발하는 상황과 사물에 노출한다. 시간이 지남에 따라 이러한 강박적 단서에 의해 생성된 불안은 감소되고, 결국 강박적 단서는 거의 불안을 초래하지 않는다.
- **반응예방**: 반응예방은 원치 않는 행동이 일어나는 것을 방지하기 위해 환경을 변경시킨다. 두려운 자극이나 사고에 노출시켜 강박행동을 하지 못하게 하는 방법이다.
- **가족치료**: 강박증은 종종 가족생활과 사회적응에 문제를 일으키기 때문에 가족치료는 장애에 대한 이해를 높이고 가족갈등을 줄이는 데 도움이 될 수 있다.
- **집단치료**: 동료와의 상호작용을 통해 지원과 격려를 제공하고 고립감을 감소시킨다.

7. 외상 후 스트레스 장애

충격적인 사건을 경험하고 나면 불안감이 지속된다. 외상 후 스트레스 장애(posttraumatic stress disorder)는 심한 외상을 경험한 후에 발생하는 불안장애이다. 이 장애는 심한 불안, 환각의 재발 및 무서운 사건에 대한 통제할 수 없는 생각으로 나타나는 정신 상태이다. 공포와 스트레스를 유발하는 모든 사건 이후에 장애가 발생할 수 있다. 또 폭력, 전쟁, 천재지변, 사고 또는 자신이나 소중한 사람의 죽음에 대한 위협과 같은 외상 사건이나 무서운 경험에 노출될 때 외상 후 스트레스 장애가 발생한다.

1) 특징

외상 후 스트레스 장애는 원래의 외상이 끝났음에도 불구하고 외상이나 두려운 사건을 경험하거나 목격한 후 뇌가 과도한 공포와 불안감으로 계속 반응하는 장애이다. 환자는 외상이 과거에 있더라도 사고에 대한 기억, 회상 또는 악몽을 유발하여 외상을 다시 경험한다. 감정과 행동에 미치는 영향이 우울증, 과민반응 또는 위험한 행동으로 나타날 수 있다. 외상 후 스트레스 장애는 사람의 대처능력을 압도하는 엄청난 외상 사건으로 인해 오래 지속되는 결과이다.

장애를 유발할 수 있는 외상 사건에는 심한 개인 폭력, 테러 공격, 자동차 사고, 강간, 신체적 또는 성적학대, 심한 정서적 학대, 전쟁폭력, 자연재해 또는 인명 피해로 인한 재난이 포함된다. 이러한 외상 사건에 노출된 사람들은 분노, 충격, 공포, 죄책감, 불안감을 갖는다. 이 장애가 있는 사람은 목표가 있는 삶을 살아가는 것에 방해를 받는다. 이 증상은 시간이 지남에 따라 약화되지 않고 압도되어 기능할 수 없을 때까지 강화된다. 다음은 외상 후 스트레스 장애의 유형이다.

- **자연재해**: 홍수, 지진, 화재, 태풍
- **학대**: 신체적 학대, 성적학대, 비판적 부모와 같은 정서적 학대
- **전쟁 외상**: 전투 군인, 사망자나 전쟁을 목격하는 사람
- **일반적 외상**: 사고, 사랑하는 사람의 갑작스런 사망, 심장 마비

2) 원인

외상 후 스트레스 장애가 발병할 수 있는 여러 가지 요인이 있다. 이 장애는 매우 스트레스가 많고, 두렵거나 괴로운 사건 후에 또는 장기간의 외상 경험 후에 발생할 수 있다. 실제 또는 위협적인 사망, 중상 또는 성폭력과 관련된 사안은 외상 후 스트레스 장애를 일으킬 수 있다. 심각하고 오래 지속되는 외상을 경험하고, 사회적 지지 수준이 낮고, 사회적으로 낙인을 겪거나, 외상 전에 이미 우울하거나 불안했던 사람, 부적응적 대처방식을 가진 사람은 발병 위험이 높다. 다음은 외상에 대한 경험, 목격 또는 학습한 후 외상 후 스트레스 장애 발병의 원인이다.

- **유전적 요인**: 가족력이 있는 사람은 외상 후 스트레스 장애가 발병할 위험이 높다. 특히 불안장애가 있는 가족 구성원의 경우 증상을 나타낼 확률이 훨씬 높다.
- **신체적 요인**: 감정과 공포를 조절하는 뇌의 구조는 외상 후 스트레스를 발병하지 않는 뇌의 구조와 다르다. 장애 환자의 경우 뇌에 구조적 차이가 있다.
- **환경적 요인**: 학대, 폭력에 대한 반복 노출 또는 심한 스트레스를 받는 환경은 외상 후 스트레스 장애의 발병에 기여한다.
- **심리적 요인**: 특정 유형의 정신질환, 특히 불안과 우울증으로 고생하는 사람들은 외상 후 스트레스 장애를 발병할 위험이 더 크다.

3) 증상 및 진단

두려울 때 몸은 투쟁 또는 도피 반응을 활성화시킨다. 이 반응으로 뇌는 혈압을 높이고 심장 박동수를 증가시키며 근육에 포도당을 증가시켜 신체반응을 준비하고 교감신경계를 활성화시킨다. 즉시 위험이 사라지면 몸은 스트레스 반응을 멈추고 정상적인 상태로 되돌아간다. 외상에 노출된 모든 사람들이 비정상 반응을 보이는 것은 아니며 초기에 증상을 경험한 일부 사람들은 비교적 짧은 기간 내에 해결된다. 그러나 어떤 사람들은 회복할 수 있지만 다른 사람들은 장기적인 장애로 진전된다. 장애의 증상은 사람마다 다를 수 있다. 외상 자체, 개인의 나이 및 개별 고통

에 대한 지원 시스템의 존재 여부에 따라 장애의 징후는 다양하게 나타날 수 있다. 다음은 증상의 주요 특징이다.

- **외상 사건의 재경험:** 잦은 악몽, 사건의 회상이나 다른 자극은 사건을 상기시킨다.
- **정서적 마비 및 분리:** 사건 상기의 회피, 제한된 감정적인 반응, 정서적 자극에 대한 무반응, 사건의 특정 측면을 기억할 수 없는 경우 등이다.
- **과도한 경계와 만성각성:** 외상 사건, 공황 및 비행, 만성적 흥분, 쉽게 깜짝 놀란 것, 분노하는 것에 대한 끊임없는 경계이다.
- **부정적 사고 및 기분변화:** 죄책감, 수치심 또는 자책, 소외감과 고독감, 불신감과 배신감, 집중력과 기억력 부족, 우울증과 절망감을 나타낸다.

Diagnostic Criteria **외상 후 스트레스 장애**

외상 후 스트레스 장애는 사람이 심한 외상을 경험한 후에 발생하는 불안장애이다.

A. 다음 중 실제 또는 위협적인 사망, 중상 또는 성폭력에 노출된 경우(1개)
- 직접 노출
- 외상 목격
- 가까운 가족이나 친한 친구에게 일어났던 외상 사건을 알았다.
- 외상에 대한 혐오적인 세부 사항에 대한 간접적인 노출, 전문적인 업무상 경험(예: 응급 요원, 의료진)

B. 외상 사건을 다음과 같은 방식으로 지속적으로 재경험(1개)
- 원하지 않는 혼란스러운 추억
- 악몽
- 회상
- 외상성 회상에 노출된 후 정서적 고통
- 외상성 회상에 노출된 후 신체적 반응

C. 다음과 같은 방법으로 외상 후 외상 관련 자극의 회피(1개)
- 외상 관련 생각 또는 느낌
- 외상 관련 회상

D. 다음과 같은 방법으로 외상 후 시작되거나 악화되는 부정적인 생각 또는 느낌(2개)

- 외상의 주요 특징을 회상할 수 없음
- 자신이나 세계에 대한 지나치게 부정적인 생각과 가정
- 외상을 일으킨 자신이나 다른 사람의 과장된 비난
- 부정적인 영향
- 활동에 대한 관심 감소
- 고립감
- 긍정적인 결과를 경험하기 어려움

E. 다음과 같은 방법으로 외상 후 시작되거나 악화된 외상 관련 각성 및 반응(2개)

- 과민성 또는 공격성
- 위험하거나 파괴적인 행동
- 과격한 경고
- 악화된 놀람 반응
- 집중의 어려움
- 수면의 어려움

F. 증상은 1개월 이상 지속(필수)

G. 증상으로 고민 또는 기능 손상(예: 사회적, 직업적) 발생(필수)

H. 증상은 약물, 약물사용 또는 다른 질병으로 인한 것이 아니다(필수).

4) 치료

외상 후 스트레스 장애 치료의 목표는 장애를 유발한 사건에 보다 잘 대처하여 정서적, 신체적 증상을 줄이고 일상적인 기능을 향상시키는 것이다. 치료는 심리치료, 약물치료 또는 둘 다 포함할 수 있다. 정신요법은 증상을 관리하고 대처능력을 개발하는 기술을 배우도록 돕는다. 치료는 환자와 가족에게 장애에 대해 가르치고, 환자가 외상의 사건과 관련된 두려움을 통해 돕는다.

- **인지행동치료**: 고질적인 정서, 느낌 및 행동으로 이어지는 사고 패턴을 인식하고 변화시키는 학습을 포함한다.
- **노출요법**: 충격적 사건을 다시 경험하게 하거나 불안을 야기하는 사물이나 상황에 노출시킨다. 공포에 맞서고 무서운 상황에 점차적으로 더 편해지는 데 도움이 된다.
- **정신역학치료**: 환자가 자신감을 회복하고 새로운 대처능력 및 외상 관련 강렬한 감정을 다

루는 방법을 익힐 수 있다.

- **가족치료**: 환자의 행동이 다른 가족 구성원에게 영향을 줄 수 있다.
- **집단치료**: 외상적 사건을 경험한 다른 사람들과 사고, 공포, 감정을 공유한다. 집단치료는 전쟁, 강간 및 자연재해 같은 특정 외상의 생존자에게 적합하다.
- **약물치료**: 일반적으로 장기간의 성공을 위한 열쇠로서 치료법의 시작과 함께 증상을 완화하기 위한 조치로서 권장된다.

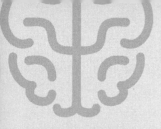

제10장

기분장애와 정신분열증

1. 기분장애

사람들은 즐겁고 활기차고 때로는 슬프고 우울함을 느낀다. 이것들은 일반적으로 경험하는 기분변화이다. 기분장애는 사람의 정서적 상태 또는 기분에 장애를 일으키는 것이다. 기분장애는 즐거움에서 심한 우울증에 이르기까지 심각하고 지속적인 장애이다. 사람들은 극심한 우울증을 경험하거나 기분과 우울증을 번갈아 경험할 수 있다. 기분(mood)은 마음이나 느낌의 일시적 상태로 불쾌한 기분과 유쾌한 기분이 있다. 불쾌한 기분(dysphoric mood)은 사소한 일에도 쉽게 짜증을 내는 마음의 상태이나 유쾌한 기분(euphoric mood)은 마음이 좋고 즐거운 상태이다.

[표 10-1] 기분의 종류

불쾌한 기분	유쾌한 기분
■ 성마름(irritability) : 참을성이 없고 성질이 조급 ■ 우울(depression) : 비정상적으로 근심스럽거나 답답하여 활기가 없는 상태 ■ 비탄(grief) : 매우 슬퍼하고 탄식함	■ 희열(euphoria) : 강렬한 행복과 흥분 ■ 의기양양(elation) : 큰 행복과 흥분 ■ 광희(exaltation) : 강렬한 행복감 ■ 황홀감(ecstasy) : 마음이나 시선이 혹하여 들뜸

1) 특징

사람들은 기분과 감정 상태의 변화를 경험하며, 이러한 변화는 삶의 사건으로 인해 발생한다. 가장 좋아하는 팀이 우승하면 기분이 좋아지나 관계가 끝나거나 직업을 잃는다면 낙담하게 된다. 때로는 명확한 이유 없이 환상적이거나 비참하다고 느낀다. 기분장애를 가진 사람은 기분변화를 경험하지만 변화는 극단적이며 삶에 대한 자신의 전망을 왜곡시키고 기능을 손상시킨다.

기분장애(mood disorder)는 기분과 감정의 심각한 장애이다. 기분장애는 정서장애(affective disorder)라고도 하며 기분이 너무 좋거나 너무 우울하게 느끼는 정신장애이다. 뇌의 기분을 조절하는 부위에 이상이 생겨 발생하는 증상으로 우울증과 조울증이 대표적이다. 우울장애는 의욕 저하와 우울이 주요 증상으로 다양한 인지 및 정신 신체적 증상을 일으켜 일상 기능의 저하를 가져오는 질환이다. 주요 우울증은 의욕이 낮고 침울하나 양극성장애는 조증과 우울증이 번갈아 가며 나타나는 감정의 장애로 기분, 기력, 생각과 행동에 극단적인 변화가 특징인 조울증이다. 우울증에는 주요 우울장애, 기분부전장애, 양극성장애, 순환성장애 등 다양한 질환이 있다.

- **주요 우울장애**: 일상 활동에 관심이 없고 슬프거나 절망감을 느낀다.
- **기분부전장애**: 우울하고, 짜증을 잘 내는 기분으로 지속성 우울장애이다.
- **양극성장애**: 기분이 들뜨는 조증과 기분이 가라앉는 우울증이 번갈아 나타난다.
- **순환성 장애**: 경조증과 우울증이 반복되는 만성적인 기분장애이다.

조증(mania)은 극도의 육체적, 정서적으로 기쁘거나 들뜬 상태이다. 기분이 상쾌하고, 낙천적이고, 자극적이나 사소한 것에 쉽게 화를 내게 된다. 많이 움직이고 말이 많으며 대화 주제로부터 벗어나기 쉽다. 조증은 정서의 불안정성과 함께 고양된 정서적 표현이 강화된 상태이다. 정서의 불안정성은 기쁨과 우울이 교대로 나타나는 경향이다. 그러나 기분이 좋아지면 자극적일 수 있다. 잠깐 우울한 증상, 사고의 비약(flight of ideas)[11]과 빠르고 광적으로 말하는 것, 기력 증가, 수면욕구 감소와 과다활동이 관찰된다.

(1) 주요 우울장애

주요 우울장애(major depressive disorder)는 슬픔, 공허감, 짜증스러운 기분과 그에 수반되는 신체적, 인지적 증상이다. 이것은 일시적인 경향이 있지만 지속적으로 재발할 수 있다. 주요 우울증은 대표적인 형태의 우울증으로 가장 증상이 심한 경우이다. 이러한 우울증상은 최소 2주 이상 또는 반복적으로 나타날 수도 있다. 주요 우울장애는 흔하지만 심각한 기분장애이다. 그것은 수면, 식사 또는 일과 같은 일상 활동을 어떻게 느끼고, 생각하고, 처리하는지에 영향을 미치

---

11) 환자가 거의 계속적으로 말을 하며 한 가지 화제를 완결하기 전에 다른 화제로 바꾸는 것을 반복하는 상태.

는 심각한 증상을 유발한다. 또한 우울장애는 몸, 기분 및 생각을 포함하는 질병이다. 치료를 받지 않으면 증상은 몇 주, 몇 달 또는 몇 년 동안 지속될 수 있다. 주요 우울증은 일하고, 공부하고, 잠을 자고, 먹고, 즐거운 활동을 즐기는 능력을 방해하는 증상의 조합으로 나타난다.

우울장애의 일부 형태는 위에 설명된 것과 약간 다른 특성을 나타내거나 독특한 환경에서 발생할 수 있다. 심리적 우울증은 심각한 우울증에 현실, 환각 및 망상과 같은 정신병이 동반될 때 발생한다. 산후우울증은 신생아가 출산 후 1개월 이내에 주요 우울증이 발생하면 진단된다. 출산 후 산후우울증을 경험하는 여성은 10~15% 정도라고 한다.

Diagnostic Criteria 주요 우울장애

주요 우울장애는 슬픔, 공허감, 짜증스러운 기분과 그에 수반되는 신체적, 인지적 증상이다. 다음의 항목 중에서 5개 이상이 발생하면 우울장애일 수 있다.

- 우울한 기분
- 쾌감상실(거의 모든 활동에서 관심 또는 쾌락의 감소)
- 중요한 체중변화나 식욕장애
- 수면장애
- 정신운동 초조 또는 지체(근육운동의 상승 또는 둔화)
- 활력의 상실 또는 피로
- 무가치한 느낌(낮은 자부심)
- 사고, 집중, 의사결정 능력 저하
- 죽음, 자살 또는 자살에 대한 반복적인 생각
- 오랜 대인관계 거부 반응

(2) 기분부전장애

기분부전장애(Persistent depressive disorder: dysthymia) 또는 기분저하증은 경미한 우울증상이 만성적으로 나타나는 우울 기분장애이다. 슬픔과 관련된 우울증을 경험하지만 슬픔은 우울증으로 기술될 정도로 강하지 않다. 기분부전장애는 2년 이상 우울증을 앓고 있는 증상을 특징으로 한다. 만성 우울증으로 고통받는 사람들은 평생 우울증을 경험한다. 기분부전증은 종종 만성 우울증으로 알려져 있다. 이러한 증상은 식욕장애, 수면장애, 낮은 기력, 피로, 낮은 자기 존중감, 집중력 저하, 의사결정의 어려움 및 절망감을 포함할 수 있다. 그들은 사회적 상호작용에서 벗어나 다른 사람들에 대한 분노와 과민반응을 보일 수 있다. 기분저하장애는 다른 심각한 심리적 장애를 동반할 수 있다. 즉, 성격장애를 수반할 수도 있고, 우울증을 일으킬 수도 있고, 약물남용으로 갈 수 있다. 다음은 장애의 공통적인 증상이다.

- 식욕부진 또는 식욕과다
- 과다수면 또는 불면증
- 기력 저하 또는 피로
- 자부심 저하
- 집중 곤란
- 의사결정 곤란
- 절망감

Diagnostic Criteria　　**기분부전장애**

기분부전장애는 경미한 우울증상이 만성적으로 나타나는 우울 기분장애이다.

A. 다음의 항목 중에서 2개 이상이 발생하면 기분부전장애일 수 있다.
- 식욕부진 또는 과식
- 불면증 또는 과다수면
- 저활력 또는 피로
- 낮은 자부심
- 집중력 부족
- 절망감

B. 2년 동안 증상은 한 번에 2개월 이상 지속

C. 주요 우울증 기준은 2년간 지속적으로 나타날 수 있다.

(3) 양극성장애

양극성장애(bipolar disorder)는 기분이 들뜨는 조증(躁症: mania)과 가라앉는 우울증(憂鬱症: depression)이 모두 발생할 수 있는 기분장애로 조울증이라고도 한다. 개인은 조증을 경험할 수도 있고 우울증을 경험할 수도 있다. 양극(bipolar)이라는 용어는 양극성이나 극단을 의미한다. 양극성장애는 조증과 우울증을 포함한다. 양극성장애가 있는 사람들은 항상 우울증의 증상을 나타내지는 않는다. 그들은 몇 개월 또는 몇 년 후에 어느 정도 우울증을 경험할 것으로 추정된다.

조증 환자들은 외향적이고 말하기를 좋아하고 창조적이며 재치 있고 자신감이 있는 것처럼 보일 수 있다. 과대망상과 기력의 느낌은 일상적인 기능에 심각한 문제를 일으킬 수 있다. 이들의 자부심은 엄청나게 팽창할 수 있다. 그들의 생각은 웅장하고 심지어 정신병적 특질을 가질 수도 있다. 그들은 기괴한 생각을 가질 수 있다. 특별한 아이디어와 독창적인 창의성을 보여줄 수 있다. 생각과 아이디어에는 급격한 변화가 있다. 한 활동에서 다른 활동으로 이동할 수 있다. 쉽게 산만해지고 지속적으로 자극을 필요로 한다. 다른 사람들이 해석하기가 어려울 정도로 빠른 속도로 빠르게 말할 수 있다. 충동적으로 즐거운 활동을 추구할 수 있다. 나쁜 성관계 또는 술잔치에 참여할 수 있다. 종종 환상적으로 추구하는 웅대한 계획과 목표를 갖고 있다.

양극성장애는 양극성장애 I 및 양극성장애 Ⅱ가 있다. 양극성장애 I은 개인이 하나 이상의 조증 장애(manic disorder)를 경험할 때 진단된다. 그러나 항상 우울증을 경험하지는 않는다. 양극성장애 Ⅱ는 우울증이 경조증(hypomania)과 번갈아 나타나는 질환이다. 40세 이후에 양극성장애를 앓는 사람은 상대적으로 매우 드물다. 그러나 일단 만성적인 것으로 나타나면 조증과 우울증이 반복적으로 계속된다.

Diagnostic Criteria | **양극성장애 Ⅰ형**

양극성장애 I형은 기분이 비정상적으로 고양되면서 생기는 다양한 증상의 조증이다.

A. 비정상적으로 의기양양하거나 과대 망상적이거나 흥분하기 쉬운 기분이 뚜렷하고, 적어도 1주일 이상 지속되는 목표 지향적 활동이나 활력을 증가시키고 거의 매일 지속된다.

B. 기분장애 및 증가된 활력 또는 활동 기간 동안 다음 증상 중 3개 이상이 발생하고 평상시의 행동에서 눈에 띄는 변화를 나타낸다.

- 고양된 자부심 또는 당당함
- 수면욕구 감소
- 평상시보다 더 많은 수다나 계속 이야기해야 한다는 압박
- 사고의 비약, 멈추지 않고 끊임없이 생각하는 주관적 경험
- 주의산만(즉, 중요하지 않거나 관련 없는 외부 자극에 너무 쉽게 주의를 기울임)
- 목표 지향적 활동의 증가(사회, 직장, 학교에서 또는 성적으로) 또는 정신운동 초조(즉, 무의미한 목표 지향적이지 않은 활동) 증가
- 고통스런 결과를 초래할 가능성이 높은 활동에 과도하게 관여(예, 억제되지 않은 흥청

망청, 성적 무분별한 행동 또는 어리석은 사업투자)

C. 기분장애는 사회 또는 직업 기능에 현저한 장애를 일으키거나 자신이나 타인에게 해를 입히지 않도록 입원을 필요로 하기에 충분히 심각하거나 정신병적 특징이 있다.

D. 증상은 물질(예: 약물남용, 약물치료, 기타 치료)의 생리학적 영향 또는 다른 의학적 상태에 기인한 것이 아니다.

Diagnostic Criteria　　**양극성 장애 Ⅱ**

양극성장애 Ⅱ는 조증보다 증상이 가볍고 상대적으로 지속기간이 짧은 경조증이다.

양극성 장애 Ⅱ 진단을 위해서는 현재 또는 과거의 경조증 발현 및 현재 또는 과거의 주요 우울증 발현에 대한 다음 기준을 충족시켜야 한다.

A. 하루의 대부분, 거의 매일 그리고 적어도 연속 4일 비정상적으로 그리고 지속적으로 상승, 확대, 또는 과민성 기분과 비정상적으로 그리고 지속적으로 증가된 활동 또는 활력

B. 기분장애와 증가된 활력 및 활동 기간 동안 다음 증상 중 3개(또는 그 이상)가 지속되고 (만성은 4개), 일반적 행동에서 눈에 띄는 변화를 나타내며 중요한 증상 정도가 있다.

  • 고양된 자부심 또는 호기심
  • 수면욕구 감소(예: 단지 3시간의 수면 후에 휴식)
  • 평상시보다 더 많이 수다스럽거나 계속 이야기해야 한다는 압력
  • 생각이 빠르게 나는 주관적 경험이나 사고의 비약
  • 주의산만(예; 중요하지 않거나 관련이 없는 외부자극에 너무 쉽게 주의집중)
  • 목표 지향적 활동(사회적으로 또는 성적으로) 또는 정신운동 동요를 증가한다.
  • 고통스런 결과를 초래할 가능성이 높은 활동에 과도하게 관여한다(예: 무분별한 구매 행위, 무분별한 성적 행동, 또는 어리석은 사업투자).

C. 증상이 없을 때 질병 발현은 개인의 특징이 없는 기능변화와 관련이 있다.

D. 기분장애 및 기능변화는 다른 사람들이 관찰할 수 있다.

E. 질병 발현은 사회기능이나 직업기능에 현저한 장애를 일으키거나 입원을 필요로 할 정도로 심각하지 않다. 정신병적 특징이 있다면 질병 발현은 정의상 조울증이다.

F. 질병 발현은 약물(예: 약물남용, 약물치료, 기타)의 생리적 영향에 기인한 것이 아니다.

(4) 순환성장애

순환성장애(cyclothymic disorder)는 비교적 가벼운 기분장애로 경조증과 우울증이 반복되는 만성적인 기분장애이다. 순환성장애는 경미한 형태의 양극성장애로서 우울증의 증상에서 경조증의 증상에 이르기까지 만성적인 불안감을 특징으로 한다. 가벼운 감정은 기분이 좋고 행복감이 넘치고 흥분되는 기간을 포함하지만 현실에서 벗어나는 것은 아니다. 가벼운 욕설은 그것을 경험하는 사람에게 좋게 느낄 수 있으며 기능과 생산성을 향상시킬 수 있다. 환자들은 다른 사람들에게 변덕스럽거나 힘들어 보이지만 정상적인 기능을 하는 것처럼 보인다. 이 상태는 대개 청소년기에 발생한다. 기분변화가 심하지 않기 때문에 사람들은 치료를 잘 받지 않는다.

장애의 원인은 알려져 있지 않다. 기분변화가 불규칙하고 갑작스럽지만 조울증의 심각성은 양극성장애가 있는 사람들보다 극단적이다. 양극성장애와 달리 경조증의 기간은 조울증으로 변하지 않으므로 자신의 행동에 대한 통제력을 상실하고 어지러운 행동, 위험한 성행위 또는 마약 사용, 현실과의 접촉을 잃을 수 있다. 순환성장애 증상은 감정적으로 최고와 최저 사이에서 교체한다. 최고치에는 상승된 기분인 경조증이, 최저치는 경도 우울증상으로 구성된다. 순환성장애가 생기면 일상생활에서 정상적으로 기능할 수 있다. 그러나 기분전환의 예측할 수 없는 속성으로 어떻게 느끼는지 결코 알지 못하기 때문에 삶을 크게 혼란시킬 수 있다.

[표 10-2] 순환성장애 증상

경조증의 증상	우울증의 증상
• 과장된 행복감 • 극단적인 낙천주의 • 고양된 자부심 • 평상시보다 더 많이 말하기 • 위험한 행동이나 현명하지 못한 선택을 초래할 수 있는 판단력 부족 • 급박한 생각 • 과민반응 또는 불안한 행동 • 과도한 신체 활동 • 성취, 목표달성 또는 성취의 증가된 욕망 　(성적, 직업 관련 또는 사회적) • 수면욕구 감소 • 산만해지는 경향 • 집중의 어려움	• 슬프거나 절망적이거나 공허한 느낌 • 눈물 • 어린이 및 청소년의 과민반응 • 즐거운 활동에 대한 관심 상실 • 체중 변화 • 무가치 또는 죄책감 • 수면욕구 감소 • 불안 • 피곤 또는 감각 둔화 • 집중의 어려움 • 죽음 또는 자살에 대한 생각

Diagnostic Criteria	순환성장애

순환성장애는 경조증과 우울증이 반복되는 만성적인 기분장애이다.

A. 적어도 2년 동안(소아나 청소년은 적어도 1년 이상) 다수의 경조증과 우울증이 있다.

B. 2년 이상의 기간 동안 경조증 기간과 우울증 기간이 절반 이상 차지해야 하고 증상이 없는 기간이 2개월 이상 지속되어서는 안 된다.

C. 주요 우울증, 조증 또는 경조증 증상이 존재하지 않는다.

D. 진단 기준 A의 증상이 조현정동장애, 조현병, 조형양상장애, 망상장애, 달리 명시된 조현병 스펙트럼 및 기타 정신병적 장애로 더 잘 설명되지 않는다.

E. 증상이 물질(예: 약물남용, 투약) 또는 일반적인 의학적 상태(예: 갑상선 기능 항진증)의 직접적인 생리적 효과로 인한 것이 아니다.

F. 증상이 사회적, 직업적, 기타 중요 기능 영역에서 임상적으로 심각한 고통이나 장해를 일으킨다.

2) 원인

기분장애를 유발하는 많은 요인이 있다. 기분장애는 유전적, 생물학적, 환경적, 심리적 요인의 복합성에 기인한다. 생물학적 요인으로 뇌의 화학적 불균형에 기인한다. 우울증이 있는 가족 구성원은 이러한 증상이 발생할 위험이 더 크다. 기분장애는 때로는 주요한 스트레스 요인이나 외상적 사건 또는 물질남용으로 인해 유발될 수 있다. 건강 문제 및 신체적인 질병이나 부상은 또한 우울증 및 기타 기분장애의 위험 요소가 될 수 있다. 기분변화와 감정이 어려운 사람들은 고립되려고 하고 증상을 스스로 치료하려고 한다. 그러나 증상이 오히려 악화될 수 있다.

- 유전적 요인: 기분장애가 있는 부모는 자녀들이 기분장애가 발생할 확률이 더 높다.
- 신경학적 요인: 심한 우울증 환자는 정상적인 전두엽보다 작고, 체내에 노르에피네프린과 세로토닌 수치가 매우 낮다.
- 사회인지적 요인: 때로는 삶의 문제로 우울증이 유발될 수 있다. 직장에서 해고되고, 이혼하고, 사랑하는 사람을 잃고, 가족의 죽음을 겪고, 재정적인 문제가 생기면, 모든 것이 어려울 수 있다. 이러한 삶의 사건과 스트레스는 대처능력과 탄력성에 따라 슬픔이나 우울증을 유발하거나 기분장애를 관리하기 어렵게 만든다. 또 남성보다 여성이 학습된 무력감을 더 겪는다. 학습된 무력감(learned helplessness)은 피할 수 없는 힘든 상황을 반복적으로 겪게 되면 그 상황을 피할 수 있는 상황이 와도 극복하려는 시도 없이 자포자기하는 현상이다.

학습된 무력감(learned helplessness)은 인간과 동물들이 통증, 고통, 불편을 피할 수 있는 조건을 갖추었을 때 관찰되는 현상이다. 충분한 조건화 후에 동물은 진정으로 그것을 피할 수 있는 기회가 있더라도 고통을 피하려고 노력하지 않는다. 심리학자 마틴 셀리그먼과 스티브 마이어가 개를 대상으로 한 우울증

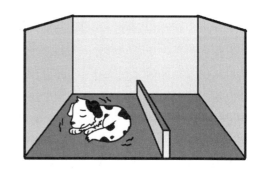

실험에서 발견된 증상이다. 24마리의 개를 세 상자에 나누어 넣고 전기충격을 주었다. A상자는 코로 조작기를 누르면 전기충격을 스스로 멈출 수 있고, B상자는 코로 조작기를 눌러도 전기충격을 피할 수 없고, 몸이 묶여 있어 어떠한 대처도 할 수 없다. C상자는 전기충격을 주지 않았다. 24시간 이후 이들 세 집단 모두를 다른 상자에 옮겨 놓고 전기충격을 주었다. 세 집단 모두 상자 중앙에 있는 담을 넘으면 전기충격을 피할 수 있게 되어 있었지만 A와 C상자의 개는 중앙의 담을 넘어 전기충격을 피했으나, B상자의 개는 전기충격이 주어지자 피하려 하지 않고 고스란히 전기충격을 견뎠다. 이 개들은 덫을 놓지 않은 때 절망적이기 때문에 도주하지 않았다. 즉, 그들이 어떤 일을 해도 그 상황을 극복할 수 없을 것이라는 무기력이 학습된 것이다.

출처: Maier, S. F., & Seligman, M. E.(1976), "Learned Helplessness: Theory and Evidence," *Journal of Experimental Psychology*, General, 105(1), 3.

3) 증상 및 진단

사람들은 누구나 때때로 슬프거나 우울함을 느낄 수 있다. 그러나 기분장애는 정상적인 슬픔의 감정보다 관리하기가 더 어렵다. 기분장애의 첫 징후는 일반적으로 우울증이나 조증으로 나타나기도 하며 다른 증상이 동반될 수도 있다. 질환이 있는 개인은 기분 상태를 조절하거나 스스로 치료하기 위해 알코올을 마시거나 약을 복용할 수 있다. 알코올 및 기타 물질로 인해 실제로 증상이 악화될 수 있으며 자가 약물치료를 시도하면 기분장애의 적절한 진단 및 치료가 지연되고 복잡해질 수 있다.

(1) 정서적 증상

기분장애의 정서적 증상은 모든 사람들에게 동일하지 않다. 기분장애 증상은 다른 질환과 혼동될 수 있다. 예를 들면, 사람이 통증과 고통을 호소하는 경우 의사는 정신건강 대신에 뼈와 근육을 확인하는 경향이 있다. 또한 기분장애에는 격렬한 기분변화 증상이 나타나기도 하고 일회성으로 간주될 수도 있다. 양극성장애에 대한 가능한 원인은 함께 작용하는 요소의 조합으로 생각된다. 연구자들은 양극성장애를 유발할 수 있는 특정 유전자를 발견했으며 유전성일 수 있다고 언급했다. 기분장애 환자의 뇌 스캔은 건강한 개인과 비교했을 때 변화를 나타낸다.

[표 10-3] 기분장애의 정서적 증상

우울증의 정서적 증상	조증(mania)의 정서적 증상
• 자살에 대한 생각과 시도 • 과거에 즐거웠던 활동에 대한 관심의 상실 • 불안감, 슬픔 또는 공허함 • 무가치, 무력감 또는 죄책감 • 절망감이나 비관의 느낌	• 장시간의 의기양양 • 안절부절 못함 • 과민성, 동요 또는 과도한 기력 • 과장감 • 충동적이고 위험하거나 쾌락주의적인 행동

(2) 신체증상

기분장애의 신체증상은 사람마다 다를 수 있다. 우울증과 조증은 모두 치료가 가능한 의학적 질병이다. 불행히도 많은 사람들이 기분장애를 둘러싼 문제 또는 관련된 두려움을 오해하여 필요한 도움을 받지 못한다. 다음은 기분장애의 신체적 증상이다.

[표 10-4] 기분장애의 신체증상

우울증의 신체증상	조증의 신체증상
• 기력 쇠약 또는 피로 • 두통, 신체통증, 통증, 경련 또는 소화장애 • 세부 사항 기억, 의사결정과 집중의 어려움 • 식욕부진 또는 과식 • 과도한 수면 또는 불면증	• 급박한 생각, 횡설수설 • 억압된 또는 빠른 말 • 목표 지향 활동 증가 • 산만 • 불면증 • 과도한 성욕

4) 치료

기분장애는 증상에 근거한 치료, 특히 문제의 조기 발견으로 치료할 수 있다. 치료는 증상 발현을 관리하고 증상의 심각성을 경감하며 향후 증상 발현을 예방하는 데 도움이 될 수 있다. 또한 자녀의 정상적인 성장과 발달을 향상시키고 자녀의 삶의 질과 관계를 개선시킬 수 있다. 치료는 기분장애의 심각성과 사람의 유형에 따라 다르다. 환자는 기분변화를 계속 경험할 수 있지만 의사와 긴밀히 협력하면 심각성을 줄이고 증상을 더 잘 관리할 수 있다. 전문가가 환자의 생활에서 중요한 문제를 확인하고 환자가 스트레스 요인을 관리하는 방법을 배우도록 도와준다. 또한 전문가는 기분장애 증상을 관리할 수 있도록 다양한 기술을 사용할 수 있다.

- 인지행동치료: 문제가 되는 생각, 감정 및 행동을 환자가 겪고 있는 상황으로 바꿔 놓는 것을 포함한다. 치료사는 환자에게 도움이 되지 않는 생각을 알리고 변경하고 문제해결 능력을 향상시키며 건강한 선택을 촉진시킨다.
- 대인치료: 사회기술을 키우고 삶에서 어려움을 겪고 있는 어린이들을 돕는 데 초점을 맞추고 있다. 이것은 원래 청소년을 치료하기 위해 개발된 치료법으로 낭만적인 관계와 관련된 공통된 문제를 해결하고 부모와 소통하며 동료와 효과적으로 상호작용한다.
- 변증법적 행동치료: 감정 조절에 어려움을 겪는 청소년에게 권장된다. 곤경을 견디고, 강력하고 불편한 감정을 관리하고, 자해를 포함한 충동적인 행동을 줄이고, 친구 및 가족과의 관계를 개선하는 기술 습득을 포함한다.
- 가족치료: 가족은 어떤 기분장애에서도 중요한 지원 역할을 한다. 부모 또는 보호자를 포함한 가족은 자녀가 기분 및 행동 문제를 관리하는 데 도움이 되는 방법을 배울 수 있다. 전문가는 또한 자녀의 삶의 잠재적 스트레스 요인과 가족 내 상호작용 유형을 탐구할 수 있다.
- 약물치료: 기분장애 및 자녀의 증상에 따라 약물치료는 증상의 심각성 또는 빈도를 줄이고 문제행동을 줄이며 기능을 향상시키고 향후 질환발병을 예방할 수 있다. 우울증은 일반적으로 항우울제로 치료된다. 항우울제는 신경전달물질을 복원한다.

2. 정신분열증

정신분열증(schizophrenia)은 사람들이 현실을 비정상적으로 해석하는 심각한 정신장애이다.

즉, 현실에 대한 왜곡된 지각, 비정상적인 정서체험, 사고·동기·행동의 총체적인 손상과 괴리 등을 수반하는 정신장애이다. 정신분열증은 환각이나 망상을 수반하고 일상적인 기능을 손상시키고 장애를 일으킬 수 있는 매우 혼란스러운 사고와 행동을 초래할 수 있다. 이러한 증상은 사회적 기능에 장애를 일으킬 수 있다. 정신분열증이 있는 대부분의 사람들은 위험하거나 폭력적이지 않다. 정신분열증은 인구의 약 1%에 영향을 미치는 만성적인 뇌 질환이다. 증상에는 망상, 환각, 사고와 집중 문제, 동기부여 부족이 포함될 수 있다.

1) 특징

정신분열증은 혼돈된 말과 행동, 망상과 환각과 관련된 가장 만성적이고 무력한 심각한 정신장애이다. 망상은 현실과 맞지 않는 잘못된 신념과 믿음이다. 환각(hallucination)은 감각 자극이 없는 상태에서 감각 경험을 하는 것으로 실제 존재하는 것을 잘못 지각하는 착각과는 다르다. 환각은 환시와 환청이 있다. 환시는 실재하지 않는 물체나 사람이 보이는 것이다. 환청은 다른 사람들이 자신에 대해 얘기하는 소리가 들리는 것이다.

이 질환은 생각하고, 느끼고, 행동하는데 영향을 주는 심각한 장애이다. 환자들은 실제와 상상을 구별하거나 사회적 상황에서 정상적인 감정표현이 어려울 수 있다. 환자들은 현실 검증력이 떨어져 매우 비현실적인 지각과 생각을 하게 되고 혼란스러운 심리 상태에 빠져든다. 현실감각이 상실되어 일, 공부, 대인관계를 비롯한 다양한 생활영역에서 정상적으로 적응하기 어렵다. 증상은 시간에 따라 변할 수 있다. 환자의 모습이 현악기가 정상적으로 조율되지 못했을 때의 모습처럼 혼란스러운 상태를 보여 조현병(調絃病)이라고 한다. 정신장애 진단 및 통계 편람은 정신분열증의 5가지 아형을 규정한다.

[그림 10-1] 정신분열증의 5가지 아형

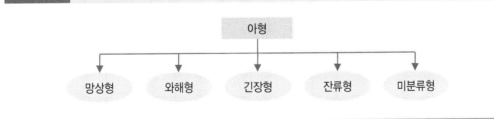

• 망상형(paranoid type): 망상은 병적으로 생긴 잘못된 판단이나 확신으로 생각의 이상 현상이다. 망상으로는 피해망상이나 과대망상이 있다. 긴장하고 의심하고 경계하고 적대적, 공격

적이지만 적절한 행동을 할 수도 있다.

- **와해형(disorganized type)**: 혼란스럽거나 부적절한 말투와 행동이다. 행동의 퇴행증상이 심하여 원초적인, 억제력이 없는, 조직화되지 못한 행동을 보인다. 활동수행능력을 잃을 수 있고 얼굴을 찌푸리거나 기이한 행동을 나타내기도 한다.
- **긴장형(catatonia type)**: 장시간 움직이지 않거나 과도하고 무의미한 움직임이다. 상동증(stereotypy: 어떤 특정한 행위를 장시간에 걸쳐서 지속), 매너리즘(mannerism: 항상 동일한 방식이나 태도), 납굴증(waxy flexibility: 외적 힘에 의해 움직여진 대로 신체 위치 유지), 무언증(mutism: 말이 없음) 등의 증상을 보인다.
- **잔류형(residual type)**: 현재는 망상이나 환각, 와해된 언어나 행동의 급성 증상은 없으나 의욕감소 등의 음성 증상이 나타나는 경우이다.
- **미분류형(undifferentiated type)**: 상기 아형으로 정의하기가 어려운 유형이다.

2) 원인

정신분열증을 일으키는 원인을 알 수 없지만 유전학, 생물학, 인지적 및 환경 요인의 결합이 장애의 발달에 기여한다고 연구자들은 믿고 있다. 예를 들면, 일란성 쌍둥이 중 어느 한 쪽에서 정신분열증이 발견되면 나머지 한 사람에게서도 발견된다. 유전적 요인, 뇌의 구조적 또는 기능적 결함, 신경전달 물질의 이상, 출생 전후의 생물학적 환경 등이 있다. 인지적 입장에서는 정신분열증이 기본적으로 사고 장애이며 환자들이 인지적 과제의 수행, 추론 능력, 계획 및 집행기능의 결함과 뇌의 전두엽과 관련성에 대한 연구들을 진행하고 있다. 또한 부모의 양육 태도, 가족 간의 의사소통, 부모관계, 사회경제적 위치 등이 있다.

- **유전적 요인**: 질환은 가족에서 발생하는 경향이 있다. 정신분열증은 신체가 호르몬 및 신체적 변화(십대 및 청소년기의 사춘기 동안 발생하는 것과 같은)를 겪거나 심한 스트레스 상황을 겪은 후에 나타날 수 있다.
- **생물학적 요인**: 환자가 뇌 화학물질이나 신경전달물질이 불균형이라고 생각한다. 신경전달물질은 뇌의 신경세포가 서로에게 메시지를 보낼 수 있게 한다. 이 화학물질의 불균형은 사람의 뇌가 자극에 반응하는 방식에 영향을 미친다. 다른 소리, 광경, 냄새 및 취향을 처리할 때 환각 또는 망상으로 이어질 수 있다.
- **발달적 요인**: 정신분열증은 태아 발달 중 신경세포들 사이의 결함 있는 연결과 관련된 발달

장애 유형일 수 있다. 사춘기에 정상적으로 발생하는 뇌의 변화는 이러한 연결과 상호작용하여 장애증상을 유발한다.

- **환경적 요인:** 임신 중의 특정 환경 요인은 자손의 정신분열증의 위험 증가와 관련이 있다. 여기에는 기아에 대한 어머니의 노출이다. 가정과 가족생활과 관련된 환경 스트레스 요인 (부모 사망 또는 이혼) 또는 청소년기 가족과의 분리는 유전적 또는 정신적 취약성이 있는 개인에서 정신분열증의 발병을 유발할 수 있다.

3) 증상 및 진단

정신분열증은 사고(인지), 행동 또는 감정에 대한 다양한 범위의 문제를 수반한다. 정신분열증 환자의 상당 부분이 일자리를 구할 수 없기 때문에 다른 사람들에게 의존해야 한다. 그들은 치료에 항의할 수 있으며 자신에게 아무런 문제가 없다고 주장한다. 정신분열증은 환자, 가족, 친구, 사회에까지 부정적인 영향을 미친다. 정신분열증의 증상은 개인에 따라 다르나 네 가지 범주로 분류된다.

- **양성 증상:** 정신병 증상으로도 알려져 있다. 예를 들면, 망상과 환각이다.
- **음성 증상:** 환자에게서 빼앗는 요소로 무표정, 동기부여 부족이다.
- **인지적 증상:** 사고 과정에 영향을 미치는 요소로 예를 들면, 집중력 부족이 있다.
- **정서적 증상:** 보통 둔감한 감정과 같은 부정적 증상이다.

증상은 시간이 지남에 따라 유형 및 심각성이 변하고 증상이 악화되거나 완화된다. 정신분열증의 증상은 종종 혼란스럽거나 심지어 심각한 충격의 변화로 나타난다. 증상을 극복하는 것은 환자가 얼마나 병에 걸리고 병이 있는지를 기억하는 가족 구성원에게는 어려울 수 있다. 증상은 또한 직장, 관계 또는 자기관리를 포함하여 삶의 다양한 영역에서 개인이 기능하는 데 주요한 문제를 일으킨다. 증상의 심각성에도 불구하고 정신분열병으로 진단받은 많은 사람들은 자신이 질병에 걸렸다는 사실을 모르고 있다.

- **망상:** 거짓 생각이다. 현실에 근거하지 않은 그릇된 믿음이다. 개인은 누군가가 자신을 염탐하고 유명한 사람이라고 믿을 수도 있다.
- **환각:** 존재하지 않는 것을 보고, 듣고, 맛보고, 냄새를 맡는다. 가장 흔한 경험은 환청으로 명

령이나 의견을 주는 상상의 목소리를 듣는 것이다.

- **와해된 생각**: 조직화되지 않은 사고는 혼란스런 언어이다. 한 주제에서 다른 주제로 이동하는 무질서한 사고와 말하기이다. 개인은 자신의 단어나 소리를 만들고, 이상한 방식으로 운율을 매기거나 단어와 아이디어를 반복할 수도 있다.
- **와해된 행동**: 위생에 문제가 있거나 날씨에 부적절한 옷을 입거나, 정당한 이유 없는 폭발, 충동적이고 무제한적인 행동에 이르기까지 다양할 수 있다. 사람은 분명한 이유 없이 불안하거나, 동요하거나, 긴장되거나, 일정하게 보일 수도 있다.

Diagnostic Criteria	정신분열증

정신분열증은 혼돈된 말과 행동, 망상과 환각과 관련된 장애이다.

A. 증상이 다음 중 2개 이상이 있고 1개월 중 상당기간 존재하고(또는 성공적으로 치료하면 더 적음), 적어도 하나는 (1), (2) 또는 (3)이어야 한다.

   (1) 망상

   (2) 환각

   (3) 무질서한 언어(예: 빈번한 탈선 또는 비일관성)

   (4) 심하게 혼란스럽거나 피곤한 행동

   (5) 음성 증상(즉, 정서적 표현 둔감 또는 무의욕)

B. 장애가 시작된 이래 상당 기간 동안 일, 대인관계 또는 자기관리와 같은 하나 이상의 주요 영역에서의 기능 수준은 발병 이전 수준보다 현저하게 낮다. 또는 발병 시기가 어린이나 청소년기에 있을 때 대인관계, 학업 또는 직업 기능의 기대 수준을 달성하지 못한다.

C. 장애의 징후는 최소 6개월 동안 지속된다. 이 6개월 기간에는 기준 A(즉, 활성기 증상)를 충족시키는 증상이 적어도 1개월 이상(또는 성공적으로 치료된 경우 더 적게) 포함되어야 하며 전조기 또는 잔류기 증상의 기간이 포함될 수 있다. 이러한 전조기 또는 잔류기 동안 장애의 징후는 음성 증상만 있거나 약화된 형태(예: 이상한 신념, 비정상적인 지각적 경험)으로 제시된 기준 A에 열거된 둘 이상의 증상에 의해 나타날 수 있다.

D. 정신분열정동장애 및 우울증이나 양극성장애는 다음과 같은 이유로 배제될 수 있다.

   (1) 주요 우울증 또는 조울증이 활성기 증상과 동시에 발생하지 않는다.

   (2) 활성기 증상 중에 기분장애 증상이 발생하면 활성기 및 잔류기의 총 지속 기간의 소

수에 해당된다.

E. 장애는 물질의 생리적 효과(예: 약물남용, 약물치료)나 다른 의학적 상태에 기인하지 않는다.

F. 자폐증 장애 또는 소아발작의 병력이 있는 경우 현저한 망상 또는 환각이 적어도 1회 이
  상 존재할 경우에만 정신분열증의 추가 진단이 이루어진다.

4) 치료

정신분열증의 원인이 아직 명확하게 밝혀지지 않았기 때문에 치료는 증상 감소 및 재발 방지에 초점을 두고 있다. 환자들은 동기부여, 자기관리 및 다른 사람들과의 관계형성을 돕기 위해 다양한 유형의 정신 사회적 치료를 받는다. 또한 많은 환자들이 장애가 시작되면서 교육이나 직업훈련이 중단되기 때문에 사회기능 및 업무기술 향상을 위한 치료를 받는다. 환자와 가족을 위한 자조집단이 일반화되고 있다. 전문 치료사의 도움을 받지는 못했지만 이 집단은 치료에 도움이 될 수 있다. 왜냐하면 회원들은 계속해서 상호지원을 제공할 뿐만 아니라 혼자가 아니라는 것을 아는 안락함을 제공하기 때문이다.

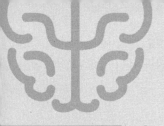

제11장
해리성장애

해리(解離)는 분리되어 나가다는 뜻이다. 해리성장애(dissociative disorder)는 통합된 기억, 정체성, 지각 또는 의식의 기능이 분리(해리)되는 정신질환이다. 해리성 기억상실증에서는 기억의 연속성이 붕괴된다. 환자는 중요한 개인 정보나 사건을 잊어버리는 반복적인 발작이 있으며 보통 외상이나 심한 스트레스와 관련이 있다.

해리성장애는 개인의 성격의 일부가 실제로 자신의 의식적 기능이 분리되는 불안과 갈등을 포함하는 심리적 교란의 극단적 형태이다. 이 장애는 사고, 기억, 환경, 행동 및 정체성 사이의 단절과 연속성의 부재를 경험하는 정신장애이다. 환자들은 비자발적이고 건강에 해롭고 일상생활에서 기능에 문제를 일으키는 방식으로 현실을 회피한다. 해리성장애의 유형은 해리성 기억상실, 해리성 정체성장애, 해리성 둔주, 이인성장애가 있다.

* 해리성 기억상실: 외상이나 심한 스트레스로 중요한 개인 정보를 회상할 수 없다.
* 해리성 정체성장애: 한 사람 안에 각기 구별되는 정체성이나 인격 상태가 존재한다.
* 해리성 둔주: 자신의 과거나 정체성에 대한 기억을 상실하여 가정과 직장을 떠나 방황하거나 예정 없는 여행을 한다.
* 이인성장애: 자신이 낯설게 느껴지거나 자신으로부터 분리, 소외된 느낌을 경험한다.

1. 해리성 기억상실

해리성 기억상실(dissociative amnesia)은 외상이나 심한 스트레스로 인해 중요한 개인 정보를 회상할 수 없는 장애이다. 환자들은 그들의 기억에서 분리되어 삶에 중대한 영향을 미치는 방식으로 비정상적인 기억상실을 겪는다. 그들은 특정 사건을 잊어버릴 수도 있고, 자신이 누구인지 그리고 자신과 자신의 개인사에 관한 모든 것을 잊어버릴 수도 있다. 또한 자신의 기억상실을 알고 있을 수도 있고 그렇지 않을 수도 있다. 그러나 그들은 자신의 상태에 대한 우려를 좀처럼 나타내지 않는다. 이 질환은 신체적 또는 성적학대, 강간, 전쟁, 대량학살, 자연재해, 사랑하는 사람의 죽음, 재정적인 문제 또는 엄청난 내적 갈등을 목격한 후 외상 또는 스트레스 경험에 의한 것으로 보인다.

1) 특징

해리성 기억상실은 외상이나 심한 스트레스로 인해 중요한 과거의 경험을 기억하지 못하는 증상이다. 그러나 기억상실의 패턴은 장애의 원인에 따라 다르다. 머리 외상과 관련된 기억상실증은 전형적으로 역행 기억상실증(손상 이전 사건에 대한 기억상실)과 전진 기억상실증(손상 이후 사건에 대한 기억상실)이다. 기억상실은 인지, 언어, 지각, 감정 및 행동의 광범위한 장애와 관련하여 발생한다. 때로는 약물남용과 관련된 기억상실은 단기기억에만 영향을 미친다. 기억상실은 항상 과거의 것으로 새로운 정보를 습득하는 데 문제가 없다. 증상은 정상적인 건망증보다 심한 기억상실이며 의학적으로 설명할 수 없다. 기억상실은 강렬한 전투와 같은 특정 시간의 사건에 특정적이거나 드물게 자신에 관한 기억의 완전한 상실을 수반할 수 있다. 기억상실은 갑자기 발생하며 몇 분, 몇 시간 또는 드물게 수개월 지속될 수 있다.

2) 원인

해리성 기억상실의 주요 원인은 외상과 관련된 스트레스이다. 즉, 전쟁, 자연재해, 납치, 고문의 경험이나 목격과 같은 과거 또는 최근의 외상, 학대, 사고 또는 극심한 스트레스가 있다. 여기에는 심각한 재정 문제, 부모 또는 배우자의 사망, 극단적인 내적 갈등 및 심각한 범죄 또는 혼란과 관련된 죄 등이 포함될 수 있다. 어린 시절에 장기간의 신체적, 성적 또는 정서적 학대를 경험하면 해리성 장애가 발병할 위험이 크다. 환자들은 때로는 동일하거나 유사한 상태의 가족 구성원을 갖고 있기 때문에 유전적 연결 고리가 있을 수 있다. 어린 시절에 개인 정체성이 형성된다. 어린이는 성인이 아닌 다른 사람에게 일어나는 것처럼 외상을 겪고 관찰할 수 있다.

3) 증상 및 진단

해리성 기억상실은 자동차 키를 잘못 놓거나 한두 번 만난 사람의 이름을 잊어버리는 것과 같이 '일반적인 망각이 아니다. 증상은 개인의 이름과 주소와 같은 개인 정보, 특정한 외상 사건이나 심지어는 전 생애의 사건까지도 기억하지 못한다. 환자들은 친구, 가족 또는 직장 동료를 기억하지 못할 수 있다. 그들은 자신과 자신의 삶에 관한 모든 것을 잊어버리고 새로운 위치로 이동하고 새로운 신원을 확립할 수 있다. 기억상실이 수분에서 일생까지 지속될 수 있다. 환자들은 평균 이상의 자살 위험에 처할 수 있다. 드물게 기억상실증은 과단성 있는 여행이나 갈팡질팡하는 방황을 동반한다. 주요 증상의 유형으로는 부분, 선택, 전반, 체계 및 지속적 기억상실이 있다.

- **부분적 기억상실**: 특정 사건이나 기간을 회상할 수 없는 증상이다. 이것은 주로 외상이나 스트레스와 관련이 있다.
- **선택적 기억상실**: 제한된 기간 동안 일어난 사건의 어떤 것은 기억할 수 있지만 모두 기억할 수 없다. 환자는 부분 및 선택적 기억상실이 모두 있을 수 있다.
- **전반적 기억상실**: 환자는 자신의 정체성과 삶의 이력을 기억하지 못한다.
- **체계적 기억상실**: 가족, 특정 인물 또는 아동기 성적학대 등 정보의 특정 범주의 정보를 기억하지 못한다.
- **지속적 기억상실**: 환자는 새로운 사건이 발생할 때마다 그것을 잊는다.

대부분의 환자는 부분적으로 또는 완전히 자신의 기억에 차이가 있음을 인식하지 못한다. 예를 들면, 다른 사람들이 말할 때나 기억할 수 없는 일에 대해 물어볼 때만 알게 된다. 해리성 기억상실증의 주요 증상은 환자의 삶에서 한동안 또는 일정 기간 동안 기억상실이다. 앞서 설명한 바와 같이 기억 손실은 다양한 패턴을 취할 수 있다. 다음은 해리성 기억상실로 진단받은 환자로부터 보고된 공통적인 증상이다.

- 특정 기간, 사건, 사람 및 개인 정보의 기억상실
- 자신과 감정에서 벗어나는 감각
- 주변 사람들과 사물에 대한 왜곡되고 비현실적인 인식
- 정체성의 혼돈 느낌
- 관계, 직장 또는 기타 중요한 삶의 영역에서 심각한 스트레스
- 정서적 또는 전문적 스트레스에 잘 대처할 수 없음
- 우울증, 불안, 자살 충동 및 공격적인 행동과 같은 정신건강 문제
- 성기능장애

Diagnostic Criteria | 해리성 기억상실

해리성 기억상실은 중요한 개인 정보를 회상할 수 없는 장애이다.

A. 통상적인 망각과는 다르게 중요한 자전적 정보를 회상하는 능력의 상실이다. 외상이나 스트레스로 인해 평상시 중요한 개인 정보를 회상할 수 없다.

B. 증상으로 인해 사회적, 직업적 또는 기타 중요한 기능 영역에서 임상적으로 심각한 곤경이나 장애가 발생한다.

C. 장애는 물질의 생리적 영향(예: 알코올, 약물남용, 약물치료) 또는 신경학적 또는 기타 의학적 영향(예: 부분 복합 발작, 일과성 완전기억상실, 후두부의 후유증)에 기인하는 것이 아니다.

D. 장애는 해리성 정체성장애, 외상 후 스트레스장애, 급성 스트레스장애, 신체증상장애, 주요 또는 경도 신경인지장애로 더 잘 설명되지 않는다.

4) 치료

치료는 안전의 분위기를 조성하는 것으로 시작된다. 환자들은 안전하고 도움이 된다고 느낄 때 점차 기억을 되찾는다. 환자들은 점차적으로 또는 갑자기 잊어버린 기억을 회상하게 한다. 인지행동요법은 외상으로 인해 기억상실이 어떻게 발생했는지, 인생을 어떻게 방해했는지, 미래의 외상을 예방하기 위해 문제를 해결하는 방법을 이해하는 데 도움이 될 수 있다. 현재 건망증을 예방하거나 기억상실 자체를 치료하는 치료제는 없다. 그러나 환자는 우울증, 불안, 불면증 또는 기억상실과 함께 나타날 수 있는 다른 증상의 치료를 위해 항우울제 또는 기타 적절한 약물을 투여할 수 있다.

2. 해리성 정체성장애

해리성 정체성장애(dissociative identity disorder)는 사람의 정체성이 둘 또는 그 이상의 구별된 인격 상태로 분열되는 상태이다. 이 희귀한 상태의 사람들은 심각한 학대의 희생자이다. 환자들은 수동적, 의존적, 우울한 성격을 갖고 있다. 이 장애를 다중인격장애라고도 한다. 개인이 갖는 평상 인격(usual personality)과 이와 다른 인격인 대체 인격(alternative personality)이 상호의존관계나 연결관계가 없기 때문에 특정 인격이 행한 행위나 사건에 대하여 다른 인격의 동일인이 전혀 기억을 하지 못한다. 또한 대체 인격은 나이와 성별이 다를 수 있으며 다른 분위기와 취향

을 나타낼 수 있다. 인격이 통제되지 않으면 일어나고 있는 일을 의식하지 못할 수 있다.

환자는 두 명 이상의 사람들이 환자의 머릿속에서 말하거나 살아 있다는 것을 느낄 수 있으며, 또 다른 정체성에 사로잡힌 것처럼 느낄 수 있다. 정체성은 음성, 성별, 버릇 및 안경의 필요성과 같은 신체적 특징의 명백한 차이를 포함하여 고유한 이름, 개인의 경력 및 특성을 가질 수 있다. 또한 각 정체성이 다른 사람들과 얼마나 친숙한지에 차이가 있다. 환자는 전형적으로 해리성 기억상실증을 가지며 종종 해리성 둔주를 갖고 있다.

1) 특징

해리성 정체성장애는 둘 또는 그 이상의 구별된 정체성 또는 인격 상태가 존재하고 교대로 개인을 통제하는 심각한 상태이다. 이 장애는 정체성의 분리이다. 이 장애는 정체성, 기억 및 의식의 다양한 측면을 단일 다차원적 자아로 통합하지 못했음을 나타낸다. 환자들은 개인의 이름을 지니고 있으며 수동적이고 의존적이며 죄책감을 느끼며 우울하다. 개개의 평상 인격, 또는 대체 인격은 개인에게는 뚜렷한 역사, 자기 이미지 및 정체성이 있는 것처럼 경험될 수 있다. 이름, 인격, 성별, 연령, 어휘, 지식, 주된 정체성을 포함하여 대체 인격은 평상 인격과 대조된다.

어떤 인격이 마음을 지배할 동안 경험한 것이나 지배하는 인격의 존재를 모른다. 다중 인격이 다른 인격들의 존재를 어렴풋이 알기도 한다. 각 인격은 연령, 특징, 취향이 다르며 자신이 전혀 모르는 언어를 사용하기도 한다. 성격 간의 이동은 때로는 매우 갑자기 이루어진다. 환자들은 각각의 성격에서 경험한 것들을 대체로 기억하지 못한다. 그러나 다른 성격의 존재를 완벽하게 인지하기도 하고 때로는 친구로 경험하기도 한다.

2) 원인

해리성 정체성장애의 원인은 밝혀지지 않았지만 특히 어린 시절에 심한 신체적, 성적학대를 경험한 사람에게 많이 나타난다. 즉, 9세 이전에 육체적 또는 성적학대와 같은 경험이 있는 사람에게 많이 나타난다. 장애의 원인은 명백한 신체적 또는 성적학대가 발생하지 않더라도 극단적인 방치나 정서적인 학대일 수 있다. 또한 전쟁과 같은 자연재해와 관련이 있을 수 있다. 장애는 어느 연령에나 나타날 수 있다. 환자들은 외상 후 스트레스 장애를 가질 수 있다. 또한 연구에 따르면 장애가 있는 사람들의 생물학적 친척 간에 발병이 높다.

• 외상 경험 또는 목격

- 신체적·정서적·성적학대
- 만성적 방치나 학대
- 전쟁, 자연재해 경험
- 폭력 목격

3) 증상 및 진단

해리성 정체성장애는 어린 시절에 발생한 엄청난 경험, 외상 사건 또는 학대와 관련이 있다. 특정한 상황에서는 특정한 정체성이 나타날 수 있다. 한 정체성에서 다른 정체성으로의 전환은 종종 심리적·사회적 스트레스에 의해 유발된다. 대체 인격은 개인 주위의 사람들에게 명백하게 드러나지만, 평상 인격은 오랜 기간 동안 자신의 정체성의 변화를 명백하게 드러내지 않는다. 환자들은 갑자기 자신의 말과 행동에 대한 이인화된 관찰자가 된 느낌과 환청을 보고할 수 있다. 개인은 갑작스런 충동이나 강한 감정을 경험할 수도 있다. 또한 자신의 신체가 갑자기 다르게 느껴지거나 개인적 취향이나 태도가 급격한 변화를 경험할 수 있다. 이 질환은 다음과 같은 심리적 증상을 갖고 있다.

- 신체의 다른 부분에 심한 두통이나 통증
- 이인화(자신의 생각, 감정 및 신체와 분리된 느낌)
- 기억상실 및 현실감 상실(주변 환경이 낯설고, 이상하거나 비현실감)
- 우울증 및 기분의 두드러진 변화
- 섭식 및 수면장애
- 성생활 문제
- 물질남용
- 환각(잘못된 인식이나 감각적 경험)
- 자해 행동 및 자살 위험

Diagnostic Criteria	해리성 정체성 장애

해리성 정체성장애는 정체성이 둘 또는 그 이상의 구별된 인격 상태로 분열되는 상태이다.

A. 2개 이상의 주요 성격에 의해 구별되는 정체성 분리이다. 일부 문화에서는 귀신에 홀린 상태의 경험으로 기술될 수 있다. 정체성 분리는 결과, 행동, 의식, 기억, 지각, 인지 및 감

각운동 기능의 변화와 함께 자아와 대리인의 의미로 명확한 단절을 수반한다. 이러한 증상은 다른 사람들이 관찰하거나 개인이 볼 수 있다.

B. 일상적 사건, 중요한 개인 정보 또는 외상적 사건의 회상에서 반복되는 공백이 있다.

C. 증상은 사회적, 직업적 또는 기타 중요한 기능 영역에서 임상적으로 심각한 고통이나 손상을 야기한다.

D. 장애는 널리 받아들여지는 문화적 또는 종교적 관행의 정상적인 부분이 아니다.

4) 치료

치료법은 다양한 인격을 해체하고 하나의 인격으로 결합시키는 장기적인 정신요법이다. 정체성 상태의 통합은 치료의 가장 바람직한 결과이다. 정신치료의 최우선 과제는 환자를 안정시키고, 외상 경험을 평가하고 문제가 되는 정체성과 해리 이유를 조사한다. 고통스러운 추억이 다루어지면서 지속적인 지원과 추적이 제공된다. 최면은 정체성에 접근하고, 정체성 사이의 의사소통을 원활하게 하며, 정체성 안정화 및 해석에 도움이 될 수 있다. 노출기법은 점차적으로 작은 조건에서만 용인되는 외상적 기억의 감도를 줄이는 데 사용할 수 있다.

치료는 환자의 대체 인격, 관계 및 사회적 기능을 다시 연결하고 통합하고 재활시키는 쪽으로 이동할 수 있다. 일부 통합은 치료 중 자연스럽게 발생한다. 어린 시절에 외상을 입은 환자는 치료 중 많은 학대를 예상하고 치료사에게 복잡한 전이반응을 일으킬 수 있다. 이러한 감정을 토론하는 것은 효과적인 정신요법의 중요한 구성 요소이다. 적절한 치료를 통해 직업 및 개인 생활에서 기능하는 능력이 향상된다.

3. 해리성 둔주

해리성 둔주(dissociative fugue)는 자신의 과거나 정체성에 대한 기억을 상실하여 가정과 직장을 떠나 방황하거나 예정 없는 여행을 하는 장애이다. 자신의 정체성이나 다른 중요한 개인 정보에 대한 인식을 잃고 예기치 못한 여행 형태로 참여하는 심리적인 상태이다. fugue는 flee 또는 flight를 뜻하는 라틴어 fugere에서 유래된 말로 둔주(遁走)로 번역되고 이는 도망쳐 달아나다는 의미이다. 특별한 목적 없이 여기저기 배회하는 것을 뜻한다.

해리성 둔주는 심리적인 상태로 사람이 자신의 정체성이나 다른 중요한 개인 정보에 대한 인식을 잃었으며 예기치 못한 여행 형태로 참여한다. 이 증상을 경험한 사람들은 떠나간 기억이 없이 갑자기 해변이나 직장과 같은 곳에 도착한 자신을 발견하게 된다. 마찬가지로 그들은 간 기억이 없이 옷장이나 방구석에 있는 자신을 발견할 수 있다. 둔주는 갈피 못 잡는 배회의 상태로 언급된다. 이 질환은 어린이에게 많이 보인다.

1) 특징

해리성 둔주는 갑자기 계획이나 경고 없이 집이나 직장에서 멀리 떠나고 과거의 삶을 떠나는 드문 형태의 기억상실증이다. 또한 자신이 누구인지 잊어버리는 해리성 기억상실의 한 형태이다. 환자는 기억상실을 보이고 떠나는 이유에 대해 의식적으로 이해하거나 알지 못한다. 이 상태는 대개 심각한 스트레스 또는 외상과 관련된다. 집이나 익숙한 장소에서 떠나는 갑자기 예기치 못한 여행이다. 이러한 여행은 몇 시간 또는 몇 개월까지 지속될 수 있다. 처음에는 완전히 정상적으로 보일 수 있다. 그러나 시간이 흐르면 혼란이 일어나지만 이 혼란은 그 사람이 과거를 기억할 수 없다는 현실이다.

환자는 정신병적 증상이 전혀 없거나 약간 혼란스러워 보일 수 있다. 증상이 발현되는 동안 환자는 새로운 정체성을 취하고, 새로운 이름을 완성하며, 심지어는 새로운 가정을 세우고, 공동체와 관계를 맺을 수도 있다. 그러나 종종 몇 시간이나 며칠 만에 잘못되었다는 것을 안다. 익숙하지 않은 상황에서 설명할 수 없을 정도로 곤란한 상황에 처했을 때 집에 전화를 걸어 도움을 요청하거나 경찰에게 주의를 환기시킬 수 있다.

2) 원인

해리성 둔주의 발병은 외상 또는 스트레스가 많은 사건과 관련이 깊다. 자연재해 및 전쟁뿐만 아니라 심각한 결혼생활이나 재정적 곤경, 알코올 남용, 우울증, 사고 또는 극심한 폭력과 같은 외상적 사건의 결과일 수 있는 심한 스트레스와 관련이 있다. 이러한 것들이 극도의 정서적 스트레스를 준다. 이 질환은 가혹한 곤경 또는 당황에서 도피하는 유일한 가능한 방법처럼 보인다. 예를 들면, 재정적으로 고민한 경영자가 정신없이 바쁜 삶을 벗어나 노동자로 산다. 책임을 회피할 변명을 주거나 알려진 위험에 노출하는 것을 감소할 수 있기 때문에 꾀병처럼 보인다. 그러나 자발적으로 발생하며 거짓이 아니다. 사람의 외적인 행동이 정상적으로 보이기 때문에 다른 사람들이 진행되는 증상을 확인하기 어렵다. 이것은 실제로 자신에게 일어났을 수도 있고, 다른 사람들에게 일어난 것을 목격했을 수도 있고, 그들이 보았던 것에 의해 심한 상처를 입었을 수도 있다.

3) 증상 및 진단

해리성 둔주는 해리성 기억상실의 하위 유형이지만 해리성 정체성 장애를 경험하는 사람들에게서 더 흔하게 발견된다. 해리는 일반적으로 사람들이 극심한 심리적 곤경에서 벗어나는데 도움이 되는 외상에 대한 방어책으로 생각된다. 신체적, 정신적으로 위협적이거나 견딜 수 없는 환경을 벗어날 수 있는 상태이다. 해리성 둔주 상태에서 발생할 수 있는 여행은 불과 몇 시간 또는 몇 주 또는 몇 달 동안 지속될 수 있다. 어떤 경우에는 이 증상은 몽유병과 구별하기가 어려울 수 있다. 이 질환이 끝난 후 둔주 기간 동안 일어난 일을 기억할 수 없다. 둔주 상태는 정체성에 대한 혼란을 지속하면서 갑자기 또는 점차적으로 끝날 수 있다. 증상은 감지하기 어려울 수 있다. 한 사람이 행동하거나 정상적인 것처럼 보이거나 약간 혼란스러운 행동을 할 수 있다. 증상으로는 방랑, 이상한 곳으로의 이동, 혼란이 포함될 수 있다. 다음은 장애의 공통적인 증상이다.

- 혼란 발생
- 갑자기 직장에 출석하지 않거나 빈번히 가는 장소를 피한다.
- 개인적 기억의 상실(자신, 타인, 삶의 사건 등)
- 자신의 감정에서 벗어남
- 직장이나 관계에서 심각한 스트레스
- 혼란된 정체성
- 우울증, 불안, 자살 및 기타 정신 건강 문제
- 사랑하는 사람을 알아볼 수 없다.
- 방랑하거나 평상시에 가지 않는 장소를 간다.

Diagnostic Criteria	해리성 둔주

해리성 둔주는 자신의 과거나 정체성에 대한 기억을 상실하여 가정과 직장을 떠나 방황하거나 예정 없는 여행을 하는 장애이다.

A. 주요 장애는 갑자기 집이나 직장의 평소 장소에서 벗어나 예기치 않은 여행을 하는 것이며 과거를 회상할 수 없다.
B. 개인의 정체성이나 새로운 정체성의 가정(부분 또는 전체)으로 혼란이 일어난다.
C. 장애는 해리성 정체성 장애 과정에서만 발생하는 것이 아니며, 물질(예: 약물남용) 또는

일반적인 의학적 상태(예: 측두엽 간질)의 직접적인 생리학적 효과 때문이 아니다.

D. 증상은 사회적, 직업적 또는 기타 중요한 기능 영역에서 임상적으로 심각한 고통이나 장애를 유발한다.

4) 치료

이 질환은 희귀성으로 치료법은 없다. 회복 과정은 질병을 경험한 사람들이 상황을 자발적으로 인지하거나 둔주 동안 자신의 배경에 대한 질문에 적절하게 응답하지 못할 때 시작될 수 있다. 치료는 둔주의 발병에 원인이 된 위협이나 스트레스를 제거하는 것이다. 정신치료에 대한 공감적이고 지지 접근은 치료에 도움이 된다. 인지치료는 둔주를 둘러싼 생각 패턴을 관리한다. 치료는 그 사람이 무슨 일이 일어났는지를 다루는 것을 돕고 둔주 상태를 유발한 원인을 확인하는 데 초점을 맞춘다.

대화치료는 사건을 둘러싼 사고 패턴을 다루고 적절한 대처기술을 구축한다. 최면요법은 환자가 잃어버린 기억을 회복하고 환자를 돕기 위해 사용된다. 예술이나 음악과 같은 치료법은 창조적이고 안전한 방법으로 사람들이 생각과 감정을 탐구하는 것을 돕는다. 그것은 또한 둔주 상태 후에 자기통제의 감각을 회복하는 데 도움이 된다. 집단치료는 회복 과정을 거치면서 환자를 지원할 수 있다. 또 다른 치료법인 가족치료는 치료를 보완하고 둔주 상태 이후에 가족이 앞으로 나아가고 치료할 수 있다.

4. 이인성장애

이인성장애(depersonalization disorder)는 자신이 낯설게 느껴지거나 자신으로부터 분리, 소외된 느낌을 경험하는 장애로 비현실감 장애이다. 이것은 영화를 보듯이 멀리서 자신의 행동, 감정, 생각 및 자신을 관찰하면서 진행 중인 또는 일시적인 고립감을 포함한다. 다른 사람들과 주위의 것들이 떨어져 나간다거나 안개가 끼거나 꿈처럼 느껴질 수도 있고, 시간이 느려지거나 빨라질 수도 있으며, 세상은 비현실적으로 보일 수도 있다. 이인화(離人化), 비현실 또는 둘 모두를 경험할 수 있다. 이 장애는 자기인식과 정체성의 변화된 상태로 자신이나 주변 환경 또는 둘 모두와의 분리 또는 분리의 느낌을 갖는다.

1) 특징

이인성장애란 자신이나 환경의 실재를 깨닫지 못하는 상태로 자기 지각에 이상이 생긴 상태를 말한다. 환자는 자신의 몸이 비현실적이거나 변화하거나 분리되거나 신체의 밖에 있다고 느낀다. 이것은 정상적으로 잘 통합된 기억, 정체성, 지각 및 의식의 기능이 분리된 정신장애이다. 환자는 마치 자신의 삶에 대한 외부 관찰자인 것처럼 느낀다. 이 장애의 특징은 자신의 사고, 감정, 감각, 신체 또는 행동에 관해 비현실, 분리 또는 외부 관찰자의 경험이 있다.

몸의 외부에 있는 감각을, 마치 몸이 녹거나 변화하는 것 같은 느낌, 기계 또는 로봇인 것처럼 느낀다. 대부분의 환자는 정서적인 분리 또는 정서적 마비감을 보고한다. 환자들은 자신을 불안하게 만드는 비현실적인 주관적 증상을 경험한다. 주관적이란 개인의 마음속에 있는 생각과 인식을 말하며, 마음 밖의 생각과 인식의 대상과는 다르다. 이인화가 주관적인 경험이기 때문에 만성적인 또는 재발하는 이인화 증상을 가진 사람들은 자신이 느끼는 것을 설명하려고 하거나 자신이 미쳤다고 생각할 때 다른 사람들이 이해하지 못할 것을 두려워한다.

2) 원인

이인성장애는 어린 시절의 심각한 학대, 즉 육체적, 정서적 또는 성적학대의 결과로 간주된다. 환자들은 공간적 추론과 단기간의 시각 및 언어적 기억을 통해 주의집중에 중대한 어려움을 겪는다. 그러나 그들은 그대로의 현실검증, 즉 외부세계를 판단하고 평가하는 능력을 갖고 있다. 현실검증(reality testing)은 자신의 내적 경험과 외부 세계의 인격과 사물의 객관적 실체를 구별할 수 있는 능력을 말한다. 그렇지 않은 경우 환자들은 자신의 몸을 비현실적으로 경험할 수 있지만 감정은 사실이 아니라고 느낀다.

장애의 원인은 잘 알려져 있지 않다. 이인성장애는 공황장애, 경계성 인격장애, 외상 후 스트레스 장애, 또는 다른 해리성장애에서 발생할 수 있다. 이인화의 원인은 수면부족, 특정 마취제의 사용, 정서적으로 스트레스가 많은 상황(중요한 학업 시험이나 교통사고). 테러나 재난사고의 경험이다. 정서적 분리가 정서적 감정을 담당하는 뇌 손상과 관련이 있다. 어떤 사람들은 유전 및 환경적 요인들로 인해 다른 사람들보다 이인성장애에 더 취약할 수 있다. 스트레스와 두려움이 높아지면 증상이 유발될 수 있다. 다음은 이인성장애의 위험을 증가시킬 수 있는 요인이다.

- 뇌 영역: 뇌 손상
- 성격 특성: 어려운 상황을 피하거나 적응하기 어려운 성격 특성

- 심한 외상: 외상을 당한 사건이나 학대를 경험하거나 목격하는 경우
- 스트레스: 개인적, 사회적 관계, 재정, 업무와 같은 심각한 스트레스
- 우울증/불안: 심각한 또는 장기간 우울증, 공황발작으로 인한 불안
- 약물사용: 이인화 또는 비현실화의 증상을 유발할 수 있는 약물사용

3) 증상 및 진단

증상은 대개 10대 중반에서 후반 또는 성인기에 시작된다. 정서적인 감각을 상실하거나 자신의 말과 행동을 통제하지 않는 것처럼 느낄 수도 있다. 또한 촉각, 갈증, 굶주림 및 리비도와 같은 일상적인 감각으로부터 분리될 수 있다. 비현실감(derealization)은 자신의 몸과 마음이 분리된 것 같은 느낌, 현실에 존재하지 않는 것 같은 느낌을 갖는 증상이다. 자신의 외부 세상에서 벌어지고 있는 활동들과의 거리감이다. 물체의 크기나 색상이 다르거나, 시간이 빠르거나 느려지거나, 소리가 예상보다 크거나 부드럽거나 하는 것처럼 세상은 왜곡되고 인식할 수 없는 것처럼 보일 수도 있다.

이인성장애는 영화나 컴퓨터 화면에서 펼쳐지는 사건과 활동을 보는 것과 비슷하다. 증상 발현은 한 번에 몇 시간 또는 며칠 동안 지속될 수 있으며 몇 주, 몇 달 또는 몇 년 동안 반복될 수 있다. 항상 내면의 생각과 주변에서 일어나는 일을 잘 알고 있으므로 자신과 주변 환경에서 벗어난 느낌을 느낄 수 있다. 이것은 극심한 고통을 초래할 수 있으며 직장, 학교 또는 사회에서 정상적으로 기능할 수 없게 된다. 환자들은 실제 존재하지 않거나 자신의 증상이 돌이킬 수 없는 뇌 손상의 결과라고 두려워하는 것이 일반적이다. 다음은 장애의 공통적인 증상이다.

[표 11-1] 이인화와 비현실감 증상

이인화 증상
• 사고, 감정, 신체 일부, 전신 또는 이들 모두의 일부 조합으로부터의 단절된 느낌
• 자신의 이름, 개인의 역사, 기억 등을 다르게 느낌
• 감정적인 무감각과 신체 및 다른 사람의 면전에서의 신체적 무반응
• 추억의 불신, 거짓이거나 부정확할 수 있다는 우려
• 과거 경험에 대한 감정적인 연결 부족
• 팔다리가 커지거나 수축되거나 변형될 수 있는 신체의 왜곡된 인식
• 선택의 환영에도 불구하고 말과 움직임이 임의적이고 제어할 수 없는 것처럼 느낀다.

비현실감 증상
• 주변 환경과 떨어져 있거나 분리된 것처럼 느낀다.
• 환경의 시각적 왜곡(물체나 사람들이 흐릿하고, 불명료하거나, 실제보다 훨씬 먼 것처럼 보일 수 있음)
• 시간 감각의 왜곡(최근 사건이 오래 전이나 다른 삶에 일어난 것 같다)
• 익숙하지 않은 사람, 장소 또는 사건이 아무래도 새로운 것이거나 다른 것으로 보인다.
• 개인이 꿈, 영화 또는 대체 현실에 살고 있다고 느낀다.

Diagnostic Criteria	이인성 장애

이인성장애는 자신이 낯설게 느껴지거나 자신으로부터 분리, 소외된 느낌을 경험하는 장애이다.

A. 마치 외부의 관찰자처럼 정신 과정이나 신체에서 분리되어 있는 느낌을 지속적이고 반복적으로 경험한다.
  • 이인화: 자신의 사고, 감정, 감각, 신체 또는 행동(예: 지각적 변화, 왜곡된 시간 감각, 상상적 자아, 정서적 신체적 마비)에 관해 비현실, 분리 또는 외부 관찰자의 경험
  • 비현실감: 환경(예: 개인이나 사물은 비현실적, 꿈 같고, 몽롱하고, 기절하거나 시각적으로 왜곡된)에 관한 비현실성 또는 분리에 대한 경험
B. 이인화 경험 동안 현실검증력은 그대로 유지된다.
C. 이인화는 사회적, 직업적 또는 기타 중요한 기능 영역에서 임상적으로 심각한 고통이나 장애를 유발한다.

4) 치료

　이인성 장애 질환은 종종 불안과 우울증과 같은 다른 정신건강 문제로 발생하고 치료가 어려울 수 있다. 많은 경우에 장애가 있다는 것을 인정하는 것만으로도 치료 과정을 시작하기에 충분하다. 이 장애가 있는 대부분의 환자는 뭔가 심하게 잘못된 것이 있고 상황이 완전히 독특하다는 느낌을 갖는다. 치료가 성공하기 위해서는 치료사가 개별 계획을 수립하고 궁극적으로 모든 증상과 상태를 다루어야 한다. 환자가 자살 충동을 겪었는지 여부에 관해 계속 주의를 기울여야 한다. 다양한 정신요법은 인지행동기술 및 정신역동치료를 비롯하여 장애로 고통받는 사람들에게 도움이 될 수 있다.

제12장

신체형장애

신체형장애(somatoform disorder)는 개인이 신체증상을 호소하지만 분명히 식별할 수 있는 신체적 원인이 없는 장애이다. 이 장애에는 갈등이 사람의 삶에서 고통이나 손상을 일으키는 신체적 문제 또는 불만으로 옮겨지는 다양한 조건이 포함된다. 신체형장애는 신체적 고통에 대한 의학적 근거가 없고, 원인이 주로 심리적 요인의 결과로 겪는 신체적 고통이다. soma는 신체를 의미하며 신체형(somatoform)이란 증상은 신체적이지만 일반적인 건강상태의 결과 또는 약물과 같은 물질의 직접적인 영향으로 완전히 이해되지는 않는다는 것을 의미한다. 신체적 원인과 심리적 원인을 구별하기가 어렵다. 신체형장애는 전환장애, 신체화장애, 신체변형장애와 질병불안장애가 있다.

[그림 12-1] 신체형장애의 유형

1. 전환장애

전환장애(conversion disorder)는 심리적인 원인으로 운동이나 감각기능에 이상이나 결함이 있는 질환이다. 신체조직은 이상이 없으나 고통을 보이는 증상이 있다. 이러한 질환의 특징은 심리적인 갈등이나 욕구로 인해 신체기능이 무의식적으로 상실되거나 변경되는 것이다. 개인이 사회적, 직업적 또는 기타 중요한 삶의 영역에서 심각하게 고통을 당하거나 손상될 수 있다. 개인은 의도적으로 증상을 일으키지 않으나 이 장애는 신체적 기능 상실이나 통제 상실의 증상이 신경학적 패턴을 포함한다. 전환장애는 일시적이거나 장기간 지속될 수 있고, 남성보다 여성에서 2~3배 더 흔하다.

1) 특징

전환장애는 사람이 자발적인 통제 하에 있지 않고 신경질환 또는 다른 의학적 상태로 설명되지 않는 신체증상을 발생시키는 정신 상태이다. 이 장애는 생리학적 원인 없이 무감각, 실명 및 마비와 같은 신경증상을 경험하고 의학적 상태로 설명할 수 없는 신경학적 증상이다. 주요 특징은 개인의 증상과 인지된 신경학적 또는 의학적 상태 간의 불일치이다. 이 장애는 걷기, 삼키기, 보거나 듣는 것과 같은 운동이나 감각에 영향을 준다. 의도적으로 증상을 생성하거나 조절할 수는 없어 꾀병(malingering)과는 다르다.

전환장애 증상은 특정 스트레스 요인이나 외상에 특유한 방식으로 참을 수 없는 갈등을 반영하는 경향이 있다. 예를 들면, 전쟁에서 무고한 아이들의 폭력적인 죽음을 목격했다. 이 외상의 참을 수 없는 성격 때문에 실명을 겪는데, 실명은 전환장애로 진단된다. 또 하나의 예는 엄마가 자녀를 사고에서 구하려는 시도가 실패하고 자신의 목숨을 구하기 위해 달아났다. 이 외상에 내재한 참을 수 없는 갈등이 그녀의 다리를 마비시킨다. 실행 가능한 의학적 설명이 없으면 마비가 전환장애로 진단된다. 전환장애는 환자가 경험한 스트레스가 많은 문제에서 발생된다.

프로이트는 근본적으로 다른 히스테리 이론을 개발했다. 그는 이것을 히스테리성 신경증(hysterical neurosis)이라고 불렀다. 전환장애는 실명이나 마비와 같은 신체기능 장애로 정의할 수 있고 신경장애를 암시하지만 기질성 병리는 없다(Barlow et al., 2000). 이러한 장애는 스트레스가 많은 전투 상황에서 흔하고 종종 가족 내에서 발생한다.

2) 원인

전환장애의 정확한 원인은 알려져 있지 않지만 대체로 스트레스 상황이나 외상에 대한 반응으로 발생한다. 장애는 정신적, 신체적 또는 심리적 외상에 대한 신체적 반응 또는 기능적 신경장애로 지칭된다. 이 상태는 신경장애, 스트레스, 심리적 또는 신체적 외상에 대한 반응에 의해 유발될 수 있지만, 항상 그러한 것은 아니다. 기능적 신경장애의 증상은 스트레스가 많은 사건

이후나 정신적 또는 신체적 외상으로 갑자기 나타날 수 있다. 증상으로는 떨림, 마비 또는 이중 시력이 있다. 예를 들면, 신체적인 이유가 없더라도 자동차 사고를 목격하는 등의 외상 후 통제할 수 없을 정도로 떨림을 느낀다.

전환장애는 항상 스트레스가 많은 상황과 다른 정신질환에 의해 유발되고 증상은 대개 갑자기 나타난다. 남성보다 여성이 더 많다. 또한 정서적인 외상의 병력이 있는 사람들과 자신의 감정에 대해 이야기하기 힘든 사람들에게 더 자주 발생한다. 전환장애 환자는 신체 반응을 조절할 수 없고, 이 반응은 감각이나 운동 통제를 포함한다. 외상 또는 스트레스가 많은 사건을 경험하면 몸 떨림, 팔이나 다리의 마비 등 비슷한 반응을 보인다. 부상과 같은 근본적인 신체 조건이 없이 떨림이나 마비가 발생한다.

3) 증상 및 진단

전환장애는 심리적 스트레스 또는 외상으로 인한 신경 관련 질환이다. 완전히 이해되지는 않지만, 견딜 수 없는 갈등을 유발하는 스트레스나 외상에 대한 반응으로 증상이 나타난다. 증상은 기능적 신경장애의 유형에 따라 다를 수 있고, 신체운동과 기능 및 감각에 영향을 줄 수 있다. 증상은 일반적으로 스트레스가 심하거나 외상을 입을 때 갑자기 시작되고 대부분의 경우 증상도 갑자기 멈춘다. 심리적 원인은 증상이 나타나기 전에 한 번에 또는 반복적으로 발생할 수 있다. 이러한 증상은 스트레스 요인이나 외상 직 후에 발생할 수 있으며 수년이 지나도 발생할 수 있다. 주요 증상은 떨림, 팔이나 다리의 허약이나 마비, 균형 문제, 실명 또는 이중 시력, 삼키는 어려움, 불분명한 발음 또는 말하기 어려움, 부분적 또는 전체적 난청 등이 있다. 전환장애의 증상은 여러 가지이지만 세 가지 범주로 분류할 수 있다.

Diagnostic Criteria	전환장애

전환장애는 심리적인 원인으로 운동이나 감각기능에 이상이나 결함이 있는 질환이다.

A. 신경학적 상태나 일반적인 의학적 상태를 암시하는 하나 또는 그 이상의 수의적 운동이나 감각기능의 증상의 결함이 있다.

B. 심리적인 요인이 증상 또는 결함과 관련되어 있다고 판단된다. 갈등이나 다른 스트레스 요인이 증상과 장애의 시작 또는 악화에 선행되기 때문이다.

C. 이 증상이나 결함은 의도적으로 만든 것이거나 또는 꾀병을 부리는 것이 아니다(인위성

장애나 꾀병처럼).

D. 증상이나 결함이 적절한 검사 후에도 일반적 의학적 상태나 물질에 의한 직접적 영향 또는 문화적으로 관련된 행동이나 경험으로 완전히 설명되지 못한다.

E. 증상이나 결함은 사회적, 직업적 또는 기타 기능의 중요한 영역에서 임상적으로 심한 고통이나 손상을 일으키거나 의학적 평가를 필요로 한다.

F. 증상이나 결함은 통증이나 성기능장애에 국한되지 않아야 하고, 신체화장애의 경과 중에만 나타나지 않아야 하고, 다른 정신장애에 의해 잘 설명되지 않아야 한다.

증상이나 결함의 유형

- 운동계 증상이나 결함이 있는 것
- 감각계 증상이나 결함이 있는 것
- 경련이나 발작이 있는 것
- 혼합된 증상이 있는 것

4) 치료

때로는 스트레스가 완화된 후에 증상이 스스로 사라진다. 전환장애는 대부분 저절로 치료된다. 따라서 증상이 심각한 근본적인 문제로 인한 것이 아니라면 걱정할 필요가 없다. 갈등이나 스트레스의 근원을 파악할 수 있다면 정신치료를 통해 안심을 제공하는 것이 가능하다. 예를 들면, 집을 떠나거나 새롭게 시작하는 것에 대해 갈등이 있을 수 있다. 정신요법의 도움으로 갈등을 해결하고 새로운 경험을 하거나 딜레마에서 빠져나가는 법을 배울 수 있다. 두 경우 모두 신체적 증상이 멈출 수 있다.

- **정신요법**: 불안, 우울증 또는 기타 정신건강 문제가 있는 경우 상담은 도움이 된다.
- **물리치료**: 물리치료는 전환장애의 특정 증상의 합병증을 예방하는 데 도움이 된다. 팔 또는 다리의 규칙적인 움직임과 같은 특정 징후는 근육의 경직을 막을 수 있다.
- **스트레스 치료**: 의사는 스트레스, 불안 또는 다른 근본적인 문제가 완화되도록 치료 계획의 일부로 항불안제, 항우울제 또는 다른 약물을 처방한다.
- **최면**: 최면은 환자에게 심리적 문제를 식별하고 해결하는 데 도움이 될 수 있다.

2. 신체화장애

신체화장애(somatization disorder)는 정신적인 문제로 다양한 신체 증상을 반복적으로 호소하는 질환이다. 즉, 알려진 의학적 상태나 물질의 영향으로 설명할 수 없는 신체적 고통이다. 생리학적 원인이 없는 반복적인 신체적인 통증이 있다. 신체화장애와 전환장애의 차이는 신체화장애가 단일 신체적 통증보다는 여러 번 반복되는 신체증상을 포함하는 점이다. 이 상태는 비교적 드물기 때문에 30세 이전에 처음 나타나 사회, 직업 및 대인기능 영역에서 문제를 일으키고 여성에게 특히 많다. 환자들은 대체로 사회 경제적으로 낮은 계층이다. 프랑스 의사인 브리케(Paul Briquet)가 신체화장애를 1859년에 최초로 보고하여 그의 이름을 따서 브리케 증후군(Briquet's syndrome)이라고도 한다.

1) 특징

신체화장애는 의학적으로 신체적 원인이 확인되지 않은 다양한 신체 증상이다. 내적 심리적 갈등이 신체적 증상으로 표현된다. 장애는 통증을 비롯한 신체증상을 유발하는 정신질환의 한 형태이다. 증상은 일반적인 건강상태, 다른 정신질환 또는 약물남용을 포함하여 신체적 원인에 따라 추적 가능하거나 그렇지 않을 수 있다. 과도한 수준의 고통과 불안장애가 있다. 환자들은 의도적으로 증상을 꾸미지 않지만, 증상으로 인한 고통은 일상생활에 중요한 영향을 미친다.

환자들은 모호한 신체증상을 앓고 있다. 그들은 종종 다채로운 언어를 사용하여 증상을 설명하고, 불타는 감각, 이따금 움직이는 고통, 이상한 맛, 따끔거림 또는 떨림을 설명한다. 많은 증상이 진정한 질병과 관련된 증상과 유사하지만 증상 중 일부는 그렇지 않다. 의사는 환자의 증상에 대한 정보가 일치하지 않을 수 있다. 환자는 오랫동안 신체적 고통, 불편 및 기능장애를 앓고 여러 의사와 상의한다. 이 장애는 반사회적 인격장애와 많은 특징을 공유한다.

- 둘 다 생애 초기부터 시작된다.
- 둘 다 전형적인 만성적 과정이다.
- 둘 다 사회 경제적으로 낮은 계층에서 우세하다.
- 둘 다 치료하기가 어렵다.
- 둘 다 결혼 불화, 약물과 알코올 남용 및 자살 시도와 관련된다.

2) 원인

신체화장애가 내적 감각에 대한 민감성이 높아짐에 따라 발생할 수 있다. 환자들은 많은 사람들이 단순히 무시하는 경미한 통증과 불편함을 예리하게 알고 있을 수 있다. 이러한 내부 감각에 대한 과민반응과 이 장애와의 관련성의 생리학적 또는 심리적 기원은 잘 알려져 있지 않다. 또한 장애는 신체적 감각의 중요성에 대한 부정적인 믿음과 과장된 두려움에 기인한다. 환자들은 막연한 신체적 증상이 심각한 질병의 지표 또는 징후라고 생각할 가능성이 크다. 불안으로 인해 증상에 더욱 집중하게 되고 결국에는 더 큰 장애로 진전된다. 환자들은 운동으로 인해 증상이 악화될 것이라는 두려움 때문에 활동을 줄이거나 없앤다. 증상에서 벗어나는 활동이 적으면 신체적 문제에 대해 걱정하는 데 더 많은 시간을 보내고, 그래서 더 큰 고통과 장애를 초래한다.

- 유전적 요인: 가족력이 있고 반사회적 인격장애와 많은 특징을 공유한다.
- 조기 학습: 이 장애는 학습장애로서 개인은 중요한 타인들로부터 그리고 역할 모델링을 통해 중요한 신체증상을 배운다.
- 신경생리학적 요인: 신경생리학적 증거는 신체화장애에서 뇌 회로의 기능장애를 암시한다.
- 사회문화적 요인: 부모가 자녀에 대한 적대감, 거부감이나 무관심을 보이면 자녀가 장애를 일으킬 가능성이 증가한다.

3) 증상 및 진단

신체의 한 부분 이상에서 신체적 증상을 나타내지만 신체적 원인을 찾을 수 없는 신비한 만성 질환이다. 증상은 매우 실제적이며 환자가 느끼는 고통은 실제적이다. 신체화장애는 준신경성이다. 성교 장애, 생리 문제, 발기부전 등의 성적 또는 생식 증상은 신체화장애 진단에 필수적이다. 다른 증상으로는 두통, 허리 또는 관절 통증, 씹기 곤란이나 말하기 어려움, 요실금 등이 있다. 적어도 하나의 증상이 발작, 조정 또는 균형 문제 또는 마비와 같은 신경장애와 유사하다. 환자들은 우울증이나 불안증에 문제가 있다.

심리적인 문제가 영향을 받는 사람들에게 신체적으로 표현되는 장애이다. 장애는 사회, 직업 또는 기타 중요한 기능 영역에 심각한 장애를 초래한다. 환자들은 직장이나 집에서 기능을 제대로 수행할 수 없다. 의학적 평가에서 증상을 설명하지 못하거나 증상이 발견된 의학적 질병에서 예상되는 것보다 높을 수 있다. 다음은 장애의 공통적인 증상이다.

- **통증**: 두통, 요통, 위통, 관절통 및 흉통
- **위장 장애**: 메스꺼움, 구토, 설사, 삼키기 어려움
- **성적 증상**: 발기부전, 관심부족, 성교 통증
- **생리 문제**: 불규칙한 기간, 극도로 고통스러운 월경
- **신경 증상**: 조정 또는 균형 문제, 마비, 무감각, 시력이나 발작 문제

Diagnostic Criteria 신체화장애

신체화장애는 정신적인 문제로 다양한 신체 증상을 반복적으로 호소하는 질환이다.

A. 30세 이전에 시작된 많은 신체적 불만이 수년 동안 발생되고 사회적, 직업적 또는 기타 중요한 기능 영역에서 치료를 받거나 중대한 장애를 초래한다.

B. 다음의 각 기준이 충족되어야 하며, 장애가 진행되는 동안 언제든지 개별 증상이 발생해야 한다.

- **4개 통증 증상**: 적어도 4개의 다른 부위 또는 기능과 관련된 통증의 병력이 있어야 한다(예: 두부, 복부, 등, 관절, 사지, 가슴, 직장, 월경 중, 성교 중 또는 배뇨 중).
- **2개 위장 증상**: 통증 이외의 적어도 2개 위장 증상의 병력(메스꺼움, 위팽만, 임신 이외의 구토, 설사, 또는 여러 다른 음식의 편식)
- **1개 성적 증상**: 통증 이외의 성 또는 생식기능 증상이 1개 이상 있는 병력(예: 성적 무관심, 발기부전 또는 사정부전, 불규칙 월경, 과도한 월경 출혈, 임신 기간 중 구토)
- **준신경학적 증상**: 통증에 국한되지 않는 신경학적 상태를 나타내는 적어도 하나의 증상 또는 결함의 병력(조정이나 균형 장애, 마비 또는 국부적인 약화, 삼키기 곤란 또는 목의 덩어리, 근력 저하, 요실금, 환각, 통각 감각 상실, 복시, 실명, 난청, 발작 등의 전환증상, 기억상실과 같은 해리증상 또는 실신 이외의 의식상실)

C. (1) 또는 (2)

(1) 적절한 조사 후에 기준 B의 각 증상은 알려진 일반적인 건강상태 또는 물질의 직접 효과(예: 남용약물, 투약)에 의해 완전히 설명될 수 없다.

(2) 관련된 일반적 의학 상태가 있는 경우 신체적 불만 또는 이로 인한 사회적 또는 직업상의 장애가 과거력, 신체검사 또는 검사소견에서 기대할 수 있는 것을 초과한다.

D. 증상이 의도적으로 위장되거나 생산되지 않는다(허위장애 또는 꾀병처럼).

4) 치료

신체화장애의 치료는 대단히 어렵고 입증된 치료효과가 없다. 인지행동치료는 신체증상에 영향을 미치는 사고, 감정 및 행동의 부정적인 패턴을 변화시키는데 중점을 둔다. 인지 구성 요소는 환자가 신체 감각에 대한 역기능을 파악하도록 돕는데 초점을 둔다. 연습을 통해 환자는 비극적인 사고를 인식하고 자신의 감정에 대한 합리적인 설명을 개발하는 법을 배운다. 이것은 활동을 증가시키는 것을 목표로 한다. 환자는 대체로 활동이 증상을 악화시킬 수 있다는 두려움과 불편함으로 인해 활동을 감소시킨다. 환자는 점진적으로 활동을 증가시키도록 지시받는다. 또 다른 치료 유형으로는 이완훈련, 수면위생 및 의사소통 기술 훈련이 있다. 신체증상과 관련된 고통과 불편함을 줄이는 데 도움이 될 수 있다. 수면위생(sleep hygiene)은 잠을 자기 위해 지켜야 할 하나의 생활습관이다. 즉, 잠을 충분히 자고, 규칙적으로 생활하는 습관을 갖는 것이다.

3. 통증장애

통증장애(pain disorder)는 심리적 요인이 신체적인 형태로 나타나는 만성통증이다. 심리적 요인이나 갈등이 신체적 고통을 악화시킬 수 있기 때문에 정신장애로 간주된다. 이러한 요인들은 통증의 발병, 통증의 정도 및 통증의 지속에 영향을 줄 수 있다. 통증의 근원은 육체적이었지만 근원을 정확하게 알 수 없기 때문에 신체형통증장애로 알려지게 되었다. 요즘에는 더 광범위한 용어인 통증장애가 인정된다. 통증장애는 심리적 요인이 통증의 발병, 중증, 악화 또는 지속에 중요한 역할을 한다. 통증은 심리적 갈등과 관련이 있으며 환경적 스트레스에 의해 악화된다.

1) 특징

통증장애는 심리적 요인으로 기능장애를 일으키는 심한 만성통증의 신체형장애이다. 하나 이상의 해부학적 부위의 통증이 주된 통증이며 의학적 또는 치료적 개입이 필요하다. 이 장애는 스트레스에 의해 유발된 것으로 생각되는 하나 이상의 영역에서 만성통증을 경험하는 신체형장애이다. 이 장애는 여성이 더 흔히 경험하지만 남성에게도 영향을 줄 수 있으며 발병 연령은 다양하다. 많은 종류의 만성통증이 알려져 있으나 아직 발견되지 않은 많은 종류가 있다. 심리적 수단에 의한 만성통증이 통증장애이다.

현대적 견해는 통증을 다차원적으로 본다. 즉, 통증은 중추신경계, 감정, 인지, 그리고 신념이 동시에 관련되어 있다. 환자의 주요 통증이 고통의 경험이고 가정, 직장 또는 학교에서의 장애가 심각한 고통을 초래할 때 통증장애의 진단이 타당하다. 진단은 하위 유형별로 더욱 차별화된다. 급성 또는 만성인지 여부에 따라 하위 유형이 지정된다. 통증 상태의 분류는 치료의 효과가 통증장애 진단 및 통증의 유형에 달려 있기 때문에 중요하다. 대부분의 경우 만성통증은 급성 부상 또는 질병으로 시작된다. 때때로 만성통증은 이후에 합병증을 일으킨다. 만성통증 증후군은 악순환이라고 부를 때 발생한다.

2) 원인

흔한 통증 부위에는 허리, 머리, 복부, 가슴이 있다. 통증의 원인은 부위에 따라 다르다. 그러나 통증장애에서 통증의 심각도, 지속 기간 또는 관련 장애의 정도는 관찰된 의학적 또는 심리적 문제로 설명할 수 없다. 이와 달리 생물심리사회모델의 일반적인 정신질환은 다양한 종류의 여러 원인으로 통증을 설명할 수 있으며, 특히 통증이 만성적인 경우에는 더욱 그렇다.

- 유기적 문제나 의학적 상태: 섬유 근육통, 골격 손상, 내부 장기의 병리, 편두통 및 소화성 궤양은 모두 통증의 특징적인 패턴과 특별한 원인을 갖고 있다.
- 고통 경험: 고통의 심각성, 기간 및 패턴은 고통의 중요한 결정 요인이다. 통제되지 않거나 부적절하게 관리되는 통증은 심각한 스트레스 요인이다.
- 기능 손상 및 장애: 통증은 의미 있는 활동이나 사회적 관계의 혼란이나 상실로 악화된다. 혼란이나 상실로 인해 고립과 분노로 이어지고 이로 인해 고통이 증가한다.
- 정서적 고통: 우울증과 불안은 통증과 상관관계가 있다. 특히 혼자 통증을 관리하기 어렵거나 향후 더 심한 통증과 손실을 예상할 때 더욱 크다.

3) 증상 및 진단

환자들은 실제로 근본적인 건강상태를 가질 수 있지만 경험한 통증을 충분히 설명할 수 없다. 이들은 대개 과도한 스트레스와 같은 심리적 문제로 증상이 신체적으로 나타나거나 기존의 통증을 증가시킬 수 있다. 마음과 신체 사이에는 강한 연관성이 있으며 심리적 요인에 의해 야기되는 고통은 실제적이다. 장애의 원인이 무엇인지는 잘 모른다. 그러나 심리적 고통이 육체적 고통을 유발할 수 있다. 이것은 불안, 우울증 및 기타 정신적 문제와 관련이 있다. 통증장애와 관련된 일반적인 증상이 있다.

- 통증관리에 관한 무력감, 절망감 또는 왜곡된 인지
- 비활동성, 수동성 또는 장애
- 임상적 중재가 필요한 통증 증가
- 불면증 및 피로
- 가정, 직장 또는 학교 등에서 사회적 관계 붕괴
- 우울증 및 불안

Diagnostic Criteria　　**통증장애**

통증장애는 심리적 요인이 신체적인 형태로 나타나는 만성통증이다.

A. 1개 이상의 해부학적 부위에서 통증이 임상 증상의 주된 초점이며 임상 주의를 확보하기에 충분한 정도로 심각하다.
B. 통증은 사회적, 직업적 또는 기타 중요한 기능 영역에서 임상적으로 심각한 고통이나 장애를 유발한다.
C. 심리적 요인은 통증의 발병, 중증도, 악화 또는 유지에 중요한 역할을 한다고 판단된다.
D. 증상 또는 장애가 의도적으로 생성되거나 가장하지 않는다(허위장애나 괴병).
E. 통증은 기분, 불안 또는 정신병적 장애로 인해 더 잘 설명되지 않고 성교통증에 대한 기준을 충족시키지 않는다.

---

4) 치료

　통증장애의 원인은 다양하다. 통증장애에서 느끼는 육체적 고통은 현실이기 때문에 육체적 고통과 심리적 문제를 모두 해결하는 것이 중요하다. 전문가는 인과관계를 평가하고 치료 개입을 위한 우선순위를 정하고 여러 영역을 다루게 된다. 효과적인 정신치료에는 통증이 어디에서 유래하고 어디에서 오는 것인지 이해할 수 있는 인지행동치료가 포함된다. 치료를 통해 환자는 원인을 파악하고 효과적인 해결책을 찾을 수 있다.

　만성통증 환자들은 고독, 고통, 좌절감, 대처능력에 대한 자신감 상실을 경험한다. 그들은 수동적이고 무력한 문제해결 방식을 채택할 수 있다. 인지행동치료의 목적은 통증과 긴장을 적극적으로 관리하는 방법을 가르치고 환자에게 치료 효과를 알려주고, 통증과 긴장주기를 교육함으로써 자기 효능감을 회복시키는 것이다. 환자가 통증의 본질과 효과적인 자기관리에 대한 자신의 생각을 재구성하도록 돕는다. 환자가 무력감과 절망의 부정 또는 왜곡된 사고 패턴을 확인하고 수정하도록 가르친다. 또 다른 치료는 최면요법, 마사지 요법, 요가와 같은 스트레스를 줄이는 운동 및 물리치료가 있다.

4. 신체변형장애

신체변형장애(body dysmorphic disorder)는 정상적인 외모에도 불구하고 외모의 결함에 대해 걱정하는데 많은 시간을 소비하는 정신건강상태이다. 이러한 결함은 종종 다른 사람들에게는 눈에 띄지 않는다. 모든 연령층의 사람들에게 증상이 존재할 수 있지만 청소년과 젊은 성인에게 가장 보편적이고 남녀 모두에게 영향을 미친다. 장애가 있는 사람들은 신체에 대한 부정적인 우려를 왜곡한다. 그들은 신체의 일부가 추악하거나 결함이 있다고 망상한다. 그들은 자신의 신체적 문제에 대한 고민이 많아 일, 사회생활 및 인간관계가 약화된다. 피부의 감촉이나 얼굴 털이 비정상적으로 걱정되거나 코, 입, 턱 또는 눈썹의 형태가 변형된 것으로 느껴질 수 있다. 이것은 상상력 장애(imaginative disorder)이고 이 장애는 상상의 추한 외모(imagined ugliness)[12]라고 한다(Phillips, 1991). 이것은 신체적으로 정상인이 자신의 외모에 상상적인 결점(imagined defect)이 있다고 과도하게 생각하는 신체형 장애이다.

1) 특징

신체변형장애는 상상의 신체적 결함 또는 다른 사람이 종종 볼 수 없는 경미한 결함을 걱정하는 독특한 정신장애이다. 이 질환을 앓고 있는 사람들은 자신을 못생긴 것으로 생각하며 종종 사회 노출을 기피하거나 외모를 개선하기 위해 성형치료를 받는다. 이와 같이 신체변형장애는 신체 이미지와 관련된 불안장애이다. 이 장애는 정상적인 외모를 가진 사람이 자신의 외모에 어떤 결함이 있다는 생각에 골몰하는 정신장애이다. 환자들은 머리카락, 피부, 코, 가슴 또는 얼굴에

---

12) 자신의 외모 일부나 전체를 이유 없이 싫어하는 것.

결함이 없더라도 신체의 어떤 부분을 싫어할 수 있다. 실제로 지각된 결함은 단지 약간의 불완전하거나 존재하지 않는 것일 수 있다. 그러나 환자들은 결함이 중요하고 눈에 띄며 종종 일상생활에서 심한 정신적 고통과 어려움을 초래한다. 또 다른 관심사는 남근의 크기, 근육, 유방, 허벅다리, 엉덩이 및 몸 냄새의 존재를 포함한다. 다음은 환자들이 가장 많이 우려하는 부분이다.

- **피부결점**: 주름, 흉터, 여드름, 뾰루지
- **머리카락**: 머리 모양이나 머리 색상
- **얼굴특징**: 코의 모양, 크기와 위치
- **체중과 근육**: 체중, 체형이나 근육

환자들은 매일 또는 몇 시간 동안 실제 또는 지각된 결함에 대해 생각한다. 그들은 자신의 부정적인 생각을 통제할 수 없으며 좋아 보인다고 말하는 사람들을 믿지 않는다. 이러한 생각은 심한 정신적 고통을 초래할 수 있으며 일상적인 기능을 방해할 수 있다. 다른 사람들이 그들의 결함을 알아차릴 것을 두려워 그들은 일이나 학교를 포기할 수 있고, 사회 상황을 피할 수 있고, 가족이나 친구와도 자신을 격리시킬 수 있다.

신체변형장애는 섭식장애 및 강박장애와 일부 유사하다. 그러나 섭식장애가 있는 사람은 몸무게와 체형에 대해 걱정하고, 신체변형장애를 가진 사람은 특정 신체 부위를 염려한다. 사회적 상황을 피하는 것은 신체의 외모에 대한 부끄러움이나 당혹감 때문일 수 있으며 사회불안장애가 있는 사람들의 행동과 유사하다. 신체변형장애는 청소년기에서 가장 흔하게 발병한다. 12-13세의 청년기에 발생하기 시작하여 18세 또는 19세의 청소년기에 정점을 이루고, 또한 여성에게 흔하게 발견된다.

2) 원인

신체변형장애의 원인은 잘 알려져 있지 않다. 그러나 유전적 소인, 뇌의 세로토닌 기능장애, 성격 특성, 삶의 경험을 비롯한 특정 생물학적, 사회적 및 환경적 요인이 발병에 기여할 수 있다고 본다. 결함에 대한 사람의 관심은 거울을 들여다보거나 피부를 따는 것과 같은 의식적 행동으로 이어진다. 환자들은 결국 자신의 사회, 직장 및 가정에서 결점에 너무 집착한다. 이 장애는 질병불안장애와 함께 발생하지만, 다른 신체형장애와 함께 발생하지 않는다. 함께 자주 발생하는 질환은 강박장애이고 또한 상당히 유사하다.

- 생물학: 뇌 구조나 신경화학의 이상은 신체변형장애를 일으키는 역할을 한다.
- 유전학: 강박장애 또는 우울증 가족이 있는 경우 신체변형장애가 발병할 가능성이 높다.
- 환경: 생활 경험과 문화는 신체 또는 자아상에 대한 부정적인 사회평가, 어린 시절의 외상 또는 학대경험은 이 질환이 발병할 가능성이 크다.

3) 증상 및 진단

신체변형장애 환자들은 하루 또는 몇 시간 동안 지속적으로 외모에 집착한다. 그들은 자신의 불완전성에 초점을 맞춘다. 이것은 낮은 자부심, 사회적 상황의 회피, 직장이나 학교의 문제로 이어질 수 있다. 그들은 결함을 숨기거나 개선하기 위해 강박적이거나 반복적인 행동을 진행할 수 있다. 그들은 종종 자부심이 결여되고, 다른 사람들을 자의적으로 의식하며 사회적 상황을 피할 수 있다. 또한 그들은 종종 다른 사람들의 눈에 띄지 않는 특정 신체적 특징에 대해 의학적 확신을 찾을 수 있다.

신체변형장애를 가진 개인은 종종 외모에 대한 지속적이고 불쾌한 생각을 갖고 외모를 불평하며, 반복적으로 거울을 보고, 신체적 특징을 확인하는 것과 같은 강박적인 행동을 한다. 타인이 인식하기 힘든 사소한 외모의 결함에 지나치게 집착한다. 신체변형장애 및 강박장애는 발병 연령이 거의 같으며 동일한 과정으로 진전된다. 다음은 장애의 공통적인 증상이다.

- 거울이나 반사 표면에서 특정 부위의 모양을 자주 확인
- 과도한 몸단장이나 위장(몸 위치, 옷, 메이크업, 머리카락, 모자)
- 자주 발견된 결함의 모양을 다른 사람의 모양과 비교
- 옷을 지나치게 바꾼다.
- 수술 받기
- 거울 피하기
- 피부 뜯기
- 과도한 운동

Diagnostic Criteria	신체변형장애

신체변형장애는 상상의 신체적 결함 또는 경미한 결함을 걱정하는 독특한 정신장애이다.

A. 관찰할 수 없거나 다른 사람에게 경미한 것으로 보이는 신체 외모에 있는 1개 이상의 지각된 결함에 대한 집착

B. 장애가 진행되는 동안 어떤 시점에서 외모에 대한 반응으로 개인은 반복적인 행동(예: 거울 검사, 과도한 정리, 피부 따기, 안심 찾기) 또는 정신적 행위(예: 자신의 외모를 다른 사람의 외모와 비교)을 수행한다.

C. 집착은 사회적, 직업적 또는 다른 중요한 기능 영역에서 임상적으로 심각한 고통이나 장애를 일으킨다.

D. 외모 집착은 증상이 섭식장애에 대한 진단 기준을 충족시키는 개인의 체지방이나 체중에 대한 우려로 더 잘 설명되지 않는다.

4) 치료

환자가 과도한 우려를 알고 있더라도 여전히 지각된 결함에 대해 걱정할 수 있으므로 치료가 매우 어려울 수 있다. 치료는 심리치료와 약물치료를 병행하는 것이 도움이 된다. 심리치료는 사고, 행동, 인간관계 및 환경과 같은 정서적 욕구를 다루는 비의학적 치료법이다. 이것은 임상적으로 연구된 기술을 사용하는 훈련된 전문가와 대화하는 것을 포함하며, 치료법을 이야기하고, 일어난 일을 이해하고 평가하는데 도움을 주고, 삶의 긍정적 변화를 도울 수 있다. 그러나 모든 의학적 또는 수술적 절차는 건강 위험을 수반한다. 수술을 통해 외모를 바꾸려는 불필요한 시도는 결과에 대한 불만을 야기할 수 있다. 신체변형장애는 쉽게 치료할 수 있는 것은 아니다.

- **인지행동치료**: 생각하고 느끼기 위해 근본적인 태도를 바꾸는 방법에 대한 훈련이다. 여기에는 자신의 지각된 결함을 다른 사람에게 드러내는 것을 허용하고 외모 우려와 관련된 절차를 수행하지 않는 것을 학습한다.
- **대처 및 관리기술**: 불안증상 대처방법 교육, 즉 이완기법과 심호흡법을 배운다.
- **약물치료**: 항우울제 등 일반적으로 약물은 정신요법과 함께 사용된다.

5. 질병불안장애

질병불안장애(illness anxiety disorder)는 심각한 질병이 있다는 생각이나 두려움에 사로잡혀 있는 장애이다. 집착은 하나 이상의 신체적 증상의 오해에 근거한다. 사소한 신체적 증상이나 감각을 비합리적으로 지각하고 심각하게 인식하여 자신이 마치 심각한 질병에 노출되었다는 마음의 집착과 질병에 대한 공포를 갖고 있는 상태이다. 질병불안장애는 강박장애와 많은 공통점을 공유하고 있다. 질병불안장애 환자들은 정신병에 걸리거나 높은 수준의 불안감을 유발하는 상상의 병에 사로잡혀 있다.

질병불안장애 환자들은 심각한 질병을 앓고 있다고 생각하거나 두려워한다. 실제로 그들은 정상적인 신체적인 반응을 경험하고 있다. 전환장애 또는 신체화장애와 달리 질병불안장애는 극단적인 신체기능장애 또는 설명할 수 없는 의학적 증상을 수반하지 않는다. 그것은 신체형장애의 한 유형이며, 그러한 질병에 대한 증거가 발견되지 않지만 신체적 질병에 대한 여러 가지 통증을 특징으로 한다. 질병불안장애에서 불안은 신체적 증상에 대한 집착이 질병이나 질병의 지표로 오인된 결과이다.

1) 특징

질병불안장애는 건강염려증(hypochondriasis)으로 의사가 가벼운 증상이나 전혀 증상이 없다고 확인하더라도 심각한 질병이나 생명을 위협하는 질병이라고 느낀다. 또한 사람들이 정상적인 신체 감각을 심각한 질병의 징후로 잘못 해석하거나 신체질환을 앓고 있는 사람이 실제로 더 아프다는 우려를 제기할 수 있다. 질병불안장애의 주요 특징은 심각한 질병에 걸릴 과도한 두려움이다. 이 두려움은 건강검진에서 질병의 증거가 발견되지 않으면 완화되지 않는다. 환자들은 종종 자신의 두려움이 비현실적이라는 것을 인정할 수 있지만 이것은 불안을 줄이기에 충분하지 않다. 질병에 대한 두려움에 대한 선입관이 큰 고통을 야기하거나 직장, 학교 활동 또는 가족 및 사회적 활동에 지장을 준다. 그것은 심각도가 다를 수 있다. 심각도는 스트레스와 나이가 증가함에 따라 증가하고, 나이를 먹거나 스트레스를 받는 동안 증가할 수 있다.

가끔 질병불안장애는 친구 또는 가족 구성원의 사망 후 또는 기사를 읽거나 질병에 대한 텔레비전 프로그램을 보는 것에 대한 반응으로 발전한다. 질병에 대한 두려움은 스트레스에 대한 반응으로 증가할 수도 있다. 환자들은 의사를 빈번하게 방문한다. 의사의 의견에 대한 그들의 명백한 불신은 의사와 환자의 관계에서 긴장을 야기할 수 있으며, 이로 인해 환자가 의사에게 더 불만을 갖게 된다. 이 증상은 성인 초기에 시작하는 경향이 있으며 대개 만성이고, 남성과 여성이 동일하다. 환자가 아프다 하여 다른 사람들로부터 관심을 찾는 방법이 아니라는 것을 이해하는 것이 중요하다. 환자는 정직하게 건강상태로 고통받고 있고 남들이 오해하고 있다고 생각한다.

2) 원인

질병불안장애 원인은 완전히 알려져 있지 않지만 종종 우울증 또는 불안과 같은 다른 정신질환과 관련이 있다. 다른 정신병적 장애가 신체증상 장애와 관련이 있다. 신체 감각의 의미를 이해하지 못하거나 질병에 대한 이해가 부족할 경우 모든 신체 감각이 심각하다고 생각하는 심각한 질병이 있음을 확인하는 증거를 검색할 수 있다. 질병불안장애는 대개 성인이나 중년 초기에 시작되며 나이가 들면 악화될 수 있다. 나이가 많은 사람들의 경우 건강과 관련된 불안은 자신의 기억상실 공포이다. 또한 환자에게 우울증, 공황장애, 강박장애나 범불안장애가 높다.

- 신념: 신체 감각의 오해, 신체가 어떻게 작동하는지에 대한 오해
- 유전: 가족 중에 질병불안장애가 있다면 발병할 가능성이 높다.
- 환경: 성적, 신체적 학대가 있었거나 과거 건강상태가 좋지 않았다.

3) 증상 및 진단

증상은 정상적인 신체 감각 또는 경미한 증상에 따라 심각하게 아프다는 생각에 몰두한다. 심각한 신체적 질병이나 상해의 공포에 대한 집착이다. 이 장애의 두려움은 강박적인 특성을 갖고, 자신들의 두려움이 비현실적이라는 것을 인정할 때조차도 버리기 힘든 질병에 대한 생각이다. 사람들은 자신의 생각에서 생기는 불안을 완화하기 위해 자신의 증상을 이야기함으로써 두려움이 증가될 수 있다. 환자들은 장애에 대한 통찰력이 다르다. 어떤 사람들은 병이나 죽음을 상기하는 것과 멀리함으로써 두려움을 피할 수 있다. 스스로를 질병불안장애가 있다고 인식함에도 불구하고 불안해한다. 자신의 우려가 불합리하거나 과장되었음을 알 수 없다. 다음은 장애의 공통적인 증상이다.

- 심각한 질병이 있다는 생각에 사로잡혀 있다.
- 경미한 증상이나 신체 감각이 심각한 질병에 걸렸다고 생각한다.

- 건강상태에 대해 경각심을 갖는다.
- 부정적인 검사 결과 또는 건강하다는 의사의 의견을 거의 안심하지 않는다.
- 특정 건강상태나 가족력으로 발병 위험을 지나치게 걱정한다.
- 자신에게 나타나기 어려운 질병에 대해 지나치게 걱정한다.
- 반복적으로 질병의 징후가 있는지 확인한다.
- 안심하기 위해 진료 예약을 자주하거나 심각한 질병일까 두려워 진료를 피한다.
- 건강 위험에 대한 두려움 때문에 사람, 장소 또는 활동을 피한다.
- 자신의 건강과 가능한 병에 대해 끊임없이 이야기한다.
- 인터넷에서 증상이나 질병의 원인을 자주 찾는다.

Diagnostic Criteria 질병불안장애

질병불안장애는 심각한 질병이 있다는 생각이나 두려움에 사로잡혀 있는 장애이다.

A. 심각한 질병에 걸렸거나 중병에 걸렸다고 집착한다.

B. 신체 증상이 나타나지 않거나 존재할 경우 단지 심각도가 가벼울 뿐이다. 다른 건강상태가 있거나 건강상태를 진전시킬 위험이 높은 경우(예: 강한 가족력이 있는 경우), 집착은 분명히 과도하거나 부적절하다.

C. 건강에 대한 높은 수준의 불안이 있으며 개인은 건강상태에 대해 쉽게 경각심을 가진다.

D. 개인은 과도한 건강 관련 행동(예: 반복적으로 몸의 증상 확인) 또는 부적절한 회피(예: 의사 약속 회피)를 나타낸다.

E. 질병에 대한 집착은 적어도 6개월 동안 있었지만, 우려되는 특정 질병은 그 기간 동안 바뀔 수 있다.

F. 질병과 관련된 집착은 신체화장애, 공황장애, 범불안장애, 신체변형장애, 강박장애 또는 망상장애, 신체화 유형과 같은 다른 정신장애에 의해 더 잘 설명되지 않는다.

4) 치료

질병불안장애는 치료하기 어렵다고 여겨져 왔다. 인지행동치료는 장애의 증상을 줄이는데 효과가 있다. 강박장애를 치료하는 데 사용되는 기술이 또한 질병불안장애에 효과적이다. 증상을 확인하기 위해, 강박적인 경향을 줄이기 위해 노출 및 반응예방을 시행할 수 있다. 개인은 질병이나 비정상적인 신체 감각을 갖게 될지 모른다는 두려움을 유발할 수 있는 활동에 참여하고, 이러한 활동은 의식이나 다른 불안감을 감소한다.

- **인지치료:** 치료의 목표는 환자의 주요 문제가 질병에 대한 취약성보다는 질병에 대한 두려움이라는 인식을 유도하는 것이다. 환자는 걱정을 추적하고 질병이 얼마나 현실적이고 합리적인지 평가해야 한다. 치료사는 환자가 질병 증상으로 해석하는 신체적 증상에 대한 대체 설명을 고려하도록 권장한다. 행동실험은 환자의 상습적인 생각을 바꾸기 위해 사용된다. 예를 들면, 환자는 특정 신체 감각에 집중하고 불안의 증가를 추적하도록 지시받을 수 있다. 또한 인지구조 조정은 건강 문제에 대한 잘못된 믿음에 도전하는 데 사용될 수 있다.
- **노출 및 반응예방:** 이 치료법은 환자에게 신체 감각 검사, 의사 또는 친구들로부터의 안심 찾기, 질병 알리는 것과 같은 질병불안장애 목록을 작성하도록 요청하는 것으로 시작된다. 행동 과제가 개발된다. 자신의 신체적인 감각을 자주 추적하거나 안심을 찾는 환자에게 이러한 행동을 억제하는데 따른 불안을 경험하도록 요청한다. 환자는 자신을 불안에 노출시키며 점차적으로 그 과정에서 장애를 감소시킨다. 인지치료는 생각에, 노출요법을 행동에 초점을 맞추지만, 둘 다 역기능의 생각과 행동을 줄이는 데 효과적이다.

제13장

성적장애

1. 성적장애

　성관계는 친밀감과 연결성을 향상시키고, 사랑하는 부부에게 안락, 안전 및 쾌락을 준다. 성행위는 평범한 삶의 큰 부분이므로 성적 문제가 발생할 때 다양한 문제가 발생한다. 인간의 성적 행동은 너무 복잡하여 의학적 관점에서만 볼 수 없다. 성적장애는 성행위 과정의 어느 단계에서 발생하는 문제로 개인이나 부부가 성적 행위로 만족감을 느끼지 못하게 한다.

　성적장애(sexual disorder)는 성관계를 즐기지 못하고, 성행위를 하는 동안 고통과 어려움을 겪는 것이다. 성적장애의 유형이 있다. 첫째는 성도착증 또는 변태성욕증이고, 둘째는 성기능장애이며, 셋째는 성정체성장애이다. 이러한 질환의 원인은 다양한 이론이 있다. 생물학적, 심리적 및 인지 치료법은 이러한 장애로 고통받는 사람들을 도울 수 있다.

　성도착증은 비인간적인 대상, 비동의 성인이나 아동을 포함한다. 성적 파트너에게 고통을 가하는 성적학대를 의미한다. 성기능장애는 성관계의 시작, 완성 또는 만족을 방해하는 문제이다. 이 증상은 남성과 여성 모두에서 발생한다. 성정체성장애는 성별에 대한 잘못된 인식으로 성전환자에게서 일어나는 잘못된 성적 인식이다.

[그림 13-1] 성적장애의 유형

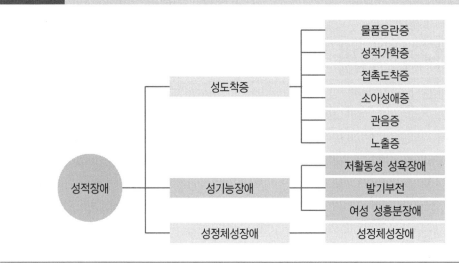

1) 성도착증

paraphilias는 para(벗어난)와 philia(사랑, 우정)가 합쳐진 단어로서 정상적인 성 행동을 벗어난 행동이다. 성도착증(paraphilias)은 특정한 대상이나 사람에게 성욕을 느끼거나 원치 않는 상대와 지속적인 성행위이다. 이것은 성적 관심, 선호, 환상, 충동이 규범을 벗어난 행동이다. 환자들은 성적인 흥분과 만족이 이례적이고 극단적인 성행위에 대한 환상이 있다. 성도착증은 특정 대상(어린이, 동물, 속옷)이나 특정 행위(가해, 노출)에 대해 발생한다.

가장 흔한 성도착증은 물품음란증(무생물 사용), 성적가학증(굴욕감 또는 고통 제공), 성적자학증(수모, 강요), 접촉도착증(비동의 사람과 신체 접촉), 소아성애(아이들에 대한 성적 집착), 관음증(알지 못하는 사람의 사적 활동 관찰), 노출증(낯선 사람들 앞에서 생식기 노출) 및 복장도착증(성욕을 유발하는 의상도착)이 있다. 이러한 행동 중 일부는 불법이며 자신의 행동을 둘러싼 법적 상황에 직면하게 될 수 있다.

2) 성기능장애

성기능장애(sexual dysfunction)는 성관계의 시작, 완성 또는 만족을 방해하는 문제로 남성과 여성 모두에서 발생한다. 이들은 성행위를 완전히 누리지 못한다. 특히, 이것은 완전한 성적 반응주기를 방해하는 장애이다. 이러한 장애로 인해 성교를 즐기지 못하거나 성행위가 어렵다. 성

기능장애는 신체건강을 거의 위협하지 않지만 우울증, 불안 및 부적절한 느낌을 유발할 수 있다. 모든 연령층의 남성과 여성이 성기능장애를 경험한다. 스트레스는 장애의 일반적인 원인이다.

성기능장애는 개인이나 부부가 성적 행위로 만족감을 느끼지 못하는 성행위 과정의 어느 단계에서 발생하는 문제이다. 이것은 흔하며 여러 가지 요인에 의해 발생된다. 여기에는 신체적, 심리적 및 정서적 문제가 있다. 사람들이 성기능장애에 대해 이야기하는 것은 매우 어렵고 당혹스러울 수 있다. 심지어 파트너와도 마찬가지이다. 성기능장애는 모든 연령대에 영향을 미칠 수 있지만 40세 이상에서는 노화와 관련된 건강 감소와 관련이 있기 때문에 더 흔하다. 다음은 일반적인 성기능장애이다.

- **성욕장애**: 성욕이나 성행위에 대한 관심 부족
- **성흥분장애**: 성적 활동 중 육체적으로 각성되거나 흥분되지 않는 능력
- **오르가즘장애**: 오르가즘의 지연이나 부재
- **통증장애**: 성교 시 통증으로 성교통증과 질경련증

성욕장애(sexual desire disorder)는 장기간에 걸친 성적 활동에 대한 욕구가 부족한 정신 상태이다. 성적 환상과 성행위에 대한 욕망이 없는 성욕장애는 두 개가 있다. 즉, 저활동성 성욕장애 및 성흥분장애이다. 모두 성적인 관심이 낮기 때문에 성적인 친밀감을 시작하거나 반응하지 못한다. 남성과 여성의 성욕장애는 성적 관심의 감소나 성행위에 대한 욕구의 부족을 말한다. 성적인 생각이나 환상이 없거나 성행위 중 기쁨이 줄어들거나 내·외적인 성적 신호에 관심이 없거나 줄어들 수 있다. 최소 6개월 동안 증상이 나타나고 개인에게 임상적으로 심각한 고통을 초래할 때 진단된다.

Masters와 Johnson이 제시한 성 반응 주기는 흥분, 고조, 절정 및 해소시가 연속되는 과정이다.[13] 이들은 10,000건 이상의 남성과 여성을 관찰한 후 공통적인 성적 흥분과 반응 주기를 제시하였다. 성행위 반응에는 개인차가 있지만 전반적인 신체적인 반응에서는 공통점이 있다. 또한 여성 신체는 성 반응 주기에 따라 반응한다.

---

13) Masters, W. H., & Johnson, V. E.(1966), *Human Sexual Response,* Boston: Little Brown.

[그림 13-2] 성 반응 주기

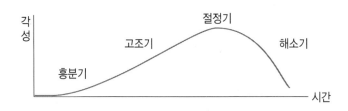

(1) 흥분기

흥분기는 성적 흥분이 시작되는 단계이다. 남녀 모두 성기 조직에 혈류가 증가하는 혈관이 충혈된다. 남자는 고환, 음낭이 팽창하게 되어 윤활유(Cowper's fluid)가 분비되기 시작한다. 여자는 음핵, 음순, 자궁, 유방이 부풀어 오르고 크기가 커진다. 질에서 윤활유가 분비되기 시작한다. 심장 박동 증가, 호흡 증가, 가슴과 상체가 점점 붉어지는 성적 홍조가 나타난다. 특히 남성보다는 여성에게 더 잘 나타나는 신체적 변화이다.

(2) 고조기

고조기는 오르가즘 직전의 성적 흥분상태를 보이는 단계이다. 혈관 충혈과 근 긴장이 두드러진다. 남자는 완전히 발기하고 고환이 부풀어 오르고 상승한다. 여자는 유두와 유륜의 팽윤, 질의 완전한 확장과 연장, 오르가즘 준비에 들어간다. 소음순은 계속 두꺼워지고 짙은 자주색으로 변하며 자궁은 위로 향한다. 음핵은 매우 예민해진다. 남성과 여성 모두 이 단계에서 무의식적으로 소리를 내기 시작하기도 한다.

(3) 절정기

성적 자극이 지속되면 성기 주변에서 짧은 수축이 야기되는 동안 개인은 오르가즘을 경험할 수 있다. 남성은 사정을 통해 정액이 요도로 방출될 때 오르가즘을 느끼고, 여성은 음핵이 몸 안으로 움츠러들고 외부에서 증가된 팽윤과 함께 여러 번의 자궁 수축을 하며 오르가즘을 느낀다. 오르가즘은 탄성, 신체 여러 부위의 근육 경련과 몸 전체를 감싸는 도취감 같은 여러 가지 의도하지 않은 반응을 동반한다.

(4) 해소기

해소기에는 성기가 흥분하지 않은 상태로 돌아간다. 팽창과 발기되어 있던 생식기들이 제자리로 돌아오고 크기와 색깔 또한 원상태로 회복된다. 근육의 이완, 혈압의 감소가 나타나고 흥분되어있던 신체를 가라앉혀 준다. 그러나 일부 여성들은 다시 절정기로 돌아가 더 강력한 자극을 느끼기도 한다.

남성이 경험할 수 있는 성기능장애의 유형은 발기부전, 사정 문제와 낮은 리비도가 있다. 발기부전(erectile dysfunction)은 당뇨병이나 고혈압과 같은 건강상태 또는 성관계 불안으로 인해 발생하는 장애이다. 우울증, 피로, 스트레스도 발기부전의 원인이 될 수 있다. 사정 문제(ejaculation problem)는 조루와 전혀 불가능한 사정이다. 원인에는 우울증 치료제, 성관계에 대한 불안, 성추행의 병력 및 엄격한 종교적 신념 등이 있다. 낮은 리비도(libido)는 스트레스와 우울증 같은 심리적인 문제뿐만 아니라 성관계에 대한 불안도 성적 욕망이 감소되거나 전혀 나타나지 않는 것을 포함한다. 호르몬 수치의 감소, 신체질환 및 약물 부작용은 남성의 성욕을 감소시킬 수 있다.

여성의 성기능장애는 성적 통증, 욕망의 문제, 각성의 문제 및 오르가즘의 어려움이 있다. 호르몬 수준, 건강상태 및 기타 요인의 변화는 여성의 성욕 저하 및 기타 성기능장애에 영향을 줄 수 있다.

3) 성정체성장애

성정체성장애(gender identity disorder)는 생물학적으로는 완전히 정상이지만 인격적으로는 자기가 반대 성에 속한다고 생각하는 증상이다. 즉, 반대의 성에 대하여 강하고 지속적인 동일성을 느끼는 증상이다. 성정체성장애는 해부학적 성관계에 관한 불편함이나 부적절한 느낌이 특징이다. 이 장애는 일반적으로 아동기에 성정체성 문제로 시작되며, 출생 성별이 아닌 원하는 성별에 적합한 복장을 입은 사람이 청소년기 또는 성인기에 나타난다. 극단적인 경우 성정체성 장애를 가진 사람들은 성 전환수술을 필요로 한다.

2. 물품음란증

fetishism은 물신숭배(物神崇拜)란 뜻으로 원래 원시 종교에서 사물에 초자연적인 힘이 있다고 믿고 이것을 숭배하는 것을 말한다. 마술적이고 영적인 힘을 지닌 것으로 생각하여 몸에 지니고 다니기도 했다. 물품음란증은 성적 흥분이나 만족의 원천으로서 무생물의 사용을 의미한다. 즉, 성적인 것으로 간주되지 않는 대상 또는 신체 부위에 대한 강렬한 성적 매력이다. 이 질환은 무생물에 대한 지속적이고 반복적인 사용이다. 여성 의류가 가장 인기가 있는 무생물이다.

1) 특징

물품음란증(fetishism)은 특정 대상이나 신체의 일부분에 대해 갖는 독특한 성적인 강박관념이다. 생명이 없는 물건 또는 성적 부위가 아닌 인체 부위에 접촉함으로써 성적 감정을 느끼는 여성물건애이다. 이 질환은 반복적으로 발생하는 격렬한 성적 충동과 성적으로 자극을 얻는 장애이다. 어떤 사물도 성적 쾌감을 얻는 대상이 될 수 있지만 특징은 성관계나 성적 만족과의 관계이다. 대상물은 의류, 동물 또는 기타 비성적인 물건을 포함한다. 치료를 받지 않으면 심각한 사회적 및 정서적 문제가 발생할 수 있다.

이 질환은 무생물, 고무 등 특정 촉각 자극, 발가락, 엉덩이와 같은 신체의 일부와 연관될 수 있다. 주요 무생물의 성적 대상은 여성용 팬티, 브래지어, 스타킹, 신발 또는 기타 의복이다. 신체 부위(발, 머리카락)에 대한 자극을 갖고 있는 사람은 성행위 중에 비생식기 신체 부위를 자극한다. 성적 자극이 무생물과 신체 부위(더러운 발)를 모두 포함하는 것은 드문 일이 아니다. 이 장애는 자위하는 동안 대상물을 붙들거나, 시음하거나, 문지르거나, 삽입하거나, 냄새 맡는 것을 포함하고, 성적 배우자와 성행위하는 동안 물건을 착용하거나 이용할 것을 선호한다. 이 장애는 거의 남성에게만 발생한다.

2) 원인

질환에 대한 인과관계 증거는 거의 없다. 일반적으로 이 질환은 어린 시절이나 청소년기에 시작되며 보통 남성에서 발견된다. 일단 발병되면 치료를 받지 않는 한 평생 동안 지속되는 경향이 있다. 현대 심리학은 질환이 조건화되었거나 충격적인 경험의 결과라고 가정한다. 그러나 뇌 구조 및 유전과 같은 요인도 가능한 설명으로 간주된다. 정상적인 성행위에서 부적절하고 거부되는 것에 대한 두려움을 느끼는 심리적 원인에서 나타날 수 있다. 또는 아동학대가 원인이 된다는 견해가 있다. 남성은 여성속옷이나 스타킹의 질감이나 촉감을 즐길 수 있다. 처음에는 즐거운 감정이 무작위로 발생하고, 시간과 경험에 따라 여성의 속옷이나 스타킹을 성적 행위의 일부로 사용하는 행동이 강화되고, 의류와 성적인 각성 사이의 연관성이 강화된다. 환자들은 자신의 증상이 시작된 시점을 정확하게 인식하지 못할 수도 있다. 이 장애는 성적학대와 관련된 활동과 관련이 있을 수 있다.

3) 증상 및 진단

환자들은 사회기술 및 관계 개발에 어려움이 있다. 성적으로 자극을 받기 위해 필요로 하는 쾌락적 자극 무생물은 사람마다 다르지만 일반적으로 신발, 발, 팔과 같은 다양한 신체 부위를 포함하여 모든 종류의 물건이 관련된다. 초기 증상은 욕망의 대상을 만지는 것을 포함한다. 주물에 대해 생각하는 시간이 지나면 주물의 중요성이 커진다. 극단적으로 성적 쾌감과 만족감을 얻는 것은 필수 조건이다. 다음은 장애의 공통적인 증상이다.

- 성적으로 자극적 환상, 성적 충동 또는 무생물의 사용과 관련된 행동 반복
- 중요한 기능 영역에서 심각한 고통이나 손상을 초래하는 환상, 성적 충동 또는 행동
- 쾌감을 얻기 위해 복장도착에 사용되는 여성 의류 사용 또는 촉각 생식기 자극

Diagnostic Criteria	물품음란증

물품음란증은 특정 대상이나 신체의 일부분에 대해 갖는 독특한 성적인 강박관념이다.

A. 적어도 6개월 이상 반복적이고 강렬한 성적 흥분을 불러일으키는 환상, 성적 충동, 또는 무생물건(예: 여성 속옷)의 사용과 관련된 행동
B. 환상, 성적 충동 또는 행동으로 인해 사회적, 직업적 또는 기타 중요한 기능 영역에서 임상적으로 심각한 고통이나 장애가 발생한다.
C. 물품음란증 물체는 복장도착에 사용되는 여성의류 또는 촉각 생식기 자극(예: 진동기)을 목적으로 하는 장치로 사용되는 물품에 국한되지 않는다.

4) 치료

치료 방법에는 약물치료, 정신분석, 최면, 집단치료, 인지행동요법이 포함된다. 약물치료와 인지 행동요법을 병합하는 것이 효과적이다. 혐오요법은 혐오감이 생기도록 유도해서 나쁜 습관을 끊도록 하는 요법이다. 치료를 위해 부적절한 성적 흥분을 일으키는 조건자극을 불쾌한 반응(구토)을 유발하는 무조건자극과 짝 짓는다. 이런 치료가 효과를 내면 예전에는 성적 흥분을 일으키던 자극이 더 이상 흥분을 일으키지 않고 불안과 불편을 느낄 수 있다. 환자들은 종종 일상생활을 방해하지 않거나 불필요한 문제를 일으키지 않는 사적인 방식으로 충동을 통제하거나 충족시킬 수 있다.

3. 성적가학증

성적가학증과 성적자학증은 다르다. 가학증(sadism)은 고통이나 모욕을 주는 것이나 자학증 (masochism)은 받는 것이다. 어떤 사람들은 성행위 중에 때때로 적절하게 가학적이거나 자학적 이다. 어떤 사람들은 고통을 주거나 겪고 성행동을 자극한다. 그들은 속박과 지배의 의식을 따른 다. 한 파트너는 묶여 있고 고정되어 있으며 다른 파트너의 성행위로 시달린다. 성행위 중에 구 타, 채찍질, 전기충격, 화상, 상처, 찌르기, 질식, 고문 또는 심지어 사망까지 이른다. 깃털 의류, 사슬, 족쇄, 채찍, 줄 등과 같은 소품은 가학자가 다른 파트너에게 고통을 주기 위해 사용된다. 파 트너는 흥분을 느낄 수 없으며, 또한 기꺼이 동의해 주지 않는다.

1) 특징

성적가학증(sexual sadism)은 신체적 또는 심리적 고통을 다른 사람에게 가함으로써 성적 흥분 을 경험하는 행위를 의미한다. 이 장애는 심각한 고통을 초래하거나, 일상적인 기능을 실질적으 로 방해하거나, 타인에게 해를 입히거나, 동의하지 않는 사람을 포함한다. 동의하지 않는 사람들 에게 고통이나 해를 끼칠 수 있는 가능성이 있는 행동을 할 경우에만 장애의 증상으로 간주된다. 따라서 성적가학증이란 성욕을 얻기 위해 고통, 굴욕, 공포 또는 신체적 또는 정신적 상해를 유 발하는 것을 말한다.

가학적 행위로는 속박(밧줄, 사슬, 수갑), 투옥, 물기, 때리기, 채찍질 또는 치기가 포함된다. 반 복적으로 누군가가 가학적인 성행위를 파트너의 동의 없이 실행하거나 사교적인 환상이나 행동 으로 인해 사회적, 직업적 또는 기타 기능적 문제가 발생하면 성적가학증 장애가 진단될 수 있 다. 극단적인 성적가학증은 범죄가 될 수 있으며 심각한 피해를 입히거나 다른 사람의 죽음까지 초래할 수 있다.

2) 원인

성적가학증의 정확한 원인은 현재로서는 잘 알려지지 않았지만 생물학적, 심리학적 및 환경 적 요인들이 이 질환의 발달과 진행에 중요한 역할을 하는 것으로 보고된다. 일상생활에서 무력 감이나 도피, 억압된 성적 환상이 포함된다. 어떤 연구자는 일반적으로 생물학적 요인의 관점에 대한 증거는 성범죄자의 신경학적 검사를 근거로 한다. 연구에 따르면 뇌 손상, 정신분열증이나 사회적 장애와 같은 정신질환이 함께 나타날 수 있다. 정신병이 성적가학증에 연결되어 있다는 사실을 기억하는 것이 중요하다. 고려해야 할 이론은 다음과 같다.

- 생물학적 요인: 뇌 손상으로 인한 뇌 구조의 이상에서 유발될 수 있다.
- 심리학적 요인: 성적가학 행동으로 권력감을 느낄 수 있다. 일상생활에서 무력감을 느끼는 사람들은 성관계 동안 파트너의 지배에 즐거움을 찾을 수 있다.
- 환경적 요인: 가족이나 사회의 기준에 부적합한 성적인 환상이 억압될 때 이러한 환상을 은밀히 경험할 수도 있다.

3) 증상 및 진단

성적가학증은 동의 없이 다른 사람의 신체 또는 정신적 고통에 대해 지속적으로 격렬한 성적 흥분을 유발하거나 경험하는 질환이다. 이것은 상대방에게 심리적, 육체적으로 굴욕감이나 고통을 주고 성적 흥분을 경험하게 된다. 가학적인 환상과 행동은 일상적인 기능을 손상시킬 수 있으며 심각한 고통을 야기할 수 있다. 성적가학증에 대한 생각이나 행동이 가족, 직장 또는 사회 활동을 방해하기 시작하거나 동의하지 않는 개인의 관계라면 치료가 필요하다. 다음은 성적가학으로 볼 수 있는 증상이다.

- 신체적 또는 심리적 고통을 주면서 흥분을 느낀다.
- 성적 취향이 다른 사람들에게 고통을 가하는 것과 관련된 성적 환상을 발견한다.
- 성적가학증의 환상에 대한 고착으로 사회, 직장, 가족 등 관계가 붕괴된다.

Diagnostic Criteria | **성적가학증**

성적가학증은 신체적, 심리적 고통을 다른 사람에게 가함으로써 성적 흥분을 경험하는 행위이다.

A. 6개월 이상 동안 다른 사람의 신체적 또는 정신적 고통으로부터의 반복적이고 격렬한 성적인 각성이 환상, 충동 또는 행동으로 나타난다.

B. 동의하지 않는 사람과 성적인 충동에 대해 행동했거나 성적인 충동 또는 환상이 사회적, 직업적 또는 기타 중요한 기능 영역에서 임상적으로 심각한 고통이나 장애를 일으킨다.

---

4) 치료

성적가학증을 가진 사람들이 수치심으로 인해 스스로 치료를 찾는 것은 드문 일이다. 이 장애 치료는 일반적으로 정신치료와 약물치료를 포함한다. 성적가학증 치료는 개인의 상황에 따라 다를 수 있다. 인지행동치료는 사회적으로 받아들여지는 성적 각성의 패턴을 인식하고 새롭고 건강한 반응을 배우도록 도와준다. 동시에 인지구조 조정으로 알려진 치료 기술은 개인이 왜곡된 사고 패턴을 식별하고 극복하도록 돕는다. 두뇌 화학물질의 균형을 맞추고 충동성 행동을 줄이는 약물을 사용할 수 있다.

4. 접촉도착증

접촉도착증(frotteurism)은 성적 만족을 얻기 위해 동의하지 않는 사람의 신체 부위를 문지르거나 애무하는 행위이다. 그들은 버스, 지하철, 시장 등 공공장소에서 이러한 행동을 한다. 접촉도착증은 강렬한 환상, 충동 및 간절한 성적 흥분을 동의하지 않는 사람의 가슴, 다리, 엉덩이, 또는 생식기를 만지거나 자신의 골반 부위를 문지르거나 상대방에 대항하여 성기를 세우는 행위이다. 환상과 충동이 개인적인 관계에서 심각한 고통이나 기능장애를 일으킬 때 접촉도착증 정신장애로 진단된다.

1) 특징

접촉도착증은 성적 만족을 얻거나 오르가즘에 도달하기 위해 상대방의 동의 없이 상대방의 신체 부위를 만지거나 문지르는 행위이다. 원하지 않는 사람의 신체를 만지거나 문지름으로써 성적 흥분을 느끼는 증상이다. 그들은 공공장소에서 사적인 성적 경험을 즐긴다. 1차적인 초점은 동의하지 않는 사람의 의류 또는 몸에 대하여 생식기를 만지거나 문지른다. 다른 사람을 비비는 행위는 일반적으로 쇼핑몰, 엘리베이터, 바쁜 보도 및 대중교통 차량과 같은 혼잡한 장소에서 실행된다. 가장 일반적인 형태는 성기를 희생자의 허벅지나 엉덩이에 문지르거나 희생자의 생식기나 가슴에 손을 문지르는 것이다.

남성이 여성보다 접촉도착증이 훨씬 크고 여성은 접촉도착증의 가장 큰 희생자이다. 대부분의 환자는 15~25세 사이의 젊은 남성이나 25세가 지나면 행위가 감소한다.

2) 원인

접촉도착증을 일으키는 원인에 관해서는 일반적인 일치가 없다. 위험 요소에는 비정상적으로 빈번하고 강렬한 성적 충동과 같은 성관계 또는 성욕과다에 대한 집착이 포함될 수 있다. 실수로 군중 속의 누군가를 문질러 성적인 자극을 받은 사람은 그 경험을 되풀이하기를 원할 수도 있다. 성적학대나 불안장애와 같은 어린 시절의 외상은 정상적인 정신병 발달을 막을 수 있다. 이 조건을 가진 사람은 낯선 사람과의 접촉이 전희와 친밀감의 한 형태라고 느낄 수 있다. 이 행동의 또 다른 가능한 이유는 사람이 애정과 성적 친밀한 행동에 어려움을 겪을 수 있다. 이것은 비정상적인 뇌의 활동으로 인해 감정적인 건강과 충동 조절에 영향을 줄 수 있다. 관음증과 노출증, 반사회적 성격장애, 행동장애, 우울증, 불안, 약물남용 장애 또는 뇌 손상이 포함될 수 있다. 이 질환은 치료를 받지 않으면 다른 정신적 문제를 일으킬 수 있다.

- **생물학적 요인:** 뇌는 생각, 감정 및 행동에 영향을 미치는 화학물질을 만든다. 이 화학물질의 균형이 없으면 사고, 느낌 또는 행동방식에 문제가 있다. 환자들은 이러한 화학물질을 너무 적게 또는 많게 가질 수 있다. 이 질환의 가족력은 발병가능성이 높다.
- **심리행동적 요인:** 사람이 우발적으로 혼잡한 지역의 누군가와 문질러서 자극을 받는 사건이 성적 흥분을 유발하는 조건자극으로 발생한다.
- **환경적 요인:** 성장할 때 부정적인 경험이다. 예를 들면, 아동학대, 가족 내 갈등이다.

3) 증상 및 진단

접촉도착증은 강렬한 환상, 충동 및 치열한 성적 흥분을 동의하지 않는 사람의 가슴, 다리, 엉덩이, 또는 생식기를 만지거나 자기 자신의 골반 부위를 문지르거나 상대방을 향해 성기를 세우는 행위이다. 증상은 반복적이며, 일반적으로 기차, 버스, 엘리베이터 또는 혼잡한 거리나 공공장소에서 발생한다. 비협조적인 성관계의 형태로 이러한 유형의 행동이 6개월 이상 지속될 때 또는 환상과 충동이 개인적인 관계에서 심각한 고통이나 기능장애를 일으킬 때 장애로 진단된다. 다음은 장애의 공통적인 증상이다.

- 상대방 동의 없이 만지거나 문지르려는 성적 환상을 갖는다.
- 이러한 환상이 학교, 직장 또는 관계에서 심각한 문제와 고통을 일으킨다.
- 피해자와 관계를 갖지만 피해자를 만진 후 탈출을 시도하는 환상이 있다.

_291

Diagnostic Criteria　접촉도착증

접촉도착증은 성적 만족을 얻기 위해 동의 없이 다른 사람의 신체 부위를 문지르거나 애무하는 행위이다.

A. 적어도 6개월 동안 반복적이고 강렬한 성적으로 흥분되는 환상, 성적 충동 또는 동의하지 않는 사람을 만지거나 문지르는 행동

B. 이러한 충동에 시달렸거나 성적 충동이나 환상이 현저한 고통이나 대인관계를 어렵게 만든다.

---

4) 치료

치료가 성공적으로 이루어지기 위해서는 기존 패턴의 행동을 수정해야 한다. 초기 단계는 장애가 있는 대부분의 사람들에게는 어렵다. 치료는 대개 정신요법과 행동요법을 포함한다. 대화요법으로도 알려져 있는 정신요법은 생각과 감정을 전환시키는 전략을 제시하고 호기심을 자극하는 행동을 유발하는 요인을 규명하는데 초점을 맞추고 있다. 행동요법의 목표는 충동을 조절하고 다른 비협조적인 사람을 접촉하지 않는 방법을 가르쳐주는 것이다.

5. 소아성애증

소아성애증(pedophilia)은 사춘기 이전의 아이에게 강렬한 성적 욕망을 느끼는 정신질환이다. 환자들은 어린이들을 위협하고 육체적으로 해를 입히며 제지하거나 순종하지 않으면 어린이나 사랑하는 사람을 손상할 것이라고 협박한다. 아이들은 항의하는 것처럼 보이지 않고 추행을 당하지만 무서워하고 표현하지 않을 수 있다. 대부분의 소아성애는 가족이나 자녀의 지인이다. 환자들은 동네 사람, 가족의 친구, 자주 만나는 지인 등 아동에 대하여 잘 알고 있는 경우가 많다. 또한 환자는 결혼한 남자이며 피해자는 여아이다.

성적 대상이 딸이나 아들과 같은 소아성애 가족으로부터 나온 것이라면 근친상간이다. 근친상간(incest)은 가까운 친족 관계에 있는 자에 의한 성적 행위이다. 가장 흔한 형태는 아버지와 딸, 또는 의붓아버지와 의붓딸 사이에 이루어지며, 이는 와해된 가정생활의 결과이다. 근친상간

의 희생자는 육체적으로 성숙하기 시작하는 딸인 경향이 있다.

1) 특징

소아성애증은 아이들에게 비정상적인 관심을 갖는 성도착증이다. 즉, 사춘기 전, 사춘기 초기의 남아, 여아 혹은 둘 모두에게 성적 기호를 느끼는 질병이다. 소아성애의 초점은 어린이와의 성행위이다. 소아성애는 또한 아동과의 성행위에 관한 환상 또는 실제 행위가 성적 흥분과 만족을 얻는 정신장애이다. 동성이나 이성의 아동을 대상으로 할 수 있다. 어떤 환자들은 어린이들에게만 끌리는 반면 어떤 환자들은 어린이뿐만 아니라 성인들에게도 끌린다.

소아성애와 관련된 성적 행동은 다양한 활동을 다루며 무력을 사용할 수 있고 그렇지 않을 수도 있다. 일부 소아성애자는 자신을 노출하거나 아동 앞에서 자위하거나 아이를 애무하거나 옷을 벗지만 생식기 접촉이 없다. 그러나 어떤 사람들은 구강성교 또는 생식기 성관계에 참여하도록 아동을 강요한다. 소아성애의 가장 흔한 양상은 어린이들에 대한 강한 관심이다. 불행히도 어떤 소아성애자는 아동의 건강과 복지를 교육하거나 유지하는 일을 맡은 전문가이다. 소아성애의 발병은 대개 청소년기에 발생한다.

2) 원인

소아성애의 원인에 관해서는 다양한 이론이 존재한다. 남성 호르몬 중 하나인 테스토스테론이 비정상적인 성적 행동을 일으키기 쉽다. 테스토스테론은 남성의 대표적인 성호르몬으로 자신감 형성과 남성 역할을 수행한다. 또 정신 사회적 요인이 있다. 예를 들면, 환자가 아동일 때 성적학대를 당한 결과이기도 하다. 자신의 초기 생애 동안 부모와의 상호작용에서 유래한다. 일부 연구자들은 소아성애를 억압된 감정적 발달을 주장한다. 즉, 환자들은 심리적으로 성숙한 적이 없기 때문에 어린이들에게 매력을 느낀다. 일부는 성적 파트너를 지배하려는 왜곡된 욕구의 결과이기도 하다.

3) 증상 및 진단

종종 희생자인 아동은 소아성애자들에게 매우 매력을 느낀다. 예를 들면, 그들은 운동 팀, 스카우트 팀, 청소년을 돕는 종교 단체 또는 시민 단체에 자발적으로 봉사할 수 있다. 때로는 친척을 위해 아동을 돌볼 수도 있다. 그들은 종종 대인관계 능력이 뛰어나며 쉽게 아동의 신뢰를 얻을 수 있다. 그들은 생활이나 사랑에 관해 아동을 가르치고 있다고 주장할 수도 있다. 소아성애 증상의 특징은 반복적이고, 강렬한 성적 환상, 충동 또는 성욕을 동반한 행동과 6개월 이상 성행 위가 지속된다. 이러한 성적 충동은 사회적, 직업적 또는 기타 중요한 기능 영역에서 작용하거나 임상적으로 심각한 고통이나 장애를 일으킨다. 다음은 장애의 공통적인 증상이다.

- 어린이에 대한 성적 환상, 감정, 충동 또는 행동이 있다.
- 아이들을 좋아하고, 아이들 주위에서 편안함을 느낀다.
- 어린이와 성인 사이에 인기가 있다.
- 성인 남성이다.

Diagnostic Criteria 소아성애증
소아성애증은 사춘기 이전의 아이에게 강렬한 성적 욕망을 느끼는 정신질환이다.

A. 사춘기 이전의 어린이(일반적으로 13세 이하)와 성행위를 하는 행동을 포함하여 강렬한 성적 흥분을 불러일으키는 환상, 성적 충동이 적어도 6개월 이상 반복되고 지속된다.
B. 개인이 이러한 성적 충동에 대해 행동했거나 성적인 충동 또는 환상으로 인해 극심한 고통이나 대인관계가 어려워졌다.
C. 환자는 적어도 연령 16세 이상이며 기준 A의 어린이보다 5년 이상 많다.

4) 치료

소아성애는 정신건강상태로 분류되지만 종종 범죄로 취급된다. 환자들은 미성년자의 성추행과 같은 불법적인 행동에 관여한다. 그들은 병을 치료하기 위해 격리된다. 대체로 그들은 형법에 따라 기소되어 감옥에 수감된다. 투옥은 일정 기간 사회에서 그들을 격리하지만 대개 소아성애 장애를 제거하지는 못한다. 또한 그들은 때때로 관찰보호를 받기도 한다.

인지행동모델은 희생자 공감, 적극성 훈련, 재발방지를 활용하고 또한 평생 유지 관리를 가르칠 뿐만 아니라 개인의 인지적 왜곡에 직면하게 한다. 알코올 중독 치료와 비슷한 평생 치료법인 재발 방지법(relapse prevention)이 있다. 전기충격과 같은 고통스럽거나 불쾌감을 주는 역겨운 조절, 즉 수치 치료법(shame therapy)이 있다. 화학적 거세(chemical castration)는 재범의 감소가 제한적이다. 소아성애의 성행위를 억제할 수 있는 약물도 있다. 장기간의 개인적 또는 집단적 심리요법이 필요하며 사회적 기술 훈련, 신체적 및 정신적 장애치료, 약물치료를 포함한 복합치료일 때 유용할 수 있다.

6. 관음증

관음증(voyeurism)은 성적인 흥분을 경험하기 위해 옷을 벗은 사람을 몰래 관찰하는 정신적인 장애이다. 즉, 주로 남성이 여성을 엿보는 행동이다. 그들은 일반적으로 여성을 보거나 지켜보면서 자위행위를 한다. 잡힐 위험은 그들에게 스릴과 흥분을 안겨준다. 관음증의 목적은 옷을 벗거나 성행위를 하는 과정에서 알몸인 개인을 몰래 관찰하는 것이다. 성적 흥분을 달성하기 위해 보거나 들여다보는 행위가 수행된다. 그러나 관찰자는 일반적으로 피해자와 성적 접촉이나 활동을 추구하지 않는다. 관음증은 남성에서 주로 발생하지만 여성에서는 간헐적으로 발생한다.

1) 특징

관음증은 다른 사람들의 벌거벗은 몸과 생식기를 보거나 성적 행위를 관찰함으로써 성적 즐거움과 만족감을 얻는 정신적인 장애이다. 관음증환자(voyeur)는 대개 다른 사람의 시야에서 숨겨진다. 이들은 자신이나 다른 사람, 특히 동의하지 않는 다른 사람들에게 곤경이나 해를 끼칠 수 있는 가능성이 있는 방식으로 행동할 경우에만 장애의 증상으로 간주된다. 관음증의 변형 형태는 외설적 대화를 몰래 듣는 것이 있다.

환자는 알몸이거나 옷을 벗거나 성활동을 하는 사람들을 의도적으로 몰래 보면서 성적 자극을 받는다. 이러한 행위를 직접 관찰하는 것 외에도 기록할 수 있다. 실수로 우연히 이러한 상황에 있는 누군가를 본다면 정신장애가 아니다. 환자는 엿보기를 즐기는 사람이다. 쌍안경, 거울, 녹화 카메라와 같은 물건을 사용하여 구멍을 들여다보는 경향이 있기 때문이다. 이들은 엿볼 기회를 찾는 데 많은 시간을 할애한다. 사회는 이러한 행동이 경미한 형태일 때는 정상으로 간주한다. 인터넷에서 사적으로 널리 볼 수 있는 성적인 사진과 쇼를 보는 것은 관음증의 특징인 비밀 관찰의 요소가 없기 때문에 관음증으로 간주되지 않는다. 관음증은 남성에게서 더 흔하지만 여성에서는 때때로 발생한다. 관음 활동의 시작은 대개 15세 이전이다.

2) 원인

관음증의 원인에 관한 합의는 없다. 사람들은 기회가 많더라도 몰래 보는 것을 두려워한다. 전문가들은 알몸이거나 옷을 벗거나 성적 활동을 하는 사람을 우연히 목격하는 행동이 원인이라고 한다. 이러한 행동의 연속적인 반복은 관음증적인 행동을 강화하고 지속시키는 경향이 있다. 계속해서 목격하면 그 행동을 문화적으로 수용할 수 있는 수준, 즉 정상적인 수준을 넘어서고 병리학적 지점까지 행동을 강화하고 지속시킨다. 다른 위험 요소는 약물남용, 성적학대, 초조와 과도한 성적 매력을 포함한다.

3) 증상 및 진단

알몸, 옷을 벗거나 성적 활동을 하는 사람을 적어도 6개월 동안 동의 없이 본다면 관음증이다. 또한 사람들이 매우 외설적 대화를 엿듣거나 배변하는 것을 보는 것으로부터 성적인 즐거움을 얻는다면 관음증이다. 환자들은 누군가를 보면서 자위하거나 성적 환상을 가질 가능성이 있지만 관찰된 사람과 성관계를 갖는 것에는 관심이 없다. 이러한 행동은 일상생활의 사회적, 전문적 또는 다른 중요한 영역에서 심한 고통 또는 기능장애를 유발한다. 남성은 여성보다 관음 행위에 더 많이 관여할 가능성이 있고, 관음은 범죄행위이다. 관음증 증상에는 다음 요소가 포함된다.

- 낯선 사람이 옷을 벗거나 성행위를 하는 것을 보면 성적 환상이나 충동을 느낀다.
- 의심하지 않는 사람들이 옷을 벗거나 성행위를 하는 것을 지켜보면서 성적인 흥분이나 만족감을 얻는다.
- 성적 흥분을 달성하기 위해 낯선 사람을 들여다본다.

Diagnostic Criteria　　관음증

관음증은 성적인 흥분을 경험하기 위해 옷을 벗은 사람을 몰래 관찰하는 장애이다.

A. 옷을 벗거나, 성행위를 하는 동안 의심할 여지가 없는 사람을 관찰하며 강렬한 성적 흥분의 환상, 성적인 충동, 또는 관련된 행동이 적어도 6개월 이상 반복된다.

B. 이러한 환상, 성적 충동, 행동이 임상적으로 현저한 고통이나 대인관계를 어렵게 만든다.

4) 치료

관음증은 전형적으로 다양한 치료를 요구한다. 인지행동치료는 개인이 다른 사람들에게 관음에 대한 충동을 제어하는 방법을 배우는데 도움이 되며 성적으로 자극받을 새롭고 건강한 방법을 배우게 된다. 조기 치료는 사회적으로 적절한 행동을 가르치고 관음증에 유혹을 받을 수 있는 장소를 피하도록 훈련시키는 것을 포함한다. 치료가 성공하려면 환자가 기존 행동양식을 수정해야 한다. 환자가 초기에는 인정하고 받아들이기가 어렵다.

- **행동치료**: 성적 만족에 대한 수용할 수 있는 수단을 찾을 뿐만 아니라 동의하지 않는 희생자를 보도록 충동을 통제하는 것을 배울 수 있다.
- **인지치료**: 환자의 행동을 변화시킨다. 개인의 성적 취향을 바꿀 수는 없지만 원치 않는 행동을 억제할 수 있다.
- **정신분석**: 처음에는 관음증을 유발한 외상성 무의식 경험을 파악한다. 무의식적 지식을 밝혀내면 합리적으로 감정적으로 외상을 분류하여 문제를 해결할 수 있다.

7. 노출증

노출증(exhibitionism)은 눈치채지 못하는 낯선 사람들에게 생식기를 노출시키는 성적 흥분과 만족감을 의미한다. 노출증 환자들은 주로 공원, 도로 등 공공장소에서 여성을 놀라게 하는 남성이다. 그들의 행동은 충동적이고 강박적이다. 그들은 흥분, 공포, 초조 및 성적인 흥분을 경험하고 자위함으로써 안도를 얻으려고 한다. 잡힐 위험은 흥분을 증가시키고, 위험 요소 또는 스릴의 요소는 성적장애의 중요한 부분이다. 희생자 얼굴에 대한 두려움과 혐오감으로 인해 성적 쾌감을 느낄 수 있다. 노출증은 관음증의 거울상이다.

1) 특징

노출증은 눈치채지 못하는 낯선 사람에게 생식기를 노출시키는 충동적인 정신장애이다. 노출증과 관음증은 신체적으로 접촉하지 않는 성도착증이다. 환자는 자신을 드러내는 동안 또는 자신을 드러내는 것을 상상하는 동안 자위행위를 한다. 환자는 낯선 사람들에게 충격을 주거나 당황하게 하려는 의식적 욕구가 있고, 노출에 의해 성적인 자극을 받게 된다. 희생자는 거의 언제나 여성이다. 실제 성적 접촉은 거의 찾아볼 수 없으므로 거의 강간을 하지 않는다. 이 장애는 18세 이전에 발병하나 50세 이상의 남성에서는 노출증이 거의 발견되지 않는다.

2) 원인

노출증의 원인은 판단하기 어렵고 모든 개인마다 다를 수 있다. 질환의 원인에 관한 여러 이론이 있다. 학습이론에 따르면 아이로서 정서적인 학대를 겪거나 기능장애가 있는 가족을 가진 사람이 자라서 질환을 발달시킬 수 있다. 또는 테스토스테론 수치가 높은 사람들은 성적으로 이탈 행동을 보이기 쉽기 때문에 궁극적으로는 노출증의 행동으로 이어질 수 있다.

- 생물학적 요인: 이것들은 일반적으로 남자와 여자의 성적 욕구에 영향을 미치는 호르몬인 테스토스테론이 남성의 민감성이 일탈적인 성적 행동을 증가시킨다. 노출증 치료에 사용되는 약물은 환자의 테스토스테론 수치를 낮추기 위해 사용된다.
- 학습이론: 소아기 정서적 학대 및 가족 기능 장애가 노출증에 중요한 위험 요소이다.

3) 증상 및 진단

환자들은 여자들이 성기를 보도록 함으로써 여자들이 자신들을 받아들이도록 강요하고자 한다. 성기를 공개적으로 이성에게 노출시키는 것에 대해 여러 가지 환상을 갖고 있을 때 장애가 될 수 있다. 노출증의 증상은 적어도 6개월 동안 반복적, 강렬한 성적 흥분을 불러일으키는 환상으로 성적 충동을 위해 낯선 사람에게 성기를 노출시키는 행동이다. 또한 환상, 성적 충동 또는 행동으로 인해 사회, 직업 또는 기타 중요한 기능 영역에서 임상적으로 심각한 고통이나 장애가 발생한다. 다음은 노출증에 대한 증상이다.

- 낯선 사람에 대한 생식기 노출에 대한 반복적인 환상
- 생식기를 낯선 사람에게 여러 번 노출
- 기타 성도착 증상의 출현

Diagnostic Criteria　　노출증

노출증은 눈치채지 못하는 낯선 사람에게 생식기를 노출시키는 충동적인 정신장애이다.

- 적어도 6개월 이상 눈치채지 못하는 사람에게 성기를 노출시키는 것과 관련된 반복적이고 강렬한 성적 환상, 행동이나 욕구
- 동의하지 않는 사람에게 성적인 충동을 겪은 적이 있거나 충동이나 환상이 직장이나 일상의 사회적 상황에서 현저한 고통이나 대인관계상의 어려움을 야기한다.

4) 치료

노출증은 대개 심리요법과 약물치료가 적용된다. 심리요법에는 인지행동치료, 집단치료 또는 부부치료가 있다. 인지행동치료는 노출증에도 가장 효과적인 형태의 심리치료이다. 환자는 자신의 행동에 대해 비합리적인 정당성을 인식하고 왜곡된 사고 패턴을 변경하는 것을 학습한다. 집단치료법은 종종 성도착증과 관련된 환자들과 함께 치료하는 것이다. 부부치료 또는 가족치료는 특히 결혼 생활과 가족 관계가 혼란에 빠져있는 환자에게 유용하다.

- 인지행동치료: 환자에게 자신의 행동에 대해 제공하는 비합리적인 판단을 인식하고 다른 왜곡된 사고 패턴을 변경하게 한다.
- 조건화: 환자는 자위하는 동안 수용 가능한 성행위의 환상에 자신을 드러내는 것을 대체하기 위해 조건화가 부여된다.
- 집단치료: 집단치료법은 성도착증과 관련된 거부하는 것을 막기 위해 사용된다.
- 부부치료 또는 가족치료: 결혼생활과 가족관계가 혼란한 환자에게 유용하다.

8.　저활동성 성욕장애

저활동성 성욕장애(hypoactive sexual desire disorder)는 성적인 환상과 성행위에 대한 욕망이 없는 장애이다. 장애는 현저한 고통 또는 대인관계의 어려움을 야기한다. 저활동성 성욕장애는 성적인 환상과 성적 활동에 대한 욕구가 결핍되는 장애이며, 성적혐오장애는 지속적이고 반복적으로 성적인 파트너와 성기를 사용하는 모든 성적인 접촉을 피하거나 극심하게 혐오하는 것

이 특징이다. 증상이 만성적이거나 일시적일 수 있다.

1) 특징

저활동성 성욕장애는 장기간에 걸쳐 성적 활동 욕구가 부족한 정신 상태이다. 성적인 환상과 성적 활동에 대한 욕구가 결핍되는 상태이다. DSM-5에서 저활동성 성욕장애는 여성의 성적 관심장애와 남성의 저활동성욕장애의 두 가지 조건으로 분류된다. 이 두 가지 모두 성적인 관심이 낮기 때문에 성적인 친밀감을 시작하거나 응답하지 못한다. 남성과 여성의 성적욕망장애 진단은 성행위에 대한 성적 관심이나 욕구의 부족 또는 현저히 감소된 것을 말한다. 성적인 생각이나 환상이 없거나 성행위 중 기쁨이 줄어들거나 빠지거나 관심이 없거나 줄어들 수 있다.

2) 원인

정신질환과 관련하여 우울증이나 불안은 성적 활동에 대한 관심이 상실된다. 심리적 요인 이외에도 많은 생물학적 요인이 성적 욕망에 영향을 미칠 수 있다. 환경적 요인은 아동기의 강간이나 성폭행 같은 외상적 사건 등이 있다. 성기능장애는 성욕의 상실과 성적 불만과도 관련이 있다. 성적 욕구의 상실은 부부관계의 손상이나 성적인 파트너에 대한 분노가 원인에 기여한다. 특히 부부간의 불화는 성적인 활동의 중단과 가장 흔하게 관련된다. 노화에 따라 호르몬 수준의 테스토스테론과 에스트로겐[14]이 점차 감소한다(Baldwin et al., 2013). 두 호르몬 모두 성적 욕망에서 핵심 기능을 수행한다.

[표 13-1] 저활동성 성욕장애의 원인

생물학적 요인	심리 사회적 요인
• 혈관계의 질병 • 신경계의 질병 • 낮은 수준의 테스토스테론 또는 에스트로겐 • 섹스하기 전에 과도한 알코올 소비 • 우울증 • 만성 알코올 중독 • 흡연 • 혈압강하제	• 강간 • 아동기 성폭행 • 관계 문제: 분노, 적개심, 취약한 의사소통, 관계 불안감 • 심리적 장애: 우울증, 불안 또는 공황장애 • 낮은 생리적 각성 • 스트레스와 피로

---

14) estrogen: 여성의 2차 성징에 매우 중요한 역할을 하는 여성 성호르몬.

3) 증상

저활동성 성욕장애는 성적 취향에 변화가 있을 때 발생한다. 욕망이 일반화되지 않은 사람은 어떤 상황에서도 성욕을 갖지 못한다. 어떤 사람은 욕망을 느끼지만 파트너와는 관계가 없다. 욕망 단계에 문제가 있는 여성은 환상 수준이 낮고, 욕망 단계에 문제가 있는 남성은 높은 수준의 성적 환상을 보인다. 남성은 반응 불안으로 인해 성행위를 강화하기 위해 성적 환상을 사용할 수 있다. 성적 각성을 느껴야 한다는 압력이 널리 퍼지면 반응 불안이 경험되지만 흥분은 일어나지 않는다. 다음은 장애의 공통적인 증상이다.

- 성적 활동에 거의 또는 전혀 관심이 없다.
- 성적인 생각이나 환상이 거의 없거나 전혀 없다.
- 성적 활동에 무관심하다.
- 성적 활동에서 만족을 얻지 못한다.
- 생식기 자극 시 즐거운 감각이 부족하다.

Diagnostic Criteria	저활동성 성욕장애

저활동성 성욕장애는 성적인 환상과 성행위에 대한 욕망이 없는 장애이다.

A. 지속적이거나 반복적으로 성적 환상과 성행위에 대한 열망의 부족 또는 부재
B. 장애는 현저한 고통 또는 대인관계의 어려움을 초래한다.
C. 성기능장애는 다른 성기능 장애에 의해 더 잘 설명되지 않으며, 약물의 직접적인 생리적 영향(약물남용, 약물치료)이나 일반적인 건강상태만으로 인한 것이 아니다.

4) 치료

성적 친밀감, 자기 자신과 배우자에 대한 부정적인 생각 패턴은 즐거운 성적인 생각과 환상의 출현을 막음으로써 욕망의 부족에 직접적으로 기여한다. 성적 욕망, 욕망의 부족 및 성에 대한 잘못된 정보는 일반적으로 시정되어야 한다. 약물이나 약리학적 치료는 없으며 정신요법이 최소한의 효과만 있다. 치료의 주요 목적은 근본적인 원인 제거에 있다. 의학적 요법이나 행동적 또는 역동적인 심리요법의 선택은 그 원인에 달려 있다. 저활동성 성욕장애에 대한 체계적인 치료는 없으나 일반적으로 정신요법 또는 호르몬 대체요법이 있다.

9. 발기부전

발기부전(erectile dysfunction)은 성행위에 충분한 발기를 유지할 수 없는 질환이다. 즉, 성교를 하는데 충분하게 발기가 되지 않거나 유지되지 않는 상태로 때때로는 성교불능(impotence)이라고도 한다. 수시로 나타나는 발기부전은 흔하지 않다. 많은 사람들이 스트레스를 받으면 발기부전을 경험한다. 잦은 발기부전은 치료가 필요한 건강 문제의 신호일 수 있다. 모든 남성 성기능 문제가 발기부전으로 인한 것은 아니다. 다음은 성기능장애의 유형이다.

- 조루
- 사정의 지연이나 결여
- 성에 대한 무관심

발기 문제가 때때로 발생하는 것이 반드시 우려할 만한 것은 아니다. 그러나 발기부전이 계속되는 문제라면 스트레스를 유발하고 자신감에 영향을 주며 관계 문제에 기여할 수 있다. 발기부전은 치료가 필요한 근본적인 건강상태와 심장질환의 위험 요소일 수 있다. 발기는 남근의 혈류 증가의 결과이다. 성적인 생각이나 성기와 직접 접촉하여 자극을 받을 혈류가 증가한다. 남자가 성적 흥분을 하게 되면 음경 근육이 이완된다. 이완은 음경 동맥을 통한 증가된 혈류를 허용한다. 발기는 근육이 수축할 때 끝나고 축적된 혈액은 음경 정맥을 통해 흘러나올 수 있다.

1) 특징

발기부전은 여러 조건의 생식 건강 및 성기능 장애를 포함할 수 있다. 발기부전은 성생활에 충분한 발기가 되지 않거나 유지되지 않은 상태를 의미한다. 남성 성적 흥분은 뇌, 호르몬, 감정, 신경, 근육 및 혈관을 포함하는 복잡한 과정이다. 발기부전은 이들 중 하나의 문제로 발생할 수 있다. 마찬가지로 스트레스와 정신건강 문제가 발기부전을 유발하거나 악화시킬 수 있다. 때로는 신체적, 정신적 문제가 복합적으로 작용하여 발기부전을 유발할 수 있다. 예를 들면, 성적 반응이 느린 경미한 신체적 증상은 발기 유지에 대한 불안감을 유발할 수 있다. 그로 인한 불안은 발기부전을 유발하거나 악화시킬 수 있다. 발기는 뇌, 호르몬, 신경, 근육 및 혈액 순환과 관련된 복잡한 과정이다.

2) 원인

신체적, 심리적 요인들이 성 반응과 활동에 영향을 줄 수 있다. 부상, 질환 및 마약은 신체적 영향 중 하나이다. 또한 화학물질 및 기타 환경오염 물질이 성기능을 저하시킬 수 있다. 심리적 요인으로 강간이나 근친상간, 죄책감, 열악한 자아상, 우울증, 만성피로, 종교적 신념 또는 결혼 문제와 같은 외상 사건이 있다. 기능장애는 종종 불안과 관련이 있다. 모든 성행위가 성교와 오르가즘으로 이어져야 한다는 오해 하에 행동하고, 기대가 충족되지 않으면 행동은 실패로 간주할 수 있다. 뇌는 성적 흥분의 감정에서 출발하여 발기를 유발하는 일련의 신체적 사건을 일으키는데 핵심적인 역할을 한다. 많은 것들이 성적인 감정을 방해하고 발기부전을 유발하거나 악화시킬 수 있다.

[표 13-2] 발기부전의 원인

신체적 원인	심리적 원인
• 심장병 • 동맥 경화증 • 고콜레스테롤 • 고혈압 • 당뇨병 • 비만 • 파킨슨 병 • 다발성 경화증 • 특정 처방 약품 • 흡연, 알코올 중독 • 페로니병(Peyronie's disease)[15] • 수면장애 • 전립선 암 또는 전립선 비대증 치료	• 스트레스, 불안 또는 우울 • 의사소통 문제 또는 기타 관계 문제 • 파트너에 대한 분노 • 걱정 • 우울증 • 파트너와의 불화 또는 지루함 • 임신에 대한 두려움 • 성행위나 파트너와의 분리 느낌 • 죄 • 성적 행동에 대한 억제 또는 무지 • 성과 불안(성교 시의 성과에 대한 걱정) • 이전의 외상 경험

3) 증상 및 진단

남성은 발기하지 못할 수 있으나 드물게 발생하는 경우는 의학적 문제로 간주되지 않는다. 또한 발기부전은 성교를 성립시키기 위한 완전한 무능력을 의미하지 않는다. 발기부전 증상은 성교를 완료하기에 충분한 기간 동안 발기를 유지 또는 사정할 수 없는 상태이다. 당혹감, 수치심,

---

15) 발기 시 음경이 구부러지는 질환.

불안, 성관계에 대한 관심 감소와 같은 정서적 증상도 종종 있다. 이 증상이 규칙적으로 발생하면 남자는 발기부전이 있는 것으로 간주된다. 즉, 다음과 같은 증상이 지속적으로 나타난다면 발기부전으로 간주된다.

- 발기 곤란
- 발기 유지 문제
- 성적 욕망 감소
- 발기를 위해 평소보다 오래 걸린다.
- 특정 위치에서 발기하기 어렵다.
- 발기가 약하거나 덜 강하다.
- 발기를 유지하기 위해 의식적인 노력을 해야 한다.
- 아침 발기가 덜 빈번하거나 덜 강하다.

Diagnostic Criteria	발기부전

발기부전은 성행위에 충분한 발기를 유지할 수 없는 질환이다.

A. 성행위가 끝날 때까지 적절하게 발기할 수 없거나 반복적으로 수행할 수 없다.
B. 장애는 현저한 고통 또는 대인관계의 어려움을 초래한다.
C. 발기부전은 다른 장애에 의해 더 잘 설명되지 않으며 물질의 직접적인 생리학적 효과(약물남용, 투약) 또는 일반 의료 조건에 기인하지 않는다.

4) 치료

간단한 약에서부터 복잡한 수술에 이르기까지 다양한 약물과 치료가 있다. 심리요법은 불안 관련 발기부전을 치료할 수 있다. 환자의 파트너는 친밀감과 자극을 개발하는 과정에서 도움을 줄 수 있다. 경구용 약물이 많은 남성에서 발기부전 치료에 성공적으로 사용된다. 이것은 자연적으로 발생하는 산화질소를 강화시켜 작용하며, 이는 음경의 근육을 이완시키고 혈류를 증가시킨다. 부작용은 코막힘, 두통 및 홍조가 있다.

10. 여성 성흥분장애

여성 성흥분장애(female sexual arousal disorder)는 여성이 성행위 중 음부에서 분비물이 나오지 않고 성적 흥분을 느끼지 못하는 불감증을 말한다. 이것은 생리 및 심리적 원인이다. 성적 회피, 고통스러운 성교 및 관계에서의 성적 긴장의 결과이다. 여성의 성기능장애는 여성이 성활동을 하는 동안 일부 또는 전부를 완전히 건강하게, 그리고 즐겁게 경험할 수 없을 때 발생한다. 여성의 성기능장애는 실제로 매우 흔하다. 성적으로 활동적인 여성의 약 40%가 성기능장애로 어느 정도 영향을 받고 약 5%의 여성이 오르가즘을 얻을 수 없다고 추정된다.[16]

1) 특징

여성 성흥분장애는 성욕과 자극에 반응하여 윤활이라고 하는 특정 생리적 변화를 겪을 수 없는 신체 상태이다. 이러한 반응의 결여는 성관계에서 여성의 욕구와 만족에 영향을 미친다. 여성이 각성되고 성적으로 흥분할 때 겪는 최초의 생리적 변화는 골반 부위의 혈관 확장으로 많은 혈액이 하복부와 생식기로 흐른다. 일부 여성들은 이것을 골반에서 충만한 느낌을 느끼고 생식기 부위의 근육을 의식적으로 또는 비자발적으로 수축시킨다. 증가된 혈류는 혈관벽을 통한 액체의 누출을 유발한다. 이러한 변화는 함께 윤활 팽창 반응을 만들어 음경이 질 속으로 들어가는 것을 촉진하도록 설계되었다. 환자들은 이러한 신체적 반응을 나타내지 않거나 성적 활동을 통해 유지하지 못한다. 각성과 윤활의 부족은 고통스런 성교 고통, 정서적인 고통 또는 관계 문제를 초래할 수 있다.

2) 원인

여성 성흥분장애는 생리학, 심리학 및 환경적 요인이 있다. 혈관 손상, 신경 손상 또는 골반 부위의 다른 문제는 성흥분장애를 유발할 수 있다. 과거의 성적학대, 스트레스 또는 자아상 문제와 같은 다양한 심리적 요인이 성적장애에 대한 원인이 될 수 있다. 여성 성흥분장애의 증상에는 누출의 부족이 있다. 환자들은 질 윤활을 위한 충분한 양의 액체를 생성하지 못한다. 결과적으로 성교는 종종 고통스럽고 만족스럽지 않다.

---

16) http://www.medbroadcast.com/condition/getcondition.

여성 성흥분장애의 원인은 복잡하다. 일부 여성의 경우 여성 성흥분장애는 평생 장애이다. 정상적인 윤활 팽창 반응을 경험한 적이 없다. 장애는 질병이나 정서적 외상 후 생리학적 변화를 통해 또는 수술의 부작용, 암의 방사선 치료 또는 약물로 발생한다. 신부전, 다발성 경화증, 심장질환 및 방광 문제를 비롯한 많은 의학적 상태가 성기능장애로 이어질 수 있다. 항우울제, 혈압약물, 항히스타민제 및 화학 요법 약물을 포함한 특정 약물은 성적 욕망과 신체의 오르가즘 경험능력을 저하시킬 수 있다. 문화적, 종교적 문제와 신체 이미지 문제도 기여할 수 있다.

[표 13-3] 여성 성흥분장애의 원인

생리학적 원인	심리적 원인
• 혈액순환을 감소시키는 골반 부위의 혈관 손상 (관상동맥질환, 고혈압, 당뇨병) • 모유 수유 • 호르몬 수준(갑상선 질환, 부신 질환, 난소 제거)을 변화시키는 의학적 상태 • 노화로 인한 성호르몬 감소(폐경) • 약물(항우울제, 항정신이상 약물, 혈압강하제, 진정제, 피임약, 호르몬 약)의 부작용	• 만성 경미 우울증(기분 저하) • 감정적인 스트레스 • 과거의 성적학대 • 정서적 학대 • 사별 • 자체 이미지 문제 • 파트너와의 관계 문제 • 우울증, 외상 후 스트레스 장애, 강박장애

3) 증상 및 진단

여성의 각성과 오르가즘의 기능장애는 신체적 또는 정신적 원인일 수 있다. 일반적인 원인은 파트너와의 일상적인 불일치와 파트너의 부적절한 자극이다. 많은 여성들이 어느 시점에서 성기능 문제를 경험한다. 여성 성기능장애는 삶의 모든 단계에서 발생할 수 있다. 성 반응은 생리, 감정, 경험, 신념, 생활 방식 및 관계의 복잡한 상호작용을 수반한다. 성교를 위해 윤활하는 여성의 능력에 나이 및 기타 요인이 영향을 미친다. 성교 중 통증은 성기능 장애에 대한 또 다른 징후이다. 성관계와 관련된 고통 때문에 성행위에 대한 혐오감이 있을 수 있다. 이것은 관계 문제로 이어질 수 있으며 보통 성적장애와 함께 나타난다. 증상은 여성의 성기능장애 유형 또는 유형에 따라 다르다.

- **성욕감퇴**: 성적인 관심과 성적인 의지가 부족하다.
- **성흥분장애**: 성에 대한 욕망은 손상되지 않았을 수도 있지만 성관계시 어려움을 겪거나 성

행위 중 흥분을 느끼거나 각성을 유지할 수 없다.

- 오르가즘 장애: 충분한 성적 흥분과 지속적인 자극 후 오르가즘을 얻는 데 지속적이거나 반복되는 어려움이 있다.
- 성통증 장애: 성적 자극이나 질 접촉과 관련된 통증이 있다.

Diagnostic Criteria	여성 성흥분장애

여성 성흥분장애는 성행위 중 음부에서 분비물이 나오지 않는 성적 흥분을 느끼지 못하는 불감증을 말한다.

A. 성행위가 완료될 때까지 성적인 흥분의 적절한 윤활 팽창 반응을 계속적으로 또는 반복적으로 달성하거나 유지할 수 없다.
B. 장애는 현저한 고통 또는 대인관계의 어려움을 초래한다.
C. 장애는 다른 성기능 장애에 의해 더 잘 설명되지 않으며, 약물의 직접적인 생리적 영향(약물남용, 약물치료)이나 일반적인 건강 상태만으로 인한 것이 아니다.

4) 치료

치료는 여성 성흥분장애의 원인에 따라 다르다. 신체적인 원인이 있을 때 근본적 문제 또는 질병은 치료된다. 노화와 연관된 자연적으로 감소하는 호르몬 수치로 인해 윤활에 어려움을 겪는 많은 여성들이 호르몬 대체요법의 도움을 받는다. 이것은 호르몬을 보충하여 폐경기 질병을 예방하고 치료하는 방법이다. 정신요법 또는 대화치료는 여성 성흥분장애의 정신 사회적 측면을 치료하는 데 일반적으로 사용된다. 성적장애 치료는 주로 성기능장애에 초점을 맞추고 있다. 전통적인 심리치료는 관계의 문제에 초점을 맞추고 문제를 명확히 하고 감정을 파악하며 의사소통을 개선하고 문제해결 전략을 촉진한다. 치료는 여성 혼자 또는 부부치료를 포함할 수 있다.

11. 성정체성장애

성정체성(gender identity)이란 자기 자신을 남성 또는 여성으로 확실히 지각하는 것을 의미한다. 이것은 자아 개념의 기본 요소이다. 사회가 성에 적절하다고 인정하는 특성, 태도 혹은 관심과 동일시하는 것을 의미한다. 여성과 관련된 사회적 규범을 동일시하는 사람은 여성적 성역할이며 남성과 관련된 사회적 규범을 동일시하는 사람은 남성적 성역할이다. 이러한 역할이 어긋날 때 성정체성장애가 온다.

1) 특징

성정체성장애(gender identity disorder)는 반대의 성에 대하여 강하고 지속적인 동일성을 느끼는 증상이다. 즉, 개인 신체적 성(sex)과 사회적, 심리적 성역할인 성(gender)이 일치하지 않은 것을 말한다. 지속적으로 자신의 반대 성과 성적으로 동일시하거나 자신의 성에 대한 지속적 불쾌감 또는 부적절감을 느낀다. 타고난 해부학적인 성에 대하여 항상 불편을 느끼고 자신의 성이 부적당한 것으로 생각하는 증세이다. 또한 환자는 살면서 호르몬이나 수술을 통해 자신의 신체의 성을 변화하고 싶어 한다.

2) 원인

성정체성장애의 주된 원인은 정확히 알려져 있지 않다. 성정체성장애는 사람들이 그들이 태어난 성에 속하지 않는다는 느낌이다. 성정체성장애에서 사람은 현재의 성역할에 불만을 갖는다. 환자들은 일반적으로 호르몬 또는 수술을 통해 자신의 몸을 변화시키기 위한 성전환을 해야한다고 생각한다. 이러한 감정은 자신이 원하는 성별의 의복 착용과 그에 따라 사회에서의 역할 변화로 이어진다.

- 생물학적 원인: 성 불쾌감은 출생 전에 성정체성 발달과 관련된 생물학적 원인이다.
- 심리학적 원인: 양육 차원에 초점을 맞추고 있다. 부모는 자녀가 적절한 행동을 취하도록 격려한다. 소녀는 인형을 갖고 놀고 소년은 아버지 역할을 하도록 한다.

3) 증상

사춘기가 시작되면 성정체성장애가 있는 사람들의 어려움이 커진다. 특히 남성의 원치 않는 2차 성 특징의 발달은 불안과 좌절을 증가시킨다. 그들의 감정을 극복하기 위한 노력의 일환으로 남성 환자들은 남성적인 활동에 참여할 수 있다. 예를 들면, 장애로 고생하는 한 남자가 남성의 특징을 더 느끼기 위해 레슬링이나 축구 같은 스포츠에 참여할 수 있다. 불안한 상태는 혼란, 수치심, 죄책감, 두려움이 특징이다. 자신의 문제를 처리하지 못하는 것에 대해 혼란스러워 한다.

사회가 그들의 행동을 괴팍한 활동으로 간주하는 것을 수치스럽게 생각한다. 가족이나 친구와 부정직한 것에 대한 죄책감이 있다.

때때로 환자들은 배우자에게 그들의 장애에 대해 말하지 않고 결혼하고 자녀를 갖는다. 결혼과 육아가 성정체성 문제를 제거하거나 치료할 것이라는 잘못된 판단을 갖고 있기 때문에 비밀로 유지한다. 발각 공포는 불안을 더욱 증폭시킨다. 성정체성 장애가 크면 복장도착과 같은 생활 방식의 변화가 일어날 수 있다. 남아들은 복장도착 또는 자극적인 여성 옷을 선호한다. 여아들은 남자 옷만 입어야 한다고 주장한다. 놀이와 환상에서 교차 성 역할을 지속적으로 선택한다. 다른 성별의 놀이 친구를 강하게 선호한다. 심한 경우에는 성전환 수술을 원한다. 다음은 성정체성장애의 증상이다.

- 반대의 성이라고 주장한다.
- 이성이 전형적으로 착용하는 옷을 입기를 원한다.
- 일반적으로 섹스와 관련된 활동과 게임에 참여하는 것을 싫어하거나 거부한다.
- 반대의 성과 관련된 활동과 게임에 참여하기를 원한다.
- 반대되는 생물학적 성관계를 가진 아이들과 놀기를 더 좋아한다.
- 소년이 소변을 보려고 앉아있을 수도 있고 소녀가 일어서기를 원할 수도 있다.
- 소년이 성기를 제거하고 싶어 하고, 소녀는 성기를 키우기를 원할 수 있다
- 사춘기의 신체적 변화에 극도의 고통을 느낀다.

Diagnostic Criteria 성정체성장애

성정체성장애는 반대의 성에 대하여 강하고 지속적인 동일성을 느끼는 증상이다.

A. 강력하고 지속적인 반대 성을 동일시한다. 다음 중 4개 이상으로 장애가 나타난다.
- 반대의 성이 되기를 반복적으로 원한다.
- 소년은 복장도착을 선호하거나 여성복장을 흉내내는 것을 좋아한다. 소녀는 오로지 전통적인 남성복장을 입는 것을 고집한다.
- 가장 놀이에서의 반대의 성 역할에 대한 강력하고 지속적으로 선호하거나 다른 성이 되는 지속적인 환상이 있다.
- 다른 성의 전통적인 오락에 참여하기를 간절히 바란다.
- 다른 성의 놀이 친구를 강력하게 선호한다.

B. 성행위의 성 역할에서 지속적으로 부적절함 또는 불편함이 있다.

C. 장애는 신체적인 성교 상태와 동시에 일어나지 않는다.

D. 장애는 사회적, 직업적 또는 기타 중요한 기능 영역에서 임상적으로 심각한 고통이나 장애를 일으킨다.

4) 치료

성정체성장애를 치료하는 한 가지 일반적인 형태는 정신요법이다. 일찍 개입하면 할수록 성공 확률이 높아진다. 조기 개입은 이후의 성전환자 행동 수준을 감소시킬 수 있다. 치료의 초기 목표는 가능한 한 최대로 자신의 생물학적 성역할에서 기능하도록 돕는 것이다. 수년간 심각한 성정체성장애를 앓았던 성인은 때로는 성전환 수술을 요청한다. 그런 수술을 하기 전에 그들은 보통 동성의 특징을 억제하고 다른 성의 특징을 강조하기 위해 호르몬 요법을 받는다. 성전환수술을 통해 호르몬 요법을 시행함으로써 성전환 절차를 수행하는 사람들이 있다. 그들은 여성의 이차 성징(유방 등)을 개발하기 위해 남성에게 에스트로겐을 투여하고, 남성의 이차 성징(수염 등)을 개발하기 위해 테스토스테론을 여성에게 투여하는 평생 호르몬 요법을 받는다. 인공 성기가 만들어지면 사람은 성적 쾌감을 얻을 수 있지만 오르가즘에 도달하는 것은 불가능하다.

제14장

물질사용 장애와 섭식장애

물질사용 장애는 하나 이상의 물질을 사용하면 임상적으로 명백한 고통이나 손상을 초래할 수 있는 장애이다. 물질(substance)은 향정신성 약물(psychoactive drug)을 의미한다. 중독과 의존은 물질사용 장애의 구성 요소이며 중독은 가장 심각한 형태의 장애이다. 물질사용 장애는 다양한 물질의 법적, 불법적 사용에 의해 야기되는 중독, 의존, 남용 및 금단의 장애이다. 이러한 물질에는 알코올, 암페타민, 카페인, 흡입제, 니코틴, 진정제, 마약류, 마리화나, 코카인, 환각제, 펜시클리딘, 남용될 수 있는 처방약이 포함된다. 마약은 모두 뇌의 보상 시스템을 활성화시켜 사용자에게 즐거움을 준다. 이러한 물질은 오락이나 처방에 관계없이 물질사용이 과도해 심각한 손상 또는 곤란을 초래한다.

1) 물질사용 장애의 특징

물질사용 장애(substance use disorder)는 알코올 또는 다른 물질을 사용하여 일상생활에서 고통 또는 눈에 띄는 곤란을 초래하는 문제가 있는 패턴을 설명한다. 물질유발 장애는 중독, 금단 및 물질사용 시 유발되는 다양한 정신 상태(치매, 정신병, 불안, 기분장애 등)를 포함한다. 물질사용 장애의 정확한 원인은 알려져 있지 않다. 사람의 유전자, 약물의 작용, 또래 압력, 정서적인 곤경, 불안, 우울증 및 환경 스트레스가 모두 요인이 될 수 있다. 마약을 사용하는 부모에게서 자란 어린이는 환경 및 유전적 이유 때문에 나중에 물질사용 문제가 발생할 위험이 높다. 물질사용 문제를 일으키는 많은 사람들이 우울증, 주의력 결핍장애, 외상 후 스트레스 장애 또는 다른 정신 문제를 앓고 있다. 스트레스가 많은 혼란스러운 생활방식과 낮은 자부심 또한 일반적이다.

물질남용(substance abuse)은 학교, 직장 또는 대인관계 문제에도 불구하고 물질을 반복적 사용으로 고통이나 장애를 유발한다. 물질남용은 중독, 물질의존, 또는 둘 다 초래할 수 있다. 의존하는 사용자는 물질을 원하고 과거에 적은 물질의 양으로 유발했던 효과를 얻기 위해 더 많은 물질을 필요로 한다. 이 현상을 내성(tolerance)이라고 한다. 또한 사용자는 물질이 사용되지 않을 때 금단 증상(withdrawal symptoms)을 경험한다. 금단 증상은 심박수 증가, 동요, 불면증, 피로 및 과민반응이 있다. 중독(intoxication)은 개인이 물질을 사용했거나 노출된 후에 물질의 직접적인 영향이다. 중독 영향은 판단의 불균형, 정서 불안정, 식욕의 증감 또는 수면 패턴의 변화가 있다.

2) 물질사용의 동기

물질들은 모두 뇌의 보상 시스템을 직접적으로 활성화시켜 즐거움을 준다. 활성화가 너무 강해 사람들이 물질을 간절히 원한다. 그들은 약물을 얻고 사용하기 위한 정상적인 활동을 소홀히 할 수 있다. 중독(addiction), 남용(abuse) 및 의존(dependence)이라는 용어는 물질사용과 관련하여 사용되어 왔으나 이러한 용어는 너무 정밀하지 않아 물질사용 장애(substance use disorder)가 선호된다. 불법 약물사용은 물질사용 장애를 포함하지는 않는다. 한편, 알코올 및 처방약과 같은 법적 물질은 물질사용 장애에 포함될 수 있다. 기분전환 약물사용은 수세기 동안 하나의 형태 또는 다른 형태로 존재해 왔다. 사람들은 다양한 동기로 약물을 사용했다.

- 기분변경 또는 향상
- 종교의식의 일환
- 영적 깨달음
- 성과 향상

3) 물질사용 장애의 유형

물질사용은 정신분열증, 불안, 기분 또는 충동조절 장애와 같은 정신질환에서 뇌 구조와 기능의 일부를 변화시킬 수 있다. 물질사용 장애는 만성적인 재발성 질환으로 개인과 사회에 해로운 결과를 초래한다. 일반적으로 사람이 사용으로 인해 문제가 있음에도 불구하고 물질을 계속 사용하는 장애이다. 물질사용 장애는 우울증 및 정신장애와 함께 종종 발생하며 정신병적 증상의 심각성과 사회적, 직업적 및 교육적 장애를 실질적으로 증가시킨다(McMillan et al., 2009). 물질 관련 장애를 일으키는 물질은 알코올, 항불안제 및 진정제, 카페인, 대마초, 환각제, 흡입제, 아편유사제, 흥분제, 담배 등이 있다.

2. 알코올 사용 장애

알코올 사용 장애(alcohol use disorder)는 과도한 음주로 인해 정신적, 신체적, 사회적 기능에 장애를 초래하는 질환이다. 알코올을 마시는 것만으로도 편안한 휴식을 취할 수 있다. 그러나 알코올 사용 장애가 있는 사람에게 과음은 자신과 타인을 위험에 빠뜨린다. 알코올은 사람들에게 다양한 방식으로 영향을 준다. 어떤 사람들은 음식과 함께 포도주 잔을 즐기고 아무런 문제없이 사회적 환경에서 알코올을 알맞게 마신다. 술을 너무 많이, 너무 자주 마시거나 술 소비를 조절할 수 없다면 큰 문제가 될 수 있다. 알코올 의존은 대체로 알코올 남용 또는 알코올 중독이다. 알코올을 습관적으로 많이 마시는 사람들은 위험한 행동과 판단력 부족이 올 수 있다.

1) 특징

알코올 사용 장애는 알코올에 정신이 팔리고, 문제를 일으킬 때도 술을 계속 사용하며, 동일한 효과를 얻기 위해 더 많이 마셔야 하는 문제와 관련된 알코올 사용 패턴이다. 음주를 급속히 줄이거나 중단할 때 금단 증상을 보인다. 알코올 사용에는 건강이나 안전이 위험하거나 다른 문제를 일으킨다. 또한 폭주는 건강 및 안전에 심각한 위험을 초래한다. 자신의 음주 패턴이 일상생활에서 반복되는 심각한 고민과 문제를 초래할 경우 알코올 사용 장애가 있을 가능성이 크다. 그러나 경미한 장애도 확대되어 중대한 문제로 이어질 수 있어 조기 치료가 중요하다.

알코올 사용 장애는 특징적이고 반복되는 불리한 결과를 초래하는 음주 패턴이다. 알코올 중독자는 학교, 직장 또는 가정의 주요 의무를 이행하지 못할 수 있다. 그들은 술에 관계된 법적 문제가 있을 수 있다. 그들은 알코올 사용의 통제력을 상실한 사람이다. 알코올 의존자들은 종종 음주를 시작하면 술을 끊을 수 없다. 알코올 의존은 음주가 갑자기 중단되면 내성(동일한 기분을 달성하기 위해 더 많이 마셔야 하는 증상)과 금단 증상을 특징으로 한다. 금단 증상에는 메스꺼움, 발한, 초조, 과민성, 떨림, 환각 및 경련이 포함될 수 있다. 알코올은 뇌의 여러 영역에 우울한 영향을 미치기 때문에 알코올 농도가 높아짐에 따라 신체적, 정신적 손상을 유발할 수 있다.

- 정상적 사회 기능 억제
- 도취감, 수다, 과시
- 운동 실조증
- 판단 미숙
- 기억 손실
- 불분명한 발음
- 구토
- 혼란과 방향 감각 상실
- 진행성 혼수
- 호흡 기관의 정지와 사망

2) 원인

알코올 문제는 유전, 심리, 사회 및 환경적 요인이 모두 기여한다. 어떤 사람들에게는 음주가 알코올 사용 장애로 이어질 수 있다. 술 문제를 갖고 있는 가족들에서 많이 나타난다. 뇌 속에 있는 보상회로는 사람이 살아가는데 있어 필요한 동기를 조절하는 역할을 한다. 알코올은 보상회로 및 전두엽에 영향을 주어 비정상적인 쾌락을 유발하고 조절력을 상실하게 한다. 개인의 갈등이 알코올 중독을 형성하는데 관여한다. 또한 불안, 스트레스, 긴장을 해소한 유사한 경험이 있을 때 알코올을 쉽게 찾게 되어 중독으로 이어지게 된다는 학습이론이 있다.

알코올은 중추 신경계의 진정제 역할을 한다. 그것은 복잡한 행동 양식을 갖고 있으며 뇌의 여러 시스템에 영향을 미친다. 알코올 해독은 다른 약물보다 건강 위험이 더 크다. 갑작스런 금주는 정신착란 증상이 유발될 수 있다. 장기적인 알코올 남용 및 중독으로 인해 적절한 의학적 조언 및 처치 없이 음주를 중단하려는 경우 심각한 의학적 결과를 초래할 위험이 있다. 다음은 알코올 중독의 금단 증상이다.

- 손 떨림, 경련 또는 통제되지 않은 흔들림
- 추운 날에도 땀 흘림
- 극단적인 동요 또는 불안
- 지속적인 불면증
- 메스꺼움 또는 구토

- 발작
- 환각

3) 증상 및 진단

시간이 지남에 따라 과음하면 즐거움, 판단력, 행동조절 능력과 관련된 뇌 영역의 정상적인 기능이 바뀔 수 있다. 이로 인해 좋은 감정을 회복시키거나 부정적인 감정을 감소시키기 위해 결과적으로 알코올을 갈망하게 된다. 알코올 중독은 심각한 의학적 질병으로 증상의 양과 빈도에 따라 다르다. 알코올 중독이 진행되면 사용자와 가족의 삶이 크게 혼란에 빠진다. 알코올 중독은 알코올을 과도하게 반복하여 마심으로써 나타나는 증상이다. 이것은 건강 및 사회적이고 경제적인 기능을 방해하는 만성적 행동장애이다.

[표 14-1] 알코올 사용 장애의 증상

행동 증상	신체증상
• 홀로 마신다. • 취하기 위해 더 많이 마신다. • 음주하면 폭력적이거나 화를 낸다. • 술 때문에 직장이나 학교를 잃었다. • 음주를 통제할 수 없다. • 마실 변명을 하다 • 문제가 발생하면 술을 마신다.	• 알코올 욕구가 있다. • 음주하지 않을 때 떨림, 메스꺼움 및 구토와 같은 증상이 나타난다. • 음주 후 비자발적인 떨림이 나타난다. • 술 마신 후 기억상실이 있다. • 간경변증이 나타난다.

Diagnostic Criteria 알코올 중독

알코올 중독은 알코올을 과도하게 반복하여 마심으로써 나타나는 중독 증상이다.

A. 최근 알코올 섭취

B. 임상적으로 심각한 문제행동이나 심리적 변화(예: 부적절한 성적 또는 공격적인 행동, 기분장애, 판단력 장애)

C. 알코올 사용 중 또는 그 직후에 발생하는 다음 징후들 중 1개(또는 그 이상)
- 불분명한 말투
- 운동조정장애
- 비정상 보행

- 안진증(nystagmus)
- 주의력 또는 기억력 상실
- 혼미 또는 혼수상태.
D. 증상은 다른 의학적 상태에 기인하지 않으며 다른 정신장애에 의해 더 잘 설명되지 않는다.

4) 치료

알코올 남용 및 알코올 중독 치료는 환자가 질병을 조절할 수 있는 방법을 배우는 데 도움을 준다. 알코올 중독에서 회복된 대부분의 사람들은 적당히 알코올을 마시는 것이 너무 힘들기 때문에 알코올을 삼가야 한다. 절제가 종종 질병을 관리하는 유일한 방법이다. 치료는 사람들이 알코올 의존과 삶의 문제를 이해하도록 돕는 것을 포함한다. 또한 술에 취하지 않거나 보다 건강한 음주 습관을 고수하겠다는 약속을 포함한다. 알코올 의존으로부터의 회복은 긴 과정일 수 있다. 알코올 남용에 대한 치료에는 의학적 치료법, 새로운 대처기술 습득 및 건강한 스트레스 관리 방법을 찾는 것이 있다.

3. 자극제 사용 장애

자극제 사용 장애(stimulant use disorder)는 각성제의 남용을 포함하는 물질사용 장애이다. 자극제에는 암페타민(amphetamines),[17] 메스암페타민(methamphetamine),[18] 코카인(cocaine)과 같은 광범위한 약물이 포함된다. 이 약물은 활력, 주의력 및 각성을 향상시키고 호흡 및 심장박동 증가와 같이 신체에 대한 광범위한 영향을 미친다. 자극제는 비만, 주의력결핍 과잉행동장애, 기면증 및 우울증을 치료하기 위해 처방될 수 있다. 자극제 관련 장애에는 자극제 중독, 자극제 사용 장애 및 자극제 금단이 포함된다.

자극제는 중독 및 남용 가능성이 높기 때문에 규제 물질로 분류된다. 코카인이나 암페타민 각성제에 노출된 사람들은 발병이 항상 빠르지만 1주일 만에 자극제 사용 장애를 일으킬 수 있다. 자극제 사용 장애로 행동의 상당한 변화가 빠르게 발생할 수 있다. 자극제를 주사하거나 흡연하

---

17) 중추신경계를 흥분시키고 기민성을 증가시키고 말하는 능력과 육체활동을 증가시키는 약물군.
18) 히로뽕으로 매우 강력한 중추신경 흥분제.

면 즉각적인 행복감을 느낄 수 있지만 장기간 사용하면 혼란스럽고 공격적인 행동, 사회적 고립 및 성기능 장애가 발생할 수 있다. 각성제로부터의 금단 증상은 물질의 과도한 장기간 사용을 줄이면 나타날 수 있다.

1) 특징

자극제는 활력, 주의력 및 각성을 높이고 혈압, 심박수 및 호흡을 향상시킨다. 비만, 주의력결핍 과잉행동장애 그리고 때로는 우울증과 같은 질병 치료에 사용되어온 광범위한 약물이 포함된다. 가장 일반적으로 남용되는 자극제는 암페타민, 메스암페타민, 코카인이다. 자극제는 합성(예: 암페타민)이거나 식물 추출(예: 코카인)이다. 이것들은 보통 입으로, 코로 흡입하거나 정맥내로 전달된다. 자극제는 처방 약품과 불법 약물을 포함하는 다양한 물질군이며 카페인과 니코틴과 같이 일반적으로 사용되는 법적 물질이다. 자극제는 일시적으로 각성, 활력 및 기분을 높여 뇌 및 신체에 유사한 효과를 준다. 코카인, 메스암페타민, 애더럴(adderall), 리탈린(ritalin)은 가장 중독성이 강한 각성제 중 하나이다.

모든 자극제는 공통점이 있다. 즉, 인체의 중추신경계에서 활동의 기본 속도를 높일 수 있는 능력이다. 자극제는 노르에피네프린(neorepinephrine)이라고 하는 신경전달물질의 공급에 특별한 영향을 미친다. 이 물질은 교감신경계의 신경전달물질 및 호르몬으로 작용할 수 있는 물질이다. 스트레스를 받는 순간에 노르에피네프린 수치가 상승하고 인간의 투쟁 또는 도피 반응이 활성화된다. 노르에피네프린 공급과 관련하여 각성제와 관련된 신체적 변화는 인간이 빠르게 움직이고 위험으로부터 도망갈 수 있게 해준다.

자극제는 또한 교감신경계와 자율신경계 외부의 신경전달물질의 수준을 변화시킨다. 특히 변연계로 알려진 두뇌 네트워크 내부의 도파민 수준이 증가한다. 도파민은 즐거움을 가져다주는 인간 활동에 따라 자연적으로 발생한다. 자극제는 이 효과를 모방하지만 크기가 큰 방식으로 행복감이라는 극도로 즐거운 감정을 제공한다. 행복감은 다른 중독성 물질의 일반적인 부작용이다. 이 행복감은 물질남용의 해로운 패턴을 유혹한다.

2) 원인

정신건강 전문가들은 하나의 특별한 원인 대신에 자극제 남용은 유전적, 환경적 및 심리적 요인의 결합으로 발생한다고 믿는다. 암페타민을 자주 사용하면 장시간 의존성을 유발할 수 있다. 처방보다 더 많이 복용하면 의존적일 수 있다. 자극제 남용 및 중독의 요인은 다음과 같다.

- **유전적 요인**: 부모가 암페타민 사용 문제가 있다면, 자녀들은 동일한 장애를 일으킬 수 있는 감수성을 상속받을 수 있다. 과거에 물질남용 문제 또는 중독을 경험한 가족 구성원이 있는 사람들은 중독이 발병할 위험이 크다.
- **뇌 화학**: 뇌에서 암페타민은 도파민을 방출한다. 도파민의 효과는 보상경로로 알려진 즐거움을 일으키는 뇌 영역에서 특히 강력하다. 이 경로에서 생성된 효과는 암페타민의 중독성에 크게 기여한다.
- **환경적 요인**: 마약 사용에 대한 가족의 신념과 태도 또는 마약을 사용하는 동료는 개인에게 각성제 사용을 시작하게 할 수 있다.

3) 증상 및 진단

자극제에 중독되면 두뇌의 일상적인 기능에서 변화가 발생한다. 본질적으로 두뇌는 문제의 약물이나 약물의 일정량을 요구하게 된다. 이러한 요구가 충족되지 않으면 사용자는 불쾌하고 잠재적으로 위험한 금단 증상을 경험하게 된다. 각성제를 남용하는 경우 많은 징후와 증상이 나타날 수 있다. 특히 자극제를 남용하는 사람들은 종종 행동적, 심리적, 신체적 변화를 나타낸다. 다음은 각성제 남용의 증상의 목록이다.

[표 14-2] 자극제의 증상

행동적 증상	신체적 증상	인지적 증상	심리적 증상
• 활력 증가 • 불규칙한 행동 • 폭력적, 공격적 행동 • 즐기던 활동 포기 • 위험한 행동관여 • 과잉행동과 조울증 • 매우 빠르게 말하기 • 초조한 기색 • 절도 또는 차입	• 식욕감소 • 동공확장 • 혈압상승 • 조정기능 상실 • 두통과 현기증 • 가슴통증과 고동 • 복부경련과 구토 • 과도한 발한 • 허탈	• 환각 • 집중력 저하 • 판단력 부족 • 현실과의 단절경험 • 편집병 • 정신병	• 불안 • 공격성과 적대감 • 초조감 • 망상 • 공포 • 자살 및 살인 경향

Diagnostic Criteria **자극제 사용 장애**

자극제 사용 장애는 각성제의 남용을 포함하는 물질사용 장애이다.

A. 암페타민 형태의 물질, 코카인 또는 다른 자극제의 최근 사용

B. 임상적으로 심각한 문제행동 또는 심리적 변화가 있다. 예: 행복감 또는 정서적 둔감, 사교성의 변화, 과도한 경계, 대인관계 민감도, 불안, 긴장감, 분노, 상동행동,[19] 감정적인 판단

C. 자극제 사용 중 또는 직후에 발생하는 다음 증상 중 2개(또는 그 이상)

- 빈맥 또는 서맥
- 동공확장
- 혈압상승 또는 강하
- 발한 또는 오한
- 메스꺼움 또는 구토.
- 체중감소
- 정신 운동성의 동요 또는 지체
- 근육약화, 호흡억제, 흉통 또는 심장부정맥
- 의식혼란, 발작, 운동장애증, 근육긴장 이상증 또는 혼수

D. 증상은 다른 의학적 상태에 기인하는 것이 아니며 다른 정신장애에 의해 더 잘 설명되지 않는다.

4) 치료

인지행동치료는 참가자들이 왜 각성제 남용의 패턴에 빠졌는지 이해하고, 증상을 발생시킬 수 있는 개인적 및 사회적 요인을 인식하고, 이러한 개인적 및 사회적 촉발 요인을 비활성화하는 건강한 방법을 개발한다. 치료 자체는 집단치료, 가족치료, 중독의 원인에 대한 이해증진, 재발 예방, 상호 자조 프로그램에의 참여 등 입증된 기법의 조합에 초점을 맞추고 있다. 약물치료는 여러 유형의 물질 문제를 치료하는 데 중요한 역할을 한다. 그러나 현재에는 각성제 사용 장애에 영향을 받는 사람들을 돕는 특정 약물은 없다. 문제에 따라 항우울제나 정신병 치료제를 통해 안정을 도울 수 있다.

---

19) 같은 동작을 일정 기간 반복하는 것.

4. 담배 사용 장애

담배 중독은 가장 끊기 어려운 중독 중의 하나이다. 담배 사용 장애(tobacco use disorder)는 다양한 담배 제품의 사용으로 인해 일반적으로 전달되는 화학적인 니코틴에 중독이 있는 경우 발생한다. 사용하기에 안전한 담배는 없다. 니코틴은 뇌에 변화를 일으키는 매우 중독성이 강한 물질이다. 중독성이 있는 것 외에도 유독성이 있다. 담배 중독(tobacco addiction)은 많은 건강 위험에도 불구하고 사람들이 담배를 끊기가 어려운 담배의 니코틴에 대한 강한 갈망이다.

1) 특징

담배 사용 장애(tobacco use disorder)는 담배의 주요 향정 성분에 의해 유발되는 물질사용 장애이다. 니코틴은 육체적, 정신적으로 중독성이 있는 약물이다. 그것은 가장 영향력 있는 의존성 생성 약물이며, 사용은 많은 심각한 건강 위험과 관련되어 있다. 니코틴은 피부, 입과 코, 그리고 폐를 감싸는 촉촉한 조직을 통해 흡수된다. 담배는 가장 효율적인 니코틴 전달 시스템이다. 담배 연기가 흡입되면 15초 이내에 니코틴이 뇌에 도달한다. 흡연자가 갑자기 담배를 끊었을 때 조급한 증상이 빠르게 나타난다.

사람들은 고통을 완화하기 위해 다시 담배를 피우기 시작한다. 우울증, 정신분열증, 알코올 중독 또는 기분장애를 가진 사람들은 니코틴이 이러한 장애의 증상을 일시적으로 완화하므로 금연하기 어렵다. 금연의 일반적인 증상은 나쁜 기분, 우울증, 수면장애, 과민반응, 분노, 불안, 집중력 저하, 식욕증가와 체중증가 등이 있다. 금연 증상은 다음과 같다.

- 과민반응
- 초조, 분노 또는 좌절감 증가
- 수면장애
- 집중력 부족
- 식욕증가 또는 과자에 대한 욕구
- 우울증, 불안
- 흡연에 대한 끊임없는 생각
- 담배에 대한 갈망

- 심장 박동 감소
- 기침

2) 원인

니코틴이 몸에 들어가면 행동과 기분을 조절하는데 도움이 되는 두뇌 화학물질의 방출이 증가한다. 도파민은 니코틴이 몸에 들어갔을 때 방출되는 신경전달물질이며, 편안하게 느끼는 화학물질이다. 사람들은 이완감이나 기분전환 때문에 니코틴을 의존한다. 니코틴은 폐에서 담배 연기로 쉽게 흡수된다. 몇 초 안에 혈류를 통해 뇌로 이동한다. 그곳에서 더 많은 담배를 피우고 싶어 하는 화학물질을 방출하기 위해 뇌에 신호를 보낸다. 그 효과는 매우 강력하다.

흡연자는 신속하게 니코틴 내성을 개발한다. 내성은 몸이 동일한 효과를 내기 위해 더 크고 더 많은 양의 물질을 필요로 할 때 발생한다. 니코틴 내성은 더 자주 그리고 더 빠른 흡연을 의미한다. 흡연자들은 흡연을 중단하려고 할 때 신체적인 금단 증상을 갖게 된다.

두뇌에서 니코틴의 작용에 의해 야기되는 신체적 의존 이외에 대부분의 담배 제품 사용자는 강한 심리적 요인이 있다. 흡연의 욕구는 스트레스와 불안을 줄일 필요성. 체중증가 방지 욕구, 이완감이나 기분전환과 같은 개인적인 요인과 우울증, 불안, 정신분열증, 알코올 중독과 같은 정신질환 요인이 있다. 흡연을 하는 이유는 개인적 요인과 사회적 요인이 있다.

[표 14-3] 흡연의 요인

개인적 요인	사회적 요인
• 스트레스와 불안감소 • 이완감이나 기분전환 • 체중증가 방지 • 정신질환 요인	• 동료들과 어울리기를 원한다. • 담배를 사용하는 가족 구성원의 수락 • 반항 • 담배 제품의 성숙과 정교함과의 연관성

3) 증상 및 진단

담배를 피우는 사람들은 약간의 행복감과 진정 효과 때문에 니코틴에 중독된다. 니코틴에 중독된 사람은 니코틴을 간절히 원할 수도 있고 금연을 시도할 때 어려움을 겪을 수도 있으며 금단 증상을 나타날 수도 있다. 담배 사용 장애가 있는 사람들은 담배 사용으로 인해 12개월 이내에 손상이나 고통과 같은 증상이 나타난다. 원래 의도했던 것보다 많은 양의 담배를 피우거나 피우려는 강한 욕구 또는 강한 충동이 있다. 금단 증상은 과민성, 불안, 집중력 장애, 식욕증가, 우울한 기분 및 불면증을 포함한다. 금단 증상은 2~3일 후 절정에 이른다. 다음은 담배에 중독될 수 있는 증상이다.

- 담배를 끊을 수 없다. 흡연이 건강에 심각하지만 금연 시도를 중단했다.
- 금단 증상을 경험한다. 금연은 강한 갈망, 불안, 과민성, 집중력 저하, 우울한 기분, 좌절, 분노, 허기 증가, 불면증, 변비 또는 설사와 같은 증상을 유발한다.
- 건강 문제에도 불구하고 계속 흡연한다.
- 흡연을 위해 금연 식당에 가지 않거나 특정 가족이나 친구와의 사교 모임을 포기한다. 왜냐하면 이러한 장소나 상황에서 담배를 피울 수 없기 때문이다.

Diagnostic Criteria 　　담배 금단 증상

담배 금단 증상은 담배 사용으로 인해 발생되는 내성을 중단할 때 발생하는 증상이다.

A. 적어도 몇 주간 담배를 매일 사용한다.

B. 담배 사용의 갑작스러운 중단 또는 담배 사용량의 감소 후 24시간 이내에 다음과 같은 증상이 4개 이상이 나타난다.
- 초조, 좌절감, 분노
- 불안
- 집중 곤란
- 식욕증가
- 안절부절 못함
- 우울한 기분
- 불면증

C. 기준 B의 증상으로 인해 사회적, 직업적 또는 기타 중요한 기능 영역에서 임상적으로 심각한 고통이나 장애가 발생한다.

D. 증상은 다른 의학적 상태에 기인한 것이 아니며 다른 정신장애에 의해 더 잘 설명되지 않는다.

4) 치료

니코틴 치료는 종종 대체요법과 행동변화 프로그램을 병행한다. 이 프로그램은 심리적 지원 및 기술훈련을 제공한다. 일반적으로 금연 실패율은 처음 몇 주와 몇 달 동안 최고이며 약 3개월 후에 상당히 감소한다. 니코틴 대체제품은 흡연 없이 니코틴을 제공하기 때문에 가장 보편적인 치료법이다. 이것은 니코틴에 대한 신체의 갈망을 줄이고 금단 증상을 줄이는 데 도움이 된다. 인지행동치료는 개인에게 고위험 흡연 상황을 인식하고, 대안 대처전략을 개발하고, 스트레스를 관리하고, 문제해결 능력을 향상시키고, 사회적 지지를 증진하도록 가르친다.

5. 섭식장애

섭식장애(eating disorder)는 건강, 감정 및 삶의 중요한 영역에서 활동하는 능력에 부정적인 영향을 주는 지속적인 섭식행동과 관련된 심각한 상태이다. 가장 흔한 섭식장애는 신경성 식욕부진증(anorexia nervosa), 신경성 폭식증(bulimia nervosa) 및 폭식 섭식장애(binge-eating disorder)이다. 대부분의 섭식장애는 체중, 체형 및 음식에 너무 집중하는 위험한 식습관을 유발한다. 이러한 행동은 신체의 적절한 영양섭취 능력에 큰 영향을 줄 수 있다. 섭식장애는 심장, 소화기관, 뼈 및 치아와 입에 해를 끼치며 다른 질병을 유발할 수 있다. 섭식장애는 다른 연령대에서도 발병할 수 있지만 십대 및 청소년기에 종종 발병한다. 치료를 통해 건강한 식습관으로 돌아갈 수 있으며 때로는 섭식장애로 인한 심각한 합병증을 역전시킬 수 있다

1) 특징

폭식은 약 2시간 이내에 일반인들이 먹을 수 있는 양보다 명백히 많은 양을 먹고 음식을 먹는 동안 통제력을 잃는 것이다. 섭식장애는 사람의 신체적 또는 정신적 건강에 부정적인 영향을 주는 비정상적인 식사 습관이다. 이것은 섭식행동에 심각한 문제가 있는 정신장애로 먹는 양을 제한하거나 폭식한 후 일부러 구토하거나 설사약을 오용하는 등의 이상증상이다. 불안장애, 우울증 및 약물남용은 섭식장애가 있는 사람들에게 흔하다. 유형으로는 사람들이 거의 먹지 않아서 체중이 적어지는 신경성 식욕부진증(anorexia nervosa), 단시간에 많이 먹는 신경성 폭식증(bulimia nervosa), 짧은 시간에 많은 양을 먹는 폭식 섭식장애(binge eating disorder)가 있다.

- **신경성 식욕부진증**: 신체 이미지를 유지하려는 욕구 때문에 거의 먹지 않는다. 과도한 식이 요법과 운동으로 인한 체중감량을 특징으로 한다. 거식증 환자는 극도의 체중감량에도 불구하고 날씬해질 수 없으며 스스로를 뚱뚱한 사람으로 간주한다.
- **신경성 폭식증**: 단시간에 많은 양의 음식을 섭취하고 구토나 설사 등으로 제거한다. 이들은 우울감, 죄책감이 있고 대인관계가 좋지 않다.
- **폭식 섭식장애**: 독립적인 진단명으로 명시되지 않고 달리 분류되지 않은 섭식장애로 많은 양의 음식을 먹지만 구토나 설사 등으로 제거하지 않는다.

2) 원인

섭식장애는 건강이나 심지어 생명을 위협할 수 있는 비정상적인 식사 습관이다. 그러나 아무도 섭식장애를 일으키는 원인을 확실하게 말할 수 없다. 다른 행동장애와 마찬가지로 식욕부진, 과식증 및 기타 섭식장애는 생물학적, 심리적, 유전적, 환경적 및 사회적 요인의 복잡한 상호작용으로 인해 발생한다. 다음은 섭식장애의 원인이다.

- **유전학 및 생물학적 요인**: 어떤 사람들에게는 섭식장애를 일으킬 위험이 증가하는 유전자가 있을 수 있다. 뇌 화학 물질의 변화와 같은 생물학적 요인은 섭식장애에 영향을 줄 수 있다. 섭식장애를 가진 부모의 자녀들은 발병 가능성이 크다.
- **심리적 정서적 요인**: 섭식장애는 심리 및 정서적 요인에 기인할 수 있다. 환자들은 낮은 자부심, 완벽주의, 분노 관리, 가족갈등 및 문제가 있는 관계를 가질 수 있다.
- **사회 및 문화적 요인**: 대중매체는 종종 이상적인 여성의 이미지로서 날씬한 몸매를 강화한다. 미디어 및 엔터테인먼트 산업은 종종 외모 및 신체 형태에 중점을 둔다. 섭식장애가 있는 여성은 성공과 가치가 종종 날씬과 동일시하는 경향이 있다. 또래압력은 특히 젊은 여성들 사이에서 이러한 강박관념을 불러일으킬 수 있다.

3) 증상 및 진단

섭식장애의 증상은 특정 질병 및 진행 단계에 따라 다르다. 섭식장애의 경고신호를 아는 것이 중요하다. 이것들은 섭식장애가 발달 중이거나 충분히 경험 중임을 나타낼 수 있다. 또한 이러한 경고신호는 소리가 나는 것처럼 쉽게 감지할 수 없다. 섭식장애를 가진 사람은 종종 자신의 행동에 대해 수치심이나 죄책감을 느끼고 그것을 숨기려고 한다. 또한 이들은 문제가 있다는 것을 깨닫지 못한다.

[표 14-4] 신경성 식욕부진증의 증상

신체적 증상	정서 및 행동적 증상
• 과체중, 뼈가 튀어 나오거나 얼굴이 움푹 들어간 모습으로 쇠약해진 모습 • 피로, 현기증 또는 졸도 • 취약한 손톱 • 가늘고, 부서지거나 떨어져 나가는 모발 • 월경불순 또는 월경불능	• 먹기 거부 • 허기 부인 • 과도한 운동 • 저지방과 저칼로리의 안전한 음식만 섭취 • 씹을 때 음식을 작은 조각으로 자르거나 음식을 뱉어내는 것과 같이 단단한 식사나 의식

[표 14-5] 신경성 폭식증의 증상

신체적 증상	행동적 증상
• 비정상적인 장 기능 • 치아와 잇몸의 손상 • 목과 입의 상처 • 침샘 팽창 • 월경불순 또는 월경불능 • 식도의 염증	• 지속적인 다이어트 • 식품 또는 식품 포장지 숨기기 • 몰래 먹기 • 불편함이나 고통의 지점까지 먹는다. • 자발적 구토나 설사약 사용 • 과도한 운동 • 식사 후 빈번한 화장실 사용

[표 14-6] 폭식 섭식장애의 증상

• 과음의 비밀스러운 반복(훨씬 많은 양의 음식 섭취)
• 과식 후 혐오감, 우울증, 죄책감 또는 자부심이 낮은 느낌
• 이상한 장소에서 음식을 훔치거나 비축
• 폭식을 위한 시간을 만들기 위해 라이프스타일 일정이나 의식 제정
• 단기간에 많은 양의 음식을 섭취한 빈 포장지나 용기 폭식 증거

| **Diagnostic Criteria** | **섭식장애** |

섭식장애는 사람의 신체적, 정신적 건강에 부정적인 영향을 주는 비정상적인 식사 습관이다.

■ 신경성 식욕부진증

A. 나이, 성별, 발달과정 및 신체적 건강의 상황에서 체중이 현저히 감소되기를 원하는 것에 비해 에너지 섭취를 제한한다. 어린이와 어른에게는 현저하게 낮은 체중은 최소한으로 정상 또는 최소한으로 기대했던 것보다 낮은 체중으로 정의된다.

B. 상당히 낮은 체중인 경우에도 체중이 증가하거나 뚱뚱해질지도 모르는 두려움이 있다.

C. 체중이나 체형이 경험되는 방식이 왜곡되고, 자기평가에 부정적인 영향을 미치고, 현재의 낮은 체중이 심각하다는 인식을 부정한다.

■ 신경성 폭식증

A. 반복적인 증상이나 폭식 증상의 발현에는 다음과 같은 2개 특징이 있다.

• 일정한 시간 동안에(예: 2시간 내에) 대부분 비슷한 시간이나 상황에서 먹을 수 있는 양보다 확실히 많은 양의 음식을 먹는다.

• 증상의 발현 동안에는 조절능력의 상실감이 있다(예: 먹는 것을 멈출 수 없거나 먹는 음식의 종류나 양을 조절할 수 없을 것 같다는 느낌).

B. 폭식 증상의 발현에 다음 중 3개 이상의 증상이 동반된다.

• 평소보다 음식을 아주 빨리 먹는다.

• 불쾌할 정도로 배가 부를 때까지 먹는다.

• 배가 고프지 않을 때도 많은 양의 음식을 먹는다.

• 너무 많은 음식을 먹는 것이 수치스러워 혼자 음식을 먹는다.

• 과식하고 나면 자신이 혐오스러워지거나 우울해지고 심한 죄책감에 빠진다.

C. 폭식 때문에 심한 고통을 받는다.

D. 폭식이 적어도 평균 6개월 간 일주일에 2일 이상 있다.

E. 이 장애는 다른 섭식증상의 발현 기간에는 일어나지 않아야 한다.

4) 치료

섭식장애는 정신질환이지만 신체건강에 중요한 영향을 미친다. 섭식장애로 인해 발생할 수 있는 많은 신체적 합병증이 있다. 방치하면 심각한 건강 문제를 일으킬 수 있다. 신체건강을 관찰하는 것이 중요하다. 균형 잡힌 식이요법은 회복에 필수적이다. 영양사와 함께 환자가 자신의 신체에서 영양소의 역할을 이해하고 건강하고 잘 유지한다. 음식, 체중, 칼로리 및 식사에 대한 생각이 효과가 있다. 영양실조는 모든 섭식장애에 큰 역할을 한다. 영양재활은 필수적이며 일단 체중이 회복되면 환자는 체중을 복원하기 위해 구조화되고 안정된 섭식 패턴을 형성해야 한다.

치료, 상담 또는 심리적인 개입이 필요하다. 중요한 점은 치료사와 신뢰관계를 형성하고 섭식 장애의 발달과 유지에 이르게 한 사고, 감정 및 행동과 같은 적절한 문제를 환자에게 제기하는 데 있다. 여기에는 불안, 우울증, 열등한 자기 존중감, 자신감, 대인관계의 문제 등이 포함된다. 환자와 치료사는 함께 섭식장애와 관련된 비합리적인 신념과 사고 패턴을 파악한다. 인지행동 치료는 생각과 감정이 상호의존적이라는 전제에 근거하여 기존의 사고와 행동 패턴을 재검토하고 도전하도록 장려한다. 음식과 자신에 대해 생각하는 방식을 바꾸는 것을 목표로 한다.

개인, 가족 또는 집단치료가 섭식장애의 근원적 원인을 해결하는 데 도움이 될 수 있다. 집단 치료는 비슷한 문제가 있는 사람들로 하여금 섭식장애 주변의 문제를 탐구하기 위한 지지 네트워크를 제공한다. 집단은 대안적인 대처전략, 근원적 문제, 행동을 바꾸는 방법, 개인적인 필요와 장기 목표를 촉발시키는 많은 문제를 다룰 수 있다. 가족치료는 가족 단위의 변화가 섭식장애 행동의 감소를 가져올 것이라는 생각에 근거한다. 이것은 식사를 하는 사람과 함께 살고 있거나 가까이에 있는 사람들을 포함한다. 가족은 한 단위로서 섭식장애를 포함하여 관심을 유발할 수 있는 문제에 대처할 수 있는 방법을 개발하도록 권장된다. 이 치료의 성공 여부는 가족이 기꺼이 참여하고, 치료 기간에 참여하고, 행동을 변경하는 것에 달려 있다.

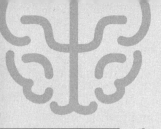

제15장

아동기와 청소년기 장애

1. 학습장애

학습장애는 말 또는 글자를 이해하거나 사용하는 능력, 수학 계산, 운동 조정, 주의집중 등의 장애이다. 학습장애는 아주 어린 아이들에서 발생하지만, 장애는 일반적으로 아동이 학령기에 이를 때까지 인식되지 않는다. 많은 어린이들이 때때로 학교에서 몇 가지 주제나 기술로 어려움을 겪을 수 있다. 아이들이 열심히 노력하고 시간이 지남에 따라 특정한 기술을 습득하는데 어려우면 학습장애가 발생할 수 있다. 학습장애가 있다는 것은 어린이가 하나 이상의 학습 분야에서 어려움을 겪는다는 것을 의미한다.

1) 특징

학습장애(learning disorder)는 어린이가 읽기, 쓰기 또는 산술 학습에 어려움을 겪는 장애이다. 학습장애는 말 또는 글자 이해나 사용 능력, 산수 계산, 운동 조정, 주의 집중 등의 장애이다. 이것은 정신적 또는 육체적 장애와 같지 않으며 어린이의 지능을 반영하지 않는다. 학습장애는 지능지수 또는 사람이 얼마나 똑똑한지를 반영하지 않는다. 대신, 학습장애는 특히 학교에서 과제를 완료하거나 특정 기술을 사용하는 아동의 능력에 영향을 준다. 어떤 어린이들은 하나 이상의 학습장애가 있을 수 있다.

학습장애는 사람이 보는 것을 해석하고 두뇌의 다른 부분에서 정보를 연결하는 능력에 영향을 미친다. 이러한 제한은 말하기 및 쓰기 언어, 운동 조정, 자기통제 또는 주의로 인해 특정 어려움으로 나타날 수 있다. 이러한 어려움은 학업으로 이어지고 읽기, 쓰기나 수학 학습을 방해할 수 있다. 학습장애는 학교나 직장, 일상생활, 가족 상황, 때로는 우정과 놀이까지도 사람의 존재의 많은 부분에 영향을 미치는 평생의 상태일 수 있다.

[그림 15-1] 학습장애의 유형

(1) 난독증

난독증(dyslexia)은 문자를 판독하는 데에 어려움을 겪는 읽기 장애이다. 아는 단어를 읽거나 철자를 쓰거나 불러내는 데 어려움이 있는 장애이다. 듣고 말하는데에는 어려움이 없지만 문자를 판독하는 데에 이상이 있다. 지능은 정상이지만 글자를 읽거나 쓰는데 어려움이 있다. 난독증은 어린이에서 가장 흔한 장애이며 평생 동안 지속된다. 증상은 독해력 및 맞춤법의 문제로 나타난다. 글자를 소리에 대응시키고 정확하고 유창하게 단어를 읽는 능력의 장애이다. 난독증은 글쓰기, 수학 및 언어에도 영향을 줄 수 있고, 초등학교 때 발견되지 않을 수 있다. 어린이들은 읽기 장애 때문에 좌절할 수 있다.

(2) 난필증

난필증(dysgraphia)은 손으로 글씨를 쓰는 데 어려움을 겪는 쓰기 장애이다. 쓰기, 철자법, 사고력 및 공간 지각의 어려움이 특징이다. 이런 아이들은 연필 쥐기, 글자 쓰기, 글자의 공간 지각, 적절하게 글자 크기 조절하기 등에서 소근육 운동의 결함을 보인다. 철자법, 단어 간격 및 일반적인 생각을 종이에 적용하는 것이 어렵다. 무언가를 쓰는 행위는 정보를 기억하고 조직하고 처리하는 데 도움이 된다. 글쓰기의 물리적 행위가 어려울 때 아이는 자신이 아는 것을 효과적으로 보여줄 수 없다. 그는 자신의 생각과 대답을 종이에 쓸 수 없기 때문에 시험에 실패할 수도 있다. 이러한 아이는 초기 학교생활에서 배움에 열등감으로 발전할 수 있다.

- **난독 난필증**: 스스로 쓴 글자를 종종 읽을 수 없다. 철자, 구두 또는 쓰기는 극히 형편없으나 그리기와 베끼기는 영향을 받지 않는다.
- **동작 난필증**: 장애는 불충분한 미세운동 능력, 열등한 손재주, 불량한 근육긴장 또는 불특정 동작의 어색함으로 인한 것이다.
- **공간 난필증**: 공간에 대한 이해의 결함이다. 글쓰기와 글쓰기가 이루어지는 매체 간의 공간적 관계에 가장 큰 영향을 미친다.

(3) 난산증

난산증(dyscalculia)은 계산 능력과 관련한 산수 장애이다. 난산증은 산수 기호에 대한 이해력이 떨어지거나 숫자를 암기하고 정리하는데 어려움을 겪거나 시간을 말하기 어렵거나, 계산에 어려움을 겪을 수 있다. 간단한 산수 문제, 순서 정보 또는 사건 해결에도 어려움이 있다. 이러한 아이는 숫자와 부호를 혼동하고 수학이나 추상적인 아이디어로 일할 수 없다. 난산증은 일반적으로 낮은 지능과 관련이 없다. 난산증은 산수 학습장애의 구체적인 형태로서 연산능력이 완전히 상실된 실산증(acalculia)과 구별된다. 난산증을 6가지로 분류한다(Kosc L., 1974).

- **구두 난산증**: 특정한 사물의 구체적인 숫자를 말한다.
- **실용적 난산증**: 수학적으로 개체를 비교한다(⟨, ⟩).
- **관념적 난산증**: 수학, 산술 개념과 관계를 이해한다.
- **어휘 난산증**: 연산 부호(+, -, ⟨, ⟩)와 숫자와 같은 수학 기호를 읽는다.
- **그래픽 난산증**: 연산 부호(+, -, ⟨, ⟩)와 숫자와 같은 수학 기호를 쓴다.
- **연산 난산증**: 산술 및 수학 계산을 수행한다.

2) 원인

학습장애를 일으키는 원인이 알려지지 않았으나 연구자들은 원인이 보다 다양하고 복잡하다고 말한다. 어떤 사람은 여러 뇌 영역의 정보를 수집하는 데 어려움이 있다. 학습장애는 출생 전에 시작될 수 있는 뇌 구조와 기능의 미묘한 교란에 기인한다는 이론이 있다. 유전적 소인, 임신 전, 도중 및 후에 어머니가 담배, 술 또는 약물남용, 저체중, 미숙아 및 출산 외상 또는 고통과 같은 문제, 환경 독소, 납 중독과 같은 중추신경계 감염과 심한 두부 외상이 있다.

- 유전적 요인: 읽기 및 수학 장애와 같은 일부 학습장애는 유전적이다.
- 신경생리학적 조건: 자궁 내 성장 부진, 출생 전에 담배, 술 또는 약물노출, 그리고 매우 낮은 출생체중이 있다. 머리 부상은 학습장애의 발달에 역할을 할 수도 있다.
- 환경 노출: 높은 수준의 납에 노출되면 학습장애의 위험이 증가한다.

(1) 난독증의 원인

난독증의 원인은 아직까지 정확하지 않다. 그러나 유전자와 뇌의 차이가 중요한 역할을 한다. 난독증은 뇌의 기질적 원인에 의한 신경발달장애이다. 즉, 좌뇌의 언어 및 읽기와 관련된 영역의 구조 및 기능적 이상이다. 난독증은 종종 가족력이 있다.

(2) 난필증의 원인

난필증과 서면 표현의 다른 문제를 일으키는 원인이 무엇인지 확신할 수 없다. 유전적 연결이 있을 수 있으며, 가족 내에서 상속되는 장애가 있다. 난필증은 쓴 단어를 저장하고 영구적으로 기억할 수 있는 정자법에 문제가 있는 것처럼 보인다. 연속적인 손가락 움직임을 계획하는 데 어려움을 겪을 수 있다. 성인은 뇌 손상이나 뇌졸중에 따른 후 증상이 발생할 수 있다.

(3) 난산증의 원인

난산증과 관련된 신경 연결의 결함이 두뇌의 두정엽에 위치한 수치 처리를 담당하는 뇌에서 특별히 발견된다. 난산증은 선천적인 조건, 유전자 구성 요소를 의미한다. 신경생리학적인 뇌 질환, 신경학적 성숙 실패, 정신운동 변화, 어머니의 알코올 노출, 자궁 내 약물 또는 조기출산과 같은 환경은 원인이 될 수 있다.

3) 증상 및 진단

난독증의 특징은 개인의 생활연령, 측정된 지능 및 연령에 맞는 교육을 감안할 때 기대 수준을 크게 밑도는 읽기 성취도이다. 읽기장애는 학업성취 또는 특정 일상생활 경험을 크게 방해한다.

읽기장애는 읽기의 왜곡, 대체 또는 누락이 특징이다. 조용하고 느리게 읽는 것이 모두 이해의 어려움과 오류로 특징지어진다. 문법, 철자법, 구두법 실수, 빈약한 단락 구성, 서툰 필적으로 가득 차있는 쓰기 시험을 작문하는 능력에 어려움이 있다. 난산증의 본질적인 특징은 개인의 나이, 측정된 지능 및 연령에 적합한 교육에 대한 기대치에 비해 크게 떨어지는 수학적 능력의 부족이다. 수학적 장애는 학업성취 또는 일상생활 활동을 크게 방해한다.

(1) 난독증의 증상

난독증의 증상은 자녀가 학교에 입학하기 전에 알아내기 어려울 수 있다. 자녀가 취학 연령에 도달하면 자녀의 교사가 문제를 먼저 알아차릴 수 있다. 난독증의 정도는 다양하지만 아동이 글자를 읽는 법을 배우기 시작할 때 상황이 자주 드러난다.

[표 15-1] 난독증의 증상

미취학기	• 말하는 것이 늦다. • 새로운 단어를 배우는데 둔하다. • 단어를 말로 전환하거나 단어를 정확하게 형성하는데 어려움이 있다. • 문자, 숫자 및 색상을 기억하거나 이름을 붙이는데 문제가 있다. • 동요 학습이나 리듬이 있는 게임을 하기 어렵다.
학령기	• 기대 연령을 훨씬 밑도는 독서력 • 들은 것을 처리하고 이해하는 문제 • 올바른 단어를 찾거나 질문에 대한 답을 구성하는 어려움 • 사물의 순서를 기억하는 문제 • 글자와 단어의 유사점과 차이점을 보는 어려움 • 익숙하지 않은 단어의 발음은 들을 수 없다. • 철자의 어려움 • 읽기 또는 쓰기가 포함된 작업을 완료하는 데 비정상적으로 오래 걸린다. • 독서와 관련된 활동을 피한다.
십대 및 성인	• 큰 소리로 읽는 것을 포함하여 읽기가 어렵다. • 느리고 노동 집약적인 읽기와 쓰기 • 철자 문제 • 독서와 관련된 활동을 피한다. • 이름 또는 단어를 잘못 발음하거나 단어를 검색하는 데 문제가 있다. • 특정 단어에서 농담이나 표현을 이해하는 데 어려움을 겪는다. • 읽기 또는 쓰기가 포함된 작업을 완료하는데 비정상적으로 오래 걸린다. • 이야기를 요약하는데 어려움이 있다. • 외국어 학습 문제 • 암기 어려움

(2) 난필증의 증상

- 글자를 구성하거나 단어의 간격을 일관되게 띄우는 문제
- 연필을 어색하게 잡는다.
- 선을 따르거나 여백 내에 머물기 어렵다.
- 문장 구조에 문제가 있거나 문장을 쓸 때 문법 규칙을 따르면서 말하기 어렵다.
- 종이에 대한 생각을 체계적으로 표현하거나 정리하는 것이 어렵다.
- 주제에 대한 구어와 문어의 이해의 차이

(3) 난산증의 증상

- 물건의 높이를 추정하는데 오랜 시간이 걸린다.
- 산수 문제 이해
- 더하기, 빼기, 곱셈과 같은 기본적 수학 학습
- 해당 단어에 숫자 연결하기
- 분수 이해
- 그래프 및 차트 등 시각적 공간 개념 이해
- 돈이나 잔돈 계산
- 전화번호 또는 우편번호 기억
- 시간을 말하거나 시계를 보는 능력

Diagnostic Criteria 　학습장애

학습장애는 어린이가 읽기, 쓰기 또는 산술 학습에 어려움을 겪는 장애이다.

- 난독증
  - A. 읽기의 정확도 또는 이해력을 개별적으로 관리하는 표준화 검사로 측정한 읽기 성취 도는 개인의 생활연령, 측정된 지능 및 연령에 맞는 교육을 감안할 때 예상한 것보다 크게 낮다.
  - B. 기준 A항의 장애는 읽기 기술을 필요로 하는 학업성취 또는 일상생활 활동을 크게 방해한다.
  - C. 감각결함이 있는 경우 읽기 장애는 일반적으로 감각결함과 관련된 어려움을 초과한다.

- 난필증
  - A. 개별적으로 실시한 표준화 검사에서 쓰기능력이 개인의 생활연령, 측정된 지능 및 연령에 맞는 교육을 감안할 때 예상한 것보다 크게 낮다.
  - B. 기준 A항의 장애는 쓰기 기술을 필요로 하는 학업성취 또는 일상생활 활동을 크게 방해한다.
  - C. 감각결함이 있는 경우 쓰기 장애는 일반적으로 감각결함과 관련된 어려움을 초과한다.
- 난산증
  - A. 개별적으로 실시한 표준화 검사에서 산술능력이 개인의 생활연령, 측정된 지능 및 연령에 맞는 교육을 감안할 때 예상한 것보다 크게 낮다.
  - B. 기준 A항의 장애는 계산을 필요로 하는 학업성취 또는 일상생활 활동을 크게 방해한다.
  - C. 감각결함이 있는 경우 산술장애는 일반적으로 감각결함과 관련된 어려움을 초과한다.

4) 치료

난독증 치료법은 많은 이론이 있지만 실제 치료법은 없다. 치료 계획은 특수 교육 환경이나 정규 교실에서 시행될 수 있다. 치료 전에 아동의 장애를 판단하기 위한 평가가 이루어져야 한다. 아동이 장애가 있으며 특수 교육과 서비스가 필요한지 여부를 결정하는 평가는 유용한 교육 프로그램을 개발하는 첫 단계이다. 부모를 포함한 다양한 출처에서 장애가 의심되는 모든 분야에서의 아동의 기능과 발달 정보를 수집한다. 학습장애 평가는 인지, 행동, 신체 및 발달 요인뿐만 아니라 다른 영역을 포함할 수 있다.

학습장애는 평생 동안 계속될 수 있다. 어떤 사람에게는 몇 가지 중첩되는 학습장애가 분명히 드러날 수 있다. 다른 사람은 자신의 삶에 거의 영향을 미치지 않는 단 하나의 학습문제가 있을 수 있다. 전문가는 자녀의 평가가 끝나면 자녀가 장애가 있는지 여부를 결정한다. 특수 교육 및 관련 서비스를 받을 필요가 있다고 결정하면 다음 단계는 자녀의 필요를 충족시키기 위해 개별 교육 프로그램을 개발한다. 숙련된 교육자는 학업성취 수준 이외에 자녀의 학업 및 지적 잠재력을 평가하는 진단적 교육평가를 수행할 수 있다. 평가가 완료되면 장애와 약점을 수정하고 보완하면서 아동의 능력과 강점을 토대로 학습 기술을 가르친다. 언어 치료사들도 참여할 수 있다. 어떤 약물은 주의력과 집중력을 높임으로써 자녀가 배우는데 효과적일 수 있다.

(1) 난독증의 치료

난독증을 조기에 확인하는 것이 핵심 요소이다. 불행히도 미확인 난독증을 가진 성인은 종종 자신의 지적 능력보다 낮은 직업에서 일한다. 그러나 교사 또는 훈련된 전문가의 도움으로 난독증 환자들이 훌륭하게 극복할 수 있다. 읽기와 쓰기는 일상생활을 위한 기본적인 기술이다. 난독증 환자는 자신의 강점과 관심사를 활용하는 활동을 즐길 수 있고, 언어 기술을 강조하지 않는 디자인, 예술, 건축, 공학과 같은 시각적인 분야는 활발하게 활동할 수 있다.

- 소리와 의미의 관계, 기본 문자 형성 및 인식 기술을 개발한다.
- 다양한 종류의 문서(책, 잡지, 광고, 만화)를 읽는다.
- 시각, 청각 및 촉감을 사용하는 다감각의 구조화된 언어 교육 및 연습
- 메모 작성, 구술시험 및 기타 평가 방법 활용
- 화면 판독기 및 음성 인식 컴퓨터 소프트웨어와 같이 자료와 보조기술 사용
- 학업의 어려움을 극복하기 위해 발생하는 정서적 문제에 대한 지지

(2) 난필증의 치료

난필증을 가진 사람을 돕는 많은 방법이 있다. 적절한 글쓰기에 필요한 기술을 강화하는 것은 모든 연령에서 할 수 있다. 학습장애는 여러 가지 면에서 아동과 가족에게 영향을 미치므로 다양한 측면에서 도움이 필요하다. 전략은 세 가지 범주로 분류된다.

- 편의: 쓰기 학습량의 감소, 쓰기 학습 시간 연장, 받아쓰기 보조 수단 허용
- 변화: 약점을 최소화하거나 피하기 위한 기대 또는 과제의 변화
- 재교육: 쓰기 및 작문 실력 향상을 위한 재교육

(3) 난산증의 치료

학생들이 자신의 강점과 약점을 파악하도록 돕는 것이 치료의 첫 걸음이다. 부모, 교사 및 다른 교육자들은 학생들이 수학을 보다 효과적으로 학습하는데 도움이 되는 전략을 수립하기 위해 협력한다. 학생과 교사는 학생의 어려움에 집중하고 새로운 주제로 너무 빨리 전환하지 않도록 한다. 반복적인 강화와 구체적인 아이디어의 연습을 통해서 쉽게 이해할 수 있다. 다음은 난산증 치료에 활용할 수 있는 전략이다.

- 종이에 아이디어를 정리하는 것이 어려운 학생들에게 그래프 용지를 사용한다.

- 수학에 접근하기 위한 다양한 방법을 찾는다.
- 수학 문제를 해결하기 위한 방법으로 추정하는 것을 연습한다.
- 구체적인 예를 시작하고 나중에 더 추상적인 프로그램으로 이동한다.
- 언어의 어려움, 아이디어와 문제의 명확한 설명, 질문을 격려한다.
- 연필, 지우개 및 기타 도구를 필요에 따라 준비할 수 있는 장소를 제공한다.
- 학생들이 강점과 약점을 인식하도록 도와준다.
- 가장 잘 배운 것을 알면 학업성취와 자신감을 얻는다.

2. 자폐 스펙트럼 장애

자폐 스펙트럼 장애(autism spectrum disorder)는 사회적 의사소통과 사회적 상호작용에 지속적인 손상을 보이고, 행동 패턴, 관심사 및 활동의 범위가 한정되어 있고, 반복적인 것이 특징인 신경발달이다. 다른 사람들을 인식하고 사회화하는 방식에 영향을 주어 사회적 의사소통과 사회적 상호작용에 문제를 일으키는 뇌 발달과 관련된다. 자신의 세계에만 빠져 주위에는 관심이 없고 타인과 공감을 전혀 느끼지 못하는 증상이다. 스펙트럼이라는 용어는 광범위한 증상과 심각도를 나타낸다. 자폐 스펙트럼 장애는 자폐증, 아스퍼거 증후군,[20] 소아기 붕괴성 장애[21] 및 전반적 발달장애의 불특정 형태를 포함한다. 자폐 스펙트럼 장애는 어린 시절부터 시작되어 사회, 학교 및 직장에서 기능하는 문제를 일으킨다. 자폐증은 심각하게 다양하게 나타나는 발달장애로 의사소통 문제, 사회적 어려움과 반복적인 행동이 특징이다. 원인은 성장조절 장애로 보이며 조기 치료는 기능면에서 큰 이득을 가져올 수 있다.

1) 특징

자폐 스펙트럼 장애는 사회 및 의사소통 기술에 영향을 미치는 복잡한 발달장애이다. 장애의 일반적인 특징으로는 사회적 상호작용 장애, 커뮤니케이션 장애, 감각정보 처리 문제, 제한된 반복적 행동 패턴 등이 있다. 자폐 스펙트럼 장애 증상은 연속체 또는 스펙트럼에 표시하여 경증

---

20) 언어발달 지연과 사회적응의 발달이 지연되는 만성 신경정신질환.
21) 생후 2~3년간은 정상으로 발달하다가 3~4세부터 수개월에 걸쳐서 지적·사회적·언어적 기능이 붕괴하는 증후군.

내지 중증의 증상으로 나타낸다. 자폐증 환자들은 무관심하고 멀리 떨어져 있어 다른 사람들과 감정적인 유대를 형성할 수 없는 경향이 있다. 증상은 경중부터 중증까지 다양하고, 어린이마다 다르게 나타난다. 예를 들면, 어떤 어린이는 읽기를 배우는 데 어려움을 겪지 않지만 사회적 상호작용은 극도로 열등하다.

자폐아 아동은 전형적인 아동발달 양상을 따르지 않는다. 일부에서는 문제의 징후가 출생 시 분명해질 수 있다. 이런 어린이들은 일반적으로 처음에는 발달하지만, 18개월에서 36개월 사이에 발달이 정체된다. 사회접촉을 거부하고 이상하게 행동하며 이미 습득한 언어와 사회적 기술을 잃어버리기 시작하는 것을 부모는 알 수 있다. 자폐아 아동과 같은 나이의 다른 아동들 사이의 차이가 더욱 두드러진다.

장애가 초기에 진단될수록 어린이에게 조기에 도움을 제공할 수 있다. 소아과 의사, 가정의, 보육사, 교사 및 부모는 초기에 자폐증의 징후를 해소할 수 있으며 낙천적으로 생각하면 아이는 조금 느리고 따라 잡을 수 있다. 조기 개입은 증상을 줄이고 아동의 성장 및 새로운 기술 습득능력을 높이는 데 극적인 영향을 미치지만, 유치원 이전에 진단된 아동은 50%에 불과하다.

2) 원인

자폐 스펙트럼 장애는 알려진 단일 원인은 없다. 장애의 복잡성, 증상 및 심각성이 다양하다는 사실을 감안할 때 많은 원인이 있다. 장애의 원인은 생물학적, 유전적, 심리적, 환경적 요인이 있다. 그 중에서 유전학과 환경 모두 역할을 한다.

- 유전적 요인: 여러 다른 유전자가 장애에 관여하는 것으로 보인다. 장애는 Rett 증후군[22]이나 취약 X 증후군[23]과 같은 유전적 장애와 관련될 수 있다. 또는 유전적 변화(돌연변이)가 자폐 스펙트럼 장애의 위험을 증가시킬 수 있다. 어떤 유전적 돌연변이는 유전되는 것처럼 보이지만 다른 돌연변이는 자발적으로 발생한다.
- 환경적 요인: 연구에 의하면 현재 바이러스 감염, 임신 중 약물 또는 합병증 또는 대기오염 물질이 장애를 유발하는데 중요한 역할을 한다.

---

22) 여자 아이에게만 발병하는 원인이 밝혀지지 않은 퇴행성 신경질환.
23) 여아보다 남아에게서 더 자주 나타나는 유전성 지능저하의 가장 흔한 원인 질환.

3) 증상 및 진단

어떤 어린이들은 시력저하, 자신의 이름에 대한 반응의 부재 또는 간병인들에 대한 무관심과 같은 징후를 보인다. 그들은 처음 몇 달 또는 몇 년 동안 정상적으로 발달할 수 있지만 갑자기 퇴행하거나 공격적으로 되거나 이미 습득한 언어 기술을 잃어버릴 수 있다. 그들은 학습에 어려움을 겪고 정상적인 지능보다 낮은 징후가 있다. 그들은 정상에서 높은 지능을 갖고 있다. 그들은 빨리 배우지만 일상생활에서 알고 있고 사회적 상황에 적응하면서 대화하고 적용하는 데 어려움을 겪는다. 어린이들의 증상이 독특하여 심각성을 판단하기가 어려울 수 있다.

(1) 사회 커뮤니케이션 및 상호작용

자폐 스펙트럼 장애가 있는 어린이 또는 성인은 다음과 같은 징후를 포함하여 사회적 상호작용 및 의사소통 기술에 문제가 있을 수 있다.

- 자신의 이름에 답하지 않거나 때때로 듣지 않는 것처럼 보인다.
- 껴안고 있지 못하게 하고 혼자 노는 것을 선호하며 자신의 세계로 들어간다.
- 시력이 나쁘고 얼굴 표정이 부족하다.
- 말을 하지 않거나 늦추거나 단어나 문장을 말할 수 있는 능력을 상실한다.
- 대화를 시작하거나 계속 진행할 수 없거나 요청만 한다.
- 비정상적 톤이나 리듬으로 말하고 억양 없는 목소리나 로봇 음성을 사용한다.
- 단어나 구를 글자 그대로 반복하지만 사용법을 이해하지 못한다.
- 간단한 질문이나 지시 사항을 이해하지 못한다.
- 감정이나 느낌을 나타내지 않으며 타인의 감정을 알지 못하는 것처럼 보인다.
- 관심을 공유하도록 대상을 가리키거나 가져오지 않는다.
- 수동적, 공격적 또는 파괴적으로 사회적 상호작용에 부적절하게 접근한다.
- 사람의 표정, 신체 자세나 음성과 같이 비언어적인 신호를 아는 데 어려움이 있다.

(2) 행동 패턴

자폐 스펙트럼 장애가 있는 어린이 또는 성인은 다음과 같은 징후를 포함하여 행동, 이해 또는 활동에 대해 제한적이고 반복적인 패턴을 나타낼 수 있다.

- 흔들기, 회전 또는 손으로 치는 것과 같은 반복적인 동작을 수행한다.
- 깨물거나 머리를 두드리는 소리와 같은 자해를 일으킬 수 있는 활동을 한다.
- 특정 판에 박힌 일이나 의식을 개발하고 사소한 변화에 매우 불안하다.
- 발가락으로 걷는 것과 같은 이상한 움직임 패턴이 있다.
- 기이하거나 뻣뻣하거나 과장된 몸짓 언어가 있다.
- 물체의 세부 사항에 매료되지만 물체의 전반적인 목적이나 기능을 이해하지 못한다.
- 빛, 소리나 촉감에 비정상적으로 민감하지만 통증이나 온도에 무관심할 수 있다.
- 모방 또는 가장 놀이를 하지 않는다.
- 비정상인 전념 또는 집중으로 대상이나 활동을 고착시킨다.
- 편식하거나 특정 질감이 있는 식품을 거부하는 것처럼 특정한 음식 선호가 있다.

Diagnostic Criteria **자폐성 스펙트럼 장애**

자폐 스펙트럼 장애는 사회 및 의사소통 기술에 영향을 미치는 복잡한 발달장애이다.

A. (1), (2), (3)에서 총 6개 항목, 적어도 (1)에서 2개 항목, (2)와 (3)에서 각각 1개 항목이 충족되어야 한다.

(1) 사회적 상호작용에서의 질적인 장애가 다음 항목들 가운데 적어도 2개 항목으로 표현된다.
- 사회적 상호작용을 조절하기 위한 시선접촉, 얼굴표정, 몸자세, 몸짓과 같은 다양한 비언어적 행동을 사용함에 있어서 현저한 장애
- 발달 수준에 적합한 친구관계 발달의 실패
- 자발적으로 다른 사람들과 기쁨, 관심, 성공을 나누지 못한다(예: 관심의 대상을 보여주거나 가져오거나 지적하지 못함).
- 사회적으로나 정서적으로 서로 반응을 주고받는 상호교류의 결여

(2) 질적인 의사소통 장애는 다음 항목들 가운데 적어도 1개 항목으로 표현된다.
- 구두 언어 발달의 지연 또는 완전한 발달 결여(몸짓이나 흉내 내기와 같은 의사소통의 다른 방법에 의한 보상 시도가 수반되지 않음)
- 적절하게 말을 하는 경우 다른 사람과 대화를 시작하거나 지속하는 능력의 현저한 장애
- 상동적이고 반복적인 언어나 괴상한 언어의 사용
- 발달 수준에 적합한, 자발적이고 다양한 가상 놀이나 사회적 모방 놀이의 결여

(3) 제한적이고 반복적이며 상동증적인 행동이나 관심, 활동이 다음 항목들 가운데 적어도 1개 항목으로 표현된다.

- 전념이나 집중에 있어서 비정상적, 1개 이상의 상동적이고, 제한적 관심에 집착
- 특이하고 비효율적인, 틀에 박힌 일이나 의식에 고집스럽게 고수
- 상동적이고 반복적인 동작성 매너리즘(예: 손이나 손가락으로 딱딱 때리기나 틀기 또는 복잡한 몸 전체 움직임)
- 어떤 대상의 부분에 지속적으로 몰두

B. 다음 영역 가운데 적어도 1개 영역에서 기능이 지연되거나 비정상적이며 3세 이전에 시작된다.

(1) 사회적 상호작용

(2) 사회적 의사소통에서 사용되는 언어

(3) 상징적 또는 상상적 놀이

C. 장애가 레트 장애 또는 소아기 붕괴성 장애로 잘 설명되지 않는다.

4) 치료

자폐 스펙트럼 장애는 치료법이 없지만 의사소통 기술을 향상시키고 도움이 되는 다양한 전문 개입이 있다. 환자들마다 다르게 영향을 받으므로 어떤 개입이 어린이에게 가장 잘 맞는지 알기 어려울 수 있다. 어떤 유형의 개입에는 집중적인 과업이 수반될 수 있으며 필요한 실용적이고 정서적이며 재정적인 투입 때문에 많은 가정에서 항상 가능한 것은 아니다. 모든 개입은 자녀 발달의 중요한 측면에 초점을 맞추어야 한다.

- **의사소통 기술**: 말하기 및 언어기술이 지연되므로 그림으로 대체 사용
- **사회적 상호작용 능력**: 타인의 감정을 이해하고 반응하는 능력
- **상상 놀이 기술**: 가상의 새로운 의미를 부여하여 노는 가상 놀이
- **학업 기술**: 읽기, 쓰기 및 수학과 같은 교육을 통해 자녀가 향상해야 하는 기술

3. 주의력결핍 과잉행동장애

주의력결핍 과잉행동장애(attention-deficit/hyperactivity disorder: ADHD)는 부주의, 과잉행동 및 충동성이 복합적으로 나타나는 행동장애이다. 증상으로는 주의집중이 어렵고, 일상 활동을 잊어버리고, 정리하고 마무리하는데 어려움을 겪는다. 과잉행동 증상은 안절부절 못하거나 불안하거나 지나치게 다른 사람을 방해하거나 충동적일 수 있다. 이 장애는 일반적으로 인생 초기에 확인되며 학교에서의 행동 문제, 이해와 과제완료의 어려움 또는 주의산만을 통해 나타난다. 또한 학업 성적, 직업 성공, 타인과의 관계, 사회 정서 발달에 장기간 악영향을 미친다.

1) 특징

주의력결핍 과잉행동장애는 기능 또는 발달을 방해하는 부주의, 과잉행동과 충동성의 지속적인 패턴으로 나타나는 뇌 질환이다. 주의력결핍이란 일을 배회하고, 끈기가 부족하며, 집중을 유지하기가 어려우며, 혼란적인 상태를 의미한다. 이러한 문제는 도전이나 이해의 부족으로 인한 것이 아니다. 과잉활동이란 사람이 적절하지 않은 상황을 포함하여 계속해서 움직이는 것처럼 보인다. 또한 과도한 실수, 계속적인 말하기 또는 대화를 포함한다. 성인의 경우 극단적인 불안일 수 있거나 계속적인 활동으로 다른 사람을 지치게 할 수 있다. 충동성이란 사람이 먼저 생각하지 않고 순간에 일어나는 성급한 행동을 취하고 해를 입힐 가능성이 높다는 뜻이다. 즉각적인 보상이나 만족을 늦추지 못하게 하려는 욕구가 있다. 충동적인 사람은 사회적으로 주제넘게 참견하나 장기간의 결과를 고려하지 않고 다른 사람을 과도하게 방해하거나 중요한 결정을 내릴 수 있다.

2) 원인

질병의 정확한 원인은 잘 알려져 있지 않지만 뇌의 특정 부위의 신경전달물질 패턴의 차이로 인해 발생한다. 신경전달물질은 신경자극이 한 신경세포에서 다른 신경세포로 이동하는 것을 가능하게 하는 화학물질이므로 뇌의 기능에 필수적인 역할을 한다. 두뇌는 광범위한 기능을 수행하여 보고 듣고 생각하고 말하고 움직일 수 있게 한다. 유전적 요소를 갖고 있다. 연구 결과 일란성 쌍둥이의 경우 쌍둥이 중 한 사람이 장애가 있으면 다른 쌍둥이가 장애를 보일 가능성이 거의 100%이다. 유전자가 역할을 수행할 수 있다. 또 질병은 출생 전후에 발생하는 신경학적 손상이 있는 일부 환자에서도 나타날 수 있다. 태아 알코올 증후군은 장애 발병률이 높다. 특정 환경적 요인들도 어린이로서의 납 노출과 같은 위험을 증가시킬 수 있다.

3) 증상 및 진단

진단받기 위해서는 적어도 6개월 동안 주의력결핍 과잉행동장애와 관련된 문제를 제시해야 한다. 이 증상은 자신의 능력이나 기능에 심각한 부정적 영향을 미친다. 이러한 행동은 또한 가정, 직장, 친구 및 가족과 같은 두 가지 이상의 환경에 존재해야 한다. 성인의 경우 부주의의 증상이 일반적으로 더 두드러진다. 업무집중이나 활동 우선순위 부여와 관련하여 어려움을 겪을 수 있다. 이로 인해 업무완료, 마감 기한 누락 및 사회적 참여가 어려워질 수 있다.

[표 15-2] 주의력결핍 과잉행동장애의 증상

주의력결핍의 증상	과잉행동과 충동성 증상
• 부주의하게 실수하고, 세부적 것을 간과한다. • 과업, 대화에 집중하는 데 어려움이 있다. • 쉽게 산만해진다. • 지시 사항이나 의무 수행이 어렵다. • 작업 및 활동 구성의 어려움 • 지속적 주의가 필요한 활동의 회피나 거절 • 자주 물건을 잃어버린다. • 매일의 활동을 잊어버린다(약속, 집안일).	• 빈번한 싸움, 몸부림치기, 두드리기 • 여석이 예상될 때 종종 자리를 떠난다. • 지나치게 불안을 느낀다. • 여가 활동 참여의 어려움 • 지나치게 말하기 • 충동적으로 불쑥 말하기 • 기다리는 데 어려움이 있다. • 다른 사람을 침해하거나 방해하는 행위

Diagnostic Criteria | 주의력결핍 과잉행동장애

주의력결핍 과잉행동장애는 부주의, 과잉행동 및 충동성이 복합적으로 나타나는 행동장애이다.

A. (1) 또는 (2)에 의해 특징이 되는 기능적 또는 발달을 방해하는 부주의 및 과잉행동 충동의 지속적인 패턴

(1) 부주의

다음 증상 중 6개 이상 발달 수준과 일치하며 사회, 학교 및 직업 활동에 부정적인 영향을 미치는 최소 6개월 동안 지속되었다.

• 세부적인 면에 면밀한 주의를 기울이지 않거나 학교, 직장 또는 다른 활동에 부주의한 실수를 하는 경우가 있다.

- 작업이나 놀이 활동에서 주의를 기울이는 데 종종 어려움이 있다.
- 종종 직접 말할 때 듣지 않는 것처럼 보인다.
- 종종 지시를 따르지 않고 학교, 집안일 또는 직장에서 의무를 끝내지 못한다.
- 종종 과업과 활동을 구성하는 데 어려움이 있다.
- 종종 정신적 노력이 필요한 작업을 피하거나 싫어하거나 참여를 꺼린다.
- 종종 작업이나 활동에 필요한 것을 잃어버린다.
- 외적 자극으로 쉽게 산만해질 수 있다.
- 일상적인 활동을 종종 잊어버린다.

(2) 과잉행동 및 충동성

다음 증상 중 6개 이상 발달 수준과 일치하며 사회, 학교, 직장 활동에 직접적인 부정적인 영향이 최소 6개월 동안 지속되었다.

- 종종 손이나 발을 가볍게 두드리거나 가볍게 두드리며 꼼지락거린다.
- 남은 자리가 예상되는 상황에서 자리를 떠난다.
- 부적절한 상황에서 종종 뛰어다닌다.
- 종종 여가 활동을 조용히 참여하거나 보내지 못한다.
- 종종 계속적으로 활동하거나 일한다.
- 과도하게 말을 많이 한다.
- 질문이 완료되기 전에 성급하게 대답을 불쑥 말한다.
- 종종 자신의 차례를 기다리는 데 어려움을 겪는다.
- 종종 다른 사람들을 방해하거나 간섭한다.

B. 12세 이전에 여러 가지 부주의하거나 과잉행동하는 충동 증상이 있었다.

C. 여러 가지 부주의 또는 과잉행동 충동 증상이 2개 이상의 환경에서 나타난다.

D. 증상이 사회, 학교 또는 직업을 방해하거나 질적 저하의 명백한 증거가 있다.

E. 증후는 정신분열증이나 다른 정신병 장애의 과정에서 독점적으로 발생하지 않으며 다른 정신에 의해 더 잘 설명되지 않는다.

4) 치료

장애 아이들은 적절한 치료를 받는 것이 필수적이다. 아동기에서 치료하려면 행동관리뿐 아니라 의학적, 심리적 및 교육적 개입이 필요하다. 부모는 아동을 어떻게 대처하고 지원할 수 있는지에 대해 교육 받아야 한다. 부모의 지원은 성공적인 치료 프로그램에서 중요한 요소이다. 바람직한 행동이 보상되는 긍정적인 강화는 행동관리의 가장 적절하고 효과적인 형태이다. 강화가 지속적으로 적용되는 것이 중요하다.

장애 어린이들은 환경을 약간 조정하여 정규 교실에서 배울 수 있지만 어떤 어린이는 특수 교육 서비스를 사용하여 추가 지원이 필요하다. 성인 치료는 의학적 개입과 심리 치료를 포함한다. 정신요법은 환자가 어려움이 회복 불가능한 성격 결함의 결과가 아니라는 사실을 이해하는 데 도움이 되어야 하기 때문에 중요하다.

환자는 일상생활에 부정적인 영향을 미치므로 종종 정서적인 문제가 있다. 심리요법은 증상을 제어하고 더 나은 선택을 하면서 상태를 이해하는 데 도움이 된다. 치료는 사람이 자신을 더 쉽게 업무와 숙제로 인도할 수 있도록 돕는 기술을 제공하며 행동에 대해 더 잘 알게 된다. 약물 치료는 환자가 집중력을 높이고 불안을 덜어 주며 학습된 기술 결과를 향상시킬 수 있다.

4. 행동장애

행동장애(conduct disorder)는 청소년기에서 타인의 권리나 입장을 침해하거나 사회기준이나 규범을 위반하는 행동을 반복적·지속적으로 하는 증상이다. 이런 장애 어린이는 파괴적이고 폭력적인 행동 패턴을 보이고 규칙에 준수하는 문제가 발생할 수 있다. 어린이와 청소년이 발달 중에 어떤 시간에 행동 관련 문제를 갖는 것은 드문 일이 아니다. 그러나 행동이 오래 지속되고 타인의 권리를 침해할 때 행동장애로 간주되며, 이로 인해 행동규범을 위반하고 일상생활을 혼란시킨다.

1) 특징

행동장애는 일반적으로 아동기 또는 청소년기에 시작되는 행동 및 정서적 문제이다. 장애가 있는 어린이와 청소년은 규칙을 따르고 사회적으로 인정되는 방식으로 행동하기가 어렵다. 그들은 다른 사람들의 권리를 침해할 수 있는 공격적이고 파괴적이며 기만적인 행동을 보일 수 있다. 일반적으로 아동기 또는 청소년기에 타인의 권리를 계속적이고 반복적으로 침해하고, 사회규범을 위반하는 부적합한 행동이다. 현실적으로 행동장애가 있는 어린이는 종종 불안하고 정밀하지 못하고 사람들이 공격적이거나 위협적이라고 믿는다. 행동장애를 가진 아동의 전형적인 행동에는 다음이 포함될 수 있다.

- 부모 또는 다른 권위자의 말에 대한 거부
- 무단결석, 학습부진
- 어린 나이에 담배와 술을 포함한 약물사용 경향
- 다른 사람들에 대한 공감 부족
- 사악하고 복수심 어린 행동
- 동물에게 공격적이다.
- 신체적 또는 성적학대 행위
- 갱들과 어울리는 경향
- 육체적인 싸움과 무기 사용
- 거짓말, 도둑질, 주거침입, 파괴행위와 같은 법률위반 행위

2) 원인

행동장애는 아동에 다른 사람의 권리를 침해하거나 사회규범을 위반하는 반복적이고 지속적인 행동 패턴이다. 이러한 장애 아동은 가정생활이나 학교생활이 어렵다. 지나치게 조숙하고 남을 신뢰하지 않고, 책임을 전가하는 경향이 있다. 곤경과 고통을 참지 못하고 흥분을 잘하며, 타인을 불쾌하게 충동한다. 또한 행동장애가 있는 많은 어린이와 청소년에게는 주의력결핍 과잉행동장애, 학습장애, 우울증, 약물남용에 기여할 수 있는 정신질환이 있다. 이러한 행동장애의 정확한 원인은 알려져 있지 않지만 생물학적, 유전적, 심리적, 환경적 요인의 결합이다.

- 생물학적 요인: 뇌의 특정 영역에 결함이나 부상이 있으면 행동장애를 유발할 수 있다. 뇌 부위의 신경세포회로가 제대로 작동하지 않으면 장애 증상이 발생할 수 있다.
- 유전학적 요인: 행동장애 환자들은 기분장애, 불안장애, 물질사용 장애 및 성격장애를 비롯한 정신질환을 앓고 있는 가족이 있다. 이는 장애를 수행하는 취약성이 적어도 부분적으로 상속될 수 있음을 시사한다.
- 심리적 요인: 행동장애는 도덕적 인식(특히 죄책감과 후회의 부재)과 인지 과정상의 결함에 대한 문제를 반영할 수 있다.
- 환경적 요인: 가족의 부적절한 생활, 아동학대, 외상적 경험, 약물남용의 가족력 및 부모의 일관성 없는 육아와 같은 요소는 행동장애의 발달에 기여할 수 있다.

3) 증상 및 진단

행동장애 어린이들이 짜증을 잘 내고 자부심이 낮으며, 타인이나 동물에 대해 공격적이고, 거짓말을 하거나 절도를 하는 경향이 있다. 또한 일부는 마약과 알코올을 남용할 수 있다. 이들은 자신의 행동이 다른 사람을 해칠 수 있다는 것을 이해하지 못하고 일반적으로 다른 사람을 해치는 것에 대해 거의 죄책감이나 양심의 가책을 느끼지 못한다. 행동장애의 증상은 어린이의 나이와 증상의 심각성에 따라 다르다. 일반적으로 행동장애의 증상은 네 가지 범주로 나뉜다.

- 공격적 행동: 신체적인 위협을 하거나 행동으로 싸우거나 괴롭힌다. 다른 사람이나 동물에게 잔인하거나 무기를 사용하거나 다른 사람에게 성행위로 강요한다.
- 파괴적 행동: 방화 및 파괴 행위와 같은 재산의 고의적 파괴가 포함된다.
- 사기절도 행동: 사기, 절도, 집이나 자동차 침입을 반복하여 재산을 훔칠 수 있다.
- 사회규범 위반: 사회규범에 어긋나거나 자신의 연령에 맞지 않는 행동을 한다. 즉, 가출, 학교 무단결석, 못된 장난, 조기 성적 활동이 포함된다.

Diagnostic Criteria   행동장애

행동장애는 청소년기에서 타인의 권리나 입장을 침해하거나 사회기준이나 규범을 위반하는 행동을 반복적·지속적으로 하는 증상이다.

A. 다른 사람의 기본권 또는 연령에 적합한 사회규범 또는 규칙을 위반하는 반복적이고 지속적인 패턴이 있고, 지난 12개월 동안 다음 중 적어도 3개가 존재한다. 지난 6개월 동안 적어도 하나의 항목이 나타난다.

- 사람과 동물에 대한 공격
  - 다른 사람들을 괴롭히거나 위협하거나 협박한다.
  - 종종 육체적인 싸움을 한다.
  - 다른 사람들에게 심각한 육체적 피해를 줄 수 있는 무기를 사용한다.
  - 사람들에게 육체적으로 잔인하다.
  - 동물에게 육체적으로 잔인하다.
  - 피해자와 대면하면서 절도한다(예: 절도, 강도, 지갑 날치기, 무장강도).
  - 다른 사람에게 강제로 성행위를 강요한다.

- ▪ 재산 파괴
  - 심각한 피해를 입힐 의도로 고의적으로 방화한다.
  - 타인의 재산을 의도적으로 파괴한다.
- ▪ 사기 또는 절도
  - 다른 사람의 집, 건물 또는 차를 파괴한다.
  - 종종 물건이나 호의를 얻거나 의무를 피하기 위해 거짓말을 한다.
  - 희생자와 대면하지 않고 중요한 가치가 있는 물건을 절도한다(예: 파괴나 침입하지 않고 물건을 사는 체하며 절도, 문서위조).
- ▪ 심각한 규칙 위반
  - 부모의 금지에도 불구하고 13세 이전부터 자주 외박한다.
  - 부모나 부모 대리 가정에 살고 있는 동안 최소한 두 번 이상 가출한다.
  - 13세 이전부터 학교에서 무단결석을 하는 경우가 종종 있다.

B. 행동장애는 사회, 학업, 직업 기능에 심각한 손상을 초래한다.

C. 18세 이상이면 반사회적 성격장애의 진단 기준을 충족시키지 않는다.

4) 치료

행동장애는 극복하기가 어렵지만 절망적인 것은 아니다. 부모, 교사 및 동료의 효과적인 지원 네트워크를 구성할 수 있는 상황에서 장애는 관리할 수 있다. 치료는 장애에 대한 부정적인 태도로 복잡하다. 증상이 조기 진단되면 치료가 성공적으로 진행된다. 장애 치료는 아동의 연령, 증상의 심각성, 특정 치료법에 참여하고 수용하는 아동의 능력을 비롯한 여러 요소를 기반으로 한다. 치료는 대개 복합적으로 이루진다.

- **인지행동치료**: 아동이 적절한 방법으로 분노를 표현하고 통제하는 법을 배우도록 돕는 데 목적을 두고 있다. 문제해결 능력, 분노관리, 도덕적 추론 기술 및 충동조절을 향상시키기 위해 아동의 사고(인지)를 재구성한다.
- **가족치료**: 가족 간의 상호작용과 의사소통을 향상시키는 데 도움이 될 수 있다. 부모관리훈련은 부모가 가정에서 자녀의 행동을 긍정적으로 바꿀 수 있는 방법을 가르쳐준다. 부모에게 아동의 행동문제(공격성, 과잉행동, 짜증, 지시 수행의 어려움)를 해결하려는 긍정적인 강화방법을 가르치는 프로그램이다

● **약물치료**: 행동장애 치료를 공식적으로 승인받은 약물은 없지만 정신질환과 같은 심각한 증상(공격성, 충동성)을 치료하기 위해 다양한 약물을 사용할 수 있다.

<table>
<tr><td>5.</td><td>반항성장애</td></tr>
</table>

반항성장애(oppositional defiant disorder)는 성인이나 권위자를 대상으로 한 적대적, 불순종 및 도전적 행동을 특징으로 하는 아동기 장애이다. 청소년이 성인이나 다른 권위자에 대한 분노, 과민반응, 논쟁, 저항 또는 복수심의 빈번하고 지속적인 패턴을 갖고 있다면, 그들은 반항성장애를 가질 수 있다. 반성장애는 반항적, 불복종적, 도발적인 행동을 하지만, 규칙을 위반하거나 타인의 권리를 침해하는 반사회적 행동이나 공격적인 행동은 아니다.

모든 어린이들이 성장하는 동안 어떤 유형의 도전적인 행동을 보이지만 반항성장애 어린이는 훨씬 더 흔하게 이러한 행동을 보인다. 아이들은 의도적으로 갈등을 일으키거나 주위 사람들을 고의적으로 괴롭히는 일을 할 뿐만 아니라 종종 다른 사람들을 비난할 것이다. 또한 반항성장애는 분노하고 짜증스러운 기분과 논쟁의 여지가 있는 행동을 나타내는 것이 특징이다.

1) 특징

반항성장애는 주로 성인과 권위자들에 대한 부정적이고, 도전적이며, 불순종하며, 적대적인 행동을 특징으로 하는 아동기 장애이다. 이러한 행동은 발달기에 흔한 것이기 때문에 그것이 정상 발달과정에서 나타난 것인지 혹은 반항성장애의 초기 증상인지 판단해야 한다. 반항성장애는 자주 발생하는 특징이 있다. 즉, 화를 내거나 어른들과 논쟁하고, 어른들의 요구나 규칙에 적극적으로 반항하거나 거절하고, 자신의 실수나 나쁜 품행에 대해 다른 사람들을 비난하고, 다른 사람들을 고의적으로 괴롭히거나 악의를 갖거나 보복적이다. 부정적이고 도전적인 행동은 지속적 완고함, 방향에 대한 저항, 어른이나 동료와 타협, 동의하거나 협상하지 않으려는 것으로 나타난다. 도전은 고의적으로 질서를 무시하고 논쟁하고 잘못을 인정하지 않는다. 적대감은 성인이나 동료를 대상으로 하며, 의도적으로 다른 사람을 괴롭히거나 언어 공격에 의해 나타난다. 증상은 개인이 잘 알고 있는 성인이나 동료와의 상호작용에서 더 분명하게 나타나므로 임상 시험 중에 분명하지 않을 수 있다. 다음은 행동장애로 인해 발생할 수 있는 행동의 예이다.

- 빈번한 거짓말
- 공격적이고 폭력적인 행동
- 공공기물 파손
- 지속적인 도둑질
- 알코올 또는 마약 사용

2) 원인

반항성장애의 발병은 특정 원인을 특정 요인으로 좁힐 수는 없다. 여러 가지 요소가 결합되어 증상을 일으키는 것으로 널리 인식되고 있다. 다음은 반항성장애의 발병에 영향을 줄 수 있는 다양한 원인과 요인이다.

- 유전적 요인: 어린이에게는 다양한 정신질환을 앓고 있는 가족이 있는 것이 일반적이다. 이러한 질병에는 기분장애, 성격장애 및 불안장애가 포함될 수 있다.
- 신체적 요인: 비정상적인 양의 특정 뇌 화학물질의 존재와 관련이 있다. 메시지가 갑자기 뇌의 다른 측면과 적절하게 통신할 수 없으면 장애 증상이 발생할 수 있다.
- 환경적 요인: 어린이가 다소 혼란스러운 가정생활(폭력, 논쟁 및 불화)에 둘러싸여 있는 경우 영향을 받는다. 어린이들이 폭력에 노출되거나 파괴적이고 무모한 방식으로 행동하는 친구가 있다면 장애 발병 가능성이 있다.

3) 증상 및 진단

반항성장애의 증상은 사람마다 다르다. 또한 증상이 소녀에게 나타나는 것과는 달리 소년에게 나타나는 증상에 큰 차이가 있을 수 있다. 강건하고 정서적인 아동과 반항성 장애가 있는 아동의 차이를 알아내는 것이 때때로 어렵다. 아동발달의 특정 단계에서 반항성 행동을 나타내는 것은 정상이다. 증상은 일반적으로 취학 전부터 시작된다. 거의 항상 십대 초기에 진전될 수 있다. 이러한 행동은 가족, 사회활동, 학교 및 직장에서 심각한 장애를 일으킨다. 다음은 아동이 반항성장애로 어려움을 겪고 있는 증상이다.

[표 15-3] 반항성장애의 증상

행동 증상	인지 증상
• 쉽게 화를 내거나 반복적인 짜증 • 논쟁, 싸움, 규칙 위반 • 다른 사람들을 의도적으로 괴롭힘 • 다른 사람 비난 • 다른 사람들에 대한 노골적인 적개심 • 타협이나 협상 기피 • 우정을 기꺼이 파괴 • 악의적이고 복수적임 • 노골적이고 반복적인 불순종	• 빈번한 좌절 • 집중의 어려움 • 생각 전에 먼저 행동
	심리 사회적 증상
	• 친교의 어려움 • 자존심 상실 • 지속적인 부정성 • 일관된 불쾌감

Diagnostic Criteria   반항성장애

반항성장애는 성인이나 권위자를 대상으로 한 적대적, 불순종 및 도전적 행동을 특징으로 하는 아동기 장애이다.

A. 분노적, 논쟁적, 반항적 행동양식이 적어도 6개월 동안 지속되고 있으면서 다음의 준거들 중 4개(혹은 그 이상)가 나타난다.

■ 분노·과민반응

● 종종 기질을 잃는다.

● 종종 과민하거나 쉽게 짜증낸다.

● 종종 분노하고 분개한다.

■ 논쟁적·반항적 행동

● 아동 및 청소년을 대상으로 종종 권위자 또는 성인과 논쟁한다.

● 어른의 요청이나 규칙을 따르는 것을 적극적으로 반항하거나 거부한다.

● 고의적으로 사람들을 종종 괴롭힌다.

● 자신의 실수나 잘못 행동으로 다른 사람들을 종종 비난한다.

■ 복수심

● 지난 6개월 이내에 적어도 두 번은 악의적이거나 복수심을 가졌다.

B. 행동장애는 개인이나 다른 사람들이 그의 사회적 맥락에서 고통과 관련되어 있다.

C. 행동은 정신병, 약물사용, 우울증 또는 양극성 장애의 과정에서는 발생하지 않는다. 또한 기분조절 곤란 장애에 대한 기준을 충족시키지 않는다.

4) 치료

치료는 일반적으로 인지행동치료, 가족치료, 부모훈련, 약물치료가 포함된다. 반항성장애의 인지행동치료에는 긍정적인 가족관계를 형성하고 문제행동을 관리하는 기술 습득이 포함된다. 인지행동치료는 분노관리 기술, 의사소통 능력, 충격조절, 문제해결이 포함된다. 아동은 자신의 문제를 이해하지 못하므로 치료는 부모에게 달려 있다. 부모관리 훈련은 부모와 자식 간의 관계를 재건하고 부모에게 아동의 행동을 다루는 새로운 기술을 가르친다. 가족치료는 부모가 자녀의 질병을 다루기 위한 지원을 찾고 전략을 배우는 것을 도울 수 있다. 부모는 자녀 상호작용 요법을 배울 수 있다. 또래집단은 자녀가 자신의 사회적 기술과 다른 아이들과의 관계를 향상시키는 법을 배울 수 있다. 장애를 치료하기 위해서는 추가적으로 약물치료가 필요할 수 있다.

(1) 인지행동치료

인지행동치료는 행동장애를 일으키는 사고 패턴을 파악하고 행동을 개선하기 위해 아동의 사고(인지)를 재구성하는 것을 목표로 한다. 분노를 관리하고, 감정을 조절하고, 문제를 해결하기 위한 일련의 기술을 환자들에게 가르친다. 도전적 행동을 대체할 긍정적인 대안행동을 제공할 수 있다. 이러한 유형의 치료는 가족 및 사회적 상호작용이 뿌리내리지 않고 변화하기 어려운 초기에 가장 효과적이다.

(2) 부모관리 훈련

부모관리 훈련은 부모가 자녀의 가정 행동을 긍정적으로 변화시킬 수 있는 방법을 배우는 것이다. 부모는 효과적인 육아기술을 배우고 부모와 자녀 관계의 질이 향상되며 문제행동이 감소된다. 부모와 자녀가 함께 서로에게 도움이 되는 해결책을 제시하는 협동적 문제해결은 관련 문제를 개선하는 데 도움이 될 수 있다. 아이들은 원하는 것을 얻으려고 나쁘게 행동한다는 것을 전제로 한다. 부모는 아이의 행동을 변화하는 법을 배운다. 부모는 아이에게 보상과 칭찬을 제공한다. 효과적인 네 가지 핵심 원칙이다.

- 행동 강화: 차트에 별표를 달거나 특별한 혜택을 제공하는 등 보상을 강화한다.
- 행동 무시: 아이들은 종종 주의를 끌기 위해 나쁜 행동을 사용한다. 무시함으로써 부정적 행동을 억제한다.

- **혜택 박탈**: 부정적 행동이 너무 심각하여 무시할 수 없다면 혜택을 박탈한다.
- **요인 제거**: 나쁜 행동을 유발하는 공통적인 촉발 요인을 제거한다.

(3) 가족치료

가족치료는 가족 간의 상호작용과 가족 간의 의사소통을 향상시키는 데 도움이 될 수 있다. 가족치료는 의사소통과 관계를 개선하고 가족 구성원들이 함께 일하는 법을 배우도록 도울 수 있다. 부모와 자녀가 함께 일하면서 서로에게 도움이 되는 해결책을 제시하는 협동적 문제해결은 관련 문제를 개선하는 데 도움이 될 수 있다.

(4) 집단치료

어린이는 자신의 구체적인 필요에 따라 더 많은 집단에 참여할 수 있다. 기분조절, 분노관리, 사회기술, 독립적인 생활기술 및 건강한 대처기술을 포함하여 다양한 주제를 다루는 집단치료이다. 집단치료의 주요 목적은 학습기술을 개발할 수 있는 구조화된 기술 기반 프로그램을 제공하는 동시에 구조화되고 고무적인 환경에서 특정 중요 기술을 촉진한다. 자녀는 또한 보다 융통성 있고 동료들과 보다 긍정적이고 효과적으로 상호작용하는 방법을 배우는데 도움이 되는 치료의 혜택을 받을 수 있다.

제 IV 편

범죄행동과
행동변화

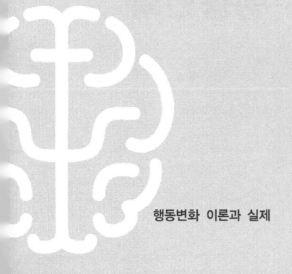

행동변화 이론과 실제

제16장
범죄행동

1. 범죄의 개념

범죄(crime)는 사회적으로 불인정하는 매우 잘못된 행동이다. 또한 범죄는 공공의 이익을 침해하는 것으로 법률에 의해 금지된 행동이다. 범죄의 법적인 희생자가 특정한 사람이지만 실제적인 희생자는 사회이다. 따라서 범죄는 사회적 손해를 수반하며 공공 과정을 통해 예방해야 한다. 이것은 희생된 개인이나 사회 전체를 대표하는 검사에 의해 기소된다. 범죄의 중요한 측면은 처벌이다. 범죄가 처벌받는 것은 시대와 문화에 따라 상당히 다를 수 있다. 사람들이 잘못한 개인에게 손해배상이나 구체적인 조치를 취하고 범죄로 유죄판결을 받은 사람은 처벌된다.

사람들은 범죄행위와 범죄 의도가 존재하지 않으면 형사범죄로 유죄판결을 받을 수 없다. 범죄행위(actus reus)는 범죄의 신체적 요소로 어떤 사람이 범죄를 위해서 취하는 신체적 행동이다. 예를 들면, 구타와 같이 금지행위나 교통사고를 냈을 때 희생자에게 적절한 도움을 주어야 하는 의무를 하지 않는 경우이다. 범행의도(mens rea)는 범죄의 정신적 요소로 의도적인 마음의 상태이다. 검찰은 이 두 요소를 모두 입증해야만 판사가 합리적으로 의심할 여지없이 판결할 수 있다. 그렇지 않으면 유죄로 입증될 때까지 무죄로 추정된다. 무죄추정의 원칙(principle of presumption of innocence)은 피의자는 유죄판결이 확정될 때까지는 무죄로 추정한다는 원칙이다.

- **범죄행위**: 범죄의 신체적 요소로 범죄를 위해서 취하는 신체적 행동
- **범행의도**: 범죄의 정신적 요소로 의도적인 마음의 상태

1) 형사범죄의 구성 요소

범죄는 법이 처벌할 수 있는 불법 행위이다. 범죄는 개인을 형사상으로 책임지는데 필요한 행동과 마음의 상태이다. 형사책임(criminal liability)은 두 가지 기준의 동시발생을 필요로 한다. 즉, 범죄의 신체적 요소인 범죄행위(actus reus)와 범죄의 정신적 요소인 범행의도(mens rea)이다. 또한 관습법에서 발전된 형사책임의 일반 원칙에 따라 신체적 행동은 자발적이어야 하며 사회에 해를 입힐 수 있어야 한다. 이러한 형사책임에는 다섯 가지 요소가 있다. 이 요소를 충족시키는 사람이 정당하거나 용서를 받지 않는 한 형사법에 따라 처벌될 수 있다.

[그림 16-1] 형사범죄의 구성 요소

(범죄의 요소)

- 범죄행위
- 범행의도
- 동시발생
- 인과관계
- 사회적 손해

(1) 범죄행위

범죄행위(actus reus)는 단순한 행위 이상으로 구성될 수 있으며 피고인의 마음의 상태 이외의 모든 범죄 요소를 포함한다. 범죄에 따라 범죄가 저질러진 상황 및 수행된 결과가 포함될 수 있다. 예를 들면, 강간죄는 동의하지 않는 사람과의 불법적인 성행위이다. 동의의 결여는 피고인의 행위와 독립적으로 존재하는 주변 상황이다. 범죄행위는 형사범죄에 원인이 있는 사람이 취하는 신체적 행동이다. 예를 들면, 강도 범죄행위는 피고가 차를 부수고 차에 침입해야 한다. 닫힌 문을 열거나 창문을 부수는 것과 같이 구체적인 행동이 범죄를 구성할 수 있다. 어떤 행위의 누락은 범죄행위의 요소이다. 구체적인 행동보다는 누락으로 범죄를 저지르는 것도 가능하다.

범죄행위는 희망, 생각, 또는 소망과 다르다. 사람이 범죄를 저지르고 자주 범죄를 생각할 수도 있지만 실제로 행동을 수행하기 전까지는 범죄가 수행되지 않아서 책임을 질 수 없다. 동일한 행위는 결과에 따라 다른 범죄행위가 될 수 있다. 예를 들면, 누군가를 찌르는 것은 희생자가 사망한 경우 살인 행위를 하거나 피해자가 살아남은 경우 심각한 신체 상해를 일으킬 수 있다. 피고인의 행동은 두 경우 모두 동일하지만, 결과로 살인 또는 심각한 신체 상해의 범죄행위로 다르다.

[그림 16-2] 범죄행위

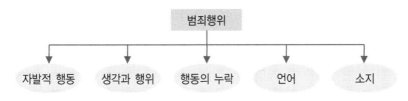

❶ 자발적 행동

범죄행위는 자발적 행동(voluntary action)이다. 행동이 자발적으로 이루어지기 위해서는 범죄자가 선택권을 행사하고 자신의 행동에 책임을 지는 충분한 자유의지를 가져야 한다. 자발적으로 행동한 사람은 나중에 행동을 후회하더라도 여전히 책임이 있다. 피고인이 범죄로 유죄판결을 받았다면 피고인의 행동은 자발적이었을 것이다. 그러나 제한된 몇 가지 상황을 제외하고 자신이 통제할 수 없는 행동에 대해서는 책임을 지지 않는다. 예를 들면, 간질로 고통을 받고 통제할 수 없는 발작을 경험한 사람이 슈퍼마켓에 있었고 발작을 일으켰고, 결과적으로 재산 피해를 입힌 경우 아마도 형사책임을 지지 않을 것이다. 행동은 피고인이 자신의 신체를 통제하지 못하는 경우 또는 다른 사람으로부터 매우 강한 압력을 받는 경우에만 비자발적으로 간주된다.

❷ 생각과 행위

범죄행위를 완전히 이해하려면 자발적인 행동과 단순한 생각 사이의 차이점을 이해하는 것이 중요하다. 범죄를 하려는 생각으로 처벌을 받을 수는 없다. 범죄를 하려는 생각이 있고 생각과 관련된 신체적 행동을 수행할 경우에만 형사책임을 지게 된다. 어떤 사람에게 나쁜 일이 일어나기를 바랐고 나쁜 일이 일어났더라도 해를 입히지 않으면 형사책임을 지지 않을 것이다.

❸ 행동의 누락

범죄행위는 보통 신체적인 행동을 포함한다. 그러나 어떤 상황에서는 어떤 행동을 수행하지 않는 것이 범죄가 된다. 이러한 의미에서 누락(omission)은 두 가지 상황 중 하나로 형사책임을 초래할 수 있는 행동이다. 첫째, 범죄의 정의가 구체적인 누락을 처벌하는 경우 발생한다. 예를 들면, 소득세 신고서를 제출하지 않은 경우를 들 수 있다. 둘째, 어떤 방식으로든 행동하겠다는 적극적 의무를 지니지만 그렇게 하지 않을 경우 발생한다. 예를 들면, 아동방치이다. 부모와 법적 보호자는 아동이 부상당하지 않거나 건강을 손상하지 않는 방식으로 아동을 보호해야 한다.

아동을 보호하지 않으면 부모나 보호자가 형사처벌을 받을 수 있다. 예를 들면, 부모가 아이에게 음식을 주지 않고 아이가 기아로 사망한 경우 부모는 범죄 책임을 지게 된다. 아이를 돌보는 데 필요한 보살핌이 누락되면 범죄행위가 된다. 운전자가 자동차 사고를 내면 운전을 중지하고 필요한 조치를 취해야 한다. 또한 구조 요원이나 간호사는 계약관계로 준수할 법적 의무가 있다. 그러나 이와 같이 정의된 관계가 없으면 일반적으로 모든 상황에서 도움을 줄 의무가 없다. 비록 대부분의 사람들이 누군가의 생명이 위험에 처해질 경우 행동해야 한다고 느끼더라도 돕는 일을 하지 않았을 때 법적 책임이 있는 것은 아니다.

❹ 언어

형사책임에 대한 범죄행위 요건은 명백하고 의지적인 신체적 행위이다. 어떤 경우에는 구체적 누락으로 충족된다. 때때로 단순한 말이 범죄행위를 구성할 수 있다. 이러한 말은 너무 공격적이어서 사회가 위협으로 간주할 수 있다. 진술을 하는 장소와 방법에 따라서 진술이 범죄행위가 될 수 있는지 여부와 관련이 있다. 종종 맥락만으로도 말은 범죄행위로 간주된다. 예를 들면, 혼잡한 극장에서 "불이야!"라고 소리를 지르는 것은 형사법상 기소될 수 있다. 그 맥락에서 그 단어를 외치는 효과는 군중들 사이에서 공황이 야기되어 단어 자체가 범죄행위 요건을 충족시킨다. 또 다른 예는 특정 유형의 위협이다. 어떤 사람을 해하려는 위협을 가하는 것은 범죄행위이다. 법은 자유 언론의 권리를 보호하려는 사람들과 타인의 말에 피해를 입을 수 있는 사람들의 이해관계를 균형 있게 조정하는 것이 이상적이다.

❺ 소지

사실상 모든 사법권은 특정 물품이나 물질의 소지를 범죄로 규정하는 소지 범죄에 관한 법령이 있다. 금지된 물건을 소지하면 범죄로 유죄판결을 받을 수 있다. 예를 들면, 불법 마약 소지와 절도 도구와 같은 범죄 도구 소지는 범죄행위이다. 실제적인 소유권이 필요하다. 예를 들면, 불법 마약이 발견된 가정집에 있는 손님은 마약을 실제로 소지하지 않으므로 유죄가 되지 않는다. 소지 위반을 증명하기 위해 검사는 피고인이 고의로 불법 품목을 소지했음을 입증해야 한다. 소지 범죄는 소유하고 있는 것을 범죄행위에 사용할 가능성이 있는 상황으로 제한된다. 소지 제한의 목적은 미래의 범죄행위를 억제하는 것이다. 범죄 수행 도구를 소지한 사람에 대한 형사처벌은 미래 사회 피해를 최소화하기 위한 것이다. 열쇠 제조공이 합법적인 목적으로 도구를 사용할 계획이기 때문에 강도가 사용하는 도구를 가진 열쇠 제조공은 형사상으로 책임지지 않는다.

(2) 범행의도

의도는 주관적인 개념으로 순전히 특정 피고가 범죄 당시에 의도한 것과 관련이 있으며, 합리적인 사람이 동일한 상황에서 의도한 것이 아니다. 범행의도(mens rea)는 범죄의 정신적 요소를 의미하는 라틴어로 범죄자의 마음 상태를 나타낸다. 범죄행위는 형사책임 요건의 하나이다. 드문 상황에서만 신체적 행위와 범행의도 없이 범죄로 유죄판결을 받을 수 있다. 범행의도는 범행을 수행하는 시점에 한 개인이 갖고 있는 정신적인 상태이다. 예를 들면, 피고인이 죽이려는 욕구로 피해자를 찔렀다면 피고인은 살해할 특정한 범행의도를 갖고 있다.

때로는 의도를 나타내는 데 사용되는 용어인 동기는 실제로는 범행의도와 약간 다르다. 동기는 행동을 촉구하는 감정을 의미한다. 예를 들면, 한 남자가 아내의 애인을 죽이는 동기는 질투심이 될 것이다. 이러한 의미에서 동기는 범행의도의 한 형태가 아니며 범죄 책임에 대한 필수적인 증거의 요소가 아니다. 즉, 범죄행위자는 살인을 저지르게 한 질투에 대해서는 책임이 없다. 그러나 동기는 범죄자를 식별하거나 용의자가 왜 특정한 방식으로 행동했는지 설명하는 데 도움이 될 수 있으므로 증거의 문제로 중요하다.

[그림 16-3] 범행의도

❶ 행동의도

의도는 동기를 움직인다. 그러므로 형사범죄의 행동의도는 불법적인 동기이다. 불법적인 동기에 의해 유발되는 행위를 저지른 경우 범죄가 된다. 그러나 동일한 행동을 취할 수도 있지만 범죄 의도가 없기 때문에 무죄로 간주될 수 있다. 범죄 의도는 형법에서 매우 중요하다. 왜냐하면 범죄 윤곽이 잡히면 사람의 정신 상태가 보통 고려되기 때문이다. 결과적으로 사람의 정신 상태가 특정 범죄로 유죄판결을 받을 수 있는지 여부에 영향을 미친다. 행동의도는 특정의도와 일반의도로 구분된다.

- **특정의도**: 특정한 목적을 가진 행동을 수행하려는 의도
- **일반의도**: 위법 행위를 수행하려는 의도

특정의도(specific intent)는 개인이 특정한 목적을 가진 행동을 수행하려는 의도를 의미한다. 피고가 금지된 결과를 달성하기 위해 주관적인 욕구, 구체적인 목표 또는 지식을 소유할 것을 요구한다. 검사는 피고인이 범죄를 수행할 때 수행의도나 목적을 갖고 있다는 것을 증명해야 한다. 예를 들면, 도난 사건의 경우 검사는 피고인이 물건을 훔칠 의도와 재산을 영구적으로 빼앗으려는 의도가 있음을 입증해야 한다. 도난 범죄를 특정의도 범죄로 만드는 것이다. 형사법의 특정의도를 결정하는 것은 개인이 범죄를 저지를 때 갖는 정신 상태 또는 정신에 의존한다. 구체적인 이유나 목적이 있어야 한다.

일반의도(general intent)는 위법 행위를 수행하려는 의도만 필요하다. 검사는 피고가 행위를 저지르려고 했고 그 사건이 사고가 아니었음을 입증할 필요가 있다. 일반의도는 행동을 수행하려는 의도만을 필요로 하고 어떤 추가적인 의도나 목적을 필요로 하지 않는다. 예를 들면, 폭행이다. 특정한 목적을 갖고 있다는 것을 증명할 필요가 없기 때문에 증명하기가 쉽다. 대부분의 범죄는 일반의도를 필요로 한다. 즉, 기소된 사람이 법으로 금지된 행위를 하는 것이다.

❷ 착오의도

착오의도(transferred intent)는 행동의 결과가 실제로 의도한 바가 아닐 때조차도 형사적으로 책임이 있다. 어떤 사람이 특정인에게 해를 끼치려고 하고 실수로 다른 사람에게 상처를 입혔다면 의도의 범죄 요소가 의도하지 않은 희생자에게 가해진 손상으로 이전된다. 이 경우 착오의도의 원칙하에 유죄이다. 무고한 구경꾼에게 상해를 입히는데 필요한 의도가 있는지 검사가 확실히 증명할 수 없기 때문에 착오의도는 때로는 법적 허구(legal fiction)라고 불린다. 착오의도 원리는 의도된 상해가 잘못된 사람에게 우연히 가해졌을 때라도 범죄 책임으로 처벌을 확실히 받아야 한다는 것이다.

❸ 엄격한 책임

엄격한 책임(strict liability)은 형사상 존재할 수 있는 책임의 기준이다. 엄격한 책임을 규정하는 규칙은 범법성에 관계없이 자신의 행위 및 부작위(不作爲: omission)[24]에 의해 야기된 손해 및 손실에 대해 법적 책임을 진다. 엄격한 책임 하에 결함, 과실 또는 의도를 증명할 의무가 없다. 엄격한 책임은 불법 행위에서 두드러진다. 즉, 범죄를 수행할 정신적 상태 또는 의도가 없더라도 범죄로 유죄판결을 받을 수 있음을 의미한다. 예를 들면, 강간죄는 유죄판결을 확보하기 위해 성

---

24) 마땅히 해야 할 것으로 기대되는 조치를 취하지 않는 것.

관계에 대한 증거가 필요하다.

엄격한 책임은 엄격히 책임이 있는 사람이 잘못 또는 과실로 행동하지 않은 경우에도 손해에 대한 법적 책임을 부과하는 이론이다. 이것은 고의로 한 과실이 없어도 사고에 대한 책임을 지는 무과실 책임(absolute liability)이다. 이 이론은 세 가지 유형의 상황에 적용된다. 즉, 동물의 물기, 제조상의 결함 및 비정상적으로 위험한 활동 등이다. 따라서 엄격한 책임은 과실과 관계없이 책임이 있다. 행동의 원인이 엄격한 책임의 하나라면 과실이 없더라도, 즉 피고의 행동이 의도적이지 않더라도 책임이 있다.

(3) 인과관계와 동시성

인과관계(causation)는 모든 범죄 책임에 대한 범죄행위 요건의 구성 요소로 특정한 결과를 초래하는 유일한 문제이다. 즉, 범죄행위는 법적인 또는 근접한 원인뿐만 아니라 상해나 손해의 원인이 되어야 한다. 결과 범죄(result crime)의 가장 좋은 예는 피고의 행위로 인하여 다른 사람이 사망하게 되는 살인 사건이다. 미수 범죄 및 점유 범죄는 결과 범죄가 아니다. 어떤 행위가 특정 결과를 야기했는지 여부를 결정하는 데는 두 가지 단계가 있다. 두 조건이 모두 충족되면 피고인은 결과를 초래했다고 말할 수 있다.

- 피고인의 행위가 결과의 원인이다.
- 그렇다면 피고인의 행위가 결과의 근본 원인이다.

동시성(concurrence)은 범죄행위와 범행의도가 동시에 존재해야 한다. 예를 들면, 어떤 사람이 가게에 진열된 과자를 가져갈 것을 결정했으나(범행의도) 결국 그냥 가게를 떠났다. 이 시점에서 어떤 사람은 절도를 결정했지만 진열된 과자를 가져가지 않아 범죄행위가 동시에 발생하지 않았기 때문에 범죄가 성립되지 않는다.

2) 범죄의 규범성

법률은 규범적[25]이다. 법은 인간의 행위와 거래에 대한 규정을 정하고, 법의 목표는 행동에 영향을 미친다. 범죄란 법에 명시된 규칙을 위반하는 행위이다. 법은 특정 상황에서 옳고 그른 것

---

25) 행동을 지배하는 규칙, 사회 구성원들이 지켜야 할 행동규칙, 판단이나 평가 기준.

또는 하지 말아야 할 것이 무엇인지를 명시한 행동규칙의 집합이다. 옳고 그른 일 또는 하지 말아야 할 것을 사람들에게 지시함으로써 법에는 분명한 도덕적 내용이 있다. 사실 법은 일련의 도덕적 규칙으로 간주될 수 있다. 또한 법은 다른 행동규범과 다르지 않다. 법은 일반적으로 행동규칙의 특별한 경우로 간주될 수 있다. 따라서 범죄를 설명하는 것은 법에 명시된 행동규칙을 위반하는 이유를 설명하는 것이다. 범죄의 원인을 이해하는 것은 본질적으로 인간행동에서 도덕의 역할을 이해하는 데 있다. 사람들이 행동규칙을 왜 따르고 위반하는지를 설명할 수 있다면 법의 규칙을 따르고 어기는 이유를 이해할 수 있을 것이다.

2. 상황행동모델

사람들의 범죄 관여는 개인적 특성과 경험, 노출된 환경의 특성에 달려 있다. 상황행동이론은 도덕적 행동이론으로 범죄행위에 영향을 미치는 개인과 환경이 어떻게 상호작용하는지를 설명한다. 사람들은 행동의 근원이지만 행동의 원인은 상황에 따라 다르다. 예를 들면, 돈이 부족한 어떤 사람은 돈이 가득한 지갑을 훔치지만, 대부분의 사람들은 그렇지 않다. 따라서 범죄는 행동의 결과보다는 행동의 원인으로 분석해야 한다. 상황행동모델은 성향이 왜 다른지, 환경이 왜 다른지, 행동이 범죄 상황을 만드는 환경에 왜 노출되는지를 설명하는데 도움이 된다(Wikström et al., 2011). 어떤 상황 요인과 과정이 원인과 관련이 있는지를 제대로 이해하지 못하면 인과관계를 확인하는 것이 어렵다.

1) 법과 범죄

범죄는 도덕적으로 위반된 행동이다. 옳고 그른 일이 무엇인지에 대한 규칙에 따라 도덕적 행동으로 간주될 수 있다. 범죄란 법에 명시된 행동규칙을 위반하는 행동이다. 범죄이론은 법률에 명시된 규칙을 왜 준수하고 위반하는지 설명하는 것이다. 국가의 법률은 규범적으로 인간의 행위와 관계에 대한 규정을 정하고, 목표는 행동에 영향을 준다. 법은 특정한 상황에서 옳고 그른 것이 무엇인지를 명시한 행동규칙의 집합이다. 옳고 그른 일 또는 하지 말아야 할 것을 규정함으로써 법에는 분명한 도덕적 내용이 있다. 그러나 특정한 환경에 있는 사람들이 공유하는 경우에만 법은 도덕적 규범이 된다. 도덕적 규범은 어느 정도 공유되거나 강요될 수 있다. 범죄는 법에 명시된 행동규칙에 동의하지 않거나 주의하지 않는 것이다. 다음은 대체로 범죄 원인에 대한 적절한 이론을 개발하기 위한 필요 사항이다.

- **범죄행위**: 구체적으로 행동규칙을 위반하는 행위
- **사람**: 개인은 행동의 근원이다. 행동규칙을 준수하거나 위반하게 만드는 원인을 설명하는 적절한 행동이론이 필요하다.
- **행동**: 사람들의 행동은 지각의 결과이다. 즉, 사람과 환경 간의 상호작용에 의해 시작되고 인도되는 선택 과정이다. 따라서 범죄의 상황을 이해하는 것이 필요하다.
- **사회적 맥락**: 사람들의 상호작용은 넓은 사회적 맥락에서 발생한다. 범죄의 사회적 역동성을 파악하기 위한 생태학적 관점이 필요하다.

모든 범죄는 공유된 규칙을 위반한다. 사람들이 행동규칙을 왜 준수하거나 위반하는지에 대한 이론은 가능하다. 범죄학은 일반적으로 받아들여지는 행동이론이 부족하다. 전형적으로 범죄이론 및 연구는 사람들의 범죄 참여에 영향을 미치는 요인들을 열거한다. 범죄행위를 설명하기 위해 규칙 위반 행위를 일으키는 과정을 이해해야 한다. 행동이론은 행동을 일으키는 과정을 상세하게 설명하는 이론이다. 어떤 방식으로든 행동하도록 사람들을 움직이는 과정을 열거하는 것은 범죄의 인과관계를 확인하는 데 중요하다.

행동 과정은 행동대안과 선택에 대한 인식 중 하나이다. 사람들이 행동규칙을 준수하거나 위반하게 하는 지각 과정에 영향을 미치는 요소의 파악이 범죄이론이다. 사람과 환경 간의 상호작용을 고려하지 않고 범죄행위를 적절히 설명하기 어렵다. 사람들은 행동하지만 사회적 공백 상태에서 행동하지 않는다. 사람들은 상황에 반응하고 행동한다. 인적 및 환경적 요소가 인과관계가 있다. 즉, 개인 및 환경 요인이 상호작용하여 행동규칙을 따르거나 위반하도록 이동하는 인식 과정에 영향을 미친다.

범죄 원인의 분석에서 범죄행위의 원인과 원인의 원인을 구별하는 것이 중요하다. 범죄행위의 원인에 대한 원인 분석은 주로 사람들이 범죄성향이 왜 다른지, 환경이 범죄성에서 왜 달라지는지, 사람에 따라 범죄 특징이 왜 다른지를 설명하는 것이다. 사람-상황의 상호작용은 더 넓은 사회적 맥락에서 일어나고 의존한다. 사회적 역학의 분석(원인의 원인에 대한 분석)은 어떤 종류의 사람들이 어떤 종류의 환경에 노출되어 상황이 전개되고 행동하는지를 설명하는 데 도움이 된다. 특정한 종류의 상호작용이 왜 그리고 어떻게 발생하는지를 이해하기 위해서는 생태적 접근이 필요하다.

2) 상황행동모델의 개념

상황행동이론(situational action theory: SAT)은 범죄가 왜 일어나고, 사람들이 행동의 일반 규칙을 왜 위반하는지를 설명한다(Wikström et al., 2011). 개인과 상황 간의 상호작용을 설명하는 범죄 인과성의 이론이다. 상호작용은 개인들이 범죄행동을 선택하는지를 예측한다. 개인적인 요인과 상황의 특징 간의 상호작용은 개인의 범죄나 일탈 행동을 결정하는 지각-선택-행동 과정을 개시하고 안내한다. 사람들의 범죄 관여는 개인적 특성과 경험 및 상황의 특성에 달려 있다. 이론은 인간 행동의 원인이 상황에 따라 다르다는 것을 제안한다. 즉, 어떤 상황에서 어떤 행동이 발생하는지 설명한다. 따라서 인간은 근본적으로 규칙에 이끌리는 행위자이고 범죄 관여는 도덕적 성향과 규범 사이의 상호작용이다.

상황행동모델은 범죄행위에 관여하거나 규칙을 위반하는 과정에 영향을 미치는 주요 상황 요인을 설명한다. 사람들은 상황 안에서 행동하며, 사람들과 상황의 상호작용은 행동이 고의적이거나 습관적인 반응인 상황을 만든다. 상황행동이론은 도덕적 행동에 관한 일반적인 이론으로 범죄행위에 영향을 미치는 특정 개인 및 환경 특성이 어떻게 상호작용하는지를 설명하는 이론이다. 다음은 상황행동이론의 기본적인 주장이다.

- 범죄행위는 도덕적 행위(옳고 그른 일에 대한 규칙에 따라 행동하는 행위)이다.
- 사람들은 범죄행위를 실행 가능한 대안으로 간주하고, 범죄행위를 습관적으로 또는 의도적으로 선택함으로써 범죄행위에 관여한다.
- 범죄를 행동대안으로 간주하고 범죄행위를 수행하기로 선택할 가능성은 범죄성향 및 범죄 발생 환경에 대한 자신의 노출에 달려 있다.
- 더 넓은 사회적 조건과 개인 발달의 역할이 원인의 원인으로 분석되어야 한다.
- 원인의 근본 원인은 사람들의 범죄성향의 발달과 범죄 발생 환경에 대한 사람들의 특이한 노출에 영향을 미치는 사회적 조건과 삶의 사건이다.

상황행동모델의 요소는 사람, 환경, 상황 및 행동이다. 사람(person)은 신체적, 생물학적 및 심리적 구성원으로써 의도적으로 일을 수행할 수 있는 힘이 있는 유기체이다. 환경(setting)은 개인이 직접 노출되어 반응하는 환경이다. 즉, 감각을 통해 직접 접근할 수 있는 환경(대상, 사람, 사건의 관계)이다. 상황(situation)은 사람과 환경과의 상호작용의 결과로써 선택의 과정과 행동대안의 지각을 의미한다. 행동(action)은 사람과 환경 간의 상호작용에서 발생하는 범죄행동이나 일탈 행동이다. 특정한 사람이 특정한 환경에 노출된 경우 경험할 수 있는 동기와 관련하여 행동을 시작하고 유도하는 특정 상황(지각과 선택)이 발생한다.

[표 16-1] 상황행동모델의 주요 요소

요소	정의
사람	의도적으로 일을 수행할 수 있는 힘이 있는 유기체
환경	개인이 직접 노출되어 반응하는 환경
상황	사람과 환경과의 상호작용의 결과로써 행동대안을 지각하고 선택하는 과정
행동	범죄행동이나 일탈 행동

3) 범죄성향 및 범죄유발 환경

사람들은 도덕성과 자제력을 발휘하여 범죄행위를 통제하는 경향이 있다. 범죄성향(crime propensity)은 동기(유혹이나 도발)에 대한 반응으로 실행 가능한 대안으로 범죄행위를 보고 선택하는 경향이다. 행동대안으로써 범죄행동을 보는 사람은 범죄성향이 있으나 행동대안으로써 범죄행동을 거의 보지 않는 사람은 범죄를 혐오하는 것으로 간주된다. 범죄성향은 근본적으로 도덕성에 달려 있다. 법의 규칙을 준수하는 것이 얼마나 중요한지는 사람들에 따라 다르다. 동기 유발 요인에 대한 반응으로 특정 범죄를 행동대안으로 인식할 수 있는 가능성은 자신의 행동과 관련된 도덕적 규칙과 강도에 달려 있다. 사람들은 본질적으로 규칙에 이끌리는 유기체이다. 사람들은 본질적으로 규칙을 따르는 생물이다(Wikström 2010). 사람들은 규칙에 따른 선택의 맥락 내에서 자신의 욕구와 약속을 표현하고 마찰에 반응한다. 범죄행동은 범죄성향이 있는 사람들이 범죄 환경에 관여할 때 발생한다.

범죄를 발생시키는 이유는 무엇인가? 범죄가 빈번한 사람들이 범죄 환경에 노출되는 이유는 무엇인가? 이것은 범죄행동을 하게 하는 원인에 대한 질문이 아니라 다른 범죄성향을 개발하고, 범죄성향이 있는 사람이 범죄 환경에 노출되는 원인의 원인에 관한 질문이다. 사람들의 도덕성이 범죄성향과 관련이 있는 기본적인 개인적인 요소이기는 하지만 자제력을 발휘할 수 있는 능력은 자신이 지닌 도덕적 규칙을 위반하는 경우에도 중요하다. 자기 통제력을 행사할 수 있는 사람의 능력은 자신의 수행 능력에 달려 있지만, 알코올 및 약물중독이나 높은 스트레스 또는 감정과 같은 일시적인 개인적 요인에 의해서도 영향을 받는다. 대체로 사람의 범죄성향은 도덕성과 자기 통제력을 발휘할 수 있는 능력 간의 상호작용의 결과로 볼 수 있다.

그러나 범죄성향은 행동이 아니다. 행동으로 유발되는 범죄성향의 경우 행동과 관련된 상황의 특징과 상호작용해야 한다. 상황은 서로 다른 도덕적 맥락, 즉 도덕적 규범과 실행 수준을 나타내며, 이는 행동규칙의 위반을 조장하거나 저지하는 정도가 다르다는 것을 의미한다. 상황의 도덕적 규범은 법률에 명시된 행동규칙에 해당하는 정도에 따라 다르다. 범죄행위를 조장하는 경향이 있는 상황은 범죄적 환경으로 간주될 수 있다. 실제와 인지된 도덕적 규범과 실행과의 긴밀한 대응을 가정하는 것이 합리적이지만, 사람들은 도덕적 규범이 어떤 환경에 적용되는지를 오해할 수 있다. 대체로 범죄 노출은 도덕적 규범 및 실행 수준이 행동규칙 위반을 조장하는 환경에 들어가는 것이다.

[그림 16-4] 상황행동모델

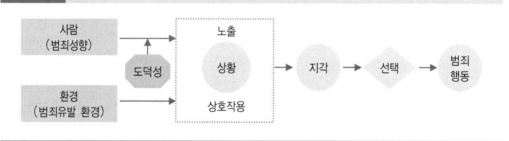

상황행동모델에서 범죄성향이 있는 사람들이 범죄유발 환경에 노출되면 범죄를 특정 대안으로 볼 수 있다. 사람들의 범죄성향은 범죄에 따라 다를 수 있다. 예를 들면, 어떤 사람들은 절도를 하지만 강간은 하지 않을 수 있다. 범죄유발 환경도 범죄에 따라 다를 수 있다. 예를 들면, 어떤 지역은 폭력을, 어떤 지역은 사기를 조장할 수 있다.

범죄성향이 있는 사람들은 근본적으로 도덕성과 자제력이 문제이다. 도덕성과 자제력은 몰입과 스트레스의 수준, 행동 기능과 순간적인 영향과 같은 기질적 특성에 달려있다. 환경의 우범성은 도덕적 규범과 수행 수준에 달려 있다. 문화적 맥락에서 도덕적 규범이 어떤 환경에 적용되는지에 대해 잘 알고 있지만, 공통된 행동규칙이 특정 환경에서 무엇인지 오해할 수도 있다.

4) 상황행동과정

범죄행위는 습관적으로 또는 의도적으로 행해질 수 있다. 범죄는 여러 가지 행동대안 중에서 이용할 수 있는 하나의 선택이기 때문에 범죄는 선택한 행동의 결과이다. 지각-선택-행동 과정은 유혹/도발을 통해 시작된다. 개인은 어떤 면에서 범죄행위 또는 일탈 행위를 저지르기 위해 유혹되거나 도발한다. 유혹/도발이 시작되면 도덕성 수준에 따라 범죄가 대안으로 지각되는지 여부가 결정된다. 개인이 범죄행위에 참여하도록 도발하거나 유혹을 받으면 궁극적으로 택할 행동대안을 결정한다. 도덕성이 높은 개인은 범죄나 일탈을 행동대안으로 인식하지 않는다. 반대로 도덕성이 낮으면 범죄행위는 이용할 수 있는 대안이며 선택 과정이 활성화된다. 상황모델에서 지각-선택 과정을 시작하는 핵심 상황 요인은 동기부여, 도덕적 여과와 통제이다. 다음은 지각-선택 과정의 주요 상황 요인이다.

- 동기부여는 행동 과정을 시작한다.
- 도덕적 여과는 특정한 동기부여에 반응하는 행동대안을 제공한다.
- 통제는 상충되는 행동대안이 있을 때 선택 과정에 영향을 준다.

선택은 두 가지 구성 요소, 즉 자기통제(개인적 요소)와 억제(상황적 요소)로 구성된다. 자기통제(self-control)는 유혹이나 도발에 직면했을 때 자신의 도덕성에 따라 개인이 선택할 수 있는 정도이다. 높은 수준의 자제력을 가진 개인은 범죄가 행동대안으로 인식되더라도 범죄를 억제할 가능성이 크다. 억제(deterrence)는 유혹을 시도하거나 도발에 응하기 위해 불법적으로 행동할 경우 범죄를 저지르지 않도록 중재하려는 지각된 위험이다. 선택 요소는 환경 통제의 지각된 존재에 달려있다. 통제가 커질수록 범죄를 자제할 확률이 높아진다. 선택 과정이 활성화된 후에, 자기통제와 억제력은 개인이 범죄/일탈을 저지르거나 삼가는지 여부를 결정하기 위해 상호작용한다.

도덕성(morality)은 옳고 그름에 대한 가치관에 근거한 사건의 평가 기능으로 정의된다. 한 개인이 범죄행위에 참여하도록 자극받거나 유혹을 받으면 궁극적으로 그들이 택할 행동대안을 결정한다. SAT는 도덕의 인과적 효능을 강조한다. 이 개념은 높은 수준의 도덕성을 가진 개인이 행동대안으로서 범죄/이탈을 인식하지 않아서 다음 과정인 선택이 무의미하다. 반대로 유혹이나 도발을 극복하는 데 있어 도덕성이 효과적이지 않으면 범죄행위는 상황에 따라 이용할 수 있는 대안이며 선택 과정이 활성화된다. 이 과정의 선택 부분은 추가적인 상황 정보의 처리를 통해 행동하기로 한 결정이며, 행동(범죄)이 상황적으로 가능하다고 인식되는 경우에만 활성화된다.

지각은 사람과 환경을 연결시키는 것이며, 선택은 사람과 자신의 행동을 연결시키는 것이다. 따라서 지각과 선택 과정은 사람의 행동을 이해하는 데 중요하다. 범죄에 대한 설명에 적용된 조치 과정은 [그림 16-5]에 제시되어 있다. 상황행동모델에 따르면 지각과 선택 과정의 주요 상황 요인은 다음과 같은 방식으로 기술될 수 있다.

- 동기부여는 행동과정을 시작한다.
- 도덕적인 여과는 특정한 동기에 대한 대안을 제시한다.
- 통제는 지각된 행동대안에 관한 모순된 규칙이 있을 때 선택 과정에 영향을 미친다.

[그림 16-5] 상황행동과정과 상황 요인

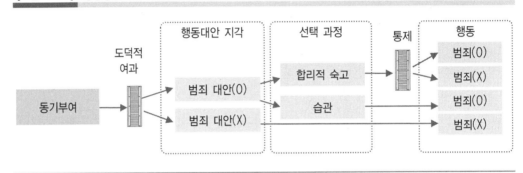

(1) 동기부여

동기는 인간의 행동을 환기하고 방향을 부여하고 통합하는 내적 요인이다. 즉, 동기는 행동을 일으키는 내적 직접 요인이다. 동기에는 개인이 사회생활로부터 형성되는 경우가 많으므로 사회적 동기와 욕구, 갈증, 배고픔, 성행동, 공격성과 같은 생리적 동기가 있다. 동기부여는 동기의 상태가 되는 것을 말한다. 따라서 동기부여(motivation)는 특정한 방식으로 행동하거나 행동하는 이유를 의미한다. 동기부여는 사람과 환경 간의 상호작용의 결과이며 목표지향으로 정의된다. 주요 동기부여 요인은 유혹과 도발이다.

- **유혹**: 특정한 욕구를 불법적인 방법으로 충족시키는 지각된 선택
- **도발**: 불법적인 반응을 유발하는 재산, 안전 또는 자존심에 대한 지각된 착수

동기부여는 행동과정을 시작하지만 왜 행동하는지 설명하지 않는다. 동기부여는 사람들이 왜 어떤 방식으로 행동하는지에 대한 설명이 필요하지만 충분하지 않다. 사람들은 동일한 동기부

여에 다르게 반응한다. 예를 들면, 어떤 사람이 특정 인기 상품을 갖고 싶지만 이 상품을 얻으려고 절도하는 것은 아니며, 새치기는 대기시간을 줄여주지만 새치기하지 않는다. 특정한 동기부여와 관련하여 특별한 행동대안을 찾는 것은 개인적인 도덕과 참여하는 환경의 지각된 도덕적 규범 사이의 상호작용의 결과이다.

동기부여는 사람들이 특정한 행동규칙을 어기는 이유에 대한 설명에서 필수적이지만 충분한 요소는 아니다. 사람들을 행동시키려면 먼저 동기를 부여 받아야 하지만, 항상 특정한 행동규칙을 위반하는 특별한 동기가 있는 것은 아니다. 예를 들면, 사람들은 탐욕이나 복수를 위해 다른 사람을 죽일 수도 있고, 즐거움으로 가게에서 상품을 훔칠 수 있고, 마약을 사기 위해 돈을 벌 수 있다. 동기부여는 상황에 맞는 개념이다.

- 유혹(temptation)
  - 개인의 욕구와 욕구를 만족시키는 기회 간의 상호작용 결과
  - 개인의 약속과 약속을 이행하기 위한 기회 간의 상호작용의 결과
- 도발(provocation)
  - 마찰(원치 않는 외부 간섭)로 인해 사람이 자신의 지각된 원천(원치 않는 간섭에 대한 자신의 민감성에 달려있는 정도)에 짜증을 내거나 화를 낼 때 발생하는 도발

(2) 도덕적 여과와 행동대안 지각

동기요인은 유혹이나 도발이다. 범죄행동(범죄의 특정 행동)에 대한 설명은 개인적인 도덕적 규칙 및 도덕적 규범과 관련된다. 즉, 법률에 명시된 행동규칙을 고수하거나 위반하는 행위이다. 사람들은 어떤 도덕적 규칙에 대해 신경을 더 쓴다. 위반하면 부끄러움과 죄책감을 더 느낀다. 어떤 도덕적 규범은 어떤 상황에서 더 두드러지고, 관련되고, 공유되고, 지지되고 실행된다. 특정 환경에서 도덕적 관여는 도덕적 규칙으로 정의되며, 도덕적 규칙으로 특정 대안에 대한 선택적 인식을 유도하고 특정 동기요인에 따라 적절한 행동으로 인식되는 것을 제한한다.

도덕적 여과(moral filter)는 습관적으로 도덕적 습관의 행사 또는 합리적 숙고를 통해 동기요인에 적용된다. 즉, 도덕적 판단을 위한 행동대안을 제공한다. 도덕적 여과는 도덕적 규칙 위반을 조장하거나 막을 수 있다. 어떤 사람의 도덕적 규칙과 상황의 도덕적 규범이 동기부여에 따라 행동할 때 특정 행동규칙을 준수하도록 권장하는 경우, 행동규칙의 위반을 대안으로 간주할 가능성은 희박하다.

한편 사람의 도덕적 규칙과 상황의 도덕적 규범이 동기부여에 따라 행동할 때 특정 행동규칙을 위반하도록 조장한다면, 행동규칙을 위반으로 인식할 가능성이 있다. 따라서 도덕적 규칙과 환경의 지각된 도덕적 규범이 일치한다면 행동대안은 도덕적 규칙을 따르기 쉽다. 그러나 도덕적 규칙은 항상 상황의 도덕적 규범과 일치하지 않으며 이 경우 통제는 특정 동기에 따라 어떤 행동이 뒤따를 수 있는지에 중요하다.

[그림 16-6] 도덕적 여과의 역할

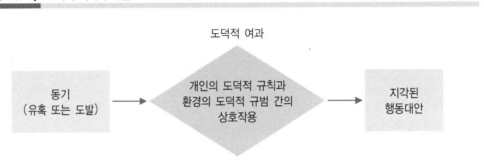

동기부여에 대한 반응으로 도덕적 배경을 가진 사람은 도덕적 여과를 만든다. 도덕적 여과는 특정 동기부여와 관련하여 행동대안에 대한 도덕적 규칙에 의한 선택적 지각이다. 동기부여는 도덕적 규칙과 관련이 있는지를 결정하여 자신이 지각하는 행동대안에 영향을 미친다. 개인적인 도덕적 규칙과 환경의 도덕적 규범은 특정한 동기부여로 법에 명시된 행동규칙을 위반하도록 도발하거나 저지할 수 있다. 예를 들면, 어떤 사람에게 화를 내면 폭력의 사용이 개인적인 도덕적 규칙과 환경의 도덕적 규범에 따라 행동대안으로 지각되는지 여부(적절한 대응)에 영향을 미친다. 한 개인의 도덕성과 지각된 도덕적 규범이 폭력의 사용을 조장하는 경우 폭력을 행동대안으로 간주할 가능성이 높다. 성격의 도덕적 기준과 지각된 도덕적 규범이 폭력의 사용을 방해하는 경우 폭력의 사용을 대안으로 보지 않을 것이다. 요컨대, 개인적인 도덕적 규칙과 환경의 도덕적 규범이 동기부여에 대한 반응으로 특정 행동을 촉진 또는 저지할 때 행동은 가능하거나 불가능할 수 있다.

특정 동기부여에 적용되는 도덕적 여과의 결과로 지각하는 대안은 범죄를 구성하는 행동대안을 포함할 수도 있고 그렇지 않을 수도 있다. 범죄를 대안으로 생각하지 않으면 범죄가 발생하지 않는다. 이 경우 선택 과정은 왜 범죄를 억제했는지에 대한 설명에 아무런 역할을 하지 않는다. 단순히 범죄행위를 선택으로 보지 않는다. 대부분의 행동이론은 행동대안을 선택하는 방법에 초점을 맞추고 있으며 지각하는 이유를 무시한다. 예를 들면, 어떤 사람들은 행동대안으로 범죄를 지각하나 어떤 사람들은 동일한 환경에서 지각하지 않는다. 행동대안에 대한 지각은 선택 과정에 선행한다. 따라서 행동대안에 대한 지각은 선택 과정보다 범죄행동에 대한 설명에서 더 근본적이다. 사람들이 범죄를 저지르지 않는 주된 이유는 범죄를 행동대안으로 보지 않기 때문이다.

(3) 선택 과정

자신이 지각하는 행동대안 중에서 선택한다. 범죄를 선택으로 보지 않으면 범죄가 발생하지 않는다. 그러나 범죄가 지각된 행동대안 중 하나라면 선택 과정은 범죄행위를 저지 또는 시도할 것인지를 결정할 것이다. 선택은 한 방향 또는 다른 방향으로 행동하려는 의도 형성이다. 상황행동이론은 사람들의 선택에 예측 가능성 요소와 자유의지가 있고 상황에 따라 두 가지 기본적인 선택 과정 중 하나를 채택한다고 제안한다. 즉, 선택은 합리적으로 숙고한 선택이거나 습관적인 선택이다. 그러나 장기간 행동 순서에서 행동규칙은 숙고 및 습관 영향 사이를 표류할 수 있다.

동기부여에 대한 반응으로 도덕적인 습관을 벗어나 행동할 때 평상시처럼 많은 생각 없이 행동한다. 이 경우 오직 하나의 인과관계가 있는 효과적인 대안을 볼 수 있지만, 다른 대안을 지각할 수 있고, 습관적으로 많은 생각 없이 행동과정을 선택한다. 습관은 특정 상황에 반복적으로 노출된 결과이다. 습관적인 선택은 적합한 상황이 있고 일치하는 규칙이 있을 때 가능성이 가장 높다. 또한 높은 스트레스와 강한 감정은 익숙하지 않은 환경에서 습관적인 반응을 조장할 수 있다. 습관적인 행동조차도 비합리적일 수 있다.

동기부여에 대한 반응으로 여러 가지 유력한 행동대안을 볼 때 선택 과정은 합리적으로 숙고될 것이다. 미리 결정된 대안이 없으므로 지각된 행동대안의 장단점을 평가하여 판단한다. 숙고 (deliberation)는 미래 지향적이며 지각하는 행동대안 중에서 가장 좋은 대안을 선택하는 과정이다. 가장 좋은 선택은 욕구를 충족시키거나 도발에 대한 몰입을 이행하거나 도덕적으로 용인할 수 있는 방법이 무엇인지 평가하는 것이다. 합리적 숙고에 의한 행동규칙은 덜 일반적이거나 친숙하지 않은 상황에서 일하거나 충돌할 때 일반적이다. 그러나 지각하는 행동대안에 의해 제약받는 것은 자유의지이다. 지각된 행동대안에 범죄가 포함되는 경우 행위자가 범죄행위를 저지 또는 시도하는지 여부는 합리적으로 숙고한 결과와 통제의 효과성에 달려있다.

(4) 통제와 행동

상황행동이론은 사람들이 숙고할 때, 그리고 개인적 도덕적 규칙과 상황의 도덕적 규칙 간의 상충되는 규칙이 있을 때 통제가 작동된다고 제안한다. 사람들이 도덕적 여과를 적용한 결과로 행동대안으로 범죄행위를 보지 못하거나 오직 한 가지 원인으로 효과적인 대안을 볼 때 통제는 부적합하다. 통제는 다른 것을 지지하기 위해 어떤 것을 반대한다. 따라서 행동대안을 숙고하는 상황이 있다. 통제는 특정 동기부여와 관련하여 행동을 선택할 때 상반되는 규칙을 관리하는 과정이다. 통제 과정은 내부(자기통제) 또는 외부(억지력)이다. 자기통제는 사람들이 자신의 개인적인 도덕적 규칙을 준수하도록 돕고, 억지력은 충돌하는 규범이 있을 때 환경의 도덕적 규범을 준수하도록 한다.

자기통제(self-control)는 상황의 도덕적 규범과 충돌할 때 개인적 도덕적 규칙을 준수하는 과정이다. 예를 들면, 자신의 행동규칙과 충돌할 때 대마초를 피우는 또래 압력에 견딜 것이다. 억지(deterrence)는 상황의 도덕적 규칙의 지각된 실행이 개인적 도덕적 규칙과 충돌할 때조차도 상황의 도덕적 규칙을 준수하도록 하는 과정이다. 예를 들면, 도둑질을 도덕적으로 문제가 없는 것으로 생각하더라도 잡힐 위험과 결과를 고려하여 억제한다. 자기통제를 발휘할 수 있는 능력은 개인적인 특성과 도덕적 기준을 실행할 수 있는 환경의 능력이다. 사람들의 자기통제를 행사하는 능력은 자신의 실행 기능과 훈련에 달려 있으며, 중독이나 감정이나 스트레스로 인해 일시적으로 약화될 수 있다. 자기통제 능력이 강한 사람은 환경의 도덕적 규범에 도전을 받을 때 자신의 개인적인 도덕을 고수할 것이다. 환경이 강력한 억지력이 있는 경우 자신의 개인적인 도덕성과 충돌할 때 도덕적 규범을 준수하게 된다.

3. 범죄심리학

범죄(crime)는 많은 면에서 이타주의의 이면이기 때문에 국가와 사회의 관심 있는 문제이다. 범죄는 일반적으로 법으로 금지된 행위이다. 예를 들면, 범죄는 폭력, 살인, 강도, 강간, 음주운전, 자녀방치, 세금미납, 사기 등이다. 범죄는 타인으로부터 이익을 얻는다. 이타적인 행위는 얻는 것보다 더 많은 비용이 드나 범죄행위는 그 반대이다. 이러한 행위를 저지른 사람들은 의도적으로 다른 사람들에게 자신의 이익을 위해 해를 끼친다. 범죄학(criminology)은 범죄의 원인과 범죄를 예방하고 통제하는 방법에 대한 연구이다. 범죄심리학(criminal psychology)은 범죄자의 사고, 감정 및 행동을 연구하는 데 중점을 둔다. 즉, 범죄 심리학은 심리학, 범죄학 및 형사사법 등을 포함한다.

1) 범죄 유형

모든 범죄는 유사한 면이 있는 반면에 유사하지 않고 매우 다양하다. 어떤 범죄에는 오직 한 개인만 참여하고 어떤 범죄에서는 조직된 많은 사람들이 있다. 범죄자가 전국적으로 활동하는 가 하면 범죄 현장이 국제적인 범죄자들도 있다. 범죄자가 남성뿐만 아니라 여성과 어린이도 있다. 따라서 범죄를 분류하기 위해서는 범죄자의 성격과 목적, 범죄 유형을 고려해야 한다.

형벌의 경중에 따라 범죄를 중죄, 경범죄 및 위반으로 분류한다. 중죄(felonies)는 가장 심각한 범죄이다. 이것은 살인 의도와 같은 가혹한 의도에 의해 수행되거나 생명의 살해, 심각한 부상 또는 재산파괴와 같은 심각한 결과를 수반한다. 중죄는 심각하기 때문에 가장 높은 등급을 지정한다. 범죄 의도는 범죄의 등급에 영향을 미친다. 예를 들면, 살인 범죄는 본질적으로 잔인하며 일반적으로 소득세를 내지 않는 것과 같은 규제인 금지적 범죄보다 등급이 높다. 또한 범죄는 주제별로 분류할 수도 있다. 예를 들면, 폭행, 구타 또는 강간과 같은 범죄는 특정한 사람의 신체를 손상시키는 대인범죄로 분류될 수 있다. 범죄로 인해 재산을 박탈하는 대물범죄로 분류될 수 있다.

(1) 대인범죄

사람에 대한 범죄인 대인범죄는 일반적으로 직접적인 신체적 상해 또는 다른 사람에게 적용되는 힘에 의해 저지른 범죄를 말한다. 사람에 대한 범죄의 폭력적 속성과 사회에서 일반적으로 보인 방식은 유죄 판결을 받은 사람들에 대해 엄격한 처벌을 가한다. 개인이 타인을 가두거나 해를 입히는 경우 범죄로 간주된다. 때때로 해를 끼치는 위협은 이러한 성질의 범죄일 수 있으며 기소될 것이다. 시도가 성공적이지 않은 경우에도 다른 사람에게 해를 입히려고 시도하면 사람에 대한 범죄가 될 수 있다.

(2) 대물범죄

재산에 대한 범죄인 대물범죄는 강도, 절도, 사기, 방화 및 재산 파괴 행위를 포함하는 범죄이다. 대물범죄는 재산 또는 다른 이익을 얻는 범죄이다. 이것은 강도 또는 강탈과 같은 경우에 강제 또는 무력의 위협을 포함할 수 있다. 가해자를 풍요롭게 하기 위해 범죄가 저질러진다면 대물범죄로 간주된다. 재산에 대한 범죄는 두 가지로 나뉜다. 즉, 재산의 도난이나 파괴이다. 재산이 파괴되면 방화 또는 파괴 행위라고 할 수 있다. 재산을 훔치는 행위의 예로는 강도 또는 횡령이다.

[표 16-2] 범죄 유형

대인범죄	대물범죄
• 살인 • 유괴 • 강력 범죄 • 폭행 • 강도 • 성폭력 • 아동학대	• 절도 • 강도 • 위조와 변조 • 도용 • 강요 • 신분 도용 • 사기 • 방화

2) 범죄유발 요인

범죄행위는 개인, 사회 및 생태적 요인 간의 복잡한 상호작용을 포함하는 체계적인 과정이다. 개인의 지적, 정서 및 신체적 특성은 개인적 행동 및 신체적 성장, 물리적 환경과의 상호작용, 다른 사람, 집단 및 단체와의 상호작용에 의해 크게 영향을 받는다. 개인적 요인이 범죄 원인에 대한 설명의 중심이 된다. 개인적 요인은 사람이 범죄를 저지르는 동기를 설명한다. 그러나 이러한 요소를 설명하기 전에 동기의 또 다른 주요 구성 요소를 정의하는 것이 중요하다. "범죄는 행동의 추진력인가? 얻을 수 있는 것과 비교하여 비용이 얼마나 들까? 그리고 이것이 옳은가?"

동기부여는 목표가 수립되고 비용과 편익이 평가되며 행동에 대한 내부적 제약이 적용되는 과정이다. 이 과정에서 구성 요소의 중요성은 개인이나 상황에 따라 다를 수 있다. 동기부여가 분노, 탐욕, 정욕과 같은 감정에 의해 영향을 받는 경우가 있다. 마찬가지로 비용과 이익 계산에 더 많은 동기부여를 하는 경향이 있다. 또한 물건이나 활동에 두는 가치는 유혹에 저항할 수 있는 능력에 따라 다양할 수 있다. 특정 시점에 범죄를 저지르는 사람의 성향은 동기부여와 기회의 함수이다. 보상을 제공하는 범죄 기회를 찾고 이용하는 동기가 있을 수 있다. 상대적으로 기회가 있는 경우에만 사람들이 범죄를 저지르게 된다. 어떤 사람들은 보상이 없다면 범죄를 저지르지 않을 것이다.

뇌물 등을 받는 정치인과 주는 사업가들이 일반 범죄자보다 덜 충동적이고 스릴을 덜 느끼지만 정직한 동료보다 범죄를 저지를 동기가 높다. 그러나 정치와 사업에서 범죄 기회는 엄청나게 유혹적이다. 반대로 과학적 스캔들은 동기부여가 아니라 기회가 부족하다. 과학에 대한 주요 보상은 명성이며 출판 논문으로 얻는다. 표절과 자료 위조가 발생하지만, 아이디어가 중요한 것이라면 표절의 희생자는 불평할 것이다. 위조 논문을 출판하는 범죄행위는 공개적이고 잡힐 확률이 높다. 범죄학자들은 개인적인 요인에 따라 사람이 행동을 취할 동기를 결정한다고 가정한다. 특정 시점에서의 동기부여는 동시적 기회뿐만 아니라 생물학적, 사회문화적 및 발달 요인에 대한 상호작용의 결과이다.

[그림 16-7]에서 범죄는 개인적 요소, 동기부여 및 기회 간의 상호작용을 보여준다. 생물학적, 사회문화적 및 심리적 요인 간의 상호작용은 기회가 주어 졌을 때 폭력, 강간, 추행, 사기 또는 절도를 사용하여 자원을 얻는 동기부여 방법에 영향을 준다. 매력적인 기회가 있는 곳에서 동기부여가 충분히 높으면, 능력을 행사해야 하는 한 범죄가 발생할 수 있다. 범죄는 피해자와 잠재적 희생자의 반응을 유발한다.

[그림 16-7] 범죄유발 요인

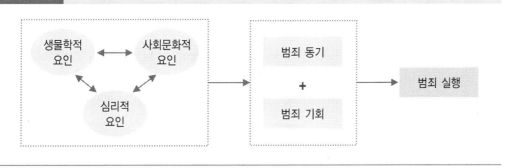

(1) 생물학적 요인

생물학적 요인에는 신장, 힘, 신경 및 기관 계통의 흥분, 반응성 등이 포함된다. 작고, 마르고, 보기 흉한 동료들과 비교했을 때, 크고, 탄탄하고, 젊은 사람들은 강도들 사이에 통계적으로 많다고 상상할 수 있다. 체격, 유전 및 땀샘의 기능이 고려된다. 억압적이고 나쁜 성질의 정신력을 가진 사람은 범죄자가 되기 쉽다. 대체로 부모의 특성 중 일부가 유전되는데 이것은 유전 속성 (hereditary qualities)이다. 이 유전 속성은 범죄 태도에도 해당된다. 유전적 약점과 범죄 태도는 사람을 범죄자로 변하게 한다.

범죄행위는 개인의 생물학적 구성에 있는 결함의 결과라고 가정한다. 즉, 유전 상속, 염색체 이상, 심리적 불규칙 또는 신체 유형이다. 범죄자들은 정상인과 다른 모습을 보일 것이라고 믿는다. 셰익스피어(Shakespeare)는 마른 배고픈 모습을 가진 사람들을 조심하라고 경고했다. 결정론적 견해는 범죄에 대한 생물학적 요인이다. 생물학적 요인은 범죄행위가 생리적 기원이며, 범죄자는 선천적, 즉 태어난다는 것을 암시한다. 범죄와 이상행동을 특정 유형의 개체에 특정한 병리학적 요소로 인해 발생하는 질병의 한 형태로 간주한다. 범죄자는 "태어난 범죄자(born criminal)"라고 추측한다. 이들은 비범죄자와 생물학적으로 다르다. 논리는 개인이 규칙을 배우고 따르지 못하게 하는 정신적, 육체적 열등감이 있고, 이것이 범죄행위로 이어진다.

생물학적 요인은 생리학적, 생화학적, 신경학적 및 유전적 요인으로 구성되어 있다. 범죄 통제를 위해 더 엄격한 처벌과 법 집행을 지지하지만, 특정한 범죄 생물학적 통제 방법이 있다. 정신외과는 정신질환이나 난치성 통증 치료를 위하여 뇌수술로 전두엽의 일부나 시상을 파괴하여 증상을 없애고자 하는 수술이다. 뇌수술은 우울증에서 정신분열증에 이르는 광범위한 문제를 치료하는 데 사용되나 행동을 제어하는 범죄행위에 거의 적용되지 않는다. 성 범죄자에 대한 화학적 거세와 약물 개입에서 범죄 통제를 위한 약리학적 치료의 사용이 논의되고 있다. 그러나 중독자가 약물을 중단하면 재발될 수 있다.

❶ 유전학 및 범죄성

체사레 롬브로소(Cesare Lombroso)는 범죄학에 실증주의 방법론을 도입한 이탈리아의 정신의학자·법의학자·범죄인류학자이다. 범죄자에게는 일정한 신체적 특징이 있음을 밝혀내고, 그러한 특징을 지닌 사람은 범죄 소질로 범죄를 범하게 된다고 주장한다. 이러한 특징을 지닌 사람은 선천적으로 범죄자가 될 수밖에 없다고 하였다. 그는 범인에 대한 객관적이고 경험적인 연구를 채택했다. 신체적 특성과 범죄자 연구에서 범죄자가 성장 기준에서 신체적으로 열등하여 열등한 행동을 하는 경향이 있다고 믿었다. 범죄자의 유사성에 대한 그의 믿음이 포함된 초기 개념은 야만인, 정신질환자 및 간질환자가 될 수 있다고 믿었고, 작은 두개골, 큰 귀와 비정상 이차성징을 바탕으로 범죄자를 다른 사람들과 구별할 수 있다고 믿었다.

❷ 유전양식

유전양식(genetic inheritance)은 어버이 형질 등이 자손에게 전해지는 체계이다. 롬브로소는 범죄자의 사회적 상황뿐만 아니라 경제적 상황에도 결정론의 이론을 확장했다. 그의 초점은 어떤 상속된 자질이 범죄 방식으로 행동하는 경향이 있음을 제시하는 접근 방식이었다. 특정 가족에 대한 혈통분석을 통해 범죄성향이 계승된다는 주장이다. 그러나 이러한 분석은 유전학과 환경의 영향을 분리하지 못했고, 가정에서 발생하는 현저한 현대 범죄 사례는 이 문제를 해결하는데 별로 도움이 되지 않는다.

❸ 유전 이상

과잉염색체와 같은 유전이상은 정신지체 또는 병리학적 행동을 유발할 수 있다. 과잉염색체는 한 쌍인 기본 염색체수는 일정하지만 염색체 조에 정상적인 구성이 아닌 염색체를 말한다. 생물학적 결정 요인과 연결된 것은 신체 체격의 유형을 통한 것이다. 신체 체격의 유형은 삶의 모든 면에서 중심적인 특징을 기술한다. 윌리엄 셸던(William H. Sheldon) 교수는 신체 구조와 행동 사이의 관계를 구축하였다. 그는 신체 체격의 세 가지 기본 차원을 확인했다. 그는 생명이 3개의 다른 조직층, 즉 내부층, 중간층과 외부층으로 이루어진 배아에서 시작된다는 아이디어를 개발했다. 그는 생리학적으로 내배엽은 내장의 발달, 중배엽은 뼈, 운동 기관 시스템의 근육과 힘줄, 외배엽은 신경계, 피부 및 관련 부속기의 조직과 관련이 있다고 주장한다.

- **내배엽형** 인간: 체형이 부드럽고 둥글며 과체중이다. 그들은 작고 가는 사지, 작은 뼈, 부드럽고 매끄러운 피부와 보통 온화한 기질과 편안한 사람이다.
- **중배엽형** 인간: 체격은 단단하고 근육질이고 몸은 강하고 거칠다. 털이 많은 가슴, 큰 손목과 손을 갖고 있다. 기질적으로 진지하고 적극적이며 역동적이어서 종종 독단적이며 공격적으로 행동하고, 범죄행동을 나타낼 가능성이 가장 높다.
- **외배엽형** 인간: 가볍고 섬세한 신체, 작은 얼굴, 날카로운 코 및 가는 머리카락으로 연약하다. 기질에 민감하고 군중을 피한다.

윌리엄 셸던은 이러한 신체적 구조가 범죄를 저지른 사람의 기질과 직접적으로 관련이 있다고 주장했다. 그에 따르면 내배엽형은 변덕스럽고 순응적이지만 중배엽형은 엄격하고 진지한 성격이다. 외배엽형은 섬세한 육체적 구조로 인해 종종 의사결정에 불안정하며 성격이 급하다. 그는 200명의 불량자와 200명의 정상인을 비교한 결과 중배엽형 체격이 범죄행동을 나타낼 가능성이 높다는 결론을 내렸다. 즉, 중배엽형의 공격성과 억제통제의 부족은 범죄의 원인이 된다고 주장한다.

(2) 사회문화적 요인

사회적 요인은 사회집단 간의 체계적인 상호작용을 다루고 사회가 구성되는 방식을 설명한다. 여기에는 인구분포, 정보, 자원과 사람의 이동 등을 포함한다. 즉, 인종, 민족, 문화, 생산집단의 다양성과 이질성, 행동과 신념, 경제적 관계를 포괄한다. 이러한 요인은 행동전략, 개인의 신념, 가치관, 욕구와 희망에 영향을 준다. 이것들은 사회학습, 합리적 선택, 자기통제, 사회적 긴장과 같은 것들을 강조한 범죄이론의 초점이다. 여기에는 지식, 기술, 태도 및 다른 사람들과 집단과의 상호작용을 통해 배울 수 있는 기타 문화적 정보뿐만 아니라 책과 영화 같은 문화유물도 포함된다. 사회문화적으로 획득한 특성은 원하는 목표를 달성하기 위한 행동전략과 행동과정의 이익과 비용을 인식하는 방법에 영향을 미친다.

범죄 횟수는 사회나 지역사회가 조직되거나 분열되어 있는지에 따라 증가하거나 감소한다. 이주, 문화차이, 인구변화 및 정치 불안정이 큰 사회에서 사회규칙의 약화와 관련하여 갈등이 발생한다. 범죄는 "규범이 없는 것"을 의미하는 용어인 anomie의 결과이거나 사회적 규범이 결핍된 느낌, 사회와의 연결 부족으로 인한 것이다. 따라서 범죄는 개인을 적절히 사회화하지 못하고 집단 간 불평등한 기회로 인해 발생한다. 사회학 이론의 특징은 사회가 범죄를 건설한다는 것이다. 따라서 특정 유형의 인간활동은 해롭고 사회 전체적으로 판단된다. 그러나 사회가 다른 사람들에게 해를 입히지 않는데도 범죄자로 인정하고 있다. 이들은 희생자가 없는 범죄이다. 약물사용, 성매매 등이 포함된다.

범죄의 사회적 및 심리적 원리는 서로 얽혀 있고 기술적으로 독립적이지 않다. 심리학 이론과 마찬가지로 원인에 대한 많은 사회학적 공식과 범죄의 통제가 있다. 가정상황, 무질서한 회사 생활이나 지역적 차이는 인간의 범죄와 관련이 있다. 빈곤, 불평등, 가족의 혼란, 부적절한 사회화 및 범죄 기회의 존재는 모두 범죄에 상당한 상관관계가 있다. 따라서 다음과 같은 상황 요소가 고려될 수 있다.

❶ 가정 상황

가족은 좋거나 나쁜 성격을 형성하는데 영향을 주는 가장 강력한 요인이다. 가족의 매우 중요한 책임은 개인을 사회화하고 사회규칙을 학습하고 문화적으로 발전시켜 개인이 책임 있는 시민이 되는 것이다. 그러나 특정 상황에서 가족의 책임은 실패하고 가족 구성원은 범죄자가 된다. 경제적 상황, 결손가정, 형제간의 순서, 가족의 불만족, 타락한 가족이나 가족의 무질서 등은 위험 요인이 된다. 많은 범죄가 빈곤으로 인하여 발생한다. 가정의 빈곤은 가족 구성원의 개별적 또는 집단적 범죄가 발생할 가능성이 크다.

가족 중에 부모가 이혼하거나 사망하거나 별거하는 결손가정은 폐허가 될 수 있다. 그런 가족의 아이들은 종종 범죄로 향한다. 대가족의 경우 아이들이 무시되고 이러한 아이들은 범죄자가 되는 경향이 있다. 범죄학자들에 의하면 일반적으로 둘째가 범죄자가 되는 경향이 크나 독자에게는 일반적으로 적다. 막내는 형과 비교하여 범죄행위로 돌아갈 수 있다. 부모와 자녀 사이의 상호관계가 만족스럽지 않거나 가족 내에서 갈등, 소외, 불신, 이기심, 부당한 행동, 경쟁이 있다면 아이들은 불만족스럽게 행동한다.

가정의 책임 있는 사람이 술, 혼외 관계, 일부다처제 및 범죄와 관련된 경우 가족의 분위기는 도덕적이지 않으며 그러한 가족은 타락한 가족으로 알려져 있다. 그러한 가정에서는 개인 또는 아동의 범죄 가능성이 매우 높다. 가족 보호자의 가장 중요한 의무는 가족 내 개인 및 아동의 사회적으로 수용 가능한 행동에 주의를 기울이는 것이다. 보호자가 아동의 적절한 행동을 돌보지 않는다면 아동은 범죄행위로 향할 것이다.

❷ 양육 방식

가족이 매우 영향력 있는 사회제도라는 것은 거의 의심의 여지가 없다. 대부분은 행동을 설명하기 위해 가족 양육을 찾는다. 많은 영화의 불량배는 어린 시절의 나쁜 경험으로 영향을 받았다. 공통적인 개념은 가족 기능이 아동의 적응과 발달에 커다란 역할을 한다. 바움린드(Baumrind)는 가족 기능과 비행과의 관계에 대한 연구에서 양육 방식의 유형을 분류하였다. 예를 들면, 부모와 교사와의 인터뷰를 통해 부모의 행동을 평가하고 부모와 자녀를 직접 관찰하여 양육 방식(parenting style)을 고안했다. 이러한 양육 방식 중에서 권위형 양육이 비행 아동과 관련이 없는 것으로 밝혔고, 실제로 가장 효과적인 육아 방식으로 간주했다.

- **독재형 양육**: 부모는 자녀를 통제하기 위해 복종의 가치를 부여하고 처벌을 선호한다. 부모는 규칙에 따라 자녀를 통제하고 자녀와의 대화를 좋아하지 않는다.
- **허용형 양육**: 부모는 자녀를 양육하지만 표현의 자유를 허용한다. 부모는 자녀 스스로 자신의 행동을 조절하도록 한다.
- **권위형 양육**: 부모는 자녀와의 상호작용에서 정서적이고 애정적이고 규칙에 있어 일관적이다. 부모는 자녀가 책임감과 예절 바른 성숙한 행동을 요구한다.

비행의 발달과는 다른 연관성을 가진 다양한 양육 방식, 즉 세 가지 유형의 아동 양육 방식이 있다(Hoffman, 2000). 이 유형의 양육 중에서 권력행사는 비행 자녀의 부모가 가장 많이 사용하는 기술이다. 실업, 빈곤, 질병 및 부모 갈등과 같은 외부 스트레스 요인은 모두 가장 효과적인 육아기술을 혼란에 빠뜨릴 수 있다. 이러한 스트레스가 많은 삶의 사건을 다루는 부모의 대처전략은 이러한 요소들이 아이들에게 어떻게 영향을 미칠 수 있는지에 중요한 역할을 할 것이다.

- **권력행사:** 신체적인 처벌, 자녀에 대한 비판 및 모성 박탈에 대한 위협을 포함한다. 예를 들면, 너는 나쁜 아이다. 엄마는 더 이상 너를 사랑하지 않을 것이다.
- **애정철회:** 정서적인 방법으로 애정을 철회한다. 예를 들면, 자녀에게 그 일을 하는 것은 나쁜 행동이며 자녀를 껴안지 않는다.
- **공감유도:** 아이와 함께 추리하고 아이의 행동의 결과를 이야기하고 공감을 유도한다. 예를 들면, 누군가가 너의 장난감을 훔치면 너무 화가 나겠지?

연구에 따르면 가정에서 심각한 신체적 학대의 희생자가 된 아이들은 다른 어린이들보다 알코올과 약물을 사용하여 의도적으로 재산을 훼손하고 싸울 가능성이 훨씬 높다. 또한 그들은 다른 어린이들보다 비행될 가능성이 더 높다. 또한 학업 능력과 비행 간에 일관된 상관관계가 발견되었다. 학업성취도에 관계없이 자녀가 실제로 학교에서 수행하는 방식이 능력보다는 더 중요하지만, 실제 성과는 비행 예측에 있어 중요한 척도이다. 학업에 실패한 사람들은 비행 위험이 증가한다. 어떤 연구자는 학생의 개인적 특성이 소위 비행으로 이어지게 된다고 주장한다. 학교의 요인과 비행의 관계는 복잡한 것이고, 학교와 비행의 연관성은 분명하지 않다. 학교 자체가 비행을 일으킬 가능성은 희박하다. 그러나 학교가 행동 문제의 촉매제 역할을 할 수는 있다.

❸ 부모의 범죄

유사성은 대개 세대 간에 이어지는 것처럼 보인다. 범죄 아버지는 범죄 아들을 갖는 경향이 있다. 부모의 범죄는 어린이와 청소년의 범죄 발달의 위험 요소 중 하나이다(Farrington, 1991). 세대 간 연속성이라고 할 수 있는 부모 범죄와 아동의 범죄행위 사이에 긍정적인 관계가 있음이 나타났다. 부모의 범죄가 약물남용이나 지능저하와 같은 다른 위험 요인과는 독립적으로 청소년 비행을 예측하는데 있어 가족 환경에서 가장 중요한 요소 중 하나이다(Farrington, 2000).

사회 경제적 배경이 낮은 청소년이나 이혼 또는 투옥된 부모로부터의 취약한 집단이 표준 생활 과정을 따르지 않는 경향이 있다(Settersten, 2003). 부모가 체포되거나 유죄판결을 받거나 투옥된 아동의 경우 그러한 오명은 더욱 크다(Phillips and Gates, 2011). 투옥된 부모의 부정적 특성을 자녀에게 돌릴 수 있다. 이러한 낙인, 괴롭힘, 따돌림에 대한 두려움에서 아이들은 부모가 감옥에 있다는 사실을 숨길 수 있다. 범죄 부모의 자녀들이 비표준 생활을 경험할 수 있는 많은 인과요인이 예상될 수 있다. 이들이 결혼하면 이혼 위험이 높아진다. 부모는 역할 모델로 봉사하고 특정 행동에 보상을 주거나 처벌함으로써 자녀의 선호도, 태도 및 행동을 자녀에게 전달한다.

필립스와 게이츠는 아이들이 어떻게 부모와 자신에 대한 사회적 반응이나 믿음을 내면화할 수 있는지를 보고했다. 이 경우 낙인은 자기 충족적 예언을 조장할 수 있다. 자기 충족적 예언은 어떤 상황을 마음속에서 실제라고 결정해버리면 결국 실제가 된다는 의미이다. 사회의 가난한 계층의 여성들이 장래 배우자의 경제적 능력을 크게 좌우한다. 범죄자의 친척과 자녀가 경험하는 형사사법 제도와의 상호작용은 부정적 결과를 초래할 수 있다. 부모 체포는 어린이들에게 외상을 일으키고 매우 감정적이고 불안한 것으로 경험될 수 있다(Hissel et al., 2011). 이러한 경험은 부모의 애착과 신뢰에 영향을 미칠 수 있으며, 이후의 관계형성, 예를 들어 이혼의 가능성이 높아질 수 있다. 부모의 범죄가 자녀 비행의 위험을 증가시킨다는 것은 잘 알려져 있다.

❹ 또래 영향

어린이가 "잘못된 친구들 속으로 빠져 들었다"는 것은 흔한 말이다. 아이들에게 강한 동료애와 우정이 중요하다. 또래 친구들은 비행행동을 자극하거나 저지하는 역할을 수행할 수 있다. 비행 친구와 친하게 사춘기를 보냈던 청소년들은 비행행동을 할 가능성이 높다. 모핏(Moffitt, 2003)은 청소년들이 어른이 되었을 때 비행에 관여되는 이유를 설명하기 위해 흥미로운 이론을 제시했다. 모핏은 10대 자녀들이 일종의 성숙 갭(maturity gap)을 갖고 있다고 주장했다. 그들은 일자리를 가질 만큼 성인으로 간주되지 않지만 어린이가 아니다. 결과적으로 그들은 좌절감을 느낄 수 있고 부모의 통제를 벗어날 수 있는 길을 모색할 수 있다. 청소년이 사람이 없는 땅에 있다고 느끼는 시기에 주위를 둘러보기 시작하고 일부 사람들이 음주, 범죄 활동에 들어가는 것을 깨닫는다. 다른 청소년 범죄자들에게는 이러한 또래들이 역할 모델이 될 수 있으며, 사춘기의 범죄자들은 평생 지속되는 범죄에 관여하게 된다. 그들이 직장을 구하거나 많은 교육을 통해 많은 혜택을 얻는다는 것을 깨달을 때 비행을 중지할 수 있다.

❺ 실업

취업은 범죄 활동에 개입할 가능성이 적다. 가장 중요한 문제는 자신이 직업을 수행할 수 있는 능력이다. 범죄자는 비범죄자보다 실업률이 높다. 범죄 기록이 있는 사람은 취업하기가 어려울 수 있다. 구금 시설에서 일단 석방되어 직장을 찾을 수 있다면 재범 가능성이 적다. 실업률 증가로 나타나는 노동시장 기회 축소는 법적 소득 기회를 악화시켜 범죄를 매력적으로 만든다. 소득 기회는 범죄의 중요한 요소이다. 높은 소득은 범죄 활동을 감소시킨다. 높은 법적 소득은 범죄 활동을 감소시킬 것으로 예상되나 합법적 수입이 범죄에 영향을 미치는 또 다른 경로가 있다. 평균 소득이 높을수록 불법 소득 기회가 늘어날 수 있다. 왜냐하면 더 많은 재산을 훔칠 수 있기 때문이다. 적어도 재산 범죄로 인해 평균적으로 높은 법적 소득은 범죄행위를 증가시킬 수 있다. 잠재적인 범죄자는 주변 사람이 풍부하기 때문에 보다 큰 범죄 기회가 증가할 수 있다.

❻ 무질서한 회사 생활

범죄행위의 초기 단계에서 범죄 회사는 범죄행위의 기초를 제공한다. 결과적으로 자신의 직업상 범죄행위를 전개한다. 범죄 기법과 정신적 태도의 추구는 나쁜 회사의 결과이다. 조직이 파괴되면 범죄가 된다. 또한 급성장하는 도시에서는 인구 증가가 범죄 활동의 주요 요소가 된다. 범죄는 인구가 적은 인구층보다 인구가 밀집된 지역에서 더 많이 발생한다. 부모는 도로에서 방황해야 하는 아이들을 통제할 수 없다. 그러한 아이들은 범죄행동으로 간다. 회사에 의해서 사람을 판단할 수 있다. 동반자 관계와 범죄는 상호관련이 있을 수 있으며 이를 근거로 다음과 같은 경우에 발생할 수 있다.

- 회사에 두 명 이상의 사람들이 범죄를 저지른다.
- 무고한 사람들이 범죄자에 빠질 수 있다.
- 투옥 기간 동안 범죄자는 범죄 기법을 습득한 범죄자들과 접촉한다.

❼ 지리적 요인

사회의 진화에서 지리적 요소는 중요한 역할을 한다. 이것은 역사가와 사회학자들이 받아들인다. 지리적 요소는 개인의 감정과 행동에 영향을 미친다. 인간의 욕구는 계절의 변화에 따라 다양하게 변한다. 겨울에는 기본적 욕구가 커지고 욕구 충족에 장애가 발생하면 개인은 범죄를 하는 경향이 있다. 지리적 환경은 사회의 형태를 지배한다. 지리적인 차이로 인해 다양한 유형의 문화와 문명을 발생한다. 사회조직은 지리적 조건에 따라 발전하고 변화가 있을 때마다 사회에도 범죄가 생긴다.

범죄의 빈도와 범죄 유형은 지역에 따라 달라진다. 범죄행위의 주요 원인은 지역사회의 구조적 다양성이다. 범죄나 범죄행위에 대한 대중의 관점이 다르다. 각기 다른 분야에 여러 가지 법률이 있으며, 법률은 합법적인 생활에 반대하는 행동을 통제하기 위해 시행된다. 지역사회의 전통적인 삶은 범죄행위를 억제하려고 시도한다.

❽ 생태적 요인

생태적 요인은 사람들과 물리적 환경에서의 활동 사이의 상호작용을 포함한다. 이 범주에는 지형, 인구 밀집, 오염 및 오락 기회와 같은 물리적 환경과 관련된 것들이 포함된다. 자신이 느끼는 적대적 수준, 공포나 복지뿐만 아니라 삶에 대해 신체적·정서적으로 어떻게 성장하는지에 영향을 줄 수 있다. 또한 생태적 요인은 사람과 신체 환경이 전달하는 방식 간의 상호작용을 포함하기 때문에 어떤 범죄의 기회가 존재하는지 결정한다. 물리적 환경에서 사람들의 일상적인 활동은 범죄가 일어나는 시기와 장소에 중요한 영향을 미친다. 범죄를 예방하기 위한 물리적 장벽이나 사람이 없거나 범죄자가 피해자, 재산 또는 불법적인 물질이나 행동에 집중하지 않는 한 범죄는 불가피하다.

❾ 매체 공격성

범죄행위가 학습되지만 개인이 물리적으로 상호작용하는 사람으로부터만 오는 것은 아니다. 이것은 매체 공격성 가설(media aggression hypothesis)의 중심 이론이다. 공격성은 상대에게 위해를 가하려는 의도를 갖고 행하거나 시도하는 신체적, 언어적 행동이다. TV, 게임을 통해 폭력에 노출되면 공격성이 증가할 수 있다. 언론이 공격성과 상호작용할 수 있다. 연구 결과에 따르면 폭력이 정당화된 것으로 기술되는 경우 효과가 더 크며 사람들이 미디어 폭력성의 영향을 받는 정도에는 개인차가 있다.

(3) 심리적 요인

범죄에 대한 심리적 설명은 다양한 접근이 있다. 그러나 Nietzel의 이론은 "범죄는 잠재 범죄자가 독창적으로 소유하거나 특별한 정도로 소지한 성격 속성의 결과"이다. 이 접근법을 변형하면 범죄는 정신질환이나 성격장애와 같은 원인이다. 심리학자들은 양심 결핍, 정서적 미성숙, 부적절한 아동기 사회화, 모성 박탈, 도덕적 발달 저하 등과 같은 개인적 차이로 설명된다.

범죄행위에 대해 다양한 원인이 존재한다. 반사회적 성격장애 유형의 범죄자는 일찍부터 비정상적인 행동을 보이며 자기중심성, 공감의 결여, 다른 사람들을 자신의 목적을 위한 도구로 보는 경향이 있다. 이러한 개인에 대한 통제는 더욱 극단적이며 일반적인 공공 정책은 범죄 집단의 행동을 억제하기에 충분하지 않을 수 있다.

❶ 발달과정

발달과정(development)은 태아기에 시작하여 죽음으로 끝나는 신체적, 지적, 정서적 성장 과정이다. 성격 특성의 원천인 아동기는 빈곤, 교육 부족, 높은 범죄 환경에서의 생활 등과 같은 빈곤한 가정에 특히 취약하다. 실업, 부부간 갈등, 이혼 등과 같은 가족 스트레스 요인은 또한 가정생활을 혼란스럽게 할 수 있다. 어떤 학자들은 범죄행동이 개인의 심리적 요인에 뿌리를 두고 있다고 주장한다. 개인의 심리적 발달기에 어떤 정신적 결함이 형성된다. 이러한 결함이 범죄행위의 원인이 된다. 정신의 불안정성과 범죄성은 밀접하게 관련되어 있다. 정신적 활동과 관련된 실망감, 갈등, 범죄 태도, 정신적 충격 등은 범죄행위의 원인이다.

범죄행위에 대한 심리적 설명을 위해 전통적인 투옥, 벌금 및 기타 법원 제재는 범죄 통제를 위한 학습모델에 근거하고 있다. 학습모델은 모든 사람들이 즐거움을 극대화하고 고통이나 불편함을 최소화하고자 하는 실용적인 개념을 기반으로 한다. 처벌은 특정 행동을 줄이기 위해 고안된 제재이다. 벌금, 징역형 등은 처벌이다. 그러나 스키너는 처벌이 행동수정에 일반적으로 효과가 없었으며 강화가 더 잘 작동함을 인정했다. 가혹한 형태의 처벌은 재범률을 현저하게 감소시키지 않으므로 다른 심리적 원칙이 필요하다. 인지행동주의의 측면에서 범죄자를 위한 재활 및 재교육 프로그램은 범죄를 통제하기 위한 방법이다. 이러한 방법은 단순한 처벌과는 달리 대안적 기능을 가르치는 인지행동 방법으로 교도소나 교도소 밖에서 실행할 수 있다.

법 집행의 가시적인 존재를 유지하기 위한 정책과 유혹적인 상황에서 자기 인식을 유지하는 방법이 있다. 이러한 방법은 예방적이다. 예를 들면, 자의식과 자기 인식을 감소시키는 상황은 개인이 자신의 행동 결과를 고려하지 않고 덜 억제되고, 자기통제가 덜하며, 비행을 할 가능성이 높다는 사실을 사회심리 원칙으로 삼고 있다. 상점에 거울을 배치하는 간단한 행동은 자기 인식을 높이고 절도를 줄인다. 마찬가지로 눈에 보이는 법 집행의 존재는 범죄를 줄일 수 있다. 범죄에 대한 제재와 결과를 대중에게 공개하는 것은 범죄를 통제하는 또 다른 심리적 방법이다.

심리적 원칙은 기존 범죄자를 체포하거나 위험에 처한 사람을 식별하기 위한 노력이다. 최근에는 성격과 사회적 변수를 기반으로 한 범죄 활동을 포함하여 특정 형태의 이상행동에 대해 위험에 처한 사람들을 식별하는 방법을 찾는다. 이러한 심리적 변수는 학교나 가정에서 조기에 발견될 수 있으며 학습장애, ADHD, 우울증 등의 장애를 포함한다. 이러한 문제를 가진 개인이 범죄를 저지르거나 법적 문제를 갖고 있다. 치료 개입, 교육 또는 재교육은 본질적으로 심리적이다. 의식을 높이거나, 자각을 촉진하거나, 위험에 처한 사람들을 식별하는 것은 범죄를 예방하기 위한 심리적 정책이다. 미래 행동의 가장 좋은 예측 인자는 개인의 과거 행동이다.

범죄자에게 꼬리표를 부착하고 특정 성격을 지닌 것으로 기술함으로써 범죄행동을 설명하는 것이 일반적이다. 예를 들면, 어떤 범죄자를 정신병자라고 부른다. 특히 영화와 신문에서 그렇다. 이런 유형의 사람은 실제로 사이코패스라고 하며, 이와 같은 꼬리표는 사람들이 다양한 유형의 성격을 이해할 수 있도록 심리학자가 개발했다. 이들 모두가 범죄자는 아니지만 많은 범죄자가 유사한 성격 특성을 갖고 있다고 추정된다.

❷ 정신역동이론

정신역동이론을 지지하는 사람들은 개인의 성격이 초기 아동기에 근거한 무의식적인 정신적 과정에 의해 조절된다고 제안한다. 인간 성격을 구성하는 세 가지 요소는 원초아, 자아와 초자아이다. 원초아는 출생시 존재하는 사람의 정신적 구성의 원시적인 부분이다. 원초아가 인간의 의식주, 성 및 기타 생필품에 대한 생물학적 이론을 대표한다. 자아는 일생에서 일찍 발전한다고 생각된다. 자아는 현실원리에 의해 인도된다. 초자아는 부모, 친구 및 성직자와 같은 중요한 사람들과 같은 공동체의 도덕적 기준과 가치를 통합하는 사람으로 발전한다. 초자아의 초점은 도덕이다. 초자아는 개인의 행동과 행동에 대한 판단을 내리는 역할을 한다. 자아는 즉각적인 만족감에 대한 원초아의 욕망과 초자아의 엄격한 도덕 사이를 중재한다. 저개발된 초자아가 범죄를 저지른다고 제안한다. 사랑이나 양육의 결핍에 의해 방치되고, 불행하고, 비참한 어린 시절로 인해 범죄에 취약하다. 약한 자아는 사회적 예절 부족, 미성숙 및 다른 사람들에 대한 의존과 관련이 있고, 약물남용에 개입할 가능성이 클 수 있다.

어린이가 5~6세일 때 성격의 도덕적 요소인 초자아가 형성된다. 초자아는 양심과 자아 이상으로 구성된다. 양심은 처벌받고 죄책감을 느끼는 모든 행동으로 구성된다. 자아 이상(ego ideal)은 개인이 자기 자신을 위해 무의식적으로 만든 완전성이다. 자기 자신에 대한 모범적이고 이상적인 기대 등의 기능들을 지닌 정신적 대리자를 의미한다. 자아 이상은 칭찬과 보상을 받고 자존심과 만족을 느끼는 행동을 포함한다. 처음에 초자아는 선의와 옳은 것에 대한 부모의 기대만을 반영하지만 광범위한 사회 세계의 가르침을 통합하기 위해 시간이 지남에 따라 확장된다. 도덕적 완성을 추구함에 있어 자아의 유연성을 정의하고 제한하는 도덕적 지침을 수립한다.

정신분석학의 범죄이론은 비행이나 범죄행동이 양심에 거슬리고 죄책감을 불러일으키거나 양심이 너무 약해 개인의 충동과 즉각적인 만족을 위한 욕구를 통제할 수 없다고 주장한다. 양심 또는 초자아는 매우 약하거나 결함이 있으면 원초아의 충동을 통제할 수 없다. 비행자의 성격 결함은 결과에 관계없이 욕구를 즉시 충족시키려는 충동이다. 비행은 즉각적인 즐거움을 위해 자신의 욕망을 포기할 수 없는 것이다.

❸ 범죄사고 유형

범죄자가 정상인과 다른 사고방식을 갖고 있다고 주장한다. 즉, 범죄자는 내부적으로 논리적이고 일관성이 있지만 원인이 되는 생각에 따라 오류가 있는 독특한 인식 방식이 작동한다. 상습적인 범법자는 세상을 보는 방식이 정상인과 다르다(Samenow, 2013). 범죄자는 어린 시절에 자신이 선택하는 사고방식으로 범죄자가 된다고 제안한다. 범죄자가 되는 것은 사고방식의 결과이다. 또한 범죄는 알코올 중독과 같이 한번 범죄자가 되면 항상 범죄자일 가능성이 크다. 범죄자들은 자신의 행동에 대한 책임을 다른 사람들에게 돌린다. 범죄자들은 단순히 사람들이 하는 방식대로 정정당당하게 행동하지 않는다. 그들은 허구와 사실을 구분할 수 없는 거짓된 거짓말쟁이다. 그들은 현실을 표현하는 것이 아니라 통제하고 조작하는 단어를 사용한다.

❹ 성격장애

많은 사람들이 범법자의 성격장애로 범죄 원인을 설명한다. 범죄자의 기본적인 반사회적인 특성이 이론의 기초이다. 이 정신병의 개념은 오랜 역사를 갖고 있다. 일반적으로 범죄 활동은 빈번하고 반복적이다. 최근에 초점은 근본적인 비사회화된 성격, 즉 반복적으로 사회와 충돌하는 양심의 부족에 관한 것이다. 이것을 경험이나 죄책감에서 배울 수 없다. 그들은 개인, 단체 또는 사회의 가치에 대한 진정성이 부족하다. 그들은 대단히 이기적이고 냉담하고 무책임하다. 또한 다른 사람들을 비난하거나 자신들의 행동에 대해 합리화하는 경향이 있다.

성격장애의 가장 심각한 형태는 정신장애이다. 정신장애의 예로는 양극성 장애 및 정신분열증이 있다. 양극성 장애는 극단이 특징이다. 흥분하고 독단적이며 시끄러운 행동과 혼수상태, 냉담하고 우울한 행동을 번갈아 한다. 즉, 기분, 활력, 생각과 행동에 극단적인 변화가 특징이다. 정신분열증은 망상, 환각, 혼란스러운 사고와 언어를 비롯한 여러 부적응적 증상을 나타내는 매우 심각한 정신장애이다. 정신분열증은 비논리적이고 일관성 없는 사고 과정을 나타내며, 자신의 행동에 대한 통찰력이 부족하고, 현실을 이해하지 못한다. 정신분열증은 그릇된 행동이나 박해와 관련된 복잡한 행동 기만을 경험한다. 남성 살인 혐의자를 대상으로 한 연구에서 3/4이 정신질환이 있는 것을 발견했다. 또 정신질환으로 진단받은 개인이 범죄자가 될 확률이 더 높다. 비행 아동은 일반 인구의 청소년들에 비해 임상 정신질환의 비율이 더 높다(Siegal, 2008).

반사회적 성격(antisocial personality), 사이코패스(psychopath) 또는 반사회적 인격장애자(sociopath)는 상호교환적으로 사용되는 용어로 파괴적인 가정환경의 산물이다. 사이코패스는 폭력성을 동반하는 이상 심리 소유자이다. 반사회적 성격은 사회생활을 하는데 기본적인 결함을 가진 성격장애로서 타인의 권리를 대수롭지 않게 여기고 침해하며, 반복적인 범법행위나 거짓말, 사기성, 공격성, 무책임함을 보이는 성격장애다. 반사회적 성격의 특징은 낮은 죄의식, 피상적 매력, 평균 이상의 지능, 다른 사람의 권리의 지속적인 위반, 관계형성의 어려움, 충동성, 위험추구, 자아중심, 강압, 냉정, 낮은 감정기복이다. 원인은 외상성 사회화, 신경장애 및 뇌 이상이다. 정신병 환자의 성격에 영향을 줄 수 있는 다른 역학은 병리학적 성향, 어린 시절의 외상 사건 또는 불량 부모이다. 많은 만성적인 범죄자가 사회 병력이라는 것을 알아 두는 것이 중요하다. 따라서 성격 특성이 범죄와 폭력을 예측할 수 있다면, 범죄의 근본 원인은 삶의 초기 단계에서 인간발달에 영향을 미치는 힘에서 발견된다고 추정할 수 있다.

❺ 행동장애

범죄자는 궁극적으로 우울증, 분노, 자기애 및 사회적 고립으로 나타나는 기분장애를 가질 수 있다. 어린이들에게서 발견되는 장애의 한 예는 행동장애이다. 행동장애 아동은 규칙을 따르고 사회적으로 받아들일 수 있는 방식으로 행동하는 데 어려움이 있다. 행동장애는 궁극적으로 청소년들의 행동 및 정서적 문제로 나타난다. 왜 어떤 아이들은 행동장애를 일으키고, 다른 아이들은 그렇지 않은가? 가능한 설명은 아동학대, 뇌 손상, 유전학, 열악한 학교 성적 및 외상 사건이다.

행동장애 어린이는 공격적인 행동을 보일 확률이 더 높으며 동물에게 잔인할 수 있다. 싸움을 할 때 위협이나 공포를 주기 위해 칼, 돌, 깨진 병 또는 야구 방망이와 같은 무기를 사용한다. 이들은 원치 않는 성행위를 강요할 수 있고, 재물의 손상 또한 우려될 수 있다. 재물을 파괴하거나 누군가를 죽이려는 궁극적인 의도로 방화하는 아이들을 관찰할 수 있다. 또한 거짓말 및 도둑질, 주택, 건물 또는 차 침입, 의무 회피 등이 있다. 이들은 불안, 외상 후 스트레스 장애, 약물 또는 알코올 남용, 또는 주의력 결핍장애 등이 있다. 분노를 조절하고 표현하는 방법을 배워야 한다.

❻ 학습장애

학습장애 아동에게는 특수교육 수업이 필요할 수 있다. 우울증, 주의력, 자발성, 충동성에 문제가 있는 어린이에게 약을 처방하는 경우도 있다. 반항성 장애는 비협조, 과민반응, 부정적인 태도, 학부모, 교사 및 경찰들에게 의도적으로 성가신 행동을 나타낸다. 이들은 학습 과정을 방해하고 다른 사람들과의 관계에 해를 끼칠 수 있는 증상을 보이는 경우가 많다. 반항성 장애의 증상 중 일부는 빈번한 분노, 어른과의 과도한 논쟁, 성인 요청의 거부, 규칙 거부, 괴롭히거나 화나게 하려는 행동이나 비난하는 행위 등이 있다. 자주 화를 내거나 가혹하거나 불친절하게 말하며 복수를 추구하는 방식이 포함된다.

❼ 반항성 장애

반항성 장애는 기분과 불안장애, 행동장애, 주의력 결핍장애를 포함한 다른 정신건강 문제와 함께 존재할 수 있다. 아동의 증상의 정도, 특정 약물치료에 대한 내성, 상태의 경과에 대한 기대, 부모의 견해 또는 선호를 고려한다. 치료는 문제해결 기술, 의사소통 기술, 충동조절 및 분노관리 기술을 가르치는 심리요법을 포함할 수 있다. 가족치료는 가족 간의 상호작용 및 의사소통 기술 향상이라는 목표를 갖고 가족 체계 내에서 변화를 만드는 데 초점을 맞추고 있다.

❽ 행동이론

행동이론은 인간의 행동이 학습경험을 통해 개발된다는 이론이다. 행동이론의 특징은 다른 사람들이 유발하는 반응에 따라 행동을 변화시킨다는 개념이다. 공격적인 행동은 가족 상호작용, 환경 경험, 대중매체를 모델로 한다. 공격적인 아동이 공격적인 부모나 보호자에 의해 자라났을 가능성이 높다(Jacoby et al., 2005). 환경 경험은 범죄 발생이 빈번한 지역에 거주하는 사람이 저범죄 지역에 거주하는 사람들보다 공격적 행동을 보일 가능성이 높다(Shelden, 2006). 범죄행동의 요인에는 실업, 약물 또는 알코올 남용, 법률 위반을 포함한다. 건전한 청소년들은 축구, 야구, 종교와 같은 활동에 참여하고 있으며 가족과의 관계가 양호하다.

범죄와 관련하여 미디어의 궁극적인 역할을 확인하는 것은 어렵다. 학자들은 폭력을 기술한 영화, 게임 및 TV 프로그램이 어린이들에게 해로울 것이라고 제안한다. 사회학습이론은 대중매체가 폭력에 책임이 있다는 사실을 지적한다. 그들은 학교에서 누군가에게 신체적 또는 심리적 손상을 입힌 아이들이 게임의 영향 때문이라는 가설을 세웠다. 많은 연구에서 미디어 폭력은 공격적인 아동이나 청소년이 자신의 행동을 정당화하거나 합리화할 수 있음을 시사한다.

❾ 인지이론

개인이 문제를 어떻게 풀어내는가에 관한 이론인 인지이론으로 범죄행위를 설명하는 데 상당한 이점이 있다. 여기서 심리학자들은 개인의 정신적 과정에 초점을 맞춘다. 인지이론가들은 범죄자들이 주위 세계를 어떻게 인지하고 정신적으로 표상하는지를 이해하려고 시도한다.

빌헬름 분트(Wilhelm Wundt)와 윌리엄 제임스(William James)는 선구적인 심리학자이다. 인지이론은 두 분야가 있다. 첫째, 도덕 발달 분야로서 사람들의 도덕적 표현 방식과 세계에 대한 추론을 중점적으로 다룬다. 도덕 발달과 지적 발달에 초점을 두고 있다. 둘째, 정보처리이다. 이 것은 정보를 획득하고 유지하고 검색하는 방법에 중점을 둔다. 학자들은 세 단계, 즉 획득, 보존 및 검색의 프로세스에 관심을 갖고 있다.

로렌스 콜버그(Lawrence Kohlberg)는 범죄학 이론에 도덕 발달이라는 개념을 적용했다. 그는 개인이 도덕 발달단계를 통과한다고 믿었다. 도덕 발달 이론은 인간의 도덕 발달단계를 6단계 3수준으로 분류하고 높은 단계로 갈수록 가족, 동료, 사회와 같이 넓은 관계망 안에서 타인의 관점과 입장을 고려하며, 도덕적인 행동에 대한 합리적인 판단을 하게 된다. 중요한 개념은 수준, 단계 및 사회적 방향이다. 수준은 인습 이전, 인습 수준(conventional level) 및 인습 이후이다. 단계의 발달은 연령이 높아짐에 따라 함께 이루어지기는 하지만, 인지발달의 초기 단계 동안에 모든 개인이 발달의 높은 단계에 도달하는 것은 아니다. 발달은 지체될 수는 있지만 가속화될 수는 없다. 각 발달단계에서 개인은 무엇이 옳고, 왜 옳은가에 대해 매우 다른 방식으로 추리한다.

[그림 16-8] 인간의 도덕 발달단계

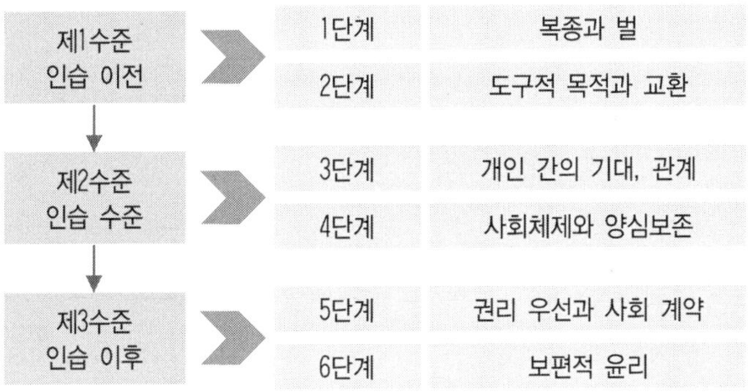

- 제1수준(인습 이전): 규칙이 내면화되지 않으나 벌을 피하거나 보상을 받기 위해 외부에서 주어진 규칙을 따른다. 1단계는 복종과 벌의 단계로 행위의 옳고 그름은 결과에 달려있다. 2단계는 도구적 목적과 교환의 단계로 보상을 얻고 목적을 달성하기 위하여 규칙을 따른다.
- 제2수준(인습 수준): 타인들의 승인을 얻거나 사회질서 유지를 위해서 규칙과 사회규범을 따른다. 3단계는 개인 간의 기대, 관계, 동조의 단계로 타인들을 즐겁게 하는 행동, 도울 수 있는 행동 또 타인들이 승인하는 행동이 도덕적 행위이다. 4단계는 사회체제와 양심보존의 단계로 법에 반영된 사회의 의도를 고려하여 법적 규칙을 따르는 것이 옳은 것이다.
- 제3수준(인습 이후): 옳고 그름을 정의의 원리에 의해서 판단한다. 5단계는 권리 우선과 사회계약으로 법의 목적이 다수의 뜻과 인간가치를 표현하는 것이다. 6단계는 보편적 윤리 원리로, 가장 높은 도덕 단계로 옳고 그름을 개인의 양심에 비추어 판단한다.

제17장
행동변화

1. 행동변화의 의미

    사람들은 전반적인 성격, 분위기 및 행동 면에서 크게 다르다. 성격과 행동의 갑작스런 중대한 변화, 특히 명백한 사건과 관련이 없는 행동은 문제를 나타낸다. 개인의 능력과 긍정적인 행동을 채택하고 유지하는 의지는 다양한 요소에 의해 영향을 받기 때문에 종종 변경하기 어렵다. 문제 행동을 인식한다고 하더라도 개인이 긍정적인 행동을 취하거나 채택할 수 있는 것은 아니다. 즉, 문제를 아는 것만으로 행동에 장기적인 변화를 일으키지 않는다. 개인은 행동변화를 채택하거나 반대하는 데에는 여러 가지 이유가 있다. 행동변화 이론은 개입이 가장 적절하거나 가장 큰 영향을 줄 수 있는 지점을 파악하는 데 도움이 된다. 행동변화 기술은 특정 유형의 행동이나 반응을 시도하거나 줄이거나 늘리는 데 사용되는 기술을 말한다.

    행동변화(behavior change)는 개인이 이상행동을 변경하여 정상행동으로 전환하는 것을 의미한다. 목표는 부적절한 행동에서 원하는 행동변화를 일으키는 것이다. 행동에 지속적인 변화를 주는 것은 간단한 과정이 아니며 대개 시간, 노력 및 감정에 대한 실질적인 헌신이 필요하다. 정상행동, 체중감량, 금연 또는 다른 목표달성 등 모든 사람들에게 적합한 단일 해결안은 없다. 목표를 달성하기 위해 시행착오를 통해 여러 가지 기술을 시도할 수 있다. 이 기간 동안 사람들은 실망하고 행동변화 목표를 포기한다. 목표를 유지하는 열쇠는 새로운 기술을 시도하고 동기를 유지할 수 있는 방법을 찾는 것이다. 변화는 쉽지 않을 수도 있지만, 심리학자들은 사람들이 행동을 바꾸는데 유용한 여러 가지 방법을 개발해왔다. 변화단계모델은 사람들이 변화 과정을 이해하는 데 도움이 된다. 변화의 요소, 변화의 단계와 각 단계를 통한 실천 방법을 이해하면 목표를 달성하는데 도움이 된다.

1) 행동변화의 핵심 요소

행동변화 기술은 사람의 태도 또는 자아효능감과 같은 행동의 심리적 결정 요인을 변화시키는 이론이다. 행동변화를 시도하고 변화된 행동을 유지하는 것은 쉽지 않다. 그러나 행동변화 단계에 영향을 주는 요소를 확인하는 것은 행동을 성공적으로 개선하는 과정이다. 행동변화는 행동변화모델에 필수적인 변수를 이해하는 것이 중요하다. [표 17-1]은 많은 행동변화모델에 공통적인 변수의 목록이며, 행동변화를 불러일으킬 때 이러한 변수를 최대화하는 방법이다.

[표 17-1] 행동변화의 요소와 전략

요인	정의	행동변화 전략
위협	사람들이 알 수 있고 그렇지 않을 수도 있는 위험이나 해로운 사건	심각성과 민감성에 중점을 두고 위협이 존재한다는 인식을 높인다.
공포	중요하고 관련이 있는 위협을 인지함으로써 야기된 정서적 각성	공포가 적절히 전달되면 정보를 찾는 동기를 주지만 위험을 부정할 수도 있다.
제안 효능	권고한 제안이 위협을 막을 것이라는 인식	권고한 제안이 위협을 피할 수 있는 사례의 증거를 제공한다.
자아효능감	권고한 제안을 수행하는 능력에 대한 개인의 인식 또는 자신감	제안을 수행할 수 있는 자신감을 높이고 위협을 확실히 피할 수 있도록 한다.
장벽	권고한 제안을 수행하지 못하게 한다.	존재하는 물리적 또는 문화적 장벽을 알고 제거한다.
혜택	권고한 제안을 수행할 때 얻는 긍정적인 결과	권고한 제안을 수행함으로써 얻을 수 있는 이점을 알린다.
주관적 규범	중요한 타인들이 자신의 행위를 어떻게 생각할 것인지에 대한 인식	개인이 준수해야 할 대상을 이해한다.
태도	권고한 제안에 대한 개인의 평가 또는 신념	변경하기 전에 기존 태도를 측정한다.
의도	권고한 제안을 수행할 개인의 계획	의도가 실제 행동에 대해 진짜인지 또는 거짓인지 판단한다.
행동단서	제안에 대해 판단하는 데 유용한 외부 또는 내부 요인	의사결정을 내릴 수 있는 소통 수단을 제공한다.
저항	권고한 제안을 거부한다.	조작되거나 위협을 피할 수 없다고 느끼지 않도록 확신시킨다.

2) 행동변화 주요 이론

행동변화는 어떻게 이루어지는가? 아마도 이 질문에는 많은 해답이 있을 것이다. 문제가 있는 사람은 개선하기 위해 행동변화가 필요하다. 행동을 변화하려면 왜 행동을 해야 하는지, 왜 행동이 바뀌어야 하는지를 이해하는 것이 필요하다. 행동변화 이론은 과정지향적이며 주어진 행동을 변화시키는 데 목적이 있고, 변화의 여지가 있는 동적 변수에 집중한다. 건강, 교육, 범죄학 분야에서 행동변화 이론에 대한 관심이 증가하고 있다.

행동변화이론 또는 모델은 행동변화를 설명하기 위해 시도하는 여러 요소에 중점을 둔다. 주요 이론은 학습이론, 사회인지이론, 합리적 행동이론, 계획된 행동이론, 범이론적모델 및 건강신념모델이다. 행동변화에서 자아효능감이 중요한 요소이다. 자아효능감은 자신이 어떤 일을 성공적으로 수행할 수 있는 능력이 있다고 믿는 기대와 신념을 말한다. 시험에 직면하거나 수술을 받는 것과 같이 까다롭거나 어려운 과제를 수행하는 능력에 대한 개인의 인상이다. 이 인상은 개인의 이전 과제 성공, 개인의 생리적 상태 및 외부 설득력과 같은 요인에 근거한다. 자아효능감은 개인이 행동변화를 시작하고 유지하는 노력의 양을 예측한다.

[그림 17-1] 행동변화의 주요 이론

행동변화이론
- 사회인지이론
- 합리적 행동이론
- 계획적 행동이론
- 변화단계모델
- 건강신념모델

학습이론은 학습이 이루어지는 요인을 설명해 주는 이론이다. 학습이론은 고전적 조건화, 조작적 조건화와 인지적 학습이론이 있다. 스키너(Skinner)에 의하면 복잡한 행동은 행동의 수정을 통해 점차적으로 학습된다. 모방과 강화는 이론에서 중요한 역할을 한다. 다른 사람들의 행동을 관찰하고 모방함으로써 배우고 보상은 바람직한 행동을 반복한다. 행동이 확립되면 유기체는 규칙에 지배되는 행동을 통해 학습할 수 있다.

사회인지이론 또는 사회학습이론에 따르면 행동변화는 환경, 개인 및 행동 요소에 의해 결정된다. 각 요소는 상호 영향을 준다. 예를 들면, 개인의 생각은 자신의 행동에 영향을 미치고 개인의 특성은 사회환경으로부터 어떤 반응을 유도한다. 따라서 환경은 개인의 특성뿐만 아니라 개인의 행동에 영향을 미치며, 개인의 행동은 개인의 생각이나 느낌뿐만 아니라 환경을 변화시킬 수 있다. 사회학습이론은 행동변화를 결정하기 위해 가설을 세우는 요인들 간의 상호작용에 초점을 맞추고 있다.

피시바인(Fishbein)과 에이젠(Ajzen)이 제안한 합리적 행동이론과 계획적 행동이론은 인간행동을 예측하고 변화시키는 행동이론이다. 계획적 행동이론은 합리적 행동이론에 지각된 행동통제라는 변인을 추가하여 행동의도와 행동을 예측한다. 합리적 행동이론을 확장하여 계획된 행동이론이 구성됐으며 행동 수행에서 의도의 역할을 강조하고, 행동의 실제 성과에 영향을 미치는 모든 요인을 통제하지 못하는 경우를 다룬다. 이론은 실제 행동 수행의 빈도가 개인이 행동에 대해 갖고 있는 통제의 양과 행동을 수행하는 의도의 강도에 비례한다고 기술하고 있다. 자아효능감은 행동을 수행하려는 개인의 힘의 강도를 결정하는 데 중요한 요소이다.

변화단계모델로 알려진 범이론적모델에 따르면 행동변화는 5단계 과정이 있다. 즉, 완전한 변화를 성취하기 전에 개인은 사전 단계, 계획 단계, 준비 단계, 행동 단계 및 유지 단계를 거친다. 이 모델은 의도적인 행동변화의 과정을 개념화하기 위한 통합된 생물심리사회모델이다. 변화단계모델은 행동, 인구 및 환경의 핵심 구성을 포함시켜 다양하게 적용할 수 있는 포괄적인 행동변화 이론이다.

건강신념모델은 건강증진 및 질병예방에 사용할 수 있는 개념적 틀로 건강 관련 행동변화를 설명한다. 모델의 핵심 요소는 개인의 건강 관련 행동을 예측하는 건강상태에 대한 개인적인 믿음에 초점을 둔다. 모델의 예측 능력은 지각된 감수성, 지각된 심각성, 지각된 행동의 이점, 행동의 장벽, 행동의 단서 및 대상 집단 간의 자아효능감의 존재를 측정하는 능력에 달려있다.

2. 사회인지이론

반두라(Bandura)의 사회인지이론(social cognitive theory)은 사람들이 어떻게 특정한 행동양식을 습득하고 유지하는지를 설명한다. 사회인지이론은 사람들이 내적 요인에 의해서가 아니라 외적 요인에 의해 행동이 추진된다는 것을 제안한다. 학습은 환경, 개인 및 행동의 상호작용에 의해 이루어진다. 이것은 상호결정론(reciprocal determinism)으로 알려져 있다. 환경 요인은 행동이 수행되는 상황적 영향과 환경을 나타내며, 개인적 요인은 본능, 욕구, 특성 및 기타 개인적 동기부여 요인이 포함된다. 이러한 변수가 인간의 학습과 행동변화 과정에 개입된다.

1) 사회인지이론의 요소

반두라는 아이들에게 인형을 두드리는 소녀의 비디오를 보여주는 사회학습을 예로 들었다. 인형을 본 아이들은 비슷한 공격적인 방식으로 행동했다. 모든 학습이 수행되는 것은 아니다. 예를 들면, 다른 사람을 관찰하면서 사냥하는 법을 배울 수는 있지만 실제로 사냥을 하는 것은 아니다. 행동 능력은 개인이 행동을 수행한다면 행동이 무엇인지 그리고 수행하는 기술을 갖고 있는지를 아는 것을 의미한다. 환경, 개인 및 행동의 삼 요소가 지속적으로 서로 영향을 준다. 다른 사람의 행동과 강화를 볼 때 관찰학습이 나타난다. 사람들은 자신이 확인한 사람들을 모방할 확률이 높다. 이와 같이 사회인지이론은 환경, 개인 및 행동 요인들 간의 상호작용 역할을 강조함으로써 개인이 주어진 행동을 시작하고 유지하는 방법을 설명한다. 인간의 기능은 개인, 행동과 환경 영향의 역동적인 상호작용의 산물로 간주된다.

[그림 17-2] 사회인지이론의 삼 요소

- **환경**(environment): 개인에게 물리적인 외적 요인
- **상황**(situation): 환경의 지각
- **행동능력**(behavioral capability): 행동을 수행할 수 있는 지식과 기술
- **자아효능감**(self-efficacy): 특정한 행동을 잘 수행할 수 있는 자신감
- **결과기대**(outcome expectations): 행동의 예상된 결과
- **자기통제**(self-control): 목표지향적인 행동에 대한 개인적 규제

- 강화(reinforcements): 행동이 계속될 가능성을 높이거나 낮추는 것
- 감정적 대처(emotional coping): 감정적 자극에 대처하는 개인의 능력
- 관찰학습(observational learning): 다른 사람 행동을 관찰하여 행동 습득

2) 사회인지이론의 원칙

어떻게 행동변화에 사회인지이론을 적용할 수 있는가? 자아효능감을 높이기 위해 행동변화는 일련의 작은 단계로 접근된다. 반두라는 개인이 강한 효능감을 지니고 있어도 격려가 없다면 행동을 수행하지 않을 수 있다고 주장한다. 다른 사람들이 행동변화를 실행하도록 하는 데 관심이 있다면 행동에 대한 격려와 보상을 제공하는 것이 중요하다. 환경을 형성하면 행동변화가 촉진될 수 있다. 여기에는 행동변화 기회와 사회적 지원을 제공하는 것이 포함된다. 행동변화를 방해할 수 있는 환경 제약을 인식하는 것이 중요하다. 사회인지이론에는 삼 원칙이 있다.

- 반응 결과: 보상 또는 처벌은 주어진 상황에서 특정 행동을 다시 수행할 가능성에 영향을 미친다. 이 원칙은 고전적 행동주의자들도 공유한다.
- 관찰학습: 다른 사람의 행동을 관찰함으로써 학습할 수 있다.
- 타인 영향: 다른 사람들이 자신의 행동을 관찰하고 모방할 가능성이 높다. 다른 사람들과의 동일시는 개인이 느끼는 감정적 애착이다.

3. 합리적 행동이론

피시바인과 에이젠(Fishbein & Ajzen)이 주장한 합리적 행동이론(theory of reasoned action)은 사람들의 행동을 예측하는 모델이다. 사람들이 실제로 무언가를 할 것인지 아닌지를 가장 잘 예측하는 것은 행동의도가 있는지 여부이다. 행동의도는 행동에 대한 개인의 태도, 자신에게 중요한 타인들의 태도 및 지각된 사회적 압력(주관적 규범)에 의해 영향을 받는다. 사람들이 특정 행동에 대해 긍정적인 태도를 갖고 있고, 중요한 타인들에게 행동이 용인될 수 있을 때 행동의도, 즉 동기가 높아지게 된다. 행동의도는 행동의 직접적인 결정 요인이며 행동에 대한 태도와 규범에 의해 결정된다. 합리적 행동이론은 학습이론, 기대가치이론, 인지일치이론과 귀인이론 등을 근거로 하고 있다.

1) 합리적 행동이론의 의미

합리적 행동이론은 태도와 행동 사이의 관계를 설명하는 이론으로 다양한 인간행동을 설명하고 예측한다. 인간이 이성적이며 탐구되는 행동이 자발적 통제 하에 있다는 전제에 근거를 둔다. 합리적 행동이론은 개인의 태도와 사회적 규범이 행동의도에 영향을 미치고 행동의도가 실제 행동으로 나타난다는 이론이다. 개인이 행동하기 전에 관련된 정보를 합리적이고 체계적으로 사용하며 행동의 결과를 신중히 고려한 다음에 비로소 행동한다고 가정한다. 행동의도는 행동과 행동변화를 결정하는 중요한 요인이다. 개인의 태도와 사회적 압력은 행동의도를 형성하는데, 이는 행동의 수행과 행동변화에 필수적이다.

이 이론은 행동에 대한 태도, 주관적 규범이 행동의도에 영향을 미치고, 이는 행동으로 이어진다는 논리이다. 즉, 개인의 신념, 태도, 규범, 행동의도 및 행동 사이의 연결 고리를 정의한다. 사람의 행동은 행동의도에 의해 결정된다. 이 이론은 외부 자극이 사람의 신념 구조를 수정함으로써 태도에 영향을 미친다는 것을 시사한다. 행동의도는 개인의 규범적 신념과 규범을 따르려는 동기에 의해 결정된다. 또한 이론은 태도나 주관적 규범에 영향을 줌으로써 행동에 영향을 미치는 다른 모든 요인들이 간접적인 방식으로만 작용한다고 주장한다.

2) 합리적 행동이론의 요소

합리적 행동이론은 인간의 행동은 행동의도에 의해 이루어지는 것이며, 이러한 행동의도는 개인적 태도와 주관적 규범에 의하여 결정된다고 가정한다. 개인이 행동을 긍정적으로 평가하고, 중요한 타인들이 개인이 행동하는 것을 기대하면 그 결과로 행동의도가 높아지고 행동할 가능성이 증가한다.

행동신념은 행동 수행이 특정 결과를 산출할 것이라는 신념으로 행동 결과 평가와 함께 태도에 기여한다. 개인들은 행동 결과나 속성에 가치를 부여한다. 행동평가는 행동에 대한 긍정적 또는 부정적 판단이다. 순응동기는 가장 중요한 준거인이 원하는 것을 하는 동기이다. 행동태도는 행동 수행에 대한 사람의 긍정적 또는 부정적 감정이다. 규범은 행동에 관한 다른 사람들의 의견에 대한 개인의 지각이다. 주관적 규범(subjective norm)은 특정한 행동을 수행하는데 영향을 주는 타인들의 지각된 기대이다. 즉, 개인의 행동에 대한 타인들의 압력이다. 행동의도는 행동을 수행하려는 의도로 원하는 행동을 예측하는 가장 좋은 예측인자이다. 태도와 규범은 행동을 수행하려는 사람의 의도에 영향을 미친다. 행동은 행위, 목표, 상황 및 시간의 조합으로 정의된 특정 행동이다.

- 행동신념: 어떤 행동 수행이 특정 결과를 산출할 것이라는 신념이다.
- 행동평가: 행동에 대한 긍정적 또는 부정적 판단이다.
- 순응동기: 가장 중요한 준거인이 원하는 것을 하는 동기이다.
- 행동태도: 행동 수행에 대한 사람의 긍정적 또는 부정적 감정이다.
- 주관적 규범: 특정한 행동을 수행하는데 영향을 주는 타인들의 지각된 기대이다.
- 행동의도: 어떤 행동을 수행하려는 의도이다.
- 행동: 행위, 목표, 상황 및 시간의 조합으로 정의된 특정 행동이다.

[그림 17-3] 합리적 행동모델

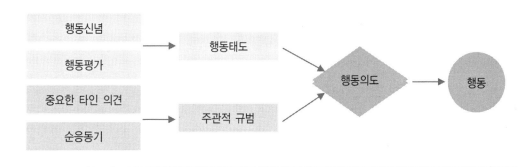

출처: Fishbein, M., & Ajzen, I.(1975), *Belief, Attitude, Intention, and Behavior: An Introduction to Theory and Research, Reading*, MA: Addison-Wesley.

4. 계획적 행동이론

계획적 행동이론(theory of planned behavior)은 행동예측의 사회심리학적 모델로 합리적 행동이론에 뿌리를 두고 있다. 즉, 행동의도로 행동을 예측할 수 없는 합리적 행동이론의 한계를 수정하고 보완한 모델이다. 초기의 행동 모델은 지식이 태도에 영향을 미치는 선형관계를 가정했지만 이는 거의 드문 경우이다. 태도와 행동 사이의 상관관계는 매우 잘 지지되지만 지식과 태도 사이의 관계는 복잡한 변수이다(Thompson et al., 2002). 피시바인과 에이젠은 지식이 태도에 영향을 미치는 많은 요소 중 하나일 뿐이며 외부 제약 및 맥락이 행동변화에 더 영향을 줄 수 있다고 제안한다. 계획적 행동이론은 행동 자체에 초점을 맞추고 지각된 사회적 규범 및 자아효능감과 같은 행동에 대한 다른 영향을 고려한다.

_– 397

1) 계획적 행동이론의 의미

행동의도는 항상 실제 행위를 유발하는 것은 아니다. 따라서 Aizen은 지각된 행동통제를 추가하여 계획적 행동이론을 제시하였다. 즉, 행동의도는 행동태도와 주관적 규범, 그리고 지각된 행동통제에 의해서 결정된다. 행동의도는 특정한 행동을 할 지각된 가능성이나 주관적 가능성이다. 의도는 개인의 태도와 주관적 규범에 의해 결정된다. 지각된 행동통제(perceived behavioral control)는 행동을 실제로 얼마나 잘 수행하고 통제할 수 있는지에 대한 주관적 평가이다. 따라서 행동은 개인의 지각된 행동통제에 의해서 결정되며 행동을 수행하기 위해 능력의 지각이나 자아효능감의 느낌으로 정의된다.

계획적 행동이론은 합리적 행동이론에 지각된 행동통제를 추가해서 확장한 것이다. 합리적 행동이론은 개인이 자신의 행동을 통제할 수 있다고 가정하였으나 현실적으로 행동수행은 통제하에 있지 않은 경우가 많다. 지각된 행동통제는 사람들이 관련 행동을 수행할 수 있는 자원, 기회 또는 능력을 갖고 있다고 생각하는지, 행동의도 또는 행동 자체에 직접 영향을 줄 수 있는지 여부를 설명한다. 사람들은 주로 가치, 태도 및 사회 기대와 압력에 부합하는 행동을 선택한다. 가치는 개인의 옳고 그른 것에 대한 개인이 갖는 신념 집합으로 정의된다. 따라서 태도는 행동의도의 강력한 예측인자이지만 대체로 가치에 의해 형성된다.

2) 계획적 행동이론의 요소

계획된 행동이론은 합리적 행동이론으로 시작하여 특정 시간과 장소에서 행동에 참여하려는 개인의 의도를 예측한다. 이 이론은 사람들이 통제력을 발휘할 수 있는 모든 행동을 설명하기 위한 것이다. 행동의도는 행동변화를 예측하는 데 있어 중요한 변수이며 행동이 종종 개인의 동기와 관련되어 있다. 이것은 행동에 대한 긍정적인 태도를 형성하고 행동을 지지하는 주관적인 규범이나 의견에 영향을 받는다. 행동변화에 영향을 미치는 지각된 행동통제를 위해서는 행동을 수행할 수 있는 능력이 있어야 한다. 따라서 필요한 기회, 자원 및 기술에 대한 통제력은 변화 과정에서 중요한 부분이다. 행동의도는 태도뿐만 아니라 주관적 규범에 의해서도 예측된다.

주관적 규범은 특정한 행동을 수행하는데 영향을 주는 타인들의 지각된 기대이다. 이것은 행동을 수행하거나 수행하지 않는 것으로 인식되는 사회적 압력을 의미한다. 통제신념(control beliefs)은 행동의 수행을 촉진하는 요인들의 존재에 관한 신념이다. 이것은 지각된 힘과 함께 지각된 행동통제에 기여한다. 행동성과를 촉진하거나 방해하기 위해 이러한 요인들의 지각된 힘과 함께 쉽게 접근 가능한 통제신념은 행동과 관련하여 일정 수준의 지각된 행동통제를 가져온

다. 지각된 행동통제는 행동을 실제로 얼마나 잘 수행하고 통제할 수 있는지에 대한 주관적 평가
이다. 행동태도와 주관적 규범이 더 선호될수록 지각된 통제가 커질수록 문제의 행동을 수행할
의사가 형성될 가능성이 커진다.

계획적 행동이론의 핵심 구성 요소는 행동의도이다. 행동의도는 행동이 기대되는 결과를 가
져올 가능성에 대한 태도, 결과의 위험과 이익에 대한 주관적인 평가의 영향을 받는다. 계획적
행동이론은 흡연, 음주, 보건 서비스 이용, 모유 수유 및 물질사용 등 다양한 건강 행태와 의도를
예측하고 설명하는데 사용된다. 계획적 행동이론은 행동의 성취가 동기(의도)와 능력(행동통제)
에 달려 있다. 이 이론은 행동에 대한 사람의 실제 통제를 집합적으로 나타내는 6 요인, 즉 행동
태도, 주관적 신념, 지각된 행동통제, 실제적 행동통제, 행동의도와 행동으로 구성된다.

[그림 17-4] 계획적 행동모델

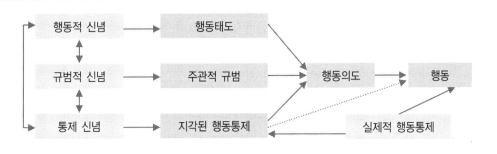

출처: Ajzen, I.(1991), "The Theory of Planned Behavior," *Organizational Behavior and Human Decision Processes*, 50(2), 179-211.

3) 계획적 행동이론의 한계

계획적 행동이론은 여전히 환경 및 경제적 영향을 고려하지 못하는 한계가 있다. 연구자들은
계획적 행동이론의 일부 구성 요인을 사용하고 행동이론에서 다른 구성 요소를 추가하여 통합
된 모델로 만들었다. 이것은 공중보건 문제를 다루는데 있어 이론의 한계점들에 대한 반응으로
이루어졌다. 이와 같이 계획적 행동이론에는 몇 가지 제한 사항이 있다. 의도에 관계없이 행동을
수행할 수 있는 기회와 자원을 습득했다고 가정한다. 공포, 위협, 기분 또는 과거 경험과 같은 행
동의도 및 동기에 영향을 미치는 다른 변수를 설명하지 않는다. 규범적인 영향을 고려하지만 행
동을 수행하려는 사람의 의도에 영향을 줄 수 있는 환경을 고려하지 않는다. 행동은 선형 의사결
정 과정의 결과라고 가정하고 시간이 지남에 따라 변할 수 있다고 간주하지 않는다. 지각된 행동

통제 개념이 이론에 중요한 추가 사항이었지만 행동에 대한 실제 통제에 대해서는 아무 것도 말하지 않는다. 마지막으로 이론에서 의도와 행동 간의 시간 틀은 다루지 않는다.

5. 변화단계모델

행동변화의 기초가 되는 심리학은 복잡하다. 프로차스카(James Prochaska)와 디클레멘트(Carlo DiClemente)는 변화모델(model of change)을 개발했다. 변화단계모델 또는 범이론모델(transtheoretical model)은 보다 유익한 행동으로의 변화 과정을 기술하는 이론이다. 즉, 이 모델은 바람직하지 않은 행동에서 바람직한 것으로 이동할 때 사람들이 겪는 단계를 설명한다. 이 모델은 사람들이 알코올 중독, 흡연, 심지어 운동과 같은 행동 문제를 어떻게 수정하는지 이해하는 방법으로 개발되어 개인의 의사결정에 중점을 두는 의도적인 변화모델이다. 이 모델은 사람들이 행동을 신속하고 단호하게 바꾸지 않는다는 가정 하에 운영된다. 오히려 행동의 변화, 특히 습관적인 행동은 주기적 과정을 통해 지속적으로 발생한다.

1) 행동변화의 단계

변화단계모델에 따르면 행동변화는 5단계 과정이다. 즉, 개인은 행동을 채택할 때 여러 단계를 거치며 행동변화는 변화의 과정에서 발생한다. 행동변화에 대한 가장 잘 알려진 접근법 중 하나는 변화의 단계이다. 원래는 금연이라는 맥락에서 개발되었지만 실제로는 모든 행동이 바뀌는 과정을 5단계로 설명한다. 즉, 변화 단계는 사전 단계, 계획 단계, 준비 단계, 행동 단계와 유지 단계이다(Prochaska et al., 1992). 이 모델은 개인이 변화의 5단계를 거쳐 변화하는 것을 가정한다. 또한 5단계에 종결 단계를 추가하여 6단계로 확장하기도 한다. 변화의 각 단계마다 다른 개입 전략이 사람을 변화의 다음 단계로 이동시키고 이후 모델을 통해 이상적인 행동 단계로 이동시키는 데 효과적이다.

[그림 17-5] 행동변화의 단계

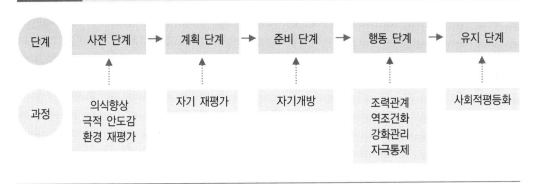

출처: Prochaska, j. O., DiClemente, C. C.& Norcross, J. C.(1992), "In Search of How People Chang: Applications to Addictive Behaviors," *American Psychologist*, 47(9), 1102.

변화단계모델은 사람들이 행동변화를 겪는 방식을 이해하는 데 효과적이다. 이 모델에서 변화는 점진적으로 발생하며 재발은 평생 동안 변화를 겪는 과정에서 피할 수 없다. 사람들은 초기 단계에서 변화를 기피하거나 반대하는 경우가 많지만 결국에는 행동변화에 능동적이고 몰입적인 접근 방식을 개발한다. 이 단계를 통해 다양한 속도로 진행되며, 종종 여러 번 연속체를 따라 앞뒤로 움직인다. 변화의 단계는 선형보다는 순환형으로 더 잘 기술된다. 이 모델은 행동변화의 성격과 그러한 변화를 가장 잘 촉진할 수 있는 개입에 관한 가정에 기초한다.

● 행동변화는 시간이 지남에 따라 진행되는 과정이다.
● 단계는 안정적이고 변화하기 쉽다. 장단점을 고려하여 변화를 유도할 수 있다.
● 현실적인 목표를 설정하도록 돕는 것은 변화 과정을 촉진한다.
● 변화의 특정 과정과 원칙은 발생 단계에서 강조될 필요가 있다.

(1) 사전 단계

변화의 가장 초기 단계는 사전 계획이다. 사람들은 변화를 고려하지 않고 있다. 이 단계에서 자신의 행동이 문제가 아니라는 주장으로 변화를 거부한다. 현재 상태를 체념하거나 행동을 통제할 수 없다고 생각할 수 있다. 어떤 경우에는 자신의 행동이 결과에 피해를 주거나 정보가 부족하다는 것을 이해하지 못한다. 먼저 자신에게 몇 가지 질문을 한다. 과거에 행동을 바꾸려고 시도한 적이 있는가? 문제를 어떻게 인식하는가? 행동을 문제로 생각하면 어떤 일이 발생할 것인가? 행동변화 단계를 파악한 뒤 다음 단계로 넘어가게 하는 요인이 무엇인지 제시한다. 사전 단계에서 문제행동과 관련한 강한 정서적 경험, 즉 극적 안도감이 필요하다.

(2) 계획 단계

계획 단계에서 사람들은 변화를 통해 얻을 수 있는 잠재적 혜택에 대해 인식하게 되지만 혜택 보다 비용이 더 커 보인다. 이러한 갈등은 변화에 대한 강한 상반되는 감정을 형성한다. 이러한 불확실성으로 인하여 변화의 계획 단계는 수개월 또는 수년이 지속될 수 있다. 사실, 많은 사람들은 계획 단계를 거치지 않는다. 이 단계에서는 변화가 정서적, 정신적 또는 신체적 혜택을 얻는 수단이라기보다 뭔가를 포기하는 과정이다. 행동변화를 생각하고 있다면 스스로에게 물어볼 몇 가지 중요한 질문이 있다. 왜 변화하고 싶은가? 변화를 방해하는 것이 있는가? 변화를 도울 수 있는 것은 무엇인가? 문제를 인식하고 변화를 심각하게 생각한다. 행동에 대한 자신의 감정을 평가하는 자기재평가가 필요하다.

(3) 준비 단계

계획이 수립되면 실행을 위한 준비가 필요하다. 준비 단계에서 큰 변화를 위해 작은 변화를 시작할 수 있다. 예를 들면, 체중감량이 목표라면 저지방 식품으로 전환할 수 있다. 목표가 금연이라면 매일 흡연을 조금씩 줄일 수 있다. 치료사와 상담하거나 헬스클럽에 가입하거나 관련 서적을 읽는 것과 같은 일종의 직접 행동을 취할 수도 있다. 준비 단계에 있는 경우 지속적인 삶의 변화를 성공적으로 이룰 수 있는 기회를 개선하기 위해 취할 수 있는 조치가 있다. 자신의 행동을 변화시킬 수 있는 방법에 대해 가능한 많은 정보를 수집한다. 동기부여 목록을 준비하고 목표를 적어 둔다. 조언과 격려를 받을 수 있는 지원집단, 상담사 또는 친구들과 같은 외부 자원을 찾아본다. 문제를 인식하고 행동을 변경하고 변화능력에 대한 믿음을 강화하는 자기개방이 필요하다.

(4) 행동 단계

행동 단계에서 목표를 달성하기 위해 직접 행동을 시작한다. 이전 단계에 생각이나 시간이 부족하여 해결이 실패하는 경우가 있다. 예를 들면, 많은 사람들이 새해 체중감량을 결심하고 즉시 새로운 운동요법을 시작하고 건강한 식단을 시작하고 간식을 줄인다. 이러한 최종 단계는 성공에 필수적이지만 이전 단계를 간과했기 때문에 이러한 노력은 수주일 만에 포기될 수 있다. 현재 목표를 달성하기 위한 조치를 취하고 있다면 긍정적인 조치를 취한 것을 축하한다. 강화와 지원은 변화에 대한 긍정적인 조치를 유지하는 데 매우 중요하다. 동기부여, 자원 및 진도를 주기적으로 검토하여 변화에 대한 몰입과 신념을 개선할 수 있는 시간을 갖는다.

(5) 유지 단계

변화의 유지 단계에는 이전의 문제 행동을 성공적으로 피하고 변화된 새로운 행동을 유지하는 것이 포함된다. 사람들은 변화를 계속할 수 있다는 확신을 갖게 된다. 새로운 행동을 유지하는 경우 유혹을 피할 수 있는 방법을 찾는다. 오래된 습관을 보다 긍정적인 행동으로 대체한다. 재발을 성공적으로 피할 수 있을 때 자신에게 보상한다. 이전 행동으로 되돌아갔더라도 포기하지 않는다. 단지 사소한 좌절이었다는 것을 상기한다. 재발은 일반적이며 평생 동안의 변화를 만드는 과정의 일부이다.

어떤 개인이 행동 단계에서 유지 단계로 이동하려 한다면, 자극통제와 역조건화가 중요하다. 어떤 행동은 특정한 자극의 존재 하에서는 일어나지만 자극이 존재하지 않으면 일어나지 않는다. 이와 같이 특정한 상황이 발생할 수 있는 자극을 제거하는 것을 자극통제(stimulus control)라고 한다. 예를 들면, 쇼핑 중독이 홈 쇼핑 시청이라면 홈 쇼핑 채널을 제거한다. 역조건화(counter-conditioning)는 상반되는 반응을 초래하는 자극을 연결시킴으로써 그 자극에 대한 원래의 반응을 약화시키는 것을 의미한다. 즉, 부정적 반응을 초래하는 조건자극과 긍정반응을 초래하는 무조건자극을 연합하는 것이다. 어떤 행동을 약화시키려면 그 행동과 상반되는 행동을 강화한다. 예를 들면, 쇼핑 욕구가 생길 때마다 음악을 듣거나 게임을 한다.

- 자극통제: 특정한 상황이 발생할 수 있는 자극을 제거하는 것
- 역조건화: 상반되는 반응을 초래하는 자극을 연결시켜 원래의 반응 약화시키는 것

어떤 행동변화에서도 재발은 흔히 일어난다. 재발을 경험하면 좌절이나 실망을 느낄 수 있다. 성공의 열쇠는 이러한 좌절이 자신감을 손상시키지 않도록 하는 것이다. 이전 행동으로 환원되면 왜 돌아갔는지 살펴본다. 재발을 유발한 원인은 무엇인가? 이러한 유발 요인을 피하기 위해 무엇을 해야 하는가? 재발은 관리하기 어려울 수 있지만 최상의 해결책은 행동변화의 준비, 행동 또는 유지 단계를 다시 시작하는 것이다. 동기부여, 행동 계획 및 목표달성을 재확인한다. 또한 미래의 유혹에 대처할 계획을 세운다. 적절한 준비와 조치가 취해지지 않으면 실패한다. 6개월 동안 일관된 행동변화를 나타나고 변화된 행동을 유지함으로써 과정을 종결한다.

[표 17-2] 변화 단계와 변화 과정

사전 단계	• 방향 : 문제를 갖고 있으나 변화할 의도가 없다.
	• 과정 : 의식향상, 극적 안도감, 환경 재평가
계획 단계	• 방향 : 문제를 인식하고 변화를 심각하게 생각한다.
	• 과정 : 자기재평가(행동에 대한 자신의 감정평가)
준비 단계	• 방향 : 문제를 인식하고 다음 달에 행동을 변경한다.
	• 과정 : 자기개방(변화능력에 대한 믿음)
행동 단계	• 방향 : 6개월 동안 일관된 행동변화를 나타난다.
	• 과정 : 강화관리, 지원요청, 역조건화, 자극통제
유지 단계	• 방향 : 이전 행동을 성공적으로 피하고 새로운 행동 유지
	• 과정 : 미래의 유혹에 대처 계획 수립, 사회적 평등화

2) 행동변화의 과정

변화단계모델의 5단계 변화는 개인이 중요한 라이프 스타일 변화 과정에서 겪는 행동, 감정 및 사고의 변화를 설명한다. 변화 과정을 이해하는 것이 참여자에게 중요하다. 변화의 단계를 진행하기 위해 인지, 정서 및 평가 과정을 적용한다. 변화 과정은 사람들이 변화를 만들고 유지하는 데 도움이 되는 전략이다. 사람들의 행동을 변화시키는 10가지 기본 과정이 가장 경험적인 지원을 받는다. 10가지 과정은 의식향상, 극적 안도감, 환경 재평가, 자기 재평가, 자기개방, 역조건화, 조력관계, 강화관리, 자극통제와 사회적 평등화이다. 처음 5개의 과정은 경험 지향이고 나머지 과정은 행동 지향적이다.

(1) 의식향상

의식향상은 문제행동의 부정적인 결과, 원인 및 치료에 대한 개인의 인식을 증가시키는 과정이다. 인식을 높일 수 있는 개입에는 반응, 교육, 직면 및 해석이 포함된다. 개인은 새로운 정보를 찾고 문제가 있는 행동을 잘 이해한다. 따라서 건강한 행동변화를 지원하는 새로운 사실, 아이디어 및 요령을 찾아 배운다.

(2) 극적 안도감

극적 안도감은 개인이 문제행동과 관련된 감정을 경험하고 표현한다. 가족 구성원이나 절친한 친구의 죽음과 같은 삶의 사건은 정서적으로 영향을 받는다. 사망이 문제행동과 관련이 있는 경우 특히 그렇다. 감정적으로 누군가를 움직이게 하는 다른 기법으로는 심리극, 역할극, 슬픔, 개인적인 간증이 있다. 적절한 행동을 한다면 극적 안도감이 최초로 감정적 경험을 증가시킨다. 상담자는 사람들을 감정적으로 영향을 주기 위해 건강 위험 반응과 성공 사례를 제공할 수 있다. 이 과정에서 개인은 자신이 경험하고 있는 감정에 주의를 기울이고 다른 사람들에게 표현하고 문제가 되는 행동에 대한 생각을 나눈다.

(3) 환경 재평가

환경 재평가는 문제행동이 자신의 사회적 환경에 어떻게 영향을 미치는지에 대한 개인의 평가이다. 이것은 다른 사람들을 긍정적이거나 부정적인 역할 모델로 어떻게 기능하는지 인식하는 것이 포함될 수 있다. 환경 재평가 전략에는 공감훈련, 가족개입이 포함된다. 환경 재평가는 개인적 습관이 타인에 대한 흡연 결과처럼 자신의 사회적 환경에 어떻게 영향을 미치는지에 대한 정서적·인지적 평가를 결합한다. 다른 사람들에게 긍정적이거나 부정적인 역할 모델로 작용할 수 있다. 개입자는 환자가 자신의 행동에 대해 다른 사람들에게 질문하고 그러한 재평가로 이어지는 가족개입을 할 수 있다.

(4) 자기 재평가

자기 재평가는 개인 자신의 자아 이미지에 대한 인지적, 정서적 평가이다. 이는 사람들이 문제행동에 대해 생각하는 방식을 평가하고 행동에 대한 죄책감을 알 수 있음을 의미한다. 사전 단계에서 준비 단계로 이동할 때 자기 재평가가 중요하다. 가치 재확인, 건강한 역할 모델, 정서적인 경험, 이미지 등은 자기 재평가의 기회를 증가시키는 방법이다.

(5) 자기개방

자기개방은 변화할 수 있다는 신념에 따라 행동하겠다는 의지와 헌신이다. 자기개방을 위한 전략에는 새로운 결의, 공개적 증언, 의사결정 요법, 언어 치료법, 몰입이 포함될 수 있다. 두 가지 선택지가 있는 사람들이 한 가지 선택지가 있는 사람들보다 더 많은 몰입적인 노력을 하고, 문제행동을 중단시키는데 최선의 노력을 기울인다. 환자들에게 새로운 결의를 장려할 때 공개적 선언 또는 약속은 의지력을 강화시키는 방법이다. 개입자는 "행동 조치에 대해 다른 사람들에게 알리면 의지력을 강화할 수 있습니다. 누구한테 말할 것입니까?"라고 질문할 수 있다.

(6) 역조건화

역조건화는 문제행동을 대체하기 위해 건강한 행동을 학습하는 것이다. 역조건화는 개인이 문제행동에 대한 건강한 행동을 대체하도록 배운다. 이완, 탈감각, 주장 및 긍정적인 자기주장은 모두 역조건화를 강화한다. 역조건화의 예로는 스트레스에 대처하는 방법으로 강장식품보다 건강한 대안으로 보행, 흡연보다는 니코틴 대체재를 사용하는 것을 권장한다.

(7) 조력관계

조력관계는 돌봄, 신뢰, 개방성, 수용성을 결합하고 건강한 행동변화를 지원한다. 라포 구성 (rapport)[26], 치료 동맹[27], 지원 전화 및 친구 관계는 의료 서비스 제공자가 제공할 수 있는 사회적 지원의 원천이다. 어떤 사람도 고립되어 홀로 살 수 없으며, 아무도 주변 사람들의 지지 없이 오래 지속될 수는 없다. 이 과정은 개인을 변화시키는 데 도움이 되는 사람들을 신뢰하고 받아들이고 지원한다.

(8) 강화관리

강화관리는 문제행동에 참여하거나 문제행동을 따르고 회피하기 위해 개인에게 결과를 제공한다. 처벌은 상황관리와 함께 사용할 수 있지만 강화가 강조됨에 따라 보상을 사용한다. 상황관리 절차에는 우발 약속, 명백하고 비밀스러운 강화, 자기보상 및 집단인식이 포함된다. 강화관리는 긍정적인 나아갈 방향을 제공한다.

(9) 자극통제

자극통제는 개인이 문제행동과 관련된 자극을 제거하고 이를 건강한 자극으로 대체하는 과정이다. 자기 자신의 환경, 자조집단 및 회피를 재구성하면 모두 적절한 변화를 지원하고 재발 위험을 줄일 수 있다. 자극통제는 건강에 해로운 습관에 대한 단서를 제거하고 보다 건강한 대안을 촉진한다. 예를 들면, 건강관리 제공자는 집과 차에서 모든 재떨이를 제거하거나 건강에 해로운 음식에 대한 유혹을 불러일으키는 고지방 식품을 제거할 것을 권장할 수 있다.

---

26) 상호간에 신뢰하며, 감정적으로 친근감을 느끼는 인간관계.
27) 치료 과정에서 치료자와 환자가 협력하고 협동하는 관계.

(10) 사회적 평등화

사회적 평등화는 특히 상대적으로 박탈당하거나 억압받는 환자에게 사회적 기회 또는 대안을 증가시켜야 한다. 예를 들면, 옹호, 권한부여 및 적절한 정책은 소수자, 동성애자 및 빈곤층 건강 증진을 위한 기회를 증가시킬 수 있다. 이러한 동일한 절차를 통해 변화를 도울 수 있다. 건강 서비스 제공자는 사회 변화를 촉진하고 건강한 생활방식을 장려하고 쉽게 달성할 수 있다.

6. 건강신념모델

성격 요인은 건강 행태와 관련되어있다.[28] 행동과 건강 관계에 대한 지식은 건강행동에 관한 정보에 근거한다. 다양한 인지적 변수는 건강 위험의 지각, 위험에 영향을 주는 행동의 효능, 행동을 수행하는 사회적 압력, 행동수행에 대한 통제 등이 있다. 다양한 건강행동을 수행하는 사람을 판단할 때 인지적 요인이 상대적으로 중요하다. 인지적 요인은 개인이 건강행동을 실천하는지 여부를 결정하고 다른 요인이 행동에 어떻게 영향을 미치는지 설명한다.

건강신념모델(health belief model)은 개인의 사회적 행동의 주요 결정 요인인 인지적 변수에 초점을 맞추기 때문에 사회인지모델로 분류된다. 사회인지모델은 건강행동을 수행하는 사람의 다양성을 이해하는 접근법을 제공한다. 이 모델은 건강을 개선하기 위해 건강행동변화를 위한 방법을 제안하기 때문에 유용하다. 건강신념모델은 개별 환자가 예방적 보건 서비스를 수락 또는 거절하거나 건강한 행동을 채택할 수 있는 이유를 설명한다. 건강신념모델은 다음 4가지 변화 조건이 존재할 때 사람들이 건강증진이나 질병예방에 관한 메시지에 가장 잘 반응할 것이라고 제안한다.

---

28) Adler, N and Matthews, K,(1994), "Health Psychology: Why Do Some People Get Sick and Some Stay Well?" *Annual Review of Psychology*, 45, 229–259.

- 자신이 특정한 질환을 가질 위험이 있다고 생각한다.
- 위험이 심각하고 질환이 발병하는 결과가 바람직하지 않다고 믿는다.
- 특정 행동변화로 인해 위험이 감소한다고 생각한다.
- 행동변화에 대한 장벽이 극복되고 관리될 수 있다고 믿는다.

건강신념모델은 건강증진 및 질병예방 프로그램이다. 이것은 건강 행동의 개별 변화를 설명하고 예측하는 데 사용된다. 모델의 핵심 요소는 개인의 건강 관련 행동을 예측하는 건강상태에 대한 개인적인 믿음에 초점을 둔다. 이 모델은 질병에 대한 개인의 지각된 위협(지각된 감수성), 결과의 심각성(지각된 심각성), 행동의 잠재적인 긍정적 이익(지각된 이익), 행동에 대한 장벽의 감지, 요인에 대한 노출로 건강 행동에 영향을 미치는 주요 요소를 정의한다. 즉각적인 행동(행동단서)과 성공 능력에 대한 자신감(자기 효능감)이 건강행동에 영향을 주는 주요 요인이다.

1) 건강신념모델의 의미

건강신념모델은 건강행동을 설명하고 예측하려는 심리모델이다. 이것은 개인의 태도와 신념에 초점을 맞춤으로써 이루어진다. 개인이 예방적 건강증진 프로그램이나 건강한 행동을 수용하는 이유를 설명하는데 데 유용하다. 이 모델은 건강에 부정적인 영향을 피하고 긍정적인 건강 조치를 취하도록 동기를 부여할 수 있다. 건강에 부정적인 결과를 피하는 것이 핵심 요소이다. 건강신념모델은 변화 조건이 존재할 때 사람들이 건강증진이나 질병예방에 관한 메시지에 가장 잘 반응할 것이라고 제안한다.

건강신념모델은 건강증진 행동에 참여를 촉구하기 위해 행동단서가 필요하다는 것을 가정한다. 행동단서는 내부 또는 외부에 있을 수 있다. 생리학적 단서(통증, 증상)는 내부 단서가 작용하는 예이다. 외부 단서에는 가까운 다른 사람들의 사건이나 정보, 언론 또는 건강관리 서비스가 건강 관련 행동 참여를 촉진하는 내용이 포함한다. 예를 들면, 의사의 상담, 친구 또는 가족 구성원의 질병 및 건강 충고가 있다. 행동을 촉구하는데 필요한 단서의 강도는 민감성, 심각성, 혜택 및 장벽에 의해 개인마다 다르다.

Glanz 등이 정교화한 건강신념모델을 성공적으로 수행하려면 대상 집단에게 의미 있고 적절한 행동단서(cues to action)를 식별하는 것이 중요하다. 모델의 요지는 개인의 행동이 인지하고 있는 이익과 장벽(비용 편익 분석)에 달려 있다. 무엇인지 아는 것은 사람들이 권장 건강 행동에 어떻게 반응할 것인지를 예측하는 데 도움이 될 수 있다.

2) 건강신념모델의 요소

건강신념모델은 환자가 받아들이거나 거부하는 측면을 알면 적절한 개입을 설계하는 데 도움이 될 수 있다. 예를 들면, 환자가 하나 이상의 질병에 대한 위험 요소를 알지 못하는 경우 환자에게 위험 요인을 알리는 방향으로 교육할 수 있다. 환자가 위험을 지각하고 있지만 행동변화가 너무 어렵거나 성취 불가능하다고 느낀다면 환자가 지각된 장벽을 극복할 수 있도록 교육에 집중할 수 있다. 이 모델은 사람들이 자신의 생각과 행동에서 크게 합리적이라고 가정하고, 다음과 같은 경우 최상의 건강 지원 조치를 취한다.

- 부정적인 건강 문제를 해결할 수 있다고 느낀다.
- 권고한 조치를 취하면 문제를 효과적으로 해결할 것이라는 긍정적인 기대를 갖는다.
- 사람들이 권고한 행동을 취할 수 있다고 믿는다.

개인이 질병에 취약한 것으로 느껴지고, 질병이 심한 것으로 인식되고, 신체 활동이 질병과 관련된 건강 위협을 감소시킬 것으로 생각할 때 강한 의지가 나타난다. 예를 들면, 개인은 음식 섭취가 부족하고 의사가 고혈압을 앓고 있다고 말했기 때문에 심혈관 질환에 감염될 수 있다. 정기적인 운동이 심혈관 질환의 위험을 줄일 수 있다고 생각할 수도 있다. 이러한 인식은 개인이 신체 활동에 참여하도록 동기를 부여한다. 신체 활동의 이점에 대한 지각된 심각성과 신념이 행동에 참여하기 위한 준비에 강한 영향을 미친다.

수정변수(modifying variables)는 인구통계, 심리사회 및 구조변수를 포함하며 건강 관련 행동의 지각(예: 심각성, 감수성, 혜택 및 장벽의 감지)에 영향을 줄 수 있다. 인구통계 변수에는 연령, 성별, 인종, 민족, 교육 등이 포함된다. 심리사회적 변수에는 성격, 사회적 계급, 또래집단과 준거집단 압력이 포함된다. 구조변수는 다른 요인들 중에서 주어진 질병에 대한 지식과 질병과의 사전 접촉을 포함한다. 건강신념모델은 변수를 수정하는 것이 지각된 민감성, 심각성, 혜택 및 장벽에 영향을 줌으로써 간접적으로 건강 관련 행동에 영향을 미친다.

연구자들은 건강 전략을 성공적으로 수행할 수 있는 개인의 능력이 변화된 행동을 제정하고 유지할 수 있는 자신의 결정과 능력에 크게 영향을 미친다고 제안한다. 이와 달리 건강신념모델은 몇 가지 한계가 있다. 현재까지의 대부분의 건강신념모델 기반 연구는 구성 요소만 통합하여 모델 전체의 유용성을 검증하지 않았다. 심리모델로서 건강행동에 영향을 줄 수 있는 환경 또는 경제적 요인과 같은 다른 요인을 고려하지 않는다. 또 건강 행태 결정에 대한 사회적 규범 및 동료의 영향을 포함하지 않는다.

건강신념모델은 처음에는 예방적 건강 조치를 취하는 사람의 가능성을 예측하고 건강 서비스를 찾는 것에 대한 사람의 동기와 의사결정을 이해하기 위해 개발되었다. 나중에 증상에 대한 환자의 반응 및 치료법 준수에 대한 것이다. 질병을 피하고자 하는 욕망이나 반대로 건강해질 수 있다는 기초 위에서 심리 및 행동이론에서 파생되었다. 특정 건강 조치가 질병을 예방하거나 치료할 것이라는 믿음에 달려 있다. 모델의 구성 요소는 지각된 민감성, 지각된 심각성, 지각된 혜택, 지각된 장벽, 행동단서, 자아효능감과 수정 변수를 포함한다(Rosenstock, 1974).

- **지각된 민감성**(perceived susceptibility): 질병에 걸릴 위험에 있다는 주관적 지각이다. 질병에 대한 개인의 느낌에는 편차가 크다.
- **지각된 심각성**(perceived severity): 질병에 걸린 또는 질병을 치료하지 않은 채로 남겨 두는 심각성에 대한 개인의 느낌이다. 개인의 심각성은 다양하며 심각성을 평가할 때 의학적 결과, 가족생활이나 사회적 관계를 고려한다.
- **지각된 혜택**(perceived benefits): 질병을 줄이거나 질병을 치료할 수 있는 행동의 효과에 대한 인식이다. 사람들이 유익한 것으로 여겨지는 경우 권고한 건강 조치를 받아들일 수 있다.
- **지각된 장벽**(perceived barrier): 권고한 건강 조치를 취하는데 장애가 있는 사람의 느낌이다. 장벽에 대한 감정에는 폭 넓은 편차가 있어 비용/이익 분석으로 이어진다. 비싸고, 위험하고, 불쾌하고, 시간이 오래 걸리고, 불편하다는 인식을 평가한다.
- **행동단서**(cue to action): 뚜렷한 행동을 촉진하고 활성화하는 자극이다. 권고한 건강 조치를 수락하기 위해 의사결정 과정을 시작하는 데 필요한 자극이다. 이러한 단서는 내부(흉부 통증) 또는 외부(다른 사람의 조언, 가족의 질병, 신문 기사)일 수 있다.
- **자아효능감**(self-efficacy): 행동을 성공적으로 수행할 수 있는 능력에 대한 자신감의 정도이다. 자아효능감은 사람이 원하는 행동을 수행하는지 여부와 직접 관련된다.
- **수정변수**(modifying variables): 인구통계, 사회심리 변수 및 구조변수

[그림 17-6] 건강신념모델

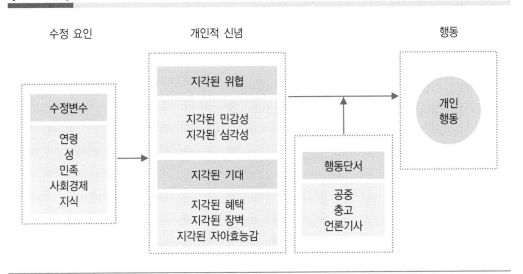

출처: Glanz K, Rimer BK, Viswanath K.(2008), *Health Behavior and Health Education: Theory, Research, and Practice(4th ed)*, San Francisco: Jossey-Bass.

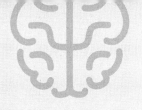

참고문헌

권준수 역(2018), DSM-5 간편 정신질환진단통계편람, 학지사.
권석만(2013), 현대 이상심리학 2판, 학지사.
김문수 외 역(2017), 심리학개론 제10판, 사회평론아카데미.
김윤재(2018), 정신건강론, 정민사.
김청송(2016), 사례중심의 이상심리학(DSM-5) 제2판 싸이북스.
김혜리 외 역(2017), 아동.청소년 정신병리학 제3판, 시그마프레스.
노안영 외(2018), 성격심리학 2판, 학지사.
민수홍 외 역(2017), 범죄학 이론 개정 2판, 나남출판사.
박선환(2017), 정신건강론 제2판, 양서원.
박진홍(2017), 정신분석적 마음의 모델, 하나의학사.
박응임 외(2017), 정신건강론, 파워북.
송경은 역(2011), 거짓말을 읽는 완벽한 기술, 타임북스.
송영혜 역(2017), 아동이상심리학 제6판, 박학사.
양재원 외 역(2017), DSM-5 이상심리학 7판, 사회평론아카데미
오경자 외 역(2017), 이상심리학 제8판, 시그마프레스.
유순근(2014), 속임수와 기만탐지전략, 좋은땅.
유순근(2016), 비즈니스 커뮤니케이션, 무역경영사.
유순근(2018), 논리와 오류, 박영사.
최규만(2018), 성행동 심리학 2판, 학지사.
최정윤 외(2015), 이상심리학 3판, 학지사.

https://www.simplypsychology.org/carl-rogers.html.
http://www.medbroadcast.com/condition/getcondition.

Adler, N and Matthews, K.(1994), "Health Psychology: Why Do Some People Get Sick and Some Stay Well?"
    Annual Review of Psychology, 45, 229–259.
Ajzen, I.(1991), "The Theory of Planned Behavior," *Organizational Behavior and Human Decision Processes*,
    50(2), 179–211.

American Psychiatry Association(2013), *Diagnostic and Statistical Manual of Mental Dsorder(5th ed.)*, Arlington: American Psychiatric Publishing.

Andreasen, N. C.(2005), *Research Advances in Genetics and Genomics: Implications for Psychiatry.* Washington, DC: American Psychiatric Association.

Aristotle(1996), *Physics*(R. Waterfield, Trans), Oxford, UK: Oxford University Press.

Baldwin, D. S., Palazzo, M. C., & Masdrakis, V. G.(2013), "Reduced Treatment-emergent Sexual Dysfunction as a Potential Target in the Development of New Antidepressants," *Depression Research and Treatment.*

Bandura, A.(1977), "Self-efficacy: Toward a Unifying Theory of Behavioral Change," *Psychological Review*, 84, 191-215.

Baumrind, D.(1967), "Child Care Practices Anteceding three Patterns of Preschool Behavior," *Genetic Psychology Monographs*, 75(1), 43-88.

Barlow, D.H., & Durand, V.M.(2005), *Abnormal Psychology: An Integrative Approach(4th ed.)*, New Delhi: Wadsworth Cengage Learning.

Blazer, D. G., Kessler, R. C., McGonagle, K. A., & Swartz, M. S.(1994), *The Prevalence and Distribution of Major Depression in a National Community Sample*, the National Comorbidity Survey.

Bohm, R.(2001), *Primer on Crime and Delinquency Theory(2nd ed.)*, Belmont, CA: Wadsworth.

Davidson, R. J.(1992a), "Emotion and Affective Style: Hemispheric Substrates," *Psychological Science*, 3, 39-43.

DePaulo, B. M., Lindsay, J. J., Malone, B. E., Muhlenbruck, L., Charlton, K., & Cooper, H.(2003), "Cues to Deception," *Psychological Bulletin*, 129(1), 74.

Eikenaes I, Egeland J, Hummelen B, Wilberg T.(2015), *Avoidant Personality Disorder versus Social Phobia: The Significance of Childhood Neglect*, PLoS ONE, 10(5).

Engel, G. L.(1977), "The Need for a New Medical Model: A Challenge for Biomedicine," *Science*, 196(4286), 129-136.

Farrington, D. P.(1991), "Antisocial Personality from Childhood to Adulthood," *The Psychologist*, 4(1), 389-494.

Finzi-Dottan, R., & Karu, T.(2006), "From Emotional Abuse in Childhood to Psychopathology in Adulthood: A Path Mediated by Immature Defense Mechanisms and Self-esteem," *Journal of Nervous and Mental Disease*, 194, 616-621.

Fishbein, M., & Ajzen, I.(1975), *Belief, Attitude, Intention, and Behavior: An Introduction to Theory and Research, Reading*, MA: Addison-Wesley.

George, J. M.(1996),"Trait and State Affect. In K.R. Murphy(Ed.)," *Individual Differences and Behavior in Organizations.* San Francisco, Ca: Jossey-Bass, 145-71.

Glanz K, Rimer BK, Viswanath K.(2008), *Health Behavior and Health Education: Theory, Research, and Practice(4th ed)*, San Francisco: Jossey-Bass.

Hettema, J. M., Prescott, C. A., Myers, J. M., Neale, M. C., & Kendler, K. S.(2005), "The Structure of Genetic and Environmental Risk Factors For Anxiety Disorder in Men and Women," *Arch Gen Psychiatry*, 62, 182-189.

Hissel, S., Bijleveld, C. C., & Kruttschnitt, C.(2011), "The Well-being of Children of Incarcerated Mothers: An Exploratory Study for the Netherlands," *European Journal of Criminology*, 8, 346-360.

Hoffman Ml.(2000), *Empathy and Moral Development: Implications for Caring and Justice*, Ny: Cambridge University Press.

Huitt, W.(2003), *A Systems Model of Human Behavior*, Educational Psychology Interactive. Valdosta, Ga: Valdosta State University.

Jacoby, L. L., Bishara, A. J., Hessels, S., & Toth, J. P.(2005), "Aging, Subjective Experience, and Cognitive Control: Dramatic False Remembering by Older Adults," *Journal of Experimental Psychology:* General, 154, 131‑148.

Kendler, K. S., Aggen, S. H., Czajkowski, N., Røysamb, E., Tambs, K., Torgersen, S., & Reichborn-Kjennerud, T.(2008), "The Structure of Genetic and Environmental Risk Factors for Dsm-Iv Personality Disorders: A Multivariate Twin Study," *Archives of General Psychiatry*, 65(12), 1438-1446.

Kosc, L.(1974), "Developmental Dyscalculia," *Journal of Learning Disabilities*, 7, 159‑.162.

Kraska, P.(2004), *Theorizing Criminal Justice*, Long Grove, Il: Waveland Press.

Lambert, K., & Kinsley, C. H.(2005), *Clinical Neuroscience*. New York: Worth.

Lefrancois, G. R.(2012), *Theories of Human Learning: What the Professors Said(6th ed.)*, Belmont, Ca: Wadsworth, Cengage Learning.

Levin, E.(2011), *Baumrind'S Parenting Styles. In Encyclopedia of Child Behavior and Development*, Springer Us.

Maier, S. F., & Seligman, M. E.(1976), "Learned Helplessness: Theory and Evidence," *Journal Of Experimental Psychology*, General, 105(1), 3.

Masters, W. H., & Johnson, V. E.(1966), *Human Sexual Response*, Boston: Little Brown.

Mccord, J.(1978), "A Thirty-Year Follow-up on Treatment Effects," *American Psychologist*, 33, 284‑289.

Mcmillan, K. A., Enns, M. W., Cox, B. J., & Sareen, J.(2009), "Comorbidity of Axis I and II Mental Disorders With Schizophrenia and Psychotic Disorders: Findings From the National Epidemiologic Survey on Alcohol and Related Conditions," *The Canadian Journal of Psychiatry*, 54(7), 477-486.

Messner, S., & Rosenfield, R.(2007), *Crime and the American Dream(4th ed.)*, Belmont, Ca: Wadsworth.

Miura, Y., Mizuno, M., Yamashita, C., Watanabe, K., Murakami, M., & Kashima, H.(2004), "Expressed Emotion and Social Functioning in Chronic Schizophrenia," *Comprehensive Psychiatry*, 45, 469‑474.

Mittendorfer-Rutz, E., Rasmussen, F., & Wasserman, D.(2004), "Restricted Fetal Growth and Adverse Maternal Psychosocial and Socioeconomic Conditions as Risk Factors for Suicidal Behaviour of Offspring: A Cohort Study," *Lancet*, 364, 1135‑1140.

Moffitt, Terrie E.(1993), "Life-Course-Persistent and Adolescence-Limited Antisocial Behavior: A Developmental Taxonomy," *Psychological Rieview*, 100: 674-701.

Nietzel, M. T.(1979), *Crime and its Modification: A Social Learning Perspective*, New York: Pergamon Press.

Phillips, K. A.(1991), "Body Dysmorphic Disorder: The Distress of Imagined Ugliness," *The American Journal of Psychiatry*, 148(9), 1138.

Phillips, S. D., & Gates, T.(2011), "A Conceptual Framework for Understanding the Stigmatization of Children of Incarcerated Parents," *Journal of Child and Family Studies*, 20(3), 286-294.

Pollak, S. D., Cicchetti, D., Hornung, K., & Reed, A.(2000), "Recognizing Emotion in Faces: Developmental Effects of Child Abuse and Neglect," *Developmental Psychology*, 36, 679‑688.

Prochaska, J.O., Diclemente, C.C,& Norcross,J.C.(I992), "In Search of How People Chang: Applications to Addictive Behaviors," *American Psychologist*, 47(9), 1102.

Rosenstock, I. M.(1974), "Historical Origins of the Health Belief Model," *Health Education Monographs*, 2(4), 328-335.

Rothbart, M. K.(2011), *Becoming Who We Are: Temperament and Personality in Development*, New York: Guilford Press.

Rutter, M.(2007), "Proceeding From Observed Correlation to Causal Inference: The Use of Natural Experiments," *Perspectives on Psychological Science*, 2, 377-395.

Samenow, S. E.(2013), "The Criminal Personality," *Criminal Psychology*, 4, 209.

Scarpa, A., Haden, S. C., & Hurley, J.(2006), "Community Violence Victimization and Symptoms of Posttraumatic Stress Disorder: The Moderating Effects of Coping and Social Support," *Journal of Interpersonal Violence*, 21, 446-469.

Schmalleger, F.(2008), *Criminal Justice: A Brief Introduction (7th ed.)*, Englewood Cliffs, Nj: Prentice Hall.

Settersten, R. A.(2003), "Age Structuring and the Rhythm of the Life Course," *Handbook of the Life Course*, 81-98.

Shelden, R.(2006), *Delinquency and Juvenile Justice in American Society*, Long Grove, Il: Waveland Press.

Siegle, G. J., Carter, C. S., & Thase, M. E.(2006), "Use of FMRI to Predict Recovery from Unipolar Depression with Cognitive Behavior Therapy," *American Journal of Psychiatry*, 163(4), 735-738.

Siegal, L.(2008), *Criminology: The Core (3rd ed.)*, Belmont, Ca: Cengage Learning.

Straus, M. A., & Gelles, R. J.(1980), *Behind Closed Doors: Violence in the American Family*, New York: Anchor/Doubleday.

Tarullo, A. R., & Gunnar, M. R.(2006), "Child Maltreatment and the Developing HPA Axis," *Hormones and Behavior*, 50, 632-639.

Thompson, T. L., & Mintzes, J. J.(2002), "Cognitive Structure and the Affective Domain: On Knowing and Feeling in Biology," *International Journal of Science Education*, 24(6), 645-660.

Wadsworth, M. E., & Achenbach, T. M.(2005), "Explaining the Link between Low Socioeconomic Status and Psychopathology: Testing two Mechanisms of the Social Causation Hypothesis," *Journal of Consulting and Clinical Psychology*, 73(6), 1146.

Watson D., Gamez, W., & Simms, L. J.(2005), "Basic Dimensions of Temperament and their Relation to Anxiety and Depression: A Symptom-based Perspective," *Journal of Research in Personality*, 39, 46-66.

Wikström, P. O. H.(2004), "Crime as Alternative: Towards a Cross-level Situational Action Theory of Crime Causation," *Beyond Empiricism: Institutions and Intentions in the Study of Crime*, 13, 1-37.

Wikström, P. O. H., Ceccato, V., Hardie, B., & Treiber, K.(2010), "Activity Fields and the Dynamics of Crime," *Journal of Quantitative Criminology*, 26(1), 55-87.

Wikström, P. O. H., Tseloni, A. and Karlis, D.(2011), "Do People Comply with the Law because they Fear Getting Caught?" *European Journal of Criminology*, 8, 401-420.

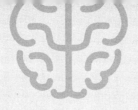

찾아보기

저 자 약 력

┃유 순 근

- 숭실대학교 초빙교수
- 전 한림대학교 교수
- 고려대학교 경영대학 졸업
- 숭실대학교 대학원(경영학 박사)
- 법무부장관상 수상

[주요 저서]
- 행동변화 이론과 실제(박문사)
- 글로벌 리더를 위한 전략경영(박영사)
- 벤처창업과 경영 2판(박영사)
- 논리와 오류: 비판적 사고와 논증(박영사)
- 창업을 디자인하라(무역경영사)
- 센스 경영학(진샘미디어)
- 창업 온·오프 마케팅(박영사)
- 창의적 신제품개발 2판(진샘미디어)
- 서비스 마케팅(무역경영사)
- 센스 마케팅(무역경영사)
- 비즈니스 커뮤니케이션(무역경영사)
- 신상품 마케팅(무역경영사)
- 기업가 정신과 창업경영(비앤엠북스)
- 중소기업 마케팅(북넷)
- 속임수와 기만탐지전략(좋은땅)